教你轻松学电商之
店铺装修设计

聂　榕　叶振艳　刘豫军　编　著

清華大学出版社
北　京

内 容 简 介

随着电商竞争的加剧，电商店铺的装修成为提高客流量与转化率的重要着力点。如何通过图片与文字的恰当搭配与编排，让店铺的商品在众多竞争对手中脱颖而出，是每个电商店铺进行装修时必须考虑的问题。本书专门讲解电商店铺装修制作方法和技巧。

本书共分为12章。第1~2章介绍电商店铺的装修、包含内容、布局方法、图像文件格式等基本知识。第3章介绍商品美化的几种方法，比如裁剪、调色、抠图和边框处理等。第4～10章讲述的是电商店铺中的店标、LOGO、活动图、店招、公告栏、导航条、首页海报、主图视图和详情页视频、首页、详情页等店铺页面区域的装修技巧和方法。第11章则讲的是手机端电商店铺的首页、详情页等页面的装修技巧和方法。第12章通过3个大型的服装店铺装修案例，详细讲解店铺装修的各种操作技巧。

本书不仅适合作为淘宝店主、淘宝美工自学或提高的教材，也适合想要从事电商方面工作又缺乏美术基础的人员阅读。同时也适合作为众多对电商海报感兴趣的人，或者是培训机构、职业院校相关专业的参考教材。

图书在版编目(CIP)数据

教你轻松学电商之店铺装修设计 / 聂榕，叶振艳，刘豫军编著. — 北京：清华大学出版社，2018
ISBN 978-7-302-49471-3

Ⅰ. ①教… Ⅱ. ①聂… ②叶… ③刘… Ⅲ. ①电子商务—商业经营 Ⅳ. ①F713.365

中国版本图书馆 CIP 数据核字（2018）第 020911 号

责任编辑： 韩宜波
装帧设计： 李　坤
责任校对： 周剑云
责任印制： 宋　林

出版发行： 清华大学出版社
网　　址： http://www.tup.com.cn，http://www.wqbook.com
地　　址： 北京清华大学学研大厦 A 座　　**邮　　编：** 100084
社 总 机： 010-62770175　　**邮　　购：** 010-62786544
投稿与读者服务： 010-62776969，c-service@tup.tsinghua.edu.cn
质 量 反 馈： 010-62772015，zhiliang@tup.tsinghua.edu.cn
印 装 者： 北京博海升彩色印刷有限公司
经　　销： 全国新华书店
开　　本： 190mm×260mm　　**印　　张：** 16.25　　**字　　数：** 393 千字
版　　次： 2018 年 6 月第 1 版　　**印　　次：** 2018 年 6 月第 1 次印刷
印　　数： 1 ～ 3000
定　　价： 79.80 元

产品编号：073275-01

随着电子商务的快速发展、电商企业的规模不断扩大，对人才专业化、细分化的需求更为迫切，然而实战型的电商人才匮乏，已成为电商行业快速发展的瓶颈。网店跟实体店一样，也需要装修，电商店铺装修是网店营销的着力点，通过装修电商店铺，可以提高店铺的客流量和转化率。

一、编写目的

鉴于电商飞速发展，以及Photoshop强大的功能和深厚的工程应用底蕴，我们力图编写一套全方位介绍Photoshop在电商行业实际应用情况的丛书。本书以店铺装修设计的理念为出发点，配以专业的图形处理软件Photoshop做讲解，帮助读者实实在在地掌握店铺装修设计理念和店铺装修案例的分析和设计。

二、本书内容安排

本书主要通过理论加案例实战的组合形式，介绍Photoshop、会声会影在店铺装修设计中各板块的功能，从商品美化图、电商店铺设计、电商首页设计、小视频制作、辅助页面设计、促销广告设计、详情页装修设计、手机端设计等，内容覆盖度极为宽广全面，可谓同类书中之冠。

而为了让读者更好地学习本书的知识，在编写时特地对本书采取了疏导分流的措施，将近250页的内容划分为了12章共计40多个案例，具体编排如下表所示。

章名	内 容 安 排
第1章	主要介绍店铺装修的意义、包含内容、搭配布局等基本知识
第2章	主要介绍店铺装修的图像文件格式、装修常识、图片空间获取等基础知识
第3章	主要介绍商品美化方法，比如裁剪、调色、抠图、加边框等
第4章	主要介绍电商店铺中的店标、LOGO、活动图等案例设计
第5章	主要介绍电商店铺中的店招、公告栏、导航条、首页海报等案例设计
第6章	主要介绍电商店铺中的主图视频、详情页视频案例设计与基础知识
第7章	主要介绍电商店铺中的首页欢迎区、店铺收藏区、客服区等案例设计
第8章	主要介绍电商店铺中的促销广告的基础知识与案例设计
第9章	主要介绍电商店铺中的详情页的基础知识与案例设计
第10章	主要介绍电商店铺中的宝贝陈列展区、分类引导区、店铺页尾等案例设计
第11章	主要介绍手机端电商店铺中各个页面的基础知识与装修技巧
第12章	主要介绍女性服装店铺、男性服装店铺以及儿童服装店铺的装修技巧

三、本书写作特色

为了让读者更好地学习与翻阅，本书在具体的写法上也暗藏玄机，具体总结如下。

■ 零起点快速起步，软件技术全面掌握

本书从电商店铺装修的基本概念讲起，由浅入深，逐渐深入，对电商店铺装修的设计思路、原则、方法和技巧进行了全面的阐述。

■ 案例贴身实战，技巧原理细心解说

本书每个知识点都配有课堂举例，直观、生动地演示每个技术核心。在一些重点和要点处，还添加了大量的提示和技巧讲解，帮助读者理解和加深认识，从而真正掌握，以达到举一反三、灵活运用的目的。

■ 15种行业类型，行业应用全面接触

本书实例涉及服装、化妆、箱包、数码等常见15种行业类型，读者可以从中积累相关经验，拓展设计思路，以快速适应灵活多变的电商店铺装修制作要求。

■ 40多个制作实例，设计技能快速提升

本书讲解的电商店铺装修设计案例，全部来源于实际商业项目，包含一流的创意和智慧，为读者了解一个主题或产品应如何展示提供了较好的“临摹”蓝本。

■ 高清视频讲解，学习效率轻松翻倍

全书40个实例长达13小时，可以通过扫描实例中的二维码随时随地享受专家课堂式的讲解，提高学习兴趣和效率。另外，书中实例所需素材以及源文件可通过扫描右侧的二维码进行下载。

■ 网络在线答疑，自学沟通零距离

为了方便自学的读者，本系列图书提供了免费在线答疑QQ群，有专业老师在线为各位读者解答学习中遇到的任何问题，解除读者的后顾之忧。

四、本书写作团队

本书由聂榕、叶振艳、刘豫军编著，其他参与编写的还有江凡、张洁、马梅桂、戴京京、骆天、胡丹、陈运炳、申玉秀、陈云香、陈文香、陈军云、彭斌全、林小群、刘清平、钟睦、刘里锋、朱海涛、廖博、喻文明、易盛、陈晶、张绍华、陈文轶、杨少波、杨芳、刘有良、刘珊、赵祖欣、毛琼健、江涛、张范、田燕等。

由于编者水平有限，书中疏漏与不妥之处在所难免。在感谢您选择本书的同时，也希望您能够把对本书的意见和建议告诉我们，联系邮箱：lushanbook@qq.com，读者QQ群：327209040。

编　者

目录

第1章　电商装修的初步了解

第2章　电商装修的基础

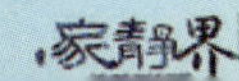

第3章 商品美化图

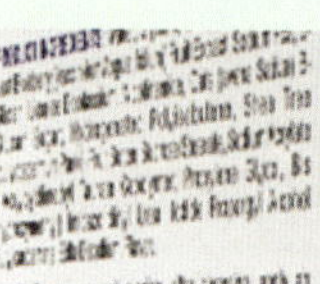

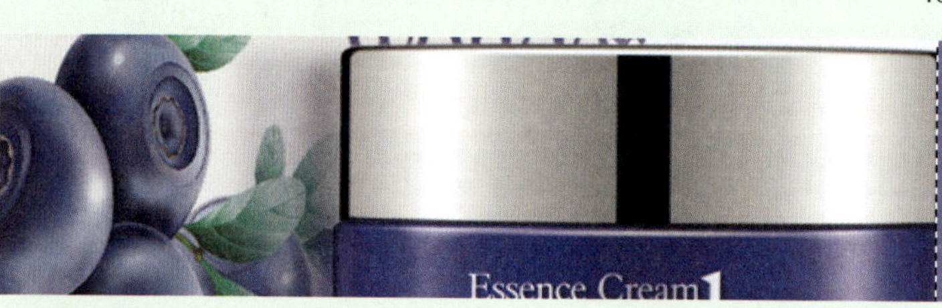

第4章 电商店铺设计

目录

第5章 电商首页设计

第6章 小视频制作

第7章 辅助页面设计

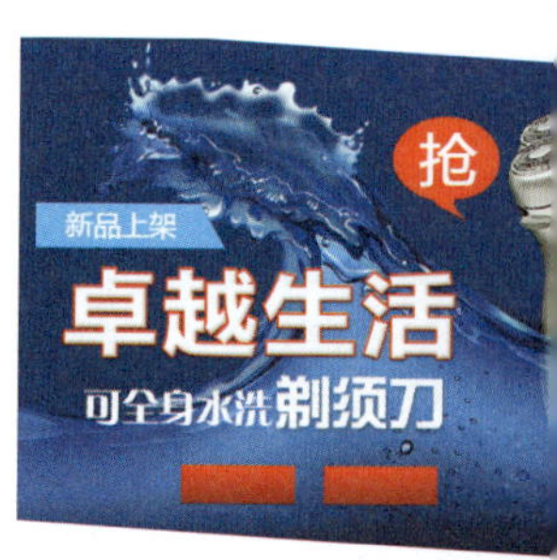

第8章 促销广告设计

第9章 详情页装修设计

第10章 电商页面其他装修

第11章 手机端设计

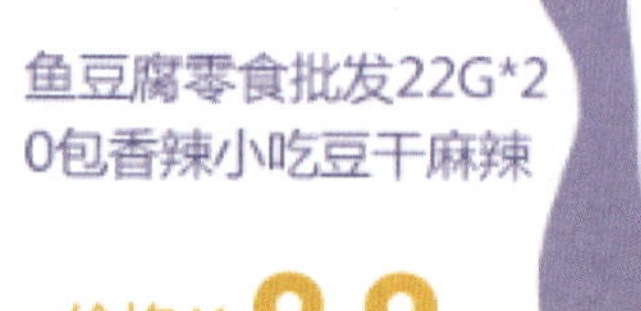

第12章 服装类店铺装修案例集合

第1章　电商装修的初步了解

越来越多的人选择在淘宝、京东等购物网站上开网店。拥有自己的电商网店很简单，但打理好自己的店铺、提升自己店铺的信誉和销量却不容易。因此，装修好自己的电商店铺至关重要。本章将对店铺装修的基础知识进行讲解，为后期的店铺装修操作打下坚实的基础。

1.1 店铺装修介绍

电商店铺是指在网上开的店铺，作为电子商务的一种形式，是一种能够让人们在浏览的同时进行实际购买，并且通过各种支付手段进行支付、完成交易全过程的网站，又称“网店”。网店从一开始单一的网上展示产品演变成不仅仅可以展示产品，还可以让浏览者进行实际购买。

电商店铺具有以下六大特点。

- 方便快捷：无须经历实体店铺所经过的装修、采购过程，只需要在电脑上动动鼠标和键盘就可以轻松开个网店。
- 交易迅速：买卖双方达成意向之后可以立刻付款交易，通过物流或者快递的形式把货品送到买家的手中。
- 不会造成大批量压货：你可以没有实体店铺，而仅仅开一个网络店铺，可以不需要压货，这也是网店吸引人的一大特点。
- 打理方便：不需要你请店员看店、上货、摆放货架，一切都是在网上进行，看到你的货品下架，只需要单击一下鼠标就可以重新上货。
- 形式多样：无论卖什么都可以找到合适的形式，你如果有比较多的资金可以选用通用的网店程序进行搭建，也可以选择比较好的网店服务提供商进行注册。
- 信任最重要：线上交易不能提供实实在在的亲身体验，所以买家往往喜欢与自己更信任的商家交易。如果第一次交易顺利，买家回头率更高。

在清楚了解了电商店铺的含义和特点后，需要对电商店铺进行装修，通过装修电商店铺才能使销售商品变得足够吸引人，从而更好地抓住消费者的视线。本节将详细讲解店铺装修的基础知识，其内容包含装修概述和意义等。

1.1.1 装修概述

在网络店铺中，网商对店铺中的某些模块位置进行了初步的规划，店家只需对每个模块进行精致的设计与美化，让单一的页面呈现丰富的视觉效果，就是对网络店铺进行装修。网店是通过一个个单独的网页组合起来的，且每个商品都有一个单独的详情页面，这些页面都是需要美化与修饰的，需要加入大量的图片和文字信息，通过让顾客了解这些信息来达成交易。网店的装修就是对店铺中商品的图片、文字等内容进行艺术化地设计与编排，使其体现出美的视觉效果。如图1-1所示为淘宝店铺的首页装修效果。

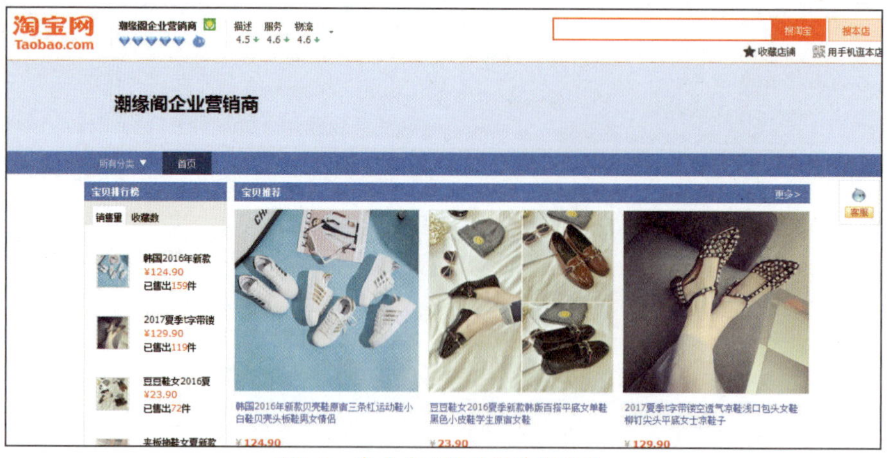

图1-1　淘宝店铺的首页装修效果

TIPS 网店装修的目的是让店铺页面变得更加漂亮、更有设计感，以便吸引消费者。需要注意的是，好的视觉营销固然需要漂亮的图片，但是漂亮的图片却不完全等同于好的视觉营销。在装修网店时要着重将所售产品的相关信息准确地传递出来。

1.1.2 意义

电商店铺装修对于网络上的店家来说一直是个热门话题，在网店装修的意义、目标和内容上一直存在着众多的观点。然而不论是一个实体店面，还是一个网络店铺，它们作为一个交易进行的场所，其装修的核心是促进交易的进行。

1. 获取店铺信息

网络店铺的装修设计可以起到品牌识别的作用，对于实体店铺来说，形象设计能使外在形象长期保持发展，为商店塑造完美的形象，加深消费者对企业的印象。同样，建立一个网络店铺，也需要设定出自己店铺的名称、独具特色的LOGO和区别于其他店铺的色彩和装修视觉风格。如图1-2所示的店铺首页的装修图片中，可以提取出很多的重要信息——店铺LOGO、店铺配色风格、销售的商品等。

图1-2 店铺首页装修

2. 直观掌握更多的商品信息

在网店装修的页面中，通过店铺主页能够获取的信息有限，因此，鉴于网店营销的特点，网商都对单个商品的展现提供了单独的平台，那就是商品详情页面。

商品详情页面的装修成功与否，直接影响商品的销售和转换率，顾客往往是因为直观的、权威的信息而产生购买的欲望，所以必要的、有效的、丰富的商品信息的组合和编排，能够提升顾客对于商品的了解程度，如图1-3所示分别为两组不同的网店装修效果，一组是以平铺直叙的方式呈现商品的信息，而另外一组通过图片合理的处理和简要的文字说明来表现，通过对比可以发现，后者更加具有打动消费者的能力。

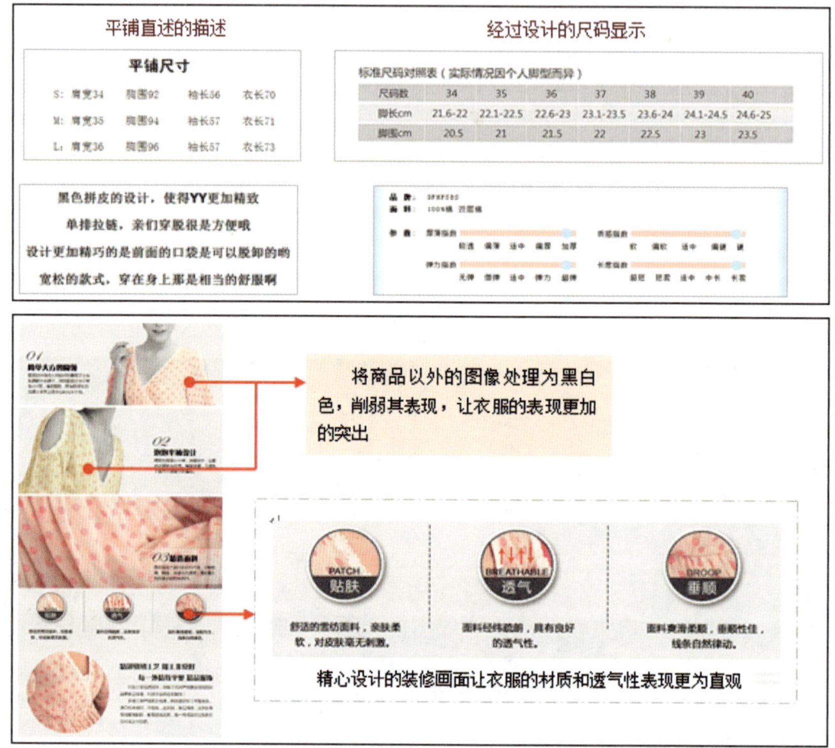

图1-3 不同网店装修效果

1.2 店铺装修包含的内容

店铺装修既是为了美观，更重要的是能够促进商品销售。所以网店装修突出重点很重要，比如热销宝贝、最新促销、折扣、新品等。那么如何通过图片精准、简单、快速地传达给用户所想要表达的信息呢？本节将详细讲解店铺装修所包含的店招、导航、详情页和促销模板等内容。

1.2.1 店招

店招就是商店的招牌，随着网络交易平台的发展，店招也延伸到网店中，即虚拟店铺的招牌。店招大小在100KB以内，建议规格为950px×150px。对于店招的装修，建议掌柜们先从整个店铺的风格考虑，包括主题色、经营什么产品等因素，才能定好店招要制作成什么风格。如果前期掌柜对店招的设计无从着手，可以到其他店铺去模仿学习一下。另外，可以用淘宝的店招制作Flash，都是不错的选择。如图1-4所示为电商店铺的店招效果。

图1-4 电商店铺的店招效果

1.2.2 导航

在装修电商店铺时，店铺的首页带有一个导航条，通过这个导航条，可以方便买家购买产品。因此，在装修电商店铺中的导航条时，可以按产品类别、按款式、按季节设置分类。也可以增加个性化分类，比如热销产品、手机专享、会员专享等，如果产品很多的话，可以在导航区旁边增加搜索框，方便顾客搜索。在制作店铺的导航时，其尺寸规格为950px×50px。如图1-5所示为电商店铺的导航条。

图1-5 电商店铺的导航条

1.2.3 详情页

在装修电商店铺时，店铺的详情页设计，需要依据电商用户购物的特点，了解电商店铺详情页设计的作用，确定店铺详情页的内容及分类，最后定下店铺详情页的排版。如图1-6所示为电商店铺的详情页。

店铺详情页直接决定着店铺产品的成交与否，详情页不能太简单也不能太具体而至繁杂。最好的产品描述页面是什么布局呢？一般可以把详情页的必要部分分作五大类别，下面将分别介绍。

1. 买家评价详情

与其显示销量多少、弄些好评如潮的截图，还不如多些给力好评，那些好评截图不会获得买家的信任，她们更愿意相信已经买过此商品的人，通过买家使用的评价提高对此商品的进一步认同感。

2. 细节图

近距离展示商品亮点，展示清晰的细节（近距离拍摄），如服装类的就要呈现面料、内衬、颜色、扣/拉链、走线和特色装饰等细节，特别是领子、袖子、腰身和下摆等部位，如有色差需要说明，可搭配简洁的文字。

3. 产品图

展示商品全貌；产品正面、背面清晰图，如服装类的就是根据衣服本身的特点选择挂拍或平铺，运用可视化的图标描述厚薄、透气性、修身性、衣长、材质等产品相关信息。

4. 尺码图、他人尺码试穿

帮助用户自助选择合适的尺码，该商品特有的尺码描述（非全店通用），模特信息突出身材参数，建议有试穿体验（多样的身材）。

5. 模特图

展示上身效果，激发购买冲动。模特应符合品牌的定位。应展示清晰的大图（全身），呈现正面、背面和侧面的上身效果（每张图片都增加不同信息含量来表现服装）。若有多个颜色，以主推颜色为主，其他颜色辅以少量展示，排版宽度一致（可以采用拼贴），减少无意义留白。

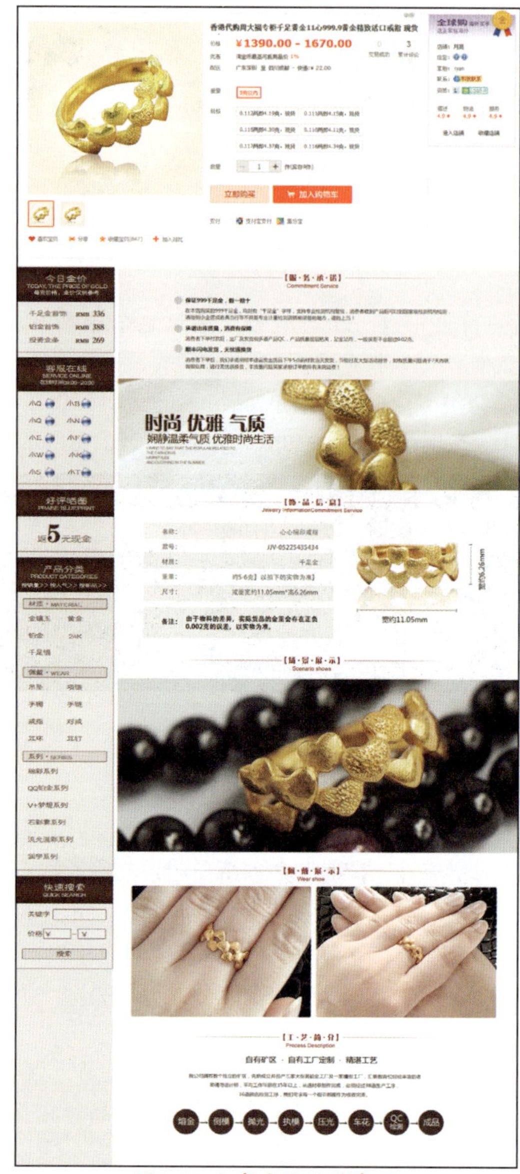

图1-6　电商店铺的详情页

1.2.4　促销模板

在装修电商店铺时，促销模板一般包含多个主题区，在装修促销模板时，需要将店铺的主打和最得意的产品凸显出来。如图1-7所示为电商店铺的促销模板。

图1-7　电商店铺的促销模板

促销模板的主题区包含有热销推荐、爆款产品、最新产品、特价促销等各种主题的推广促销区。通过促销模板可以展示更多优势产品，从而产生强大销售力，迅速提高店铺浏览量。

1.3 店铺的搭配布局

一个电商店铺包含有大量的图片、文字等信息，所以进行网店装修设计前，需要掌握网店装修中的图像、文字、配色与版面的搭配布局，从而设计出美观、漂亮的电商店铺。

1.3.1 装修版面布局

好的版面布局设计能够更快、更准确地传达信息，是提高店铺点击率和商品销量的一个重要因素。因此，在装修电商店铺时，需要将商品页面的组成元素进行合理安排，组成各种不同的版面编排形式，以此来体现店铺的品位，从而达到吸引顾客的目的。目前，店铺装修的版面布局为单向型版面布局、S曲线型版面布局和对称型版面布局3种，下面分别进行介绍。

1. 单向型版面布局

单向型版面布局是最为普遍的页面布局方式，一般分为水平排列和垂直排列两种。垂直排列的单向型版面布局可以让画面产生稳定感，使版面条理更为清晰；而水平排列的单向型版面布局具有更强的条理性，也更符合人们的阅读习惯。一般情况下，为了让画面更丰富，往往会将水平排列和垂直排列的布局方式结合使用。

在图1-8所示的店铺版面布局中可以看出，整个店铺的版面布局采用了垂直排列的布局方式，让顾客的视线随着画面的下移而发生改变，同时，在细节的处理上又采用了水平排列的布局方式，调节了垂直排列布局的单调感，让顾客被画面所吸引。

图1-8　单向型版面布局效果

2. S曲线型版面布局

在装修电商店铺时，为了营造一种曲折迂回的视觉感受，有时还会用到S曲线型版面布局方式，这样的版面布局可以让画面产生一定的旋律感，方便顾客快速灵活地查看店铺的产品，从而增强设计感。

在图1-9所示的店铺版面布局中可以看出，整个店铺的版面布局采用了S曲线，从而为整个版面添加曲折迂回的视觉感受，吸引浏览者选购产品。

图1-9　S曲线型版面布局效果

3. 对称型版面布局

对称型版面布局在商品详情页中经常会被用到，这种版面布局可以保证版面各构成元素之间的平衡感，使版面具有统一、规整的视觉效果，利用均衡的版面传递消息。

在图1-10所示的店铺版面布局中可以看出，整个店铺的版面布局采用了对称型的版面布局方式，该布局方式将产品图片放置在了中间，而产品细节元素则采用了左右对称的方式布局在产品图片的两侧，可以让画面中商品的细节得到更直观的展示。

图1-10　对称型版面布局效果

1.3.2　图片与文字布局

在装修电商店铺时，不论是装修店铺首页还是商品详情页，都离不开文字与图片的搭配使用。如果一个页面只有图片而没有文字，则不能展现出产品图片所要表达的内容；而如果大量地使用文字，没有图片，则容易使顾客在浏览产品时产生视觉疲劳，也无法感受到产品的实物效果。在布局店铺中的图片与文字时，有左文右图、左图右文、上文下图、上图下文等多种布局搭配方式。

1. 左文右图

左文右图的布局方式是将文字放置在画面的左侧，图片放置在画面的右侧，该布局方式遵从了顾客从左至右的阅读习惯，使顾客从阅读文字开始了解产品的特征和卖点等信息。如图1-11所示为左文右图的店铺布局效果。

图1-11　左文右图的店铺布局效果

2. 左图右文

左图右文是将要展现的产品图片或者模特图像置于画面的左侧，而文字放置在了画面的右侧，通过这种布局方式可以更好地对商品进行分析和说明。如图1-12所示为左图右文的店铺布局效果。

图1-12　左图右文的店铺布局效果

3. 上文下图

上文下图的布局方式是将文字置于图片的上方，通过这种布局方式可以将文字醒目地表现出，使版面呈现出上轻下重的视觉效果，从而带给人稳重感。如图1-13所示为上文下图的店铺布局效果。

图1-13　上文下图的店铺布局效果

4. 上图下文

将文字与图片按上图下文的方式搭配，可以有效地使观赏者的视觉重心落到图片上，可以使人感受到图片的魅力，文字放置在图片的下方进行有规律的排列，可以给人端正、规整的感觉。如图1-14所示为上图下文的店铺布局效果。

图1-14　上图下文的店铺布局效果

1.3.3　配色方案布局

在装修电商店铺时，色彩对于店铺装修同样重要，正确运用色彩之间的差异对比才能产生相应的效果。如图1-15所示为色相对比配色的店铺装修效果。

在网店装修设计中，常用的色彩搭配方案有色相对比配色、明度对比配色以及纯度对比配色等，下面分别进行介绍。

- 色相对比配色：使用色相对比配色方案可以将两种以上的色彩放在一起，由色彩相互之间的差异产生醒目的效果。通过这种配色方案，不仅可以使画面显得富有生机，而且能够表现出丰富的层次感。
- 明度对比配色：使用明度对比配色方案可以利用明度差异对比不同区域的色彩。在应用了明度对比配色方案后，整个店铺画面可以给人和谐、自然的舒适感。
- 纯度对比配色：使用纯度对比配色方案可以将不同纯度的色彩搭配使用，从而使画面中要突出展示的商品更加醒目。

图1-15　色相对比配色的店铺装修效果

第2章　电商装修的基础

电商店铺装修是指对店铺进行美化和装饰，是提高网店转化率的有效途径。在进行店铺装修之前，首先要知道店铺装修需用到的图像文件、存储空间以及装修风格等知识，这样才能轻松高效地完成网店装修设计工作。本章将详细讲解电商装修的基础知识，为后面学习具体的装修设计打基础。

2.1 店铺装修用到的图像文件

在装修电商店铺之前，要了解店铺中需用到的图像文件格式。店铺装修必备的5种格式分别为PSD、GIF、JPEG、PNG、BMP，下面将分别进行介绍。

2.1.1 PSD图像格式

PSD（Position Sensitive Device）是Photoshop图像处理软件的专用文件格式，文件扩展名是“.psd”，可以支持图层、通道、蒙版和不同色彩模式的各种图像特征，是一种非压缩的原始文件保存格式。扫描仪不能直接生成该种格式的文件。PSD文件有时容量会很大，但由于可以保留所有原始信息，在图像处理中对于尚未制作完成的图像，选用PSD格式保存是最佳的选择。

2.1.2 GIF图像格式

GIF（Graphics Interchange Format）的原义是“图像互换格式”，是Compu Serve公司在1987年开发的图像文件格式。GIF文件的数据，是一种基于LZW算法的连续色调的无损压缩格式。其压缩率一般为50%左右，它不属于任何应用程序。目前几乎所有相关软件都支持它，公共领域有大量的软件在使用GIF图像文件。

GIF图像文件的数据是经过压缩的，而且是采用了可变长度等压缩算法。所以GIF的图像深度从1bit到8bit，也即GIF最多支持256种色彩的图像。GIF格式的另一个特点是其在一个GIF文件中可以保存多幅彩色图像，如果把保存于一个文件中的多幅图像数据逐幅读出并显示到屏幕上，就可构成一种最简单的动画。

GIF解码较快，因为采用隔行存放的GIF图像，在边解码边显示的时候可分成四遍扫描。第一遍扫描虽然只显示了整个图像的1/8，第二遍的扫描后也只显示了1/4，但这已经把整幅图像的概貌显示出来了。在显示GIF图像时，隔行存放的图像会让用户感觉到它的显示速度似乎要比其他图像快一些，这是隔行保存的优点。

2.1.3 JPEG图像格式

JPEG（Joint Photographic Experts Group）文件扩展名为“.jpeg”或“.jpg”，是最常用的图像文件格式，由一个软件开发联合会组织制定，是一种有损压缩格式，能够将图像压缩在很小的储存空间，图像中重复或不重要的资料会被丢失，因此容易造成图像数据的损伤。尤其是使用过高的压缩比例，将使最终解压缩后恢复的图像质量明显降低，如果追求高品质图像，不宜采用过高压缩比例。但是压缩技术十分先进，它用有损压缩方式去除冗余的图像数据，在获得极高的压缩率的同时能展现十分丰富生动的图像，换句话说，就是可以用最少的磁盘空间得到较好的图像品质。

JPEG是一种很灵活的格式，具有调节图像质量的功能，允许用不同的压缩比例对文件进行压缩，支持多种压缩级别，压缩比率通常为10：1～40：1，压缩比越大，品质就越低；相反地，压缩比越小，品质就越好。JPEG格式压缩的主要是高频信息，对色彩的信息保留较好，适合应用于互联网，可减少图像的传输时间，可以支持24bit真彩色，普遍应用于需要连续色调的图像。

JPEG格式是目前网络上最流行的图像格式，是可以把文件压缩到最小的格式，在Photoshop软件中以JPEG格式储存时，提供11级压缩级别，以0~10级表示。其中0级压缩比最高，图像品质最差。即使采用细节几乎无损的10级质量保存时，压缩比也可达5：1。以BMP格式保存时得到4.28MB图像文件，在采用

JPG格式保存时，其文件仅为178KB，压缩比达到24：1。经过多次比较，采用第8级压缩为存储空间与图像质量兼得的最佳比例。

JPEG格式的应用非常广泛，特别是在网络和光盘读物上，都能找到它的身影。目前各类浏览器均支持JPEG这种图像格式，因为JPEG格式的文件尺寸较小，下载速度快。

2.1.4 PNG图像格式

PNG（Portable Network Graphics）的原名称为“可移植性网络图像”，是网上的最新图像文件格式。PNG能够提供比GIF小30%的无损压缩图像文件。它同时提供24位和48位真彩色图像支持，以及其他诸多技术性支持。由于PNG格式非常新，所以目前并不是所有的程序都可以用它来存储图像文件，但Photoshop可以处理PNG图像文件，也可以用PNG图像文件格式存储。

2.1.5 BMP图像格式

BMP（Bitmap）是一种与硬件设备无关的图像文件格式，应用领域非常广。它采用位映射存储格式，除了图像深度可选以外，不采用其他任何压缩。BMP文件的图像深度可选1bit（信息量单位）、4bit、8bit及24bit。BMP文件存储数据时，图像的扫描方式是按从左到右、从下到上的顺序。

由于BMP文件格式是Windows环境中交换与图有关的数据的一种标准，因此在Windows环境中运行的图形图像软件都支持BMP图像格式。典型的BMP图像文件由三部分组成：位图文件头数据结构，它包含BMP图像文件的类型、显示内容等信息；位图信息数据结构，它包含有BMP图像的宽、高、压缩方法；以及定义颜色等信息。

2.2 店铺装修常识

装修好一个店铺，清楚店铺的装修常识非常重要。在装修店铺前，需要确定销售商品的类型，然后收集装修素材，通过选择店铺的种类，完成好个性化电商店铺的设计。如图2-1所示为电商店铺，在图中可以查看到电商店铺中的商品丰富，品种齐全，能够使浏览者记住该店铺，从而吸引购买者购买。

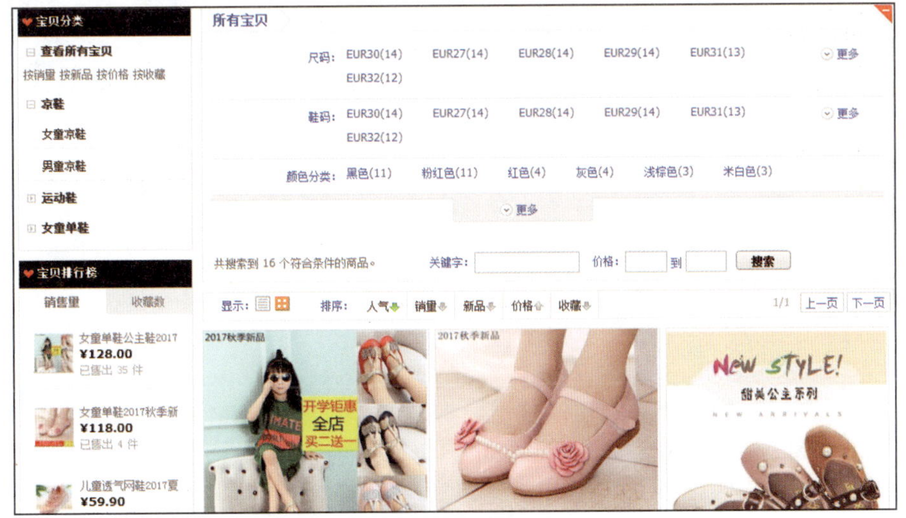

图2-1 电商店铺

2.2.1 确定销售商品的类型

在装修电商店铺之前，需要做好开店的准备工作，确定销售商品的类型。例如，销售女鞋，要确定销售哪种类别的女鞋，是以某一品种为主，其他品种为辅，还是只主打一种品种，都需要事先确定好。如图2-2所示为淘宝店铺的商品类目。

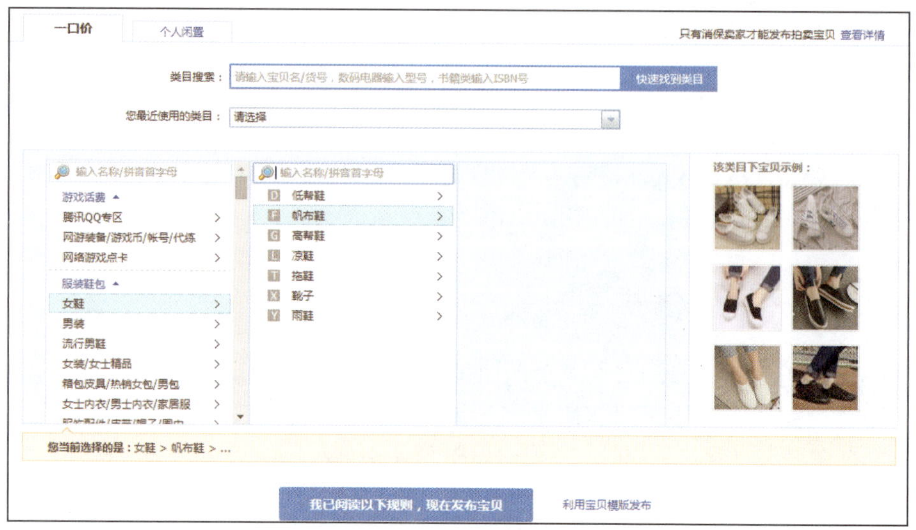

图2-2 淘宝店铺的商品类目

在淘宝网站中，商品的分类很细，用户需要为店铺进行商品定位，要为店铺起一个方便记忆的名称，并根据商品类别设置分类。如图2-3所示为淘宝店铺的店铺名称和分类。

图2-3 淘宝店铺的店铺名称和分类

2.2.2 收集可用素材

在进行网店装修的过程中，为了获得最佳的画面效果，会使用很多素材，如使用光线对文字和金属质感的商品进行修饰、利用花卉素材对标题栏或者标题进行点缀、用碎花素材对画面的背景进行布置等，这些操作中都需要使用设计素材。店铺装修用到的所有图片都要依靠图片素材完成。因此，需要提前收集大量的图片素材。这些素材可以在网络上收集，如在百度中搜索“图片”一词，就会在网页中显示很多图片素材网站，如图2-4所示。

图2-4 搜索图片素材

打开其中一个提供图片素材的网站，即可看到很多素材图片，如图2-5所示。找到合适的图片保存在本地计算机中，方便设计店铺图片时使用。此外也可以购买一些素材图库，图库越丰富，素材越全面，装修店铺时也越容易。

图2-5 图片素材

2.2.3 认识店铺的种类

店铺种类主要是指网上电子商务平台为适应当今时代的消费人群在网上商店有针对性地选购各种各样的商品而对商品做出的归类。电子商务平台的店铺种类有很多，如虚拟、服装、配饰、美容、数码、家居、母婴、食品、文体、服务和保险等类别。电子商务平台通过对商品的归类，对系统内各个店铺起到了规范和引导作用，有利于网购人群快速定位所需要的商品和服务，对加快电子商务的发展起到了促进作用。一般情况下，每个电商购物平台在开店时都有一个店铺类目的发布窗口，如图2-6所示，卖家可以通过这个发布窗口选择店铺种类。

图2-6　店铺类目发布窗口

2.3　获取店铺图片的存储空间

网络空间对于电商店铺的卖家来说是必不可少的。因为店铺管理中只支持基本图片的上传，而大部分商品说明、图片等相关信息必须放置在自己的网络空间中。此时需要卖家自己在互联网上找到一个存储图片的空间，方便图片的收纳和管理。

旺铺图片空间是淘宝旺铺中存储淘宝商品图片的网络空间，在申请淘宝旺铺后，会获得30MB的存储空间，随着店铺等级的增长，不同等级的卖家，也可以享受不同的免费容量待遇。

- 淘宝网卖家星级为钻石及其以下享受1GB/年的免费容量；
- 淘宝网卖家星级为皇冠享受4GB/年的免费容量；
- 淘宝网卖家星级为红冠享受30GB/年的免费用量；
- 天猫商家图片存储容量免费。

如果店铺中商品图片的存储量超过免费容量，则需要按4.5元/GB/年收取费用。图2-7所示为旺铺图片空间。

图2-7　旺铺图片空间

下面将详细介绍通过使用旺铺图片空间上传商品图片的操作方法。

01 启动浏览器，进入“淘宝网”主页，登录账号和密码，在主页最上方的导航栏中，单击“卖家中心”超链接，进入“卖家中心”页面，在左侧的“店铺管理”选项区中，单击“图片空间”超链接，如图2-8所示。

02 进入“图片空间”页面，单击“上传图片”按钮，如图2-9所示。

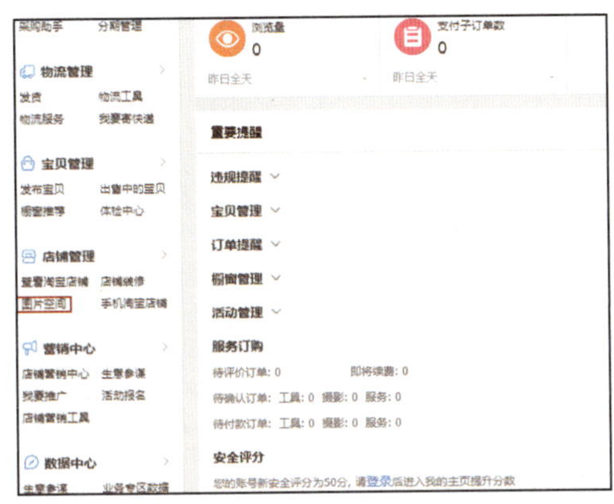

图2-8　单击“图片空间”超链接

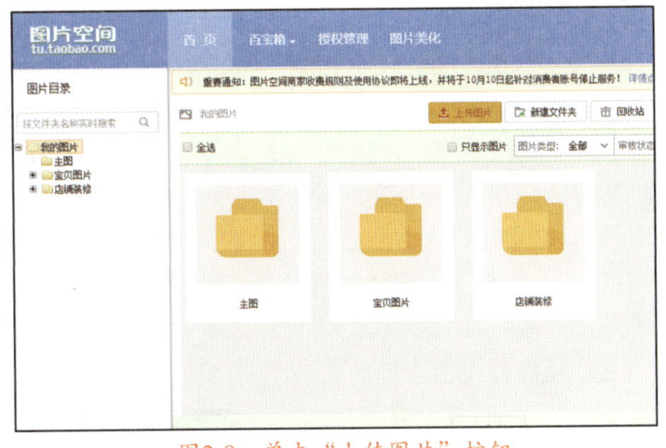

图2-9　单击“上传图片”按钮

03 弹出“上传图片”对话框，在“通用上传”选项区中，单击“点击上传”按钮，如图2-10所示。

04 弹出“打开”对话框，在相应的文件夹中，选择需要上传的图片对象，如图2-11所示。

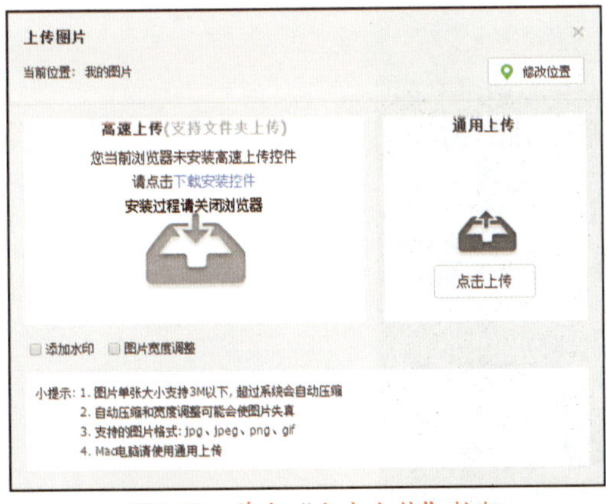

图2-10　单击“点击上传”按钮

图2-11　选择图片

05 弹出“上传文件中”对话框，开始上传文件，如图2-12所示。

06 上传完成后，提示全部上传成功信息，在“图片空间”页面中显示已上传的图片，如图2-13所示。

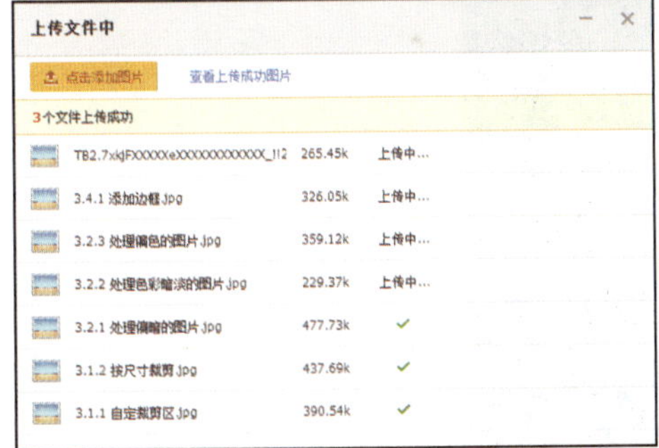

图2-12　上传文件

图2-13　成功上传图片

2.4 店铺装修基础

在创建好电商店铺后，为了吸引更多的买家前来浏览店铺的宝贝信息，装修店铺就显得尤为重要了。店铺装修是艺术和技术的结合，一个好的店铺本身就是一件优秀的艺术作品。本节详细讲解装修店铺的基础知识。

2.4.1 选择风格

“风格”是指店铺的整体形象给买家的综合感受。店铺风格包含多个方面，但最直接的体现是在店铺装修的风格上，店铺的装修风格要和销售的商品类型相匹配。

一家店铺不管是电商店铺还是实体店铺，一定要根据销售商品的类型确定自己的装修风格，贴近自己的消费群体，了解他们的喜好、消费习惯，综合分析后形成自己特有的店铺装修风格。例如，经营电子数码产品的店铺，其销售对象大多是成年男性，其理性和逻辑思维较强，因此店铺装修应该以黑、蓝为主，从而体现出店铺的科技感与时尚潮流感，如图2-14所示。

图2-14　电子数码产品店铺装修

下面将介绍一些常见的根据商品类别确定装修风格的装修经验。

- 数码类：装修数码店铺时，以蓝色和黑色主打，体现科技感、酷炫感和潮流感。
- 服装类：服装类商品的装修风格需要根据年龄、性别和层次多方面结合来进行选择。例如，经营青年女性休闲外衣的店铺，可以使用活泼明快的色调；经营中老年男装的网店，应该使用庄重、肃穆的色调，也可以迎合中老年人喜欢喜庆的心理，使用红色背景、大灯笼等来装修店铺。
- 母婴类：母婴类店铺应该多采用浅色系，凸显温馨、亲情的感觉。
- 护肤品类：护肤品类店铺应该多采用浅色、亮色、纯色，给人一种鲜亮、光洁、水润、充满青春活力的感觉。
- 家居类：家居类店铺可以选择粉色系的温馨风格，可以选择蓝白系的明朗风格，还可以选择深红色的复古风格。

2.4.2 布局管理

网店装修的过程中，各个模块的布局也是影响装修风格的一个重要因素，各个模块的搭配要统一、简洁。已经给自己的店面做出装修风格设定后，模块之间的相互搭配和组合也是至关重要的。无序的模块叠加，只会给广大买家一个凌乱的感觉。因此，在装修店铺之前，首先需要对店铺的布局有一定的认识，这样才能更直观地从整体上规划装修。

淘宝布局管理是对淘宝店铺整体结构的调整，包含店铺招牌、导航、页尾等，这也是进入旺铺装修进行模块添加的一个最基本的操作。如图2-15所示为淘宝店铺的基本布局。

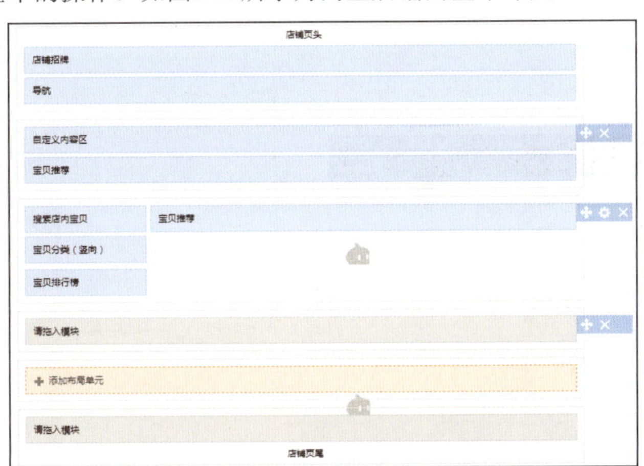

图2-15　淘宝店铺的基本布局

在淘宝店铺的页面布局中，单击“添加布局单元”按钮，打开“布局管理”对话框，可以根据需要选择布局结构，如图2-16所示。

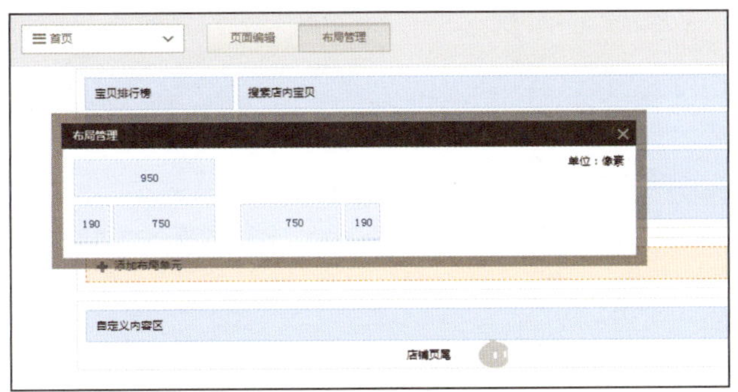

图2-16　“布局管理”对话框

2.4.3 宝贝分类管理

在装修电商店铺时，为了方便店铺中商品的管理，可以对产品进行分类管理，下面将介绍宝贝分类管理的具体操作步骤。

01 在淘宝网的“卖家中心”页面中，单击“宝贝管理”选项区右侧的“自定义”超链接，如图2-17所示。

02 进入“应用中心”页面，在右侧的“店铺管理”选项区中，单击“宝贝分类管理”超链接，如图2-18所示。

图2-17 单击“自定义”超链接

图2-18 单击“宝贝分类管理”超链接

03 进入“宝贝分类管理”页面，单击“添加手工分类”按钮，如图2-19所示。

04 即可添加一个分类文本框，输入文本“女士凉鞋”，如图2-20所示，即可添加宝贝分类。

图2-19 单击“添加手工分类”按钮

图2-20 添加宝贝分类

05 在每个分类名称的右侧，单击“添加图片”按钮，在打开的对话框中为宝贝添加图片即可，单击“保存更改”按钮，如图2-21所示，完成宝贝的分类添加与图片添加操作。

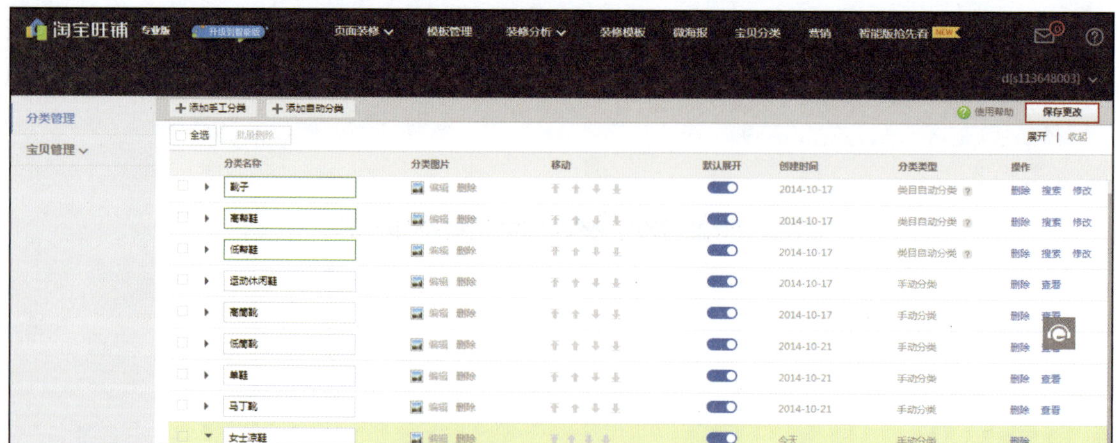

图2-21 分类管理宝贝

店铺装修设计

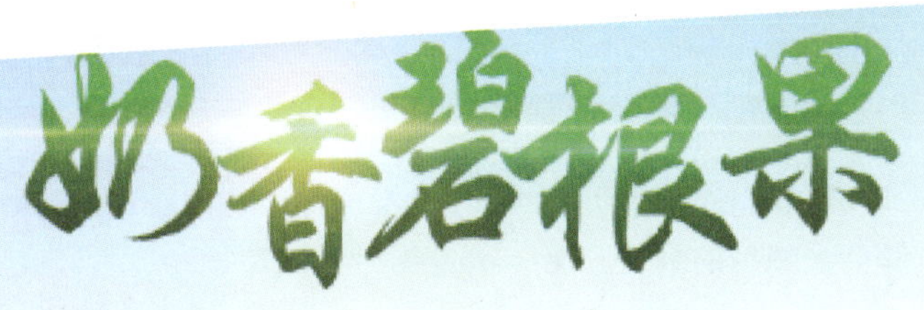

第3章 商品美化图

在装修电商店铺时，需要将商品图片进行后期处理，比如调整大小、处理色调、抠图以及添加水印、添加边框等，通过这一系列的处理，才能变成一张合格的、适合在网店中浏览的漂亮图片。本章将详细讲解商品图美化的操作方法，为后期的店铺装修打基础，从而装修出精美漂亮的店铺效果。

3.1 商品的裁剪

在装修店铺时，宝贝推荐区、橱窗区等不同区域所使用到的图片尺寸也不一样，需要对产品图片进行裁剪，以满足店铺的尺寸需求。本节详细讲解商品裁剪的具体方法。

3.1.1 自定裁剪区

使用裁剪工具可以通过调整裁剪控制框的大小，自定义裁剪区域进行裁剪操作。

实例效果

01 启动Photoshop程序，在程序界面的菜单栏中，执行“文件”|“打开”命令，如图3-1所示。

02 弹出“打开”对话框，选择“素材\第3章\3.1.1\女装.jpg”图像文件，如图3-2所示。

图3-1 执行“打开”命令

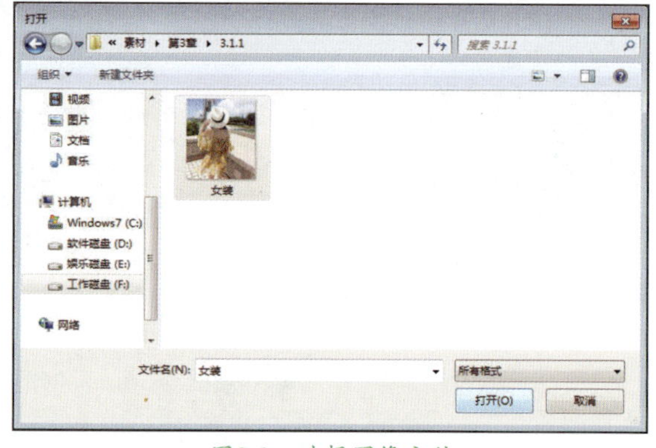

图3-2 选择图像文件

03 单击“打开”按钮，即可打开选择的图像文件，如图3-3所示。

04 选择工具箱中的（裁剪工具），在画面中，单击鼠标并拖曳，创建矩形裁剪框，如图3-4所示。

图3-3 打开图像文件

图3-4 创建矩形裁剪框

05 将鼠标指针放置在裁剪框的边界上，当指针呈↕形状时，按住鼠标左键拖曳可以调整裁剪框的大小，如图3-5所示。

06 将鼠标指针放置在定界框四周的任意一个角上，当指针变为↖形状时，按住快捷键Shift+Alt的同时拖动鼠标指针，可进行等比例缩放，如图3-6所示。

图3-5 调整裁剪框大小

图3-6 等比例缩放

07 将鼠标指针放置在裁剪框外，当指针变为↻形状时，按住鼠标左键拖曳，即可旋转裁剪框，如图3-7所示。

08 单击工具选项栏上的✓按钮，或者按回车键，或在裁剪框内双击，即可完成裁剪操作，裁剪框外的图像被去除，如图3-8所示。

图3-7 旋转裁剪框

图3-8 裁剪图像

3.1.2 按尺寸裁剪

在裁剪商品图片时，不仅可以自定义裁剪选区进行裁剪，还可以直接指定一定的裁剪尺寸比例，对裁剪选区内的图片进行裁剪操作。

实例效果

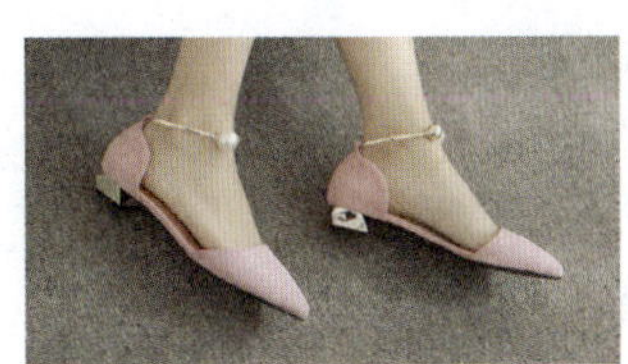

扫一扫

下载视频教学

01 执行“文件”|“打开”命令，打开“素材\第3章\3.1.2\女鞋.jpg”图像文件，如图3-9所示。

02 在工具箱中选择 （裁剪工具），在上方工具选项栏的“预设的裁剪选项”列表框中选择16：9选项，如图3-10所示。

图3-9　打开图像文件

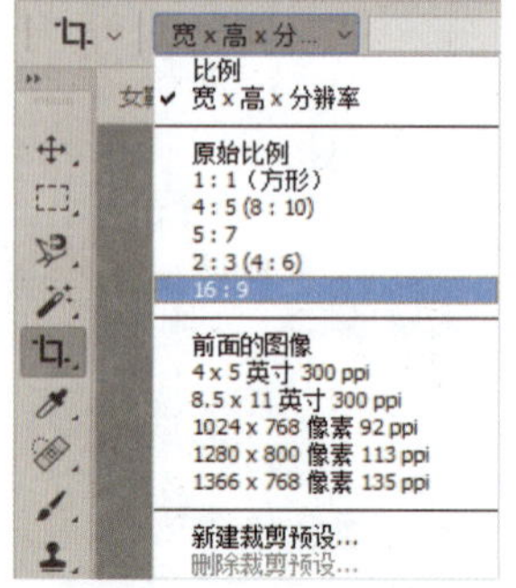

图3-10　选择16：9选项

TIPS 在“裁剪工具”工具选项栏的“预设的裁剪选项”列表框中包含有多个裁剪预设选项，不同的裁剪预设选项，其裁剪尺寸不同。

- 比例：选择该选项，可以根据指定的比例进行裁剪，如指定1：1（方形）、4：5（8：10）、5：7、2：3（4：6）和16：9等比例裁剪图片。
- 宽×高×分辨率：选择该选项，可以根据宽度、高度和分辨率来调整裁剪框大小。
- 原始比例：选择该选项，可以自由调整裁剪框的大小。
- 前面的图像：选择该选项，可以根据已打开过的图像尺寸和分辨率来裁剪图片。

03 在图像上将显示16：9的裁剪框，如图3-11所示。

04 按住鼠标左键并向下拖曳，向上移动图像的位置，使需要裁剪的区域完全显示在裁剪框中，如图3-12所示。

图3-11　显示裁剪框

图3-12　移动图像

05 确定好裁剪区域后，在工具选项栏中单击✓按钮，完成图像的裁剪操作，其图像效果如图3-13所示。

图3-13　裁剪图像

3.1.3 裁剪倾斜图片

在拍摄照片时，若由于相机没有端平而导致画面内容倾斜，此时可以使用Photoshop软件中的标尺工具和裁剪工具，对倾斜的图片进行校正裁剪操作。

实例效果

01 执行“文件”|“打开”命令，打开“素材\第3章\3.1.3\童装.jpg”图像文件，如图3-14所示。

02 在“图层”面板中，选择“背景”图层，右击，弹出快捷菜单，选择“复制图层”命令，如图3-15所示。

图3-14 打开图像文件

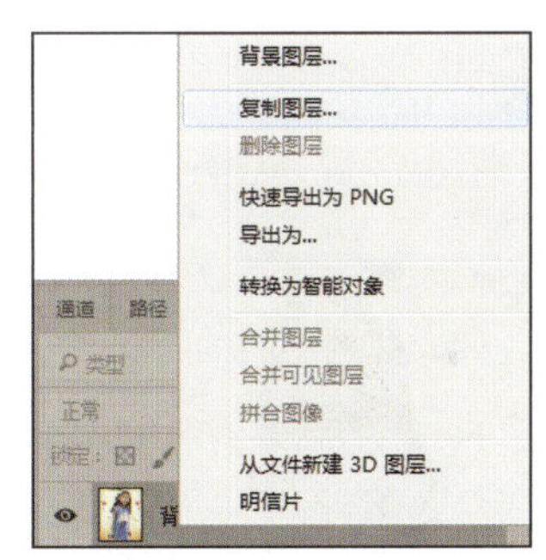

图3-15 选择“复制图层”命令

03 弹出“复制图层”对话框，保持默认名称，单击“确定”按钮，如图3-16所示。

04 即可完成图层的复制操作，并在“图层”面板中显示“背景拷贝”图层，如图3-17所示。

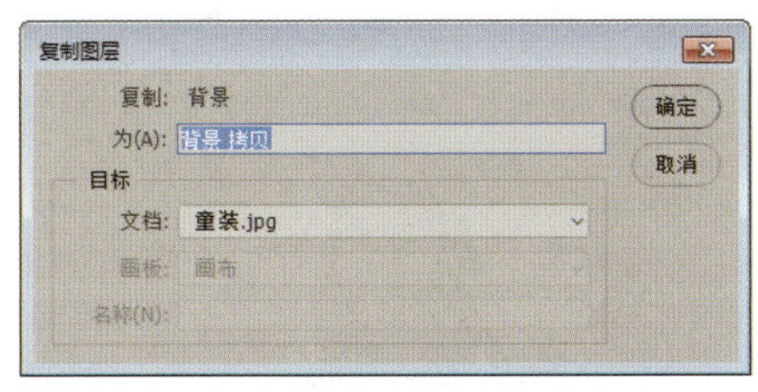

图3-16 “复制图层”对话框

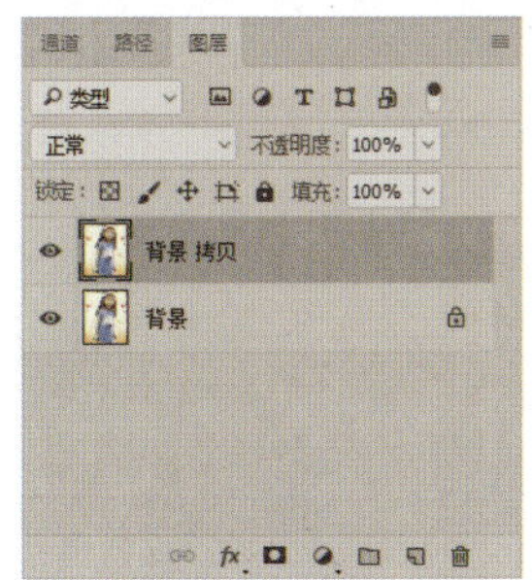

图3-17 复制图层

05 选择工具箱中的（标尺工具），沿着图像海平线按住鼠标左键拖曳，继续向左下角拖曳鼠标指针至边缘位置，如图3-18所示。

06 释放鼠标后，在工具选项栏中将显示X、Y、W、H和A等参数，其中A标识图像的角度，如图3-19所示。

图3-18　拖曳海平线

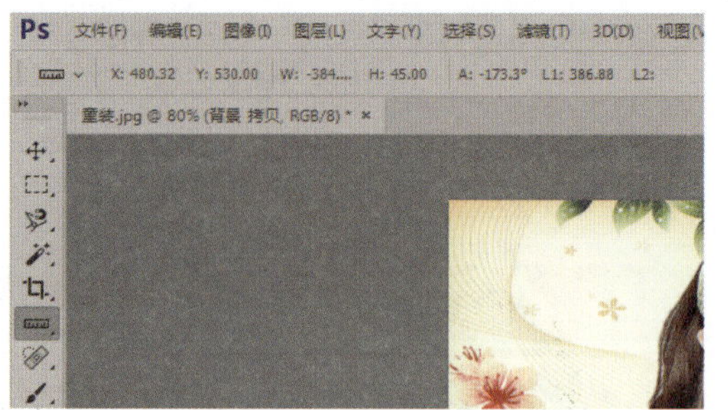
图3-19　工具选项栏参数

07 执行“图像”|“图像裁剪”|“任意角度”命令，如图3-20所示。

08 弹出“旋转画布”对话框，在“角度”文本框中自动出现所存在的倾斜角度参数，选中“度顺时针”单选按钮，如图3-21所示。

图3-20　执行“任意角度”命令

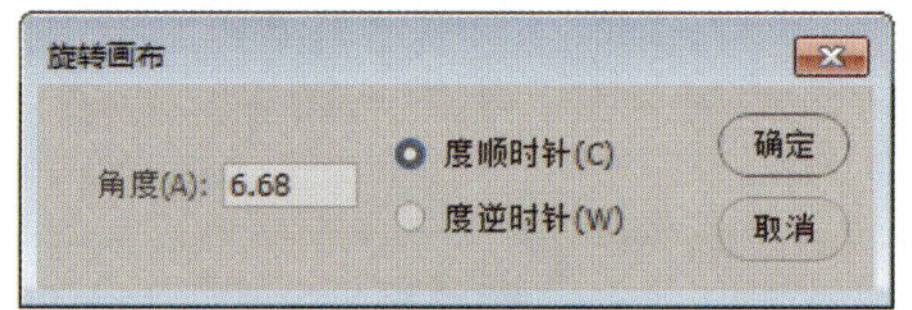

图3-21　设置“角度”参数

09 即可对图像对象进行旋转操作，并查看旋转后的图形效果，如图3-22所示。

10 在工具箱选择（裁剪工具），在工具选项栏的“预设的裁剪选项”列表框中选择“原始比例”选项，在图像上，按住鼠标左键拖曳，创建矩形裁剪框，如图3-23所示。

图3-22　旋转图像

图3-23　创建矩形裁剪框

11 在图像区将显示裁剪控制框，将鼠标指针放置在裁剪框的边界上，当指针呈↕形状时，按住鼠标左键拖动可以调整裁剪框的大小，如图3-24所示。

12 在裁剪控制框上双击，即可裁剪倾斜图片，其图像最终效果如图3-25所示。

图3-24　调整裁剪框大小

图3-25　裁剪倾斜图片

3.2 商品图调色处理

在拍摄商品图片时，经常由于技术、天气、时间等原因或条件所限，拍摄出来的照片不尽如人意，时常需要对商品图片的色调进行重新处理，才能制作出令人满意的商品图。本节详细讲解对偏暗、色彩暗淡或偏色的商品图进行色调处理的操作方法。

3.2.1 处理偏暗的图片

在Photoshop中处理色调偏暗的图片时，可以使用“亮度/对比度”和“曲线”命令，对图像的色调范围进行调整，从而使图像变亮。

实例效果

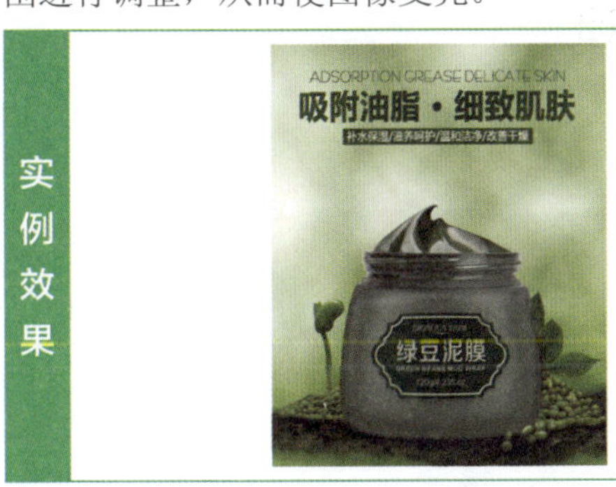

扫一扫

下载视频教学

01 执行“文件”|“打开”命令，打开“素材\第3章\3.2.1\面膜.jpg”图像文件，如图3-26所示。

02 执行“图像”|“调整”|“亮度/对比度”命令，弹出“亮度/对比度”对话框，修改“亮度”参数为40、“对比度”参数为22，如图3-27所示。

图3-26　打开图像文件

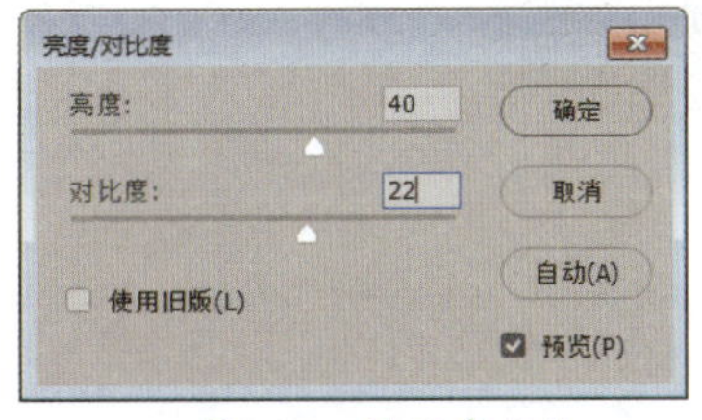

图3-27　设置参数值

03 单击“确定”按钮，即可调整图像的亮度和对比度，其图像效果如图3-28所示。

04 执行“图像”|“调整”|“曲线”命令，弹出“曲线”对话框，在曲线的中间处，添加一个曲线点，并将其向上拖曳至合适位置，如图3-29所示。

图3-28　调整后的图像效果

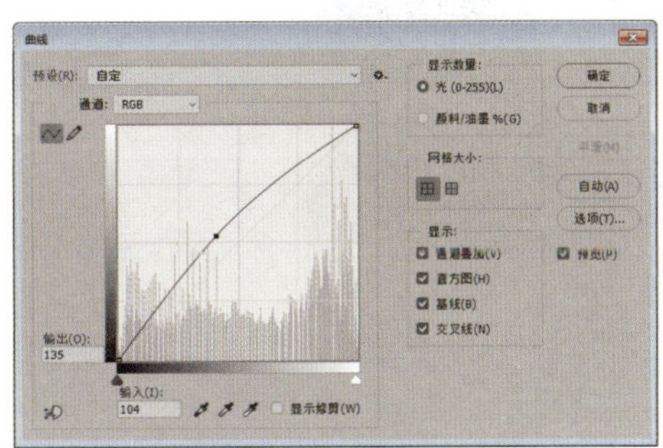

图3-29　调整曲线

05 单击“确定”按钮，即可调整图像的曲线，得到最终效果，如图3-30所示。

图3-30 最终效果

3.2.2 处理色彩暗淡的图片

在拍照的过程中，经常由于天气、光照、遮挡物等原因，拍出来的照片会出现色彩暗淡、缺乏光亮的感觉，如果重拍，不仅麻烦，可能还拍不出当时的效果，这时可以通过Photoshop中的“色阶”和“色相/饱和度”命令进行调整，以达到心中预期的光照效果。

实例效果

扫一扫

下载视频教学

01 执行“文件”|“打开”命令，打开“素材\第3章\3.2.2\围巾.jpg”图像文件，如图3-31所示。

02 执行“图像”|“调整”|“色阶”命令，弹出“色阶”对话框，修改“色阶”参数依次为0、1.58、240，如图3-32所示。

图3-31 打开图像文件

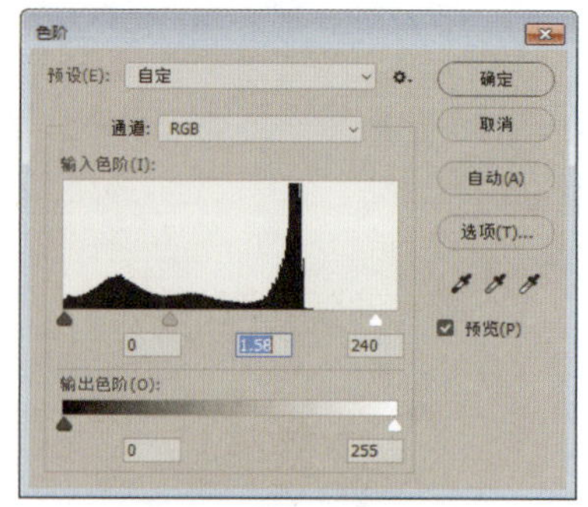

图3-32 设置参数值

03 单击“确定”按钮，即可调整图像的色阶，其图像效果如图3-33所示。

04 执行“图像”|“调整”|“色相/饱和度”命令，弹出“色相/饱和度”对话框，修改“色相”为-27、“饱和度”为20、“明度”为11，如图3-34所示。

图3-33 调整图像

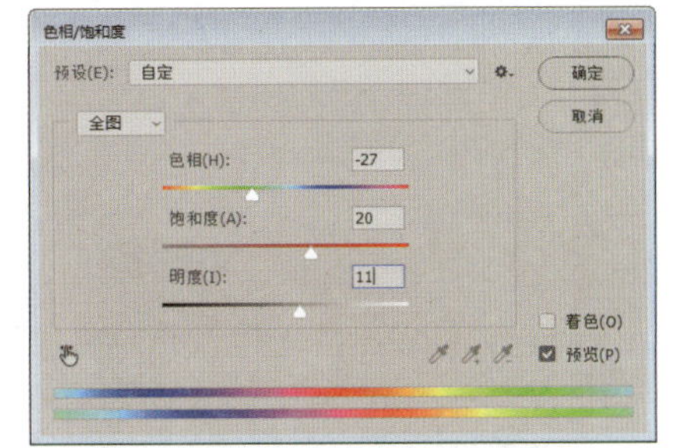

图3-34 设置参数值

05 单击“确定”按钮，即可调整图像的色相/饱和度，得到最终效果，如图3-35所示。

图3-35 最终效果

3.2.3 处理偏色的图片

在拍摄的过程中，由于光线或角度的问题，拍摄的照片有可能存在偏色的情况。为了处理偏色的图片，可以在Photoshop中使用“色彩平衡”等命令进行调整。

实例效果

扫一扫

下载视频教学

01 执行“文件”|“打开”命令，打开“素材\第3章\3.2.3\女包.jpg”图像文件，如图3-36所示。

02 执行“图像”|“调整”|“色彩平衡”命令，弹出“色彩平衡”对话框，修改参数依次为60、-78、70，如图3-37所示。

图3-36 打开图像文件

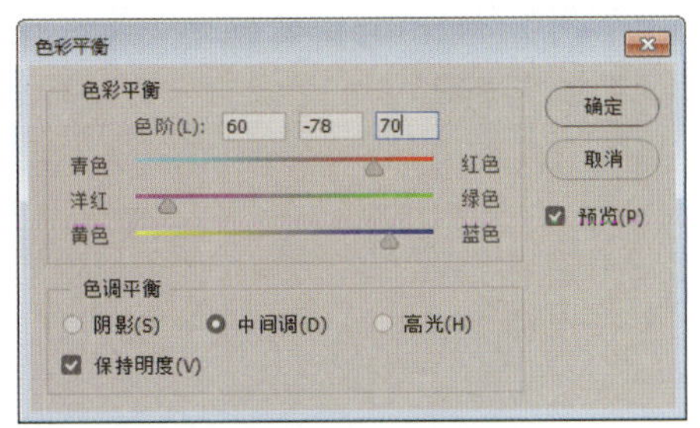

图3-37 设置参数值

03 单击“确定”按钮，即可调整图像的色彩平衡，其图像效果如图3-38所示。

04 执行“图像”|“调整”|“色相/饱和度”命令，弹出“色相/饱和度”对话框，修改“色相”为3、“饱和度”为12，如图3-39所示。

图3-38　调整图像

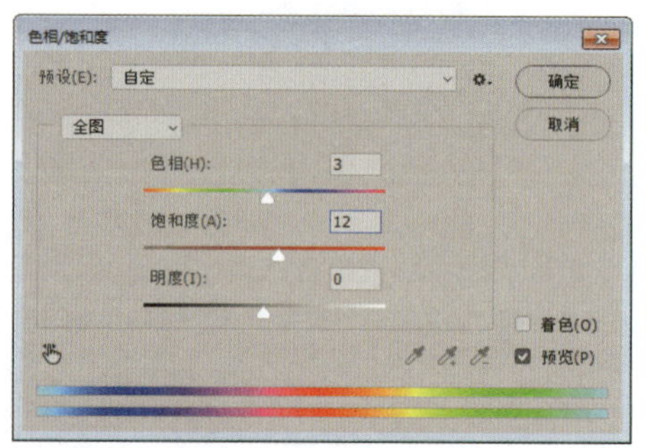

图3-39　设置参数值

05 单击“确定”按钮，即可调整图像的色相/饱和度，其图像效果如图3-40所示。

06 执行“图像”|“调整”|“通道混和器”命令，弹出“通道混和器”对话框，修改“红色”为+114、“蓝色”为-27，如图3-41所示。

图3-40　调整图像

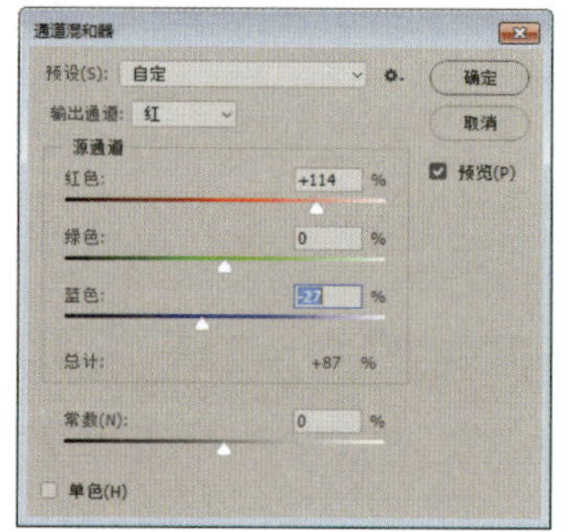

图3-41　设置参数值

07 单击“确定”按钮，即可调整图像的通道混合器，得到最终效果，如图3-42所示。

图3-42　最终效果

3.3　多种抠图

抠图是指将图像中需要的部分从画面中精确地提取出来。抠图是后续图像处理的重要基础。在装修店铺时，时常需要将一些图片单独抠取出来，放在漂亮的背景图片中，从而制作出店铺中的海报、直通车图、钻展图等图形效果。在Photoshop中，抠图的方法有很多种，常见的有不规则形状抠图、简单背景抠图、复杂图形抠图等，本节将详细讲解多种抠图的方法。

3.3.1 不规则形状抠图

使用磁性套索工具可以将不规则形状的图形从背景图中单独抠取出来，下面将介绍其具体操作步骤。

实例效果

01 执行“文件”|“打开”命令，打开“素材\第3章\3.3.1\电烤盘.jpg”图像文件，如图3-43所示。

02 在“图层”面板中，双击“背景”图层，弹出“新建图层”对话框，单击“确定”按钮，即可将其转换为“图层0”图层，如图3-44所示。

图3-43 打开图像文件

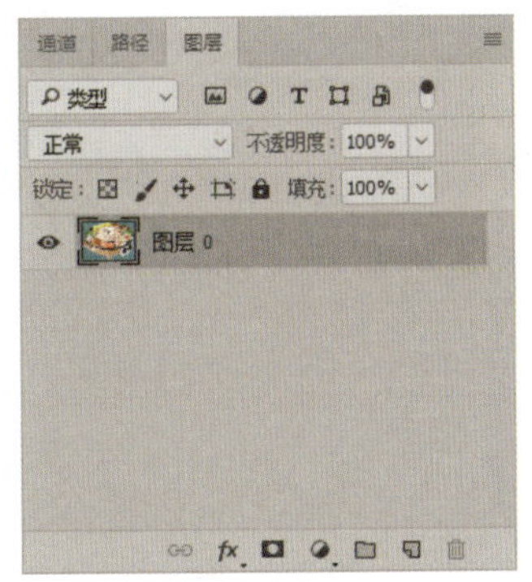

图3-44 转换图层

03 在工具箱中选择（磁性套索工具），在图像上单击，确定起点锚点，拖动鼠标指针会显示一条磁性套索路径，如图3-45所示。

04 继续沿着电烤盘边缘拖动鼠标指针，创建锚点，如图3-46所示。

图3-45 显示磁性套索路径

图3-46 创建锚点

05 当绘制到第一个锚点上单击，即可将磁性套索路径封闭，并自动创建选区，如图3-47所示。

06 在创建的选区上右击，弹出快捷菜单，选择“选择反向”命令，如图3-48所示。

图3-47　自动创建选区

图3-48　选择“选择反向”命令

07 即可反选选区，按Delete键，即可删除选区内的蓝色背景图像，按快捷键Ctrl+D取消选中选区，如图3-49所示。

08 在工具箱中选择（橡皮擦工具），在工具选项栏中，设置“大小”参数为“10像素”，在背景图像上按住鼠标左键拖曳，擦除多余的图像，如图3-50所示。

图3-49　删除选区图像

图3-50　擦除图像

09 执行“文件”|“打开”命令，打开“素材\第3章\3.3.1\背景图.jpg”图像文件，如图3-51所示。

10 在工具箱中选择（移动工具），在“电烤盘”图像上，选择电烤盘图像，将其拖曳至“背景图”的背景图像上，得到最终图像效果，如图3-52所示。

图3-51　打开背景图像

图3-52　最终图像

> TIPS
> 使用磁性套索工具绘制选区的过程中，按住Alt键在其他区域单击，可以切换为多边形套索工具创建直线选区；如果按住Alt键单击并拖动鼠标，可以切换为套索工具。

3.3.2 简单背景抠图

在抠取图像时，如果图像的背景效果很简单，则可以使用魔棒工具，快速选择色彩变化不大且色调相近的区域，进行图像抠图操作。

01 执行“文件”|“打开”命令，打开“素材\第3章\3.3.2\坚果.jpg”图像文件，如图3-53所示。

02 在“图层”面板中，双击“背景”图层，弹出“新建图层”对话框，单击“确定”按钮，即可将其转换为“图层0”图层，如图3-54所示。

图3-53 打开图像文件

图3-54 转换图层

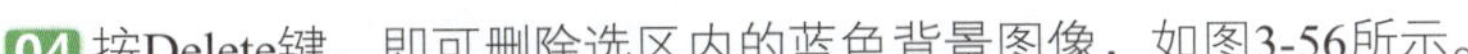

03 在工具箱中选择（魔棒工具），在图像的蓝色背景上单击，即可创建选区，如图3-55所示。

04 按Delete键，即可删除选区内的蓝色背景图像，如图3-56所示。

图3-55 创建选区

图3-56 删除选区图像

05 使用同样的方法，依次创建其他选区，并删除选区内的蓝色背景图像，并选择（橡皮擦工具），擦除多余的背景，如图3-57所示。

06 执行“文件”|“打开”命令，打开“素材\第3章\3.3.2\背景.jpg”图像文件，如图3-58所示。

图3-57　删除选区图像

图3-58　打开图像文件

07 在工具箱中选择 （移动工具），将“坚果”图像中的坚果拖曳至“背景”图像上，得到最终的图像效果，如图3-59所示。

图3-59　最终图像效果

> TIPS　使用魔棒工具时，按住Shift键单击可以添加选区；按住Alt键单击可以在当前选区中减去选区；按住快捷键Shift+Alt单击可以得到与当前选区相交的选区。

3.3.3　复杂图形抠图

在抠取图像时，有的图像边缘呈现不规则形状，有直线，也有曲线。此时，可以使用钢笔工具绘制出光滑的曲线路径或直线路径来进行图像的抠图操作。

实例效果

FASHION
包邮
100%真皮
爆款热卖

扫一扫

下载视频教学

01 执行“文件”|“打开”命令，打开“素材\第3章\3.3.3\皮鞋.jpg”图像文件，如图3-60所示。

02 在工具箱中选择（钢笔工具），在工具选项栏中，设置“工具模式”为“路径”。多次按快捷键Ctrl++，放大图像，在图像窗口的皮鞋边缘上，按住鼠标左键拖动鼠标指针，绘制第一个点，如图3-61所示。

图3-60 打开图像文件

图3-61 绘制第一个点

03 移动指针到合适的位置，按住鼠标左键绘制第二个曲线锚点，此时可以看到在两点之间产生了一条曲线，如图3-62所示。

04 用同样的方法，继续绘制其他锚点，这样就形成一条曲线路径，如图3-63所示。

图3-62 产生曲线

图3-63 创建曲线路径

05 继续沿着皮鞋边缘创建锚点，在直线段的地方单击添加锚点，曲线段的地方拖动鼠标指针创建锚点，如图3-64所示。

06 当绘制到第一个锚点时，指针右下角将显出一个小圆圈，此时单击，即可将路径封闭，如图3-65所示。

图3-64 产生曲线

图3-65 创建曲线路径

07 在“路径”面板的底部，单击“将路径作为选区载入”按钮，如图3-66所示，即可将钢笔工具路径转换为选区，如图3-67所示。

图3-66　单击"将路径作为选区载入"按钮

图3-67　转换选区

08 执行"文件"|"打开"命令，打开"素材\第3章\3.3.3\背景.jpg"图像文件，如图3-68所示。

09 在工具箱中选择（移动工具），将选区内的图像移动并拖曳至"背景"图像窗口中，按快捷键Ctrl+T，打开变换控制框，调整图像的大小和位置，得到最终的图像效果如图3-69所示。

图3-68　打开图像文件

图3-69　最终图像

TIPS 使用钢笔工具绘制直线的方法比较简单，在操作时单击，不要拖动鼠标指针，否则将创建为曲线路径。如果要绘制水平、垂直或以45°角为增量的直线，可以按住Shift键进行操作。

3.4　边框、水印、批处理

在美化商品图片时，不仅需要对商品图片进行裁剪、调色和抠图处理，还需要为商品图片添加边框和水印，可以批处理商品图片，从而节省美化时间。

3.4.1　添加边框

在美化商品图片时，时常需要为图片添加边框效果，以免图片的边框线与底图撞色。使用Photoshop中的"描边"命令，可以为图片添加各种各样的描边边框效果。

01 执行“文件”|“打开”命令，打开“素材\第3章\3.4.1\护肤品.jpg”图像文件，如图3-70所示。

02 按快捷键Ctrl+A，全选所有图像，创建出矩形选区，如图3-71所示。

图3-70　打开图像文件

图3-71　创建矩形选区

03 执行“编辑”|“描边”命令，弹出“描边”对话框，修改“宽度”参数为“10像素”、“颜色”RGB参数分别为119、110、237，选中“内部”单选按钮，如图3-72所示。

04 单击“确定”按钮，即可为图像添加描边效果，其图像效果如图3-73所示。

TIPS

在“描边”对话框中，各选项的含义如下。

- 宽度：用于设置描边的宽度参数。
- 颜色：单击“颜色”选项右侧的颜色块，在打开的“拾色器”对话框中设置描边颜色。
- 位置：用于设置描边相对于选区的位置，包括“内部”“居中”和“居外”3种选项。
- 混合：可以设置描边颜色的混合模式和不透明度。选中“保留透明区域”复选框，表示只对包含像素的区域描边。

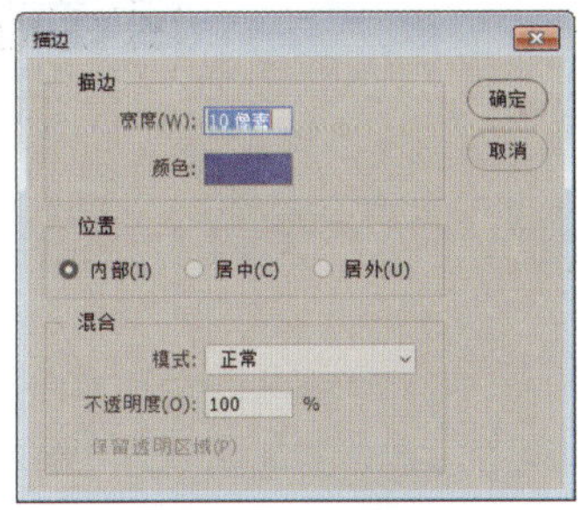

图3-72　设置参数值

图3-73　添加描边效果

05 在工具箱中选择（矩形选框工具），在图像上按住鼠标左键拖曳，创建一个矩形选区，如图3-74所示。

06 在选区上右击，打开快捷菜单，选择“选择反向”命令，反向选择选区，如图3-75所示。

图3-74　创建矩形选区

图3-75　反向选择选区

07 执行“滤镜”|“滤镜库”命令，弹出“滤镜库”对话框，在右侧的列表框中，选择“网状”滤镜效果，如图3-76所示。

08 单击“确定”按钮，即可为描边边框添加滤镜，最终的图像效果如图3-77所示。

图3-76　选择滤镜效果

图3-77　最终图像效果

3.4.2　添加水印

在拍摄产品图片后，为自己店铺中的产品图片加上LOGO水印，能够防止盗图，从而保护自己的图。这既是对自己知识产权的一种保护，也是店家应该具备的法律意识。

实例效果

扫一扫

下载视频教学

01 执行“文件”|“新建”命令，弹出“新建文档”对话框，依次设置各参数选项，如图3-78所示，单击“确定”按钮，即可新建一个文档。

02 在工具箱中选择T（横排文字工具），在图像上单击，输入文本“时尚衣品”，在工具选项栏中，修改“字体”为“微软雅黑”、“字号”为“34点”、“字体颜色”的RGB参数分别为255、0、0，效果如图3-79所示。

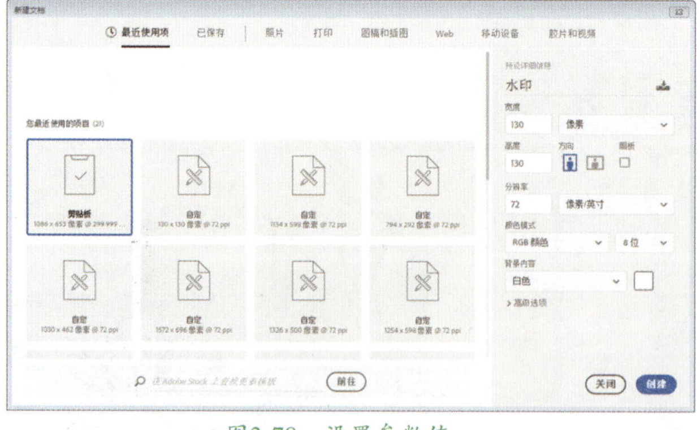

图3-78　设置参数值

图3-79　创建文本

03 在“图层”面板中，选择“背景”图层，按Delete键将其删除，其图像效果如图3-80所示。

04 执行“编辑”|“变换”命令，弹出变换控制框，将鼠标指针移至变换控制框的右下角，当指针呈↻形状时，按住鼠标左键向右上方拖曳，旋转文本，其图像效果如图3-81所示。

图3-80 删除图层效果

图3-81 旋转文本

05 右击“文本”图层，弹出快捷菜单，选择“混合选项”命令，弹出“图层样式”对话框，选中“描边”复选框，在对应列表框中修改各参数值，如图3-82所示。

06 单击“确定”按钮，即可为文本添加“描边”图层样式，其图像效果如图3-83所示。

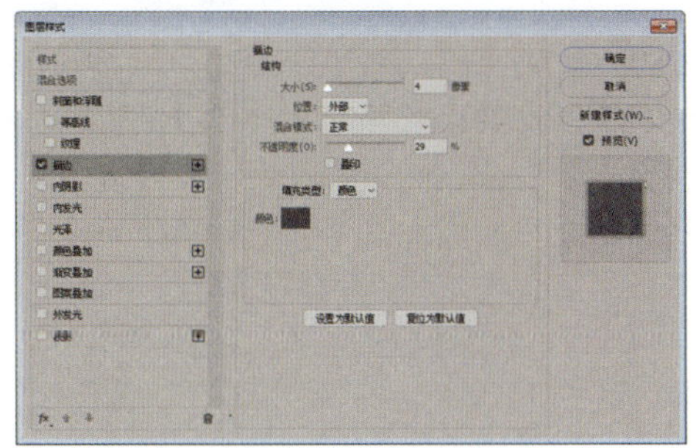
图3-82 修改参数值

图3-83 添加图层样式

07 在“图层”面板中，修改文本图层的“填充”为0%，如图3-84所示，即可更改文本的填充效果，使文字空心显示，其图像效果如图3-85所示。

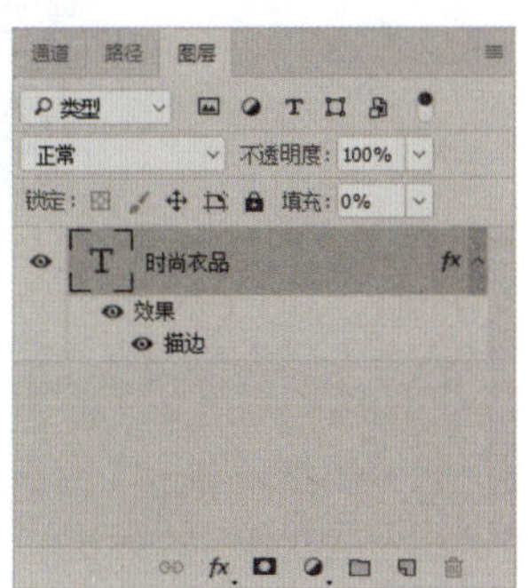

图3-84 修改参数值

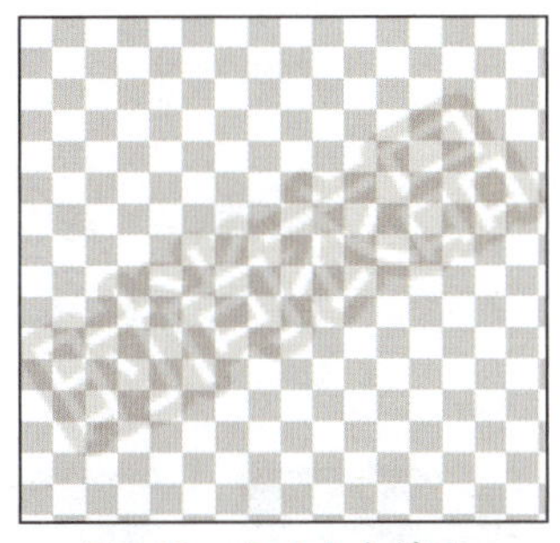
图3-85 更改文本填充

08 按快捷键Ctrl+A，全选所有图像，执行“编辑”|“定义图案”命令，打开“图案名称”对话框，修改“名称”为“水印”，如图3-86所示，单击“确定”按钮，即可定义图案名称。

09 执行“文件”|“打开”命令，打开“素材\第3章\3.4.2\男装.jpg”图像文件，如图3-87所示。

图3-86 修改图案名称

图3-87 打开图像文件

10 执行“编辑”|“填充”命令，弹出“填充”对话框，在“自定图案”下拉列表框中，选择“水印”图案，如图3-88所示。

11 单击“确定”按钮，即可为“男装”图像添加水印图案，得到最终图像效果，如图3-89所示。

图3-88 设置图案

图3-89 最终图像效果

3.4.3 批处理提高工作效率

在处理商品图片时，有时需要对同一批图片做同样的操作，如将10张产品图片同时缩小操作，或者为它们加上一样的水印以防盗版，此时可以使用“新动作”功能将所有的操作创建为动作，以供其他图片使用。

实例效果

扫一扫

下载视频教学

01 执行“文件”|“打开”命令，打开“素材\第3章\3.4.3\帽子.jpg”图像文件，如图3-90所示。

02 执行“窗口”|“动作”命令，打开“动作”面板，单击“创建新组”按钮，如图3-91所示。

图3-90 打开图像文件

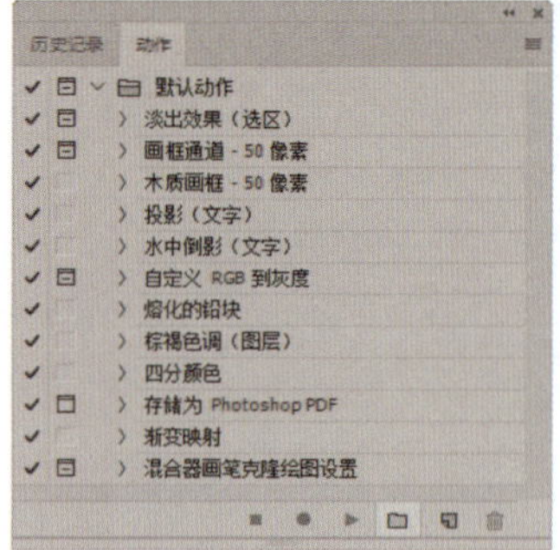

图3-91 单击“创建新组”按钮

03 弹出“新建组”对话框，设置“名称”为“组1”，如图3-92所示，单击“确定”按钮，即可创建组对象。

04 在“动作”面板底部单击“创建新动作”按钮，弹出“新建动作”对话框，设置动作名称，单击“记录”按钮，如图3-93所示。

图3-92 设置名称

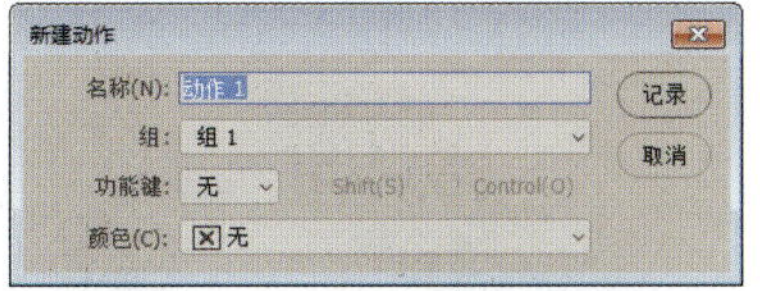

图3-93 单击“记录”按钮

05 在工具箱中选择 （裁剪工具），在图像上显示裁剪框，按住鼠标左键拖曳，调整裁剪框大小，裁剪图像，如图3-94所示。

06 在“动作”面板底部单击“停止播放/记录”按钮 ，停止动作的录制，如图3-95所示。

07 执行“文件”|“自动”|“批处理”命令，如图3-96所示。

图3-94 裁剪图像

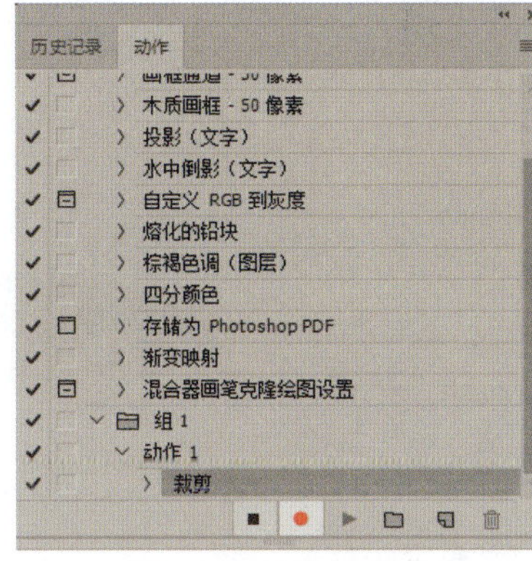

图3-95 停止动作录制

图3-96 选择“批处理”命令

08 弹出“批处理”对话框，设置要批处理的图片文件夹（源文件夹）和处理后的文件夹（目标文件夹）等内容，如图3-97所示，单击“确定”按钮，即可完成批处理的设置操作。

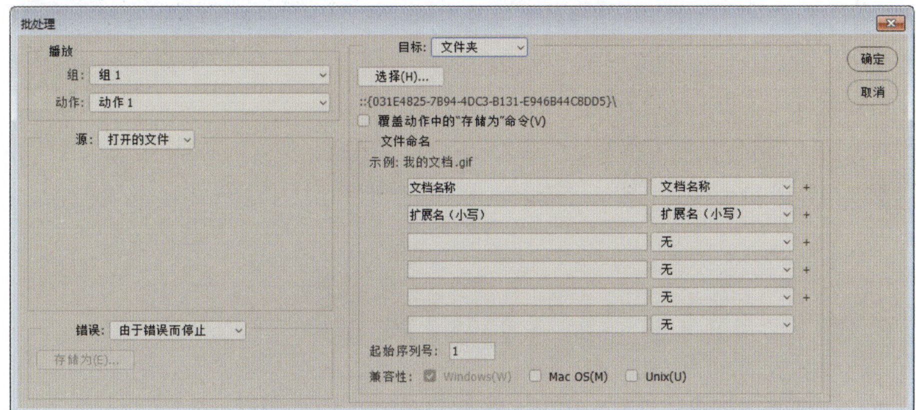

图3-97 设置文件夹

第4章　电商店铺设计

一个淘宝店铺从开张到装修再到运营，需要设计很多相关的图片，如店标、LOGO和活动图等。不同类型的图片，对图片的设计尺寸和要求也各不相同。本章将对这些图片的设计与制作进行详细讲解。

4.1 店标设计

店标是店铺的标志，是店铺的“脸面”，好的店标可以吸引更多客流。一般情况下，店标包含有纯文字店标、纯图案店标和图文组合店标3种类型，下面将对店标的各个类别进行介绍。

- 纯文字店标：纯文字店标主要是以文字和拼音字母等单独构成，适用于多种传播方式。
- 纯图案店标：纯图案店标仅用图形构成标志。这种标志形象生动，色彩明快，且不受语言限制，非常易于识别。但是图案店标没有名称，因此表达意义不如文字店标准确。
- 图文组合店标：图文组合店标是由文字和图案组合而成的标志。这种标志能够发挥文字及图案店标的优点，图文并茂，形象生动，又易于识别。
- 静态店标：一般来说，由文字和图像组成。
- 动态店标：就是将多个图像和文字效果构成的GIF动画。

在清楚了店标的分类后，下面就要准确地设计出漂亮、引人注意的店标效果，本节详细讲解店标设计的操作方法，以供读者掌握。

4.1.1 制作静态店标

静态店标是静态的图片、文字或组合店标，一般在搜索店铺时都会显示店标。下面将详细介绍制作静态店标的具体操作步骤。

实例效果

扫一扫

下载视频教学

01 执行“文件”|“新建”命令，弹出“新建文档”对话框，修改各参数值，如图4-1所示，单击“创建”按钮，即可新建文档。

02 在工具箱中选择（钢笔工具），在工具选项栏中，设置“工具模式”为“形状”，修改“描边”为“无”、“填充”颜色的RGB参数分别为185、52、52，如图4-2所示。

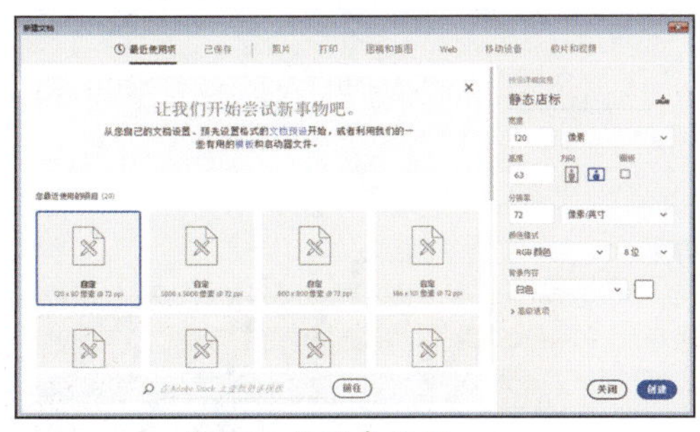

图4-1 设置参数值

图4-2 设置参数值

03 在图像上依次单击，创建锚点，完成钢笔形状的绘制，如图4-3所示。

04 在工具箱中选择（直线工具），在工具选项栏中，设置“工具模式”为“形状”，修改“描边”的颜色RGB参数均为255、“填充”为“无”、“描边宽度”为“0.66点”，按住Shift键，在图像上单击鼠标并拖曳，绘制一条水平直线，如图4-4所示。

图4-3 绘制钢笔形状

图4-4 绘制水平直线

05 在“图层”面板中，选择“形状2”图层，按快捷键Ctrl+J，复制图层，如图4-5所示。

06 选择复制后的图层形状，在工具箱中选择 （移动工具），将形状移动至合适的位置，如图4-6所示。

图4-5 复制图层

图4-6 移动形状

07 在工具箱中选择 （直线工具），在工具选项栏中，设置“工具模式”为“形状”，修改“描边”的颜色RGB参数均为255、“填充”为“无”、“描边宽度”为“0.66点”，按住Shift键，在图像上按住鼠标左键拖曳，绘制一条垂直直线，如图4-7所示。

08 在“图层”面板中，选择“形状3”图层，按4次快捷键Ctrl+J，复制图层，选择复制后的图层形状，在工具箱中选择 （移动工具），将形状移动至合适的位置，如图4-8所示。

图4-7 绘制垂直直线

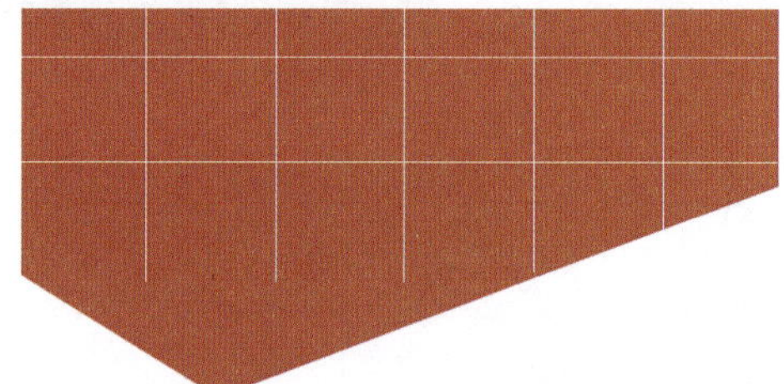
图4-8 移动形状

09 在工具箱中选择 （直线工具），在工具选项栏中，设置“工具模式”为“形状”，修改“描边”的颜色RGB参数均为255、“填充”为“无”、“描边宽度”为“0.66点”，按住Shift键，在图像上按住鼠标左键拖曳，绘制一条倾斜直线，如图4-9所示。

10 在“图层”面板中，选择“形状4”图层，按8次快捷键Ctrl+J，复制图层，选择复制后的图层形状，在工具箱中选择 （移动工具），将形状移动至合适的位置，如图4-10所示。

图4-9 绘制倾斜直线

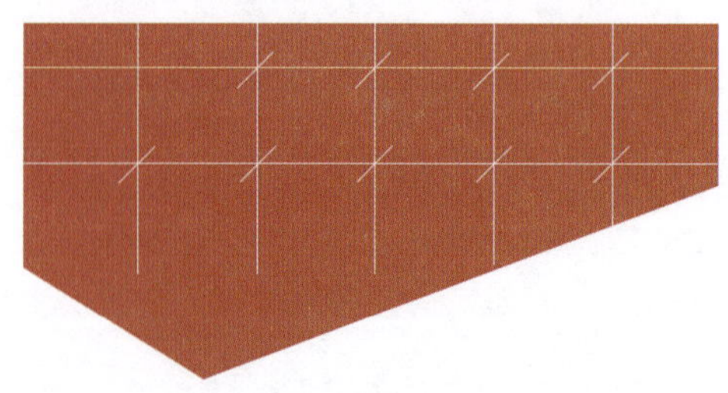
图4-10 移动形状

11 在工具箱中选择 (直线工具)，在工具选项栏中，设置“工具模式”为“形状”，修改“描边”的颜色RGB参数均为255、“填充”为“无”、“描边宽度”为“0.66点”，按住Shift键，在图像上按住鼠标左键拖曳，绘制一条倾斜直线，如图4-11所示。

12 在“图层”面板中，选择“形状5”图层，按6次快捷键Ctrl+J，复制图层，选择复制后的图层形状，在工具箱中选择 (移动工具)，将形状移动至合适的位置，如图4-12所示。

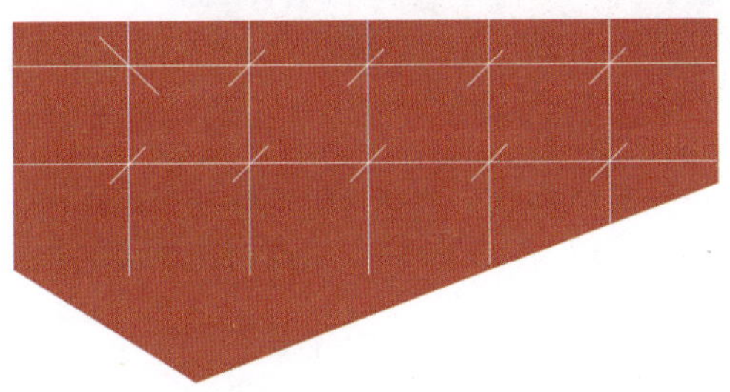
图4-11 绘制倾斜直线

图4-12 移动形状

13 选择“形状2”图层，在“图层”面板底部单击“添加图层蒙版”按钮，添加图层蒙版，如图4-13所示。

14 在工具箱中选择 (画笔工具)，在工具选项栏中，设置好画笔样式，在图像上按住鼠标左键拖曳，涂抹图像，如图4-14所示。

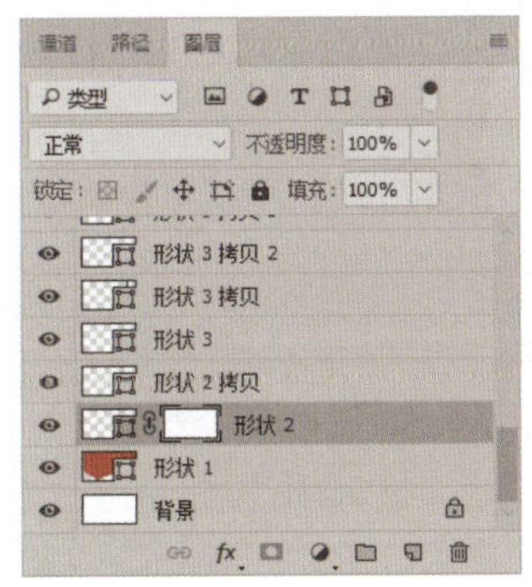

图4-13 添加矢量蒙版

图4-14 涂抹图像

15 使用同样的方法，为其他的形状图层依次添加图层蒙版，并在工具箱中选择 (画笔工具)，设置好画笔样式，依次涂抹图像，如图4-15所示。

16 在工具箱中选择 (横排文字工具)，在图像上单击，创建文本，如图4-16所示。

图4-15 涂抹图像

图4-16 创建文本

17 在工具选项栏中单击“切换字符和段落面板”按钮，弹出“字符”面板，依次修改各参数值，如图4-17所示。

18 即可更改文本的字符样式，在工具箱中选择 (移动工具)，依次选择文本和形状图形，调整图形的位置，得到最终效果，如图4-18所示。

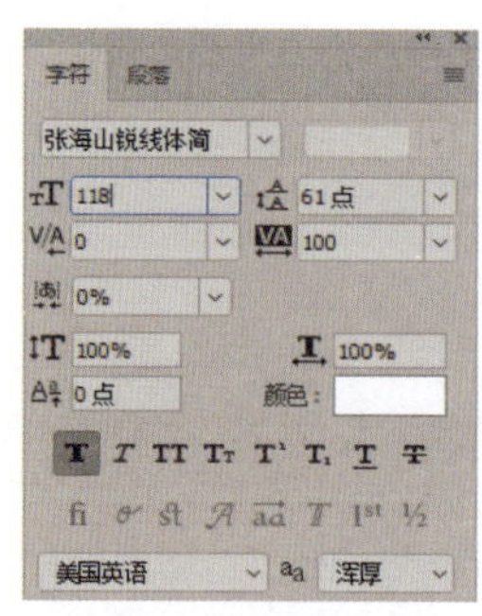

图4-17　修改参数值

图4-18　最终图像效果

19 执行“文件”|“存储为”命令，弹出“另存为”对话框，在“保存类型”下拉列表框中选择JPEG选项，设置保存路径和保存名称，单击“保存”按钮，如图4-19所示。

20 弹出“JPEG选项”对话框，保持默认参数值，如图4-20所示，单击“确定”按钮，即可保存店标图像文件。

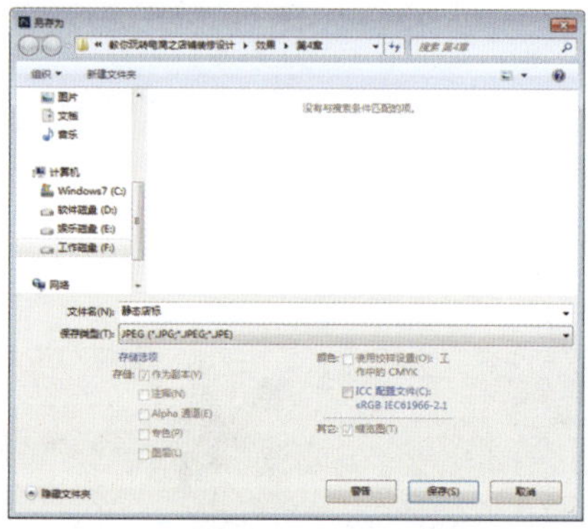

图4-19　设置保存参数

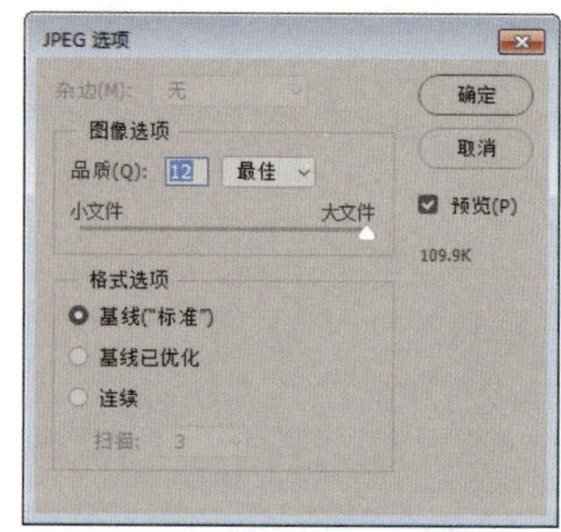

图4-20　保存店标

4.1.2　制作动态店标

为了在较小的区域内显示更多的内容，很多卖家都会用到动态店标，即一个店标在多个图片之间切换展示。

01 执行“文件”|“打开”命令，打开“素材\第4章\4.1.2\店标.jpg”图像文件，如图4-21所示。

02 在“图层”面板中选择“背景”图层，右击，弹出快捷菜单，选择“复制图层”命令，复制图层，如图4-22所示。

图4-21　打开图像文件

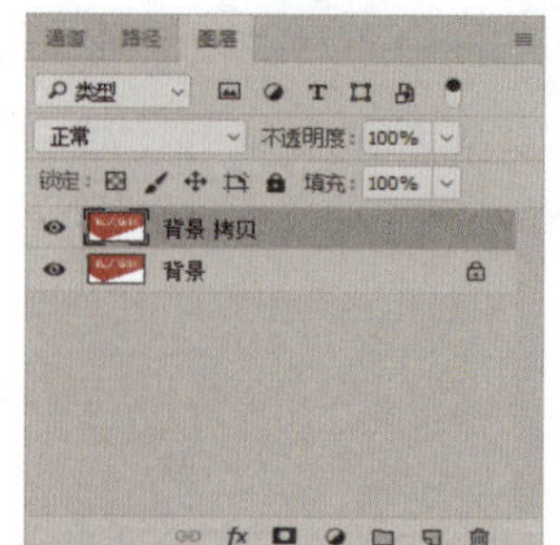

图4-22　复制图层

03 在程序界面的右上角，单击“基本功能”按钮右下角的下三角按钮，展开列表框，选择“动感”命令，如图4-23所示。

04 打开“时间轴”面板，单击“创建视频时间轴”按钮，如图4-24所示，即可创建视频时间轴。

图4-23 选择“动感”命令

图4-24 单击“创建视频时间轴”按钮

05 在时间轴的视频文件上单击三角形按钮，弹出“动感”面板，在“无运动”列表框中，选择“平移和缩放”命令，如图4-25所示，即可添加运动效果。

06 将鼠标指针移至时间轴的视频文件的末尾处，当鼠标指针呈相应的双向箭头形状时，按住鼠标左键拖曳视频文件至合适位置后，释放鼠标，即可调整视频文件的视频长度，如图4-26所示。

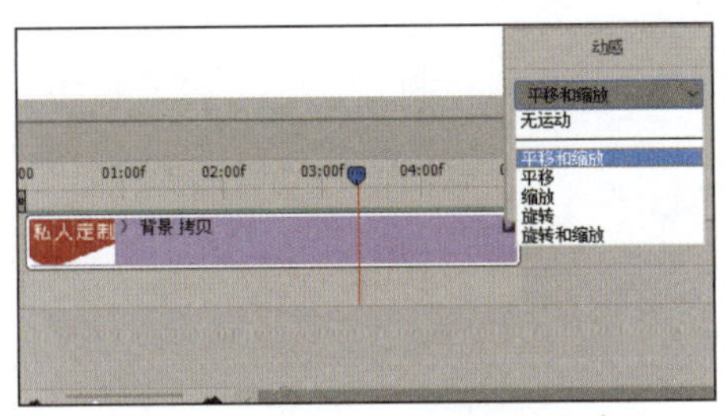

图4-25 选择“平移和缩放”命令

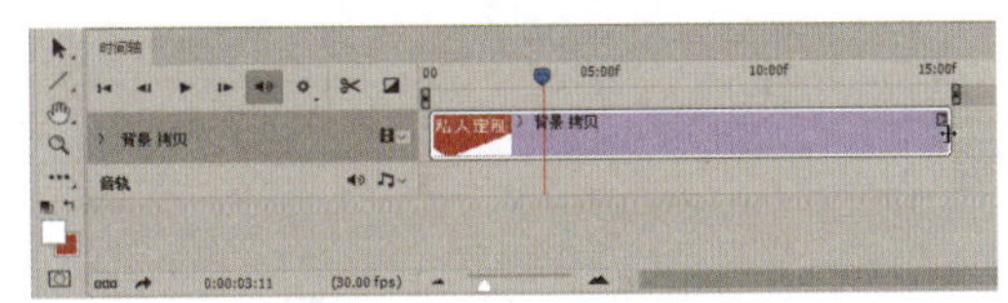

图4-26 调整视频长度

07 在“时间轴”面板中，单击“播放”按钮▶，播放视频文件。

08 执行“文件”|“导出”|“储存为Web所用格式（旧版）”命令，如图4-27所示。

09 弹出“存储为Web所用格式”对话框，在“格式”列表框中，选择GIF格式，单击“存储”按钮，如图4-28所示。

图4-27 执行相应命令

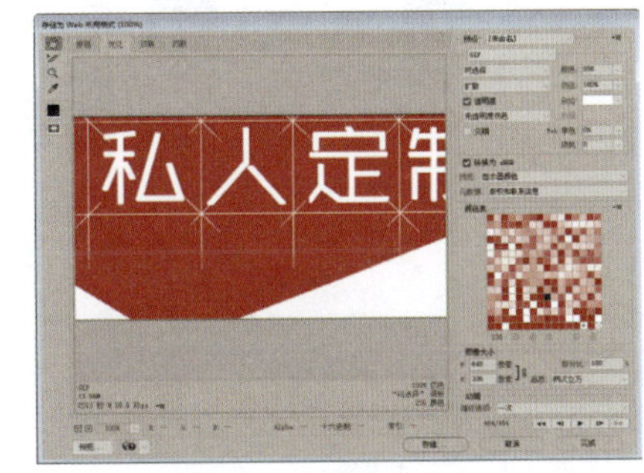

图4-28 设置参数值

10 弹出“将优化结果存储为”对话框，在“格式”下拉列表框中，选择“仅限图像”选项，修改文件名和保存路径，单击“保存”按钮，如图4-29所示。

11 弹出提示框，单击“确定”按钮，即可保存动态店标，如图4-30所示。

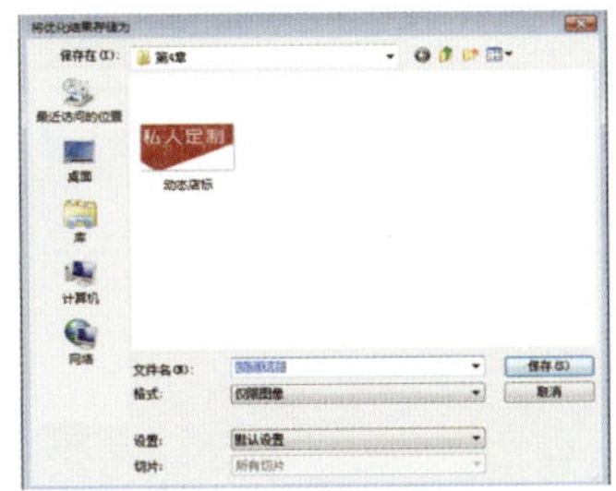

图4-29 设置保存参数

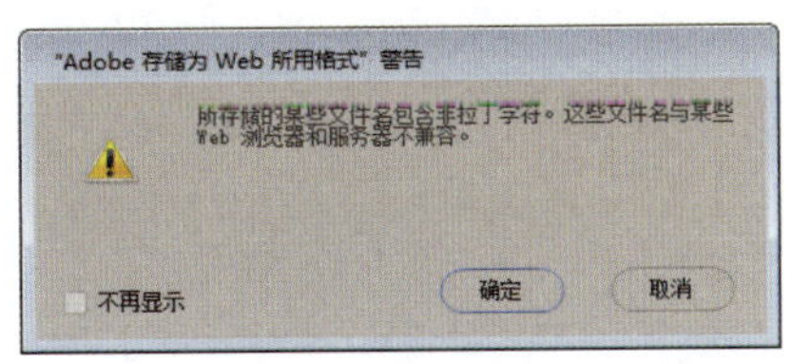

图4-30 提示框

4.1.3 将店标应用到店铺中

扫 一 扫

下载视频教学

在完成了店标的制作后，需要将店标上传到电商店铺中，才可以使用。下面详细讲解将店标应用到店铺中的具体操作步骤。

01 进入淘宝“卖家中心”的页面，单击“基础设置”超链接，如图4-31所示。

02 在打开的页面中，单击“上传图标”按钮，如图4-32所示。

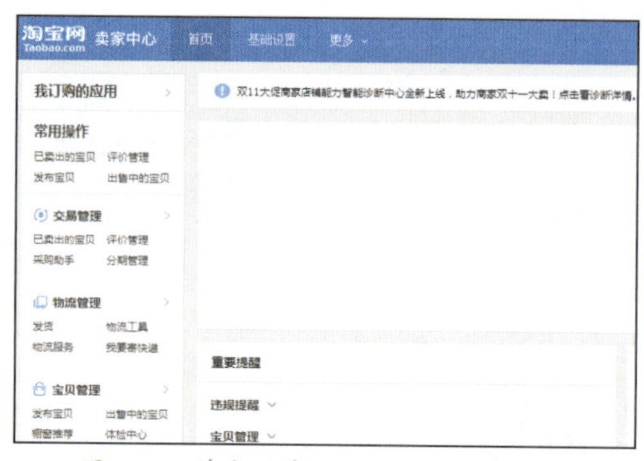

图4-31 单击“基础设置”超链接

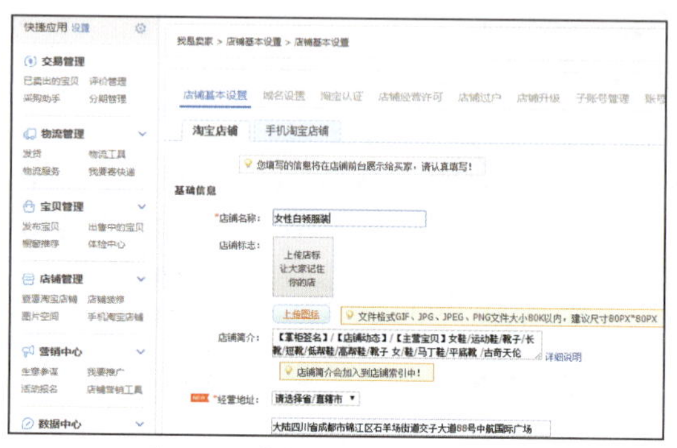

图4-32 单击“上传图标”按钮

03 弹出“打开”对话框，选择需要的店标文件，单击“打开”按钮，如图4-33所示。

04 完成店标文件的上传操作后，在页面的底部勾选复选框，单击“保存”按钮，如图4-34所示，即可将店标应用到店铺中。

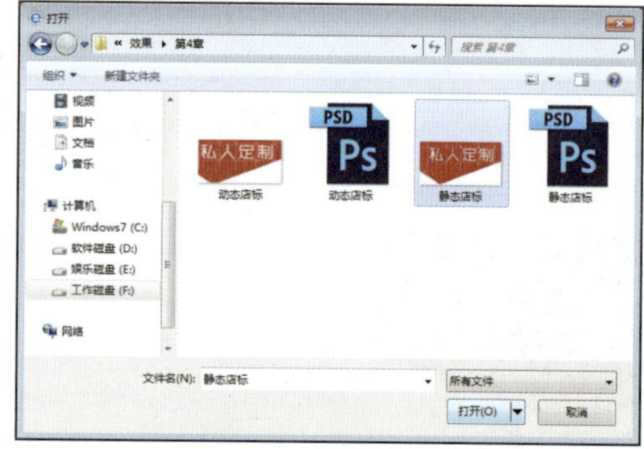

图4-33 选择店标文件

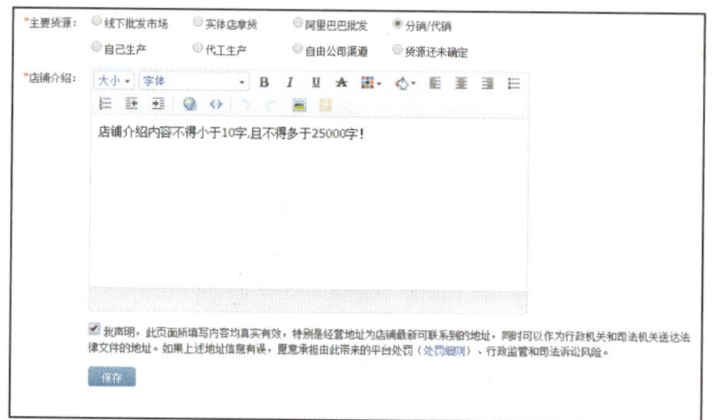

图4-34 单击“保存”按钮

4.2 LOGO设计

LOGO是店铺的形象标识，在店铺及商品上出现LOGO可以加深客户对店铺和产品的形象。对拥有徽标的公司来说，LOGO还能起到识别和推广的作用，通过形象的LOGO可以让消费者记住公司主体和品牌文化。本节详细讲解LOGO设计的基础知识和制作方法。

4.2.1 LOGO的意义

LOGO一般会出现在店铺的店招、海报、产品图以及包装袋上。如图4-35所示为不同店铺的LOGO效果。

图4-35　店铺LOGO

在制作店铺LOGO之前，需要清楚了解LOGO的设计技巧。

- 保持视觉平衡、讲究线条的流畅，使整体形状美观。
- 用反差、对比或边框等强调主题。
- 选择恰当的字体。
- 注意留白，给人想象空间。
- 运用色彩。因为人们对色彩的反映比对形状的反映更为敏锐和直接，更能激发情感。

4.2.2　制作店铺LOGO

清楚了解了店铺LOGO的相关含义后，下面将详细讲解制作店铺LOGO的具体操作步骤。

实例效果

扫一扫

下载视频教学

01 执行“文件”|“新建”命令，弹出“新建文档”对话框，修改各参数值，如图4-36所示，单击“创建”按钮，即可新建文档。

02 在工具箱中单击“前景色”颜色块，弹出“拾色器（前景色）”对话框，修改RGB参数分别为255、242、221，如图4-37所示，单击“确定”按钮，即可设置前景色。

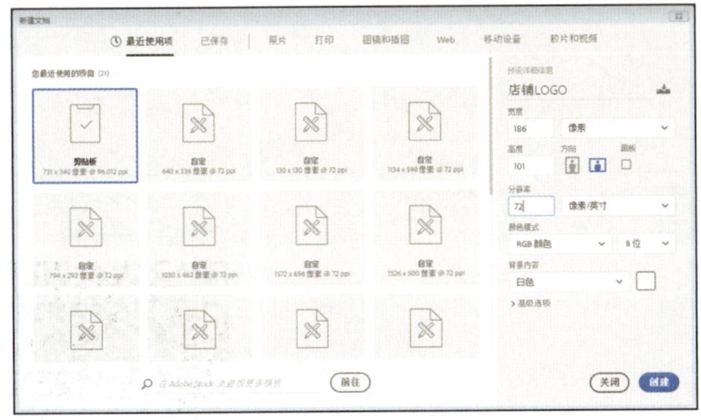

图4-36　创建文件

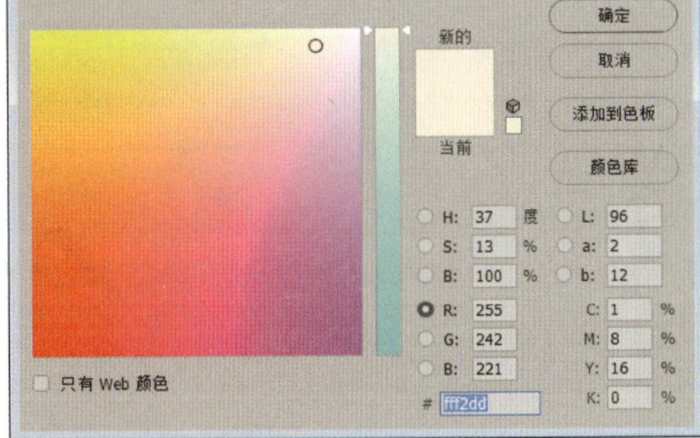

图4-37　设置参数值

03 在工具箱中选择（油漆桶工具），在背景图像上单击，即可填充背景色，如图4-38所示。

04 在工具箱中选择T.（横排文字工具），在图像上单击，创建文本，并在工具选项栏中，设置“字体”为Arial、“字号”为92、“字体颜色”的RGB参数分别为97、62、8，效果如图4-39所示。

图4-38 填充背景色

图4-39 创建文本

05 在工具箱中选择T.（横排文字工具），在图像上单击，创建文本，并在工具选项栏中，设置“字体”为“微软雅黑”、“字号”为13、“字体颜色”的RGB参数分别为155、122、70，效果如图4-40所示。

06 在工具箱中选择（自定形状工具），在工具选项栏中的“形状”列表框中，选择“花1”形状，如图4-41所示。

图4-40 创建文本

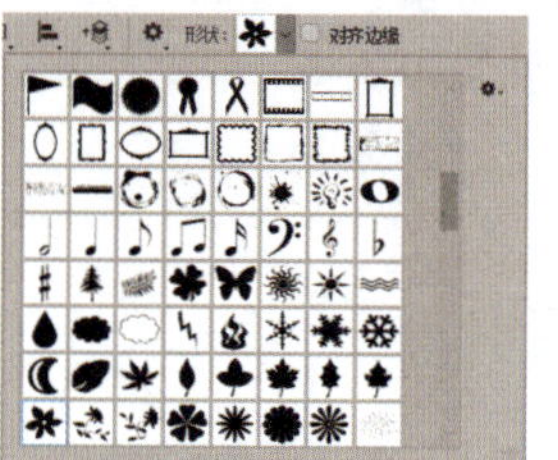

图4-41 选择形状

07 在图像上按住鼠标左键拖曳，绘制一个花形状，如图4-42所示。

08 在工具选项栏中修改“描边”为“无”、“填充”颜色的RGB参数分别为221、191、146，并将新绘制的花形状移动到合适的位置，得到最终的图像效果，如图4-43所示。

图4-42 绘制花形状

图4-43 最终图像效果

4.2.3 为商品添加LOGO

制作好的LOGO可以直接添加到店铺的店招、主图或描述页的商品图片上。下面将详细介绍为商品添加LOGO的具体操作步骤。

实例效果

扫一扫

下载视频教学

01 打开制作好的“店铺LOGO”图像文件，隐藏“背景”图层，其图像效果如图4-44所示。

02 执行“文件”|“存储为”命令，弹出“另存为”对话框，在“保存类型”下拉列表框中选择PNG选项，设置文件名和保存路径，单击“保存”按钮，如图4-45所示。

图4-44　隐藏图层效果

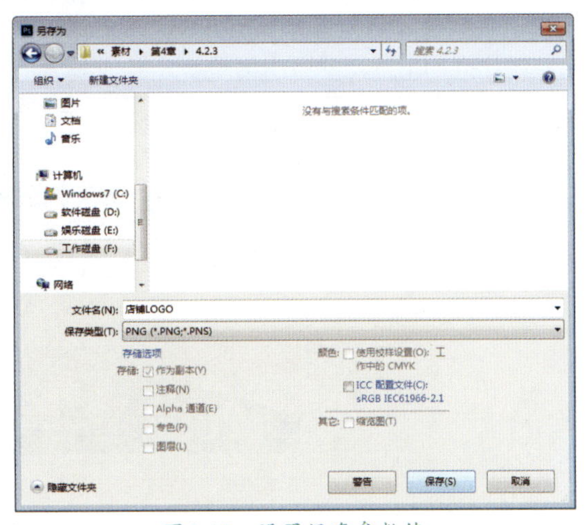

图4-45　设置保存参数值

03 弹出“PNG选项”对话框，保持默认选项，单击“确定”按钮，如图4-46所示，即可将图像文件保存为PNG格式。

04 执行“文件”|“打开”命令，打开“素材\第4章\4.2.3\女装.jpg”图像文件，如图4-47所示。

05 在“店铺LOGO”图像文件窗口中，选择工具箱中的（移动工具），将店铺LOGO图像移动至“女装”图像窗口中，按快捷键Ctrl+T，弹出变换控制框，调整变换控制框的大小和位置，得到最终图像效果，如图4-48所示。

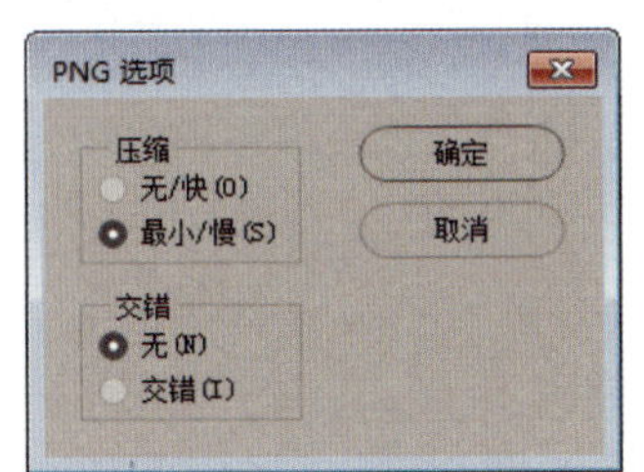

图4-46　“PNG选项”对话框

图4-47　打开图像文件

图4-48　最终图像效果

4.3　活动图制作

电商店铺中包含有直通车图、钻展图以及聚划算图等活动图。报名的活动不同，要求的图片也不会不同。本节详细讲解各类活动图的制作方法。

4.3.1 制作直通车图

直通车图片的视觉效果不容忽视，商品文字与图片展示都会影响消费者的视觉感受。消费者搜索商品后从直通车展示位最先看到的就是图片和标题，而图片又占了大部分位置，极大程度地影响了点击率的高低。因此好的图片能够吸引消费者，从而刺激消费者下单，进而提升直通车推广的效果。

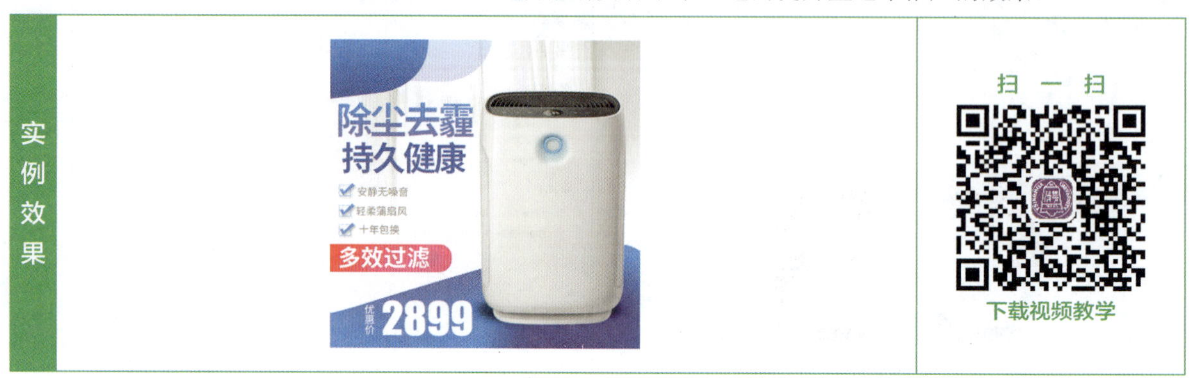

● 案例分析

本案例设计制作一款直通车图，该图中使用了粗大的文字和蓝色、灰色相间的背景，可以给人很强的冲击力。色彩上的效果明暗分明，使整个直通车图的层次感清晰。

● 颜色分析

在本案例中，使用蓝色、灰色作为直通车图的背景，给人一种高科技、时尚的感觉。蓝色、黑色和白色的文字能够给人耳目一新的感觉，从视觉上能够快速抓住人们的眼球。

主色：	#2f69ea	#ffffff	#1f94fd
辅色：	#ff1340	#7e30fd	#5770ed
字色：	#3d58e3	#ffffff	#000000

● 字体分析

直通车图中的字体一般都是采用思源黑体字体，通过该字体，可以体现出直通车主题明确、标题醒目的特点，不论从价格上还是性能上都可以第一时间就抓住浏览者的眼球。

● 制作步骤

1. 制作直通车图背景

01 执行“文件”|“新建”命令，弹出“新建文档”对话框，修改各参数值，如图4-49所示，单击“创建”按钮，即可新建文档。

02 执行“文件”|“置入嵌入的智能对象”命令，弹出“置入嵌入对象”对话框，选择“素材\第4章\4.3.1\背景.png”图像文件，如图4-50所示。

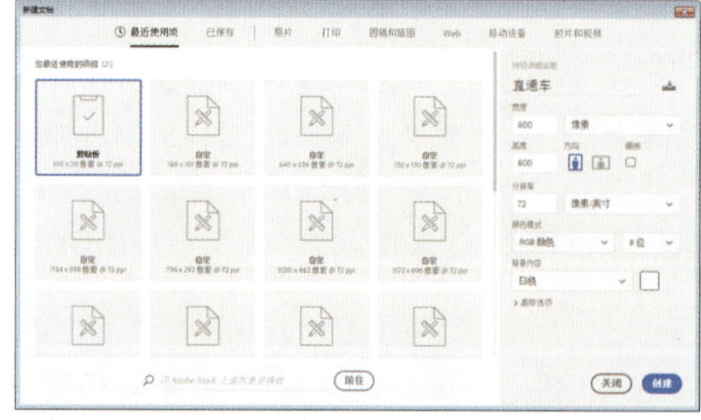

图4-49 创建文件

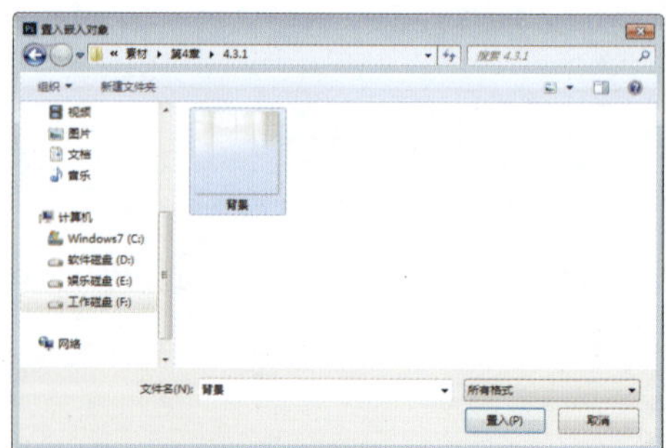

图4-50 选择图像文件

03 单击“置入”按钮，即可置入“背景”图像，其图像效果如图4-51所示。

04 在工具箱中选择（钢笔工具），在工具选项栏中，设置“工具模式”为“形状”、“填充”RGB参数分别为24、153、255，在图像上依次单击，创建锚点，绘制钢笔形状，如图4-52所示。

图4-51 置入图像

图4-52 绘制钢笔形状

05 按快捷键Ctrl+Shift+N，新建“图层1”图层，设置“前景色”的RGB参数分别为98、105、234，在工具箱中选择（渐变工具），在工具选项栏中，设置“预设渐变”为“前景色到透明渐变”，单击“径向渐变”按钮，在图像上依次按住鼠标左键拖曳，添加径向渐变填充，如图4-53所示。

06 设置“前景色”的RGB参数分别为131、43、253，在工具箱中选择（渐变工具），在工具选项栏中，设置“预设渐变”为“前景色到透明渐变”，单击“径向渐变”按钮，在图像上依次按住鼠标左键拖曳，添加径向渐变填充，如图4-54所示。

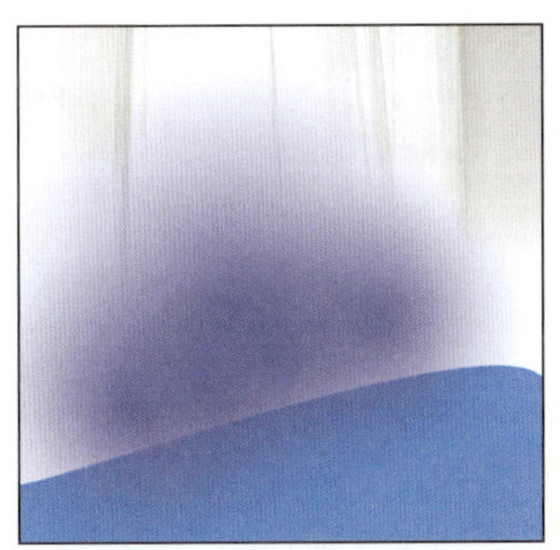
图4-53 添加径向渐变填充

图4-54 添加径向渐变填充

07 在“图层”面板中，右击“图层1”图层，弹出快捷菜单，选择“创建剪贴蒙版”命令，创建剪贴蒙版图层，其图像效果如图4-55所示。

08 在工具箱中选择（钢笔工具），在工具选项栏中，设置“工具模式”为“形状”，在图像上依次单击，创建锚点，绘制钢笔形状，如图4-56所示。

图4-55 创建剪贴蒙版

图4-56 绘制钢笔形状

09 在“图层”面板中右击“形状2”图层，弹出快捷菜单，选择“混合选项”命令，弹出“图层样式”对话框，勾选“渐变叠加”复选框，在其对应列表框中，修改各参数值，如图4-57所示。

10 单击“确定”按钮，即可为形状添加“渐变叠加”图层样式效果，如图4-58所示。

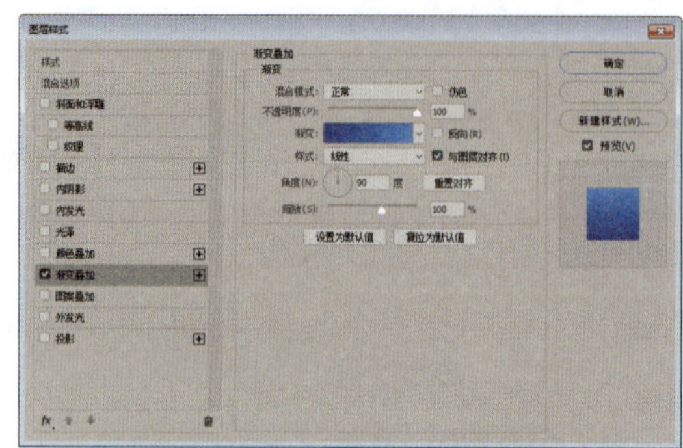

图4-57　修改参数值

图4-58　添加图层样式

11 在“图层”面板中，选择“形状2”图层，按快捷键Ctrl+J，复制图层，并修改“形状2”图层的“不透明度”参数为24%，如图4-59所示。

12 在工具箱中选择（移动工具），依次选择相应的形状，将其移动至合适位置，选择“形状2”图层，按快捷键Ctrl+T，弹出变换控制框，旋转形状并移动形状，效果如图4-60所示。

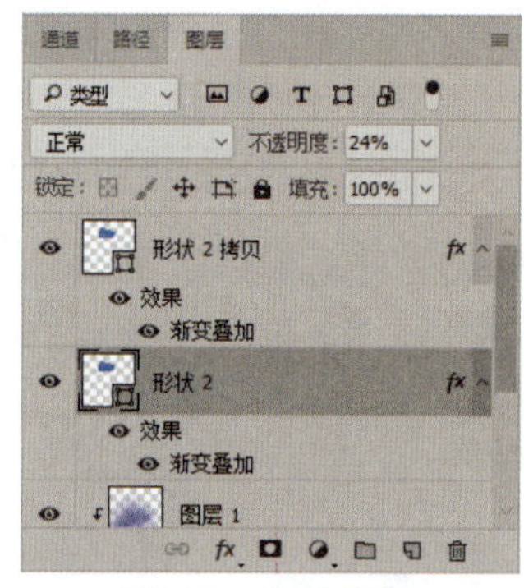

图4-59　编辑图层

图4-60　移动形状

2. 制作直通车图主体

01 执行“文件”|“打开”命令，打开“素材\第4章\4.3.1\产品.png”图像文件，并将打开的图像文件移动至“直通车图”窗口中，如图4-61所示。

02 按快捷键Ctrl+Shift+N，在“图层2”图层的下方新建“图层3”图层，在工具箱中选择（画笔工具），在工具选项栏中，设置“画笔样式”为“柔边圆”、“画笔大小”为44、“不透明度”参数为30%，在图像上按住鼠标左键拖曳，涂抹图像，如图4-62所示。

图4-61　移动图像

图4-62　涂抹图像

03 在工具箱中选择（自定形状工具），在工具选项栏的“形状”下拉列表框中，选择“选中复选框”形状，如图4-63所示。

04 在图像上按住鼠标左键拖曳，绘制复选框形状，在工具选项栏中，修改“填充”的RGB参数分别为24、153、255，如图4-64所示。

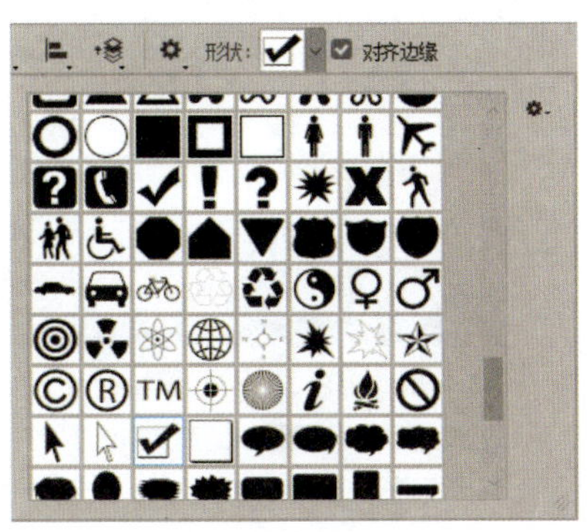

图4-63 选择形状

图4-64 绘制形状

05 右击“形状3”图层，弹出快捷菜单，选择“混合选项”命令，弹出“图层样式”对话框，勾选“投影”复选框，在对应列表框中修改各参数值，如图4-65所示。

06 单击“确定”按钮，即可为形状添加“投影”图层样式，其图像效果如图4-66所示。

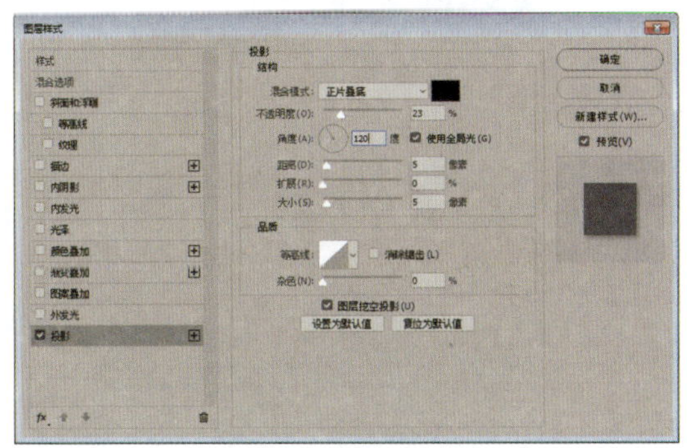

图4-65 修改参数值

图4-66 添加图层样式

07 在“图层”面板中，选择“形状3”图层，按两次快捷键Ctrl+J，复制图层，并将复制后的形状移动到合适的位置，如图4-67所示。

08 在工具箱中选择（圆角矩形工具），在工具选项栏中，修改“工具模式”为“形状”，在图像上按住鼠标左键拖曳，绘制圆角矩形形状，如图4-68所示。

图4-67 复制图层

图4-68 绘制圆角矩形

09 在弹出的“属性”面板中，依次修改各参数值，如图4-69所示，即可更改圆角矩形的形状。

10 选择工具箱中的■（移动工具），将圆角矩形移动至合适位置，如图4-70所示。

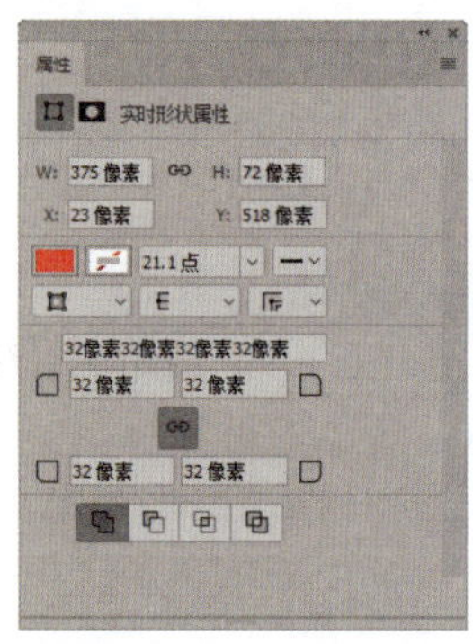

图4-69 修改参数值

图4-70 更改圆角矩形

11 按快捷键Ctrl+Shift+N，新建“图层1”图层，设置“前景色”的RGB参数均为4，在工具箱中选择■（渐变工具），在工具选项栏中，设置“预设渐变”为“前景色到透明渐变”，单击“径向渐变”按钮■，在图像上依次按住鼠标左键拖曳，添加径向渐变填充，如图4-71所示。

12 在“图层”面板中，右击“图层4”图层，弹出快捷菜单，选择“创建剪贴蒙版”命令，创建剪贴蒙版图层，其图像效果如图4-72所示。

图4-71 添加径向渐变填充

图4-72 创建剪贴蒙版

3. 制作直通车图文本

01 在工具箱中选择T（横排文字工具），在图像上单击，创建文本，并在工具选项栏中，设置“字体”为“思源黑体”、“字号”为96，如图4-73所示。

02 右击新创建的文本图层，打开快捷菜单，选择“混合选项”命令，弹出“图层样式”对话框，勾选“渐变叠加”复选框，在对应列表框中修改各参数值，如图4-74所示。

图4-73 创建文本

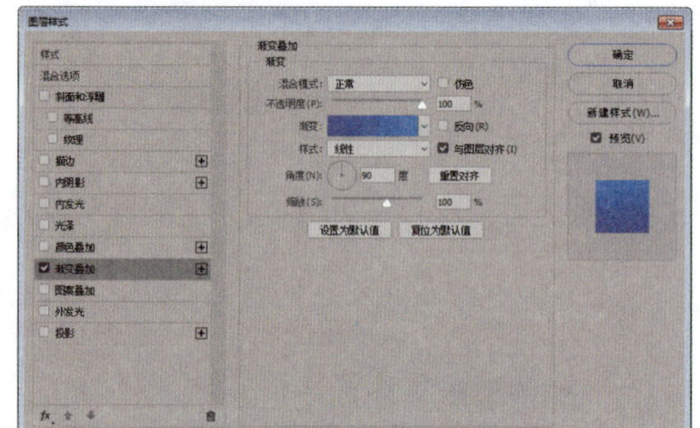

图4-74 修改参数值

03 单击“确定”按钮，即可为文本添加“渐变叠加”图层样式，其图像效果如图4-75所示。

04 在工具箱中选择T（横排文字工具），在图像上单击，创建文本，并在工具选项栏中，设置“字体”为“思源黑体”、“字号”为86、“字体颜色”的RGB参数分别为61、88、227，如图4-76所示。

图4-75　添加图层样式

图4-76　创建文本

05 在工具箱中选择T（横排文字工具），在图像上单击，创建多个文本，并在工具选项栏中，设置“字体”为“思源黑体”、“字号”为27、“字体颜色”的RGB参数均为129，如图4-77所示。

06 在工具箱中选择T（横排文字工具），在图像上单击，创建文本，并在工具选项栏中，设置“字体”为“思源黑体”、“字号”为60、“字体颜色”的RGB参数均为255，如图4-78所示。

图4-77　创建文本

图4-78　创建文本

07 在工具箱中选择T（横排文字工具），在图像上单击，创建多个文本，并在工具选项栏中，设置“字体”为Impact、“字号”为113、“字体颜色”的RGB参数均为255，如图4-79所示。

08 在工具箱中选择T（直排文字工具），在图像上单击，创建文本，在工具选项栏中，设置“字体”为“思源黑体”、“字号”为27、“字体颜色”的RGB参数均为255，得到最终图像，如图4-80所示。

图4-79　创建文本

图4-80　最终图像效果

TIPS

在不同的电商平台中，直通车海报的尺寸有一定的区别，例如，淘宝网中的直通车海报的尺寸标准为800px×800px、210px×350px；而在苏宁易购的平台上高度是不受限制，而高度尺寸为450px。

4.3.2 制作钻展图

钻展图即放置在钻石展位的广告图，其中，钻石展位（简称钻展）是淘宝网图片类广告位竞价投放平台。通过钻展图可以加大宣传和浏览力度，从而促进购买。

实例效果

● 案例分析

本案例设计制作一款钻展图，钻展图中使用了粗大的文字以及粉色和浅蓝色搭配的背景色，从视觉上给人一种清新温暖的感觉。

● 颜色分析

在本案例中，使用粉红色和浅蓝色作为海报的背景，搭配上护肤产品，给人一种精致、时尚的感觉，营造一种粉嫩、浪漫的气氛，吸引浏览者购买。

● 字体分析

钻展图中的字体一般都是采用迷你简汉真广标和思源黑体等字体，通过这些粗大的字体，可以体现出钻展图中的促销特点，从而吸引浏览者的眼球，加大购买力度。

● 制作步骤

1. 制作钻展图主体

01 执行“文件”|“新建”命令，弹出“新建文档”对话框，修改各参数值，如图4-81所示，单击“创建”按钮，即可新建文档。

02 执行“文件”|“打开”命令，打开“素材\第4章\4.3.2\背景.png”图像文件，并将打开的图像文件移动至“钻展图”窗口中，如图4-82所示。

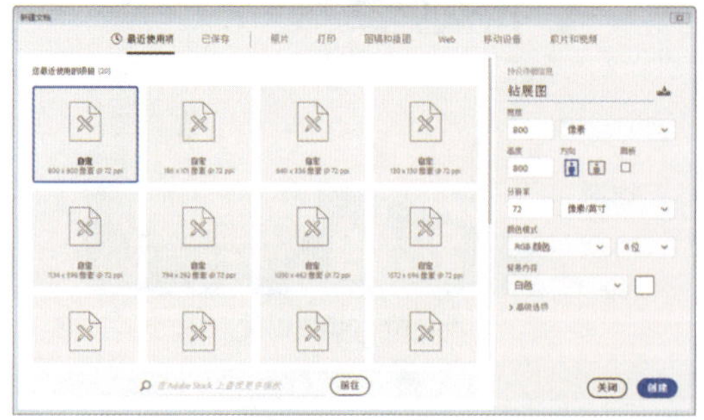

图4-81 创建文件

图4-82 移动图像文件

03 按快捷键Ctrl+Shift+N，新建“图层1”图层，设置“前景色”的RGB参数分别为241、210、231，在工具箱中选择▣（渐变工具），在工具选项栏中，设置“预设渐变”为“前景色到透明渐变”，单击“径向渐变”按钮▣，在图像上依次按住鼠标左键拖曳，添加径向渐变填充，如图4-83所示。

04 在“图层”面板中选择“图层2”图层，单击“设置图层的混合模式”下三角按钮，展开下拉列表框，选择“正片叠底”选项，即可更改图层样式，如图4-84所示。

图4-83 添加径向渐变填充

图4-84 更改图层样式

05 执行“文件”|“打开”命令，打开“素材\第4章\4.3.2\产品.png”图像文件，并将打开的图像文件移动至“钻展图”窗口中，如图4-85所示。

06 执行“文件”|“打开”命令，打开“素材\第4章\4.3.2\装饰.png”图像文件，并将打开的图像文件移动至“钻展图”窗口中，如图4-86所示。

图4-85 移动图像

图4-86 移动图像

07 在“图层”面板中选择“图层4”图层，单击“设置图层的混合样式”下三角按钮，展开下拉列表框，选择“滤色”命令，即可更改图层混合样式，其图像效果如图4-87所示。

08 在“图层”面板中选择“图层4”图层，按6次快捷键Ctrl+J，复制图层，并依次调整复制后图层的位置，如图4-88所示。

图4-87 更改图层混合样式

图4-88 复制图层

2. 完善钻展图

01 在工具箱中选择T（横排文字工具），在图像上单击，创建文本，并在工具选项栏中，设置“字体”为“迷你简汉真广标”、“字号”为218、“字体颜色”的RGB参数分别为255、241、248，如图4-89所示。

02 选择新创建的文本，按快捷键Ctrl+T，弹出变换控制框，当鼠标指针呈↻形状时，按住鼠标左键拖曳，旋转文本，如图4-90所示。

图4-89 创建文本

图4-90 旋转文本

03 在工具箱中选择T（横排文字工具），在图像上单击，创建文本，在工具选项栏中，设置“字体”为“迷你简汉真广标”、“字号”为70、“字体颜色”的RGB参数为255，旋转文本，如图4-91所示。

04 在工具箱中选择▭（矩形工具），在图像上按住鼠标左键拖曳，绘制一个矩形对象，如图4-92所示。

图4-91 创建文本

图4-92 绘制矩形

05 在弹出的“属性”面板中，依次修改各参数值，如图4-93所示，即可更改矩形的参数效果。

06 按快捷键Ctrl+T，弹出变换控制框，旋转新绘制的矩形，并将其移动至合适的位置，在“图层”面板中，调整图层的顺序，其图像效果如图4-94所示。

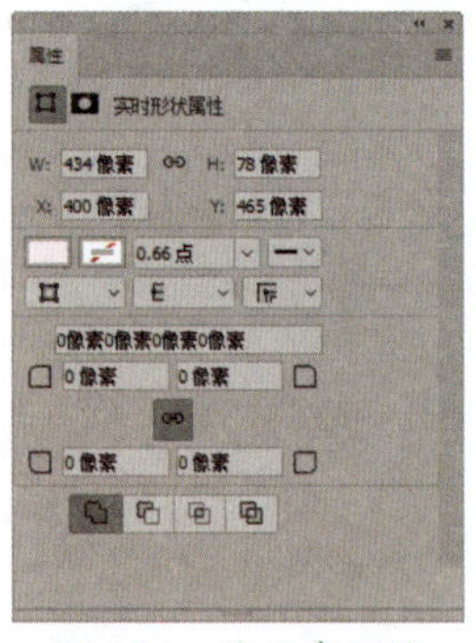

图4-93 修改参数值

图4-94 更改矩形

07 在工具箱中选择T（横排文字工具），在图像上单击，创建文本，在工具选项栏中，设置“字体”为“思源黑体”、“字号”为28、“字体颜色”的RGB参数分别为210、127、175，并旋转文本，如图4-95所示。

08 在工具箱中选择T（横排文字工具），在图像上单击，创建文本，在工具选项栏中，设置“字体”分别为“思源黑体”和“迷你简汉真广标”、“字号”为116、“字体颜色”的RGB参数分别为255、248、62，并旋转文本，如图4-96所示。

图4-95 创建文本

图4-96 创建文本

09 在工具箱中选择 T（横排文字工具），在图像上单击，创建文本，在工具选项栏中，设置“字体”为“迷你简汉真广标”、“字号”为53、“字体颜色”的RGB参数分别为255、248、62，并旋转文本，如图4-97所示。

10 在工具箱中选择 T（横排文字工具），在图像上单击，创建文本，在工具选项栏中，设置“字体”为“思源黑体”、“字号”为30、“字体颜色”的RGB参数均为255，并旋转文本，其图像效果如图4-98所示。

图4-97 创建文本

图4-98 创建文本

11 在“图层”面板中，按Shift键，选择相应的图层对象，按快捷键Ctrl+G，即可将选择的图层创建为一个组，如图4-99所示。

12 在“图层”面板中，右击新创建的组对象，打开快捷菜单，选择“混合选项”命令，打开“图层样式”对话框，勾选“投影”复选框，在其对应列表框中，修改各参数值，如图4-100所示。

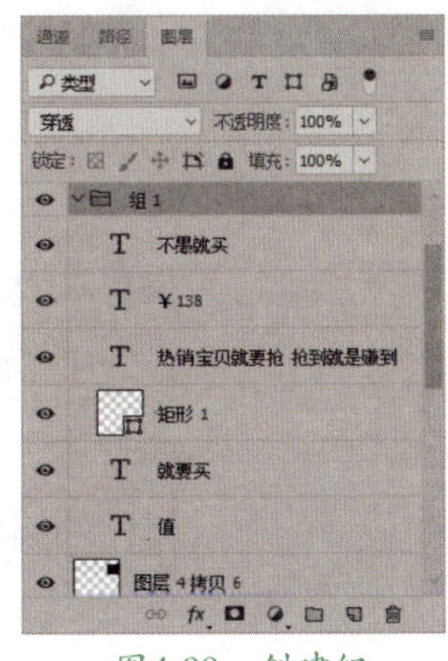

图4-99 创建组

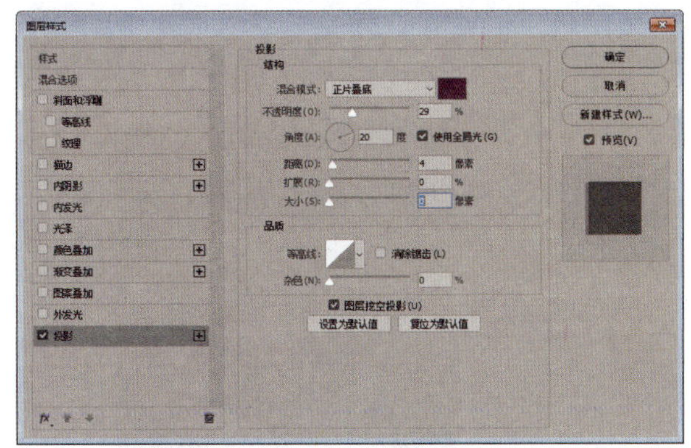

图4-100 修改参数值

13 单击“确定”按钮，即可为组对象应用“投影”图层样式，其图像效果如图4-101所示。

14 执行“文件”|“打开”命令，打开“素材\第4章\4.3.2\装饰1.png”图像文件，并将打开的图像文件移

动至“钻展图”窗口中，如图4-102所示。

图4-101 应用图层样式

图4-102 移动图像

15 在“图层”面板中，右击“图层5”图层，弹出快捷菜单，选择“创建剪贴蒙版”命令，即可创建剪贴蒙版，得到最终效果，如图4-103所示。

图4-103 最终图像效果

TIPS 不同位置的钻展尺寸不同，一般分为正方形和长方形两种。其中，正方形图布局一般为左右布局；长方形图则有左文右图、中间文字左右两侧图片和中间文字上下两侧图片3种布局方式。

4.3.3 制作聚划算图

聚划算图的尺寸规格为800px×800px，该图的主要作用是用来促销，且图中的主题明确，能够一下子吸引消费者的目光。下面将详细讲解制作聚划算图的具体操作步骤。

实例效果

扫一扫

下载视频教学

● 案例分析

本案例设计制作一款聚划算图，该图中使用了粗大的文字和带木纹的图片背景，能够一眼就点明主题。聚划算图中的画面非常简洁，能够很清楚地展示商品外形，呈现促销优惠策略。

● 颜色分析

在本案例中，使用灰黑色带木纹的背景图片和坚果图片搭配使用，使得整个图像呈现出原生态、健康的养生理念，吸引浏览者购买。

主色：	#120d0a	#a4754d	#4f3427
辅色：	#b20000	#d3b95e	#f1ca94
字色：	#f1dc94	#763517	#ffe8b8

● 字体分析

聚划算图中的字体一般都是采用方正粗谭黑简体、思源黑体等字体，通过这些字体，可以体现出购买划算、实惠的特点，能够第一时间就抓住浏览者的眼球。

● 制作步骤

1. 制作聚划算图主体

01 执行“文件”|“新建”命令，弹出“新建文档”对话框，修改各参数值，如图4-104所示，单击“创建”按钮，即可新建文档。

02 执行“文件”|“置入嵌入的智能对象”命令，置入“素材\第4章\4.3.3\背景.png”图像文件，如图4-105所示。

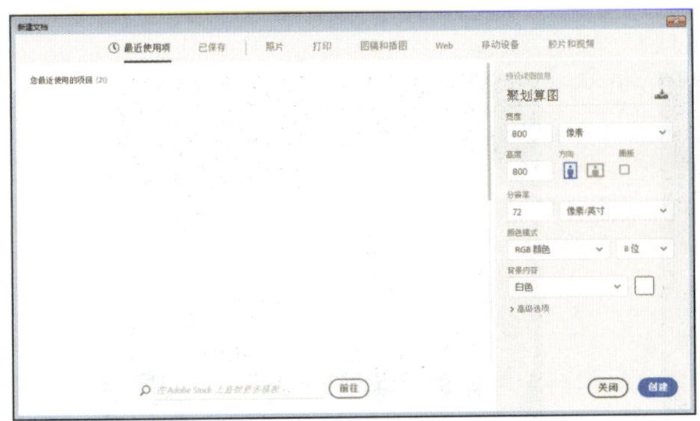

图4-104 设置参数值

图4-105 置入图像文件

03 执行“文件”|“打开”命令，打开“素材\第4章\4.3.3\坚果.png”图像文件，并将打开的图像文件移动至“聚划算图”窗口中，如图4-106所示。

04 在“图层”面板中，按快捷键Ctrl+Shift+N，在“图层1”和“背景”面板之间新建“图层2”图层，如图4-107所示。

图4-106 移动图像

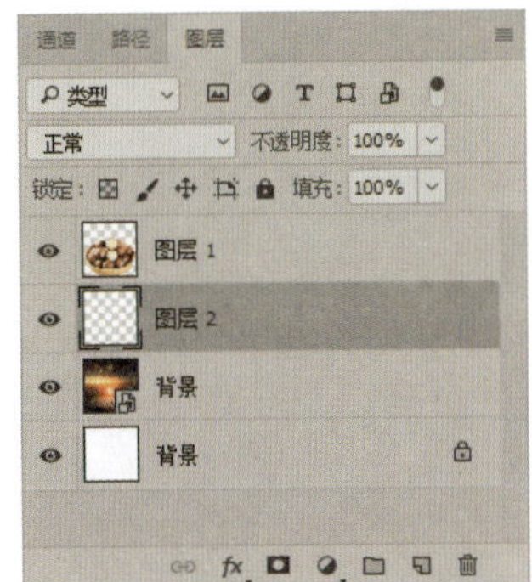

图4-107 新建图层

05 在工具箱中选择 （画笔工具），在工具选项栏中，选择“柔边圆”画笔样式，设置“画笔大小”

为“60像素”，修改“不透明度”为50%，在图像上按住鼠标左键拖曳，涂抹图像，如图4-108所示。

06 执行“文件”|“打开”命令，打开“素材\第4章\4.3.3\绿叶.png”图像文件，并将打开的图像文件移动至“聚划算图”窗口中，如图4-109所示。

图4-108　涂抹图像

图4-109　移动图像

07 执行“文件”|“打开”命令，打开“素材\第4章\4.3.3\装饰.png”图像文件，并将打开的图像文件移动至“聚划算图”窗口中，如图4-110所示。

08 在工具箱中选择□（矩形工具），在工具选项栏中，设置“工具模式”为“形状”，在图像上按住鼠标左键拖曳，绘制一个矩形形状，如图4-111所示。

图4-110　移动图像

图4-111　绘制矩形形状

09 在弹出的“属性”面板中，依次修改各参数值，如图4-112所示，即可更改矩形的大小、填充颜色和位置，其图像效果如图4-113所示。

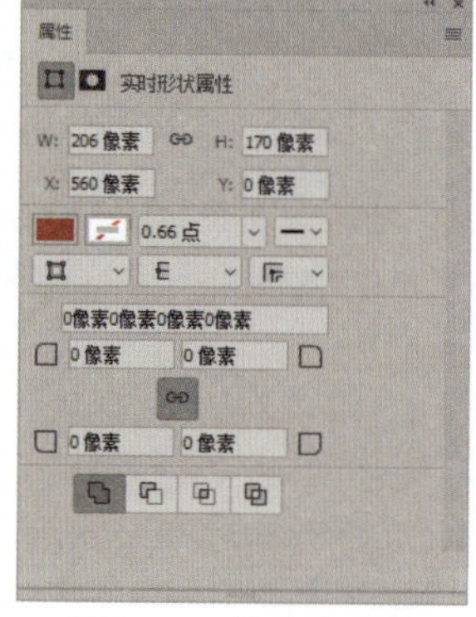

图4-112　修改参数值

图4-113　更改矩形

10 在工具箱中选择（添加锚点工具），在矩形形状的下边线中间位置处单击，添加一个锚点，并将添加的锚点向下拖曳至合适位置，如图4-114所示。

11 在工具箱中选择（转换工具），在新添加锚点上单击，即可转换锚点，如图4-115所示。

图4-114 添加锚点

图4-115 转换锚点

12 按快捷键Ctrl+Shift+N，新建“图层5”图层，设置“前景色”的RGB参数分别为148、2、1，在工具箱中选择（渐变工具），在工具选项栏中，设置“预设渐变”为“前景色到透明渐变”，单击“对称渐变”按钮，在图像上依次按住鼠标左键拖曳，添加对称渐变填充，如图4-116所示。

13 在“图层”面板中右击“图层5”图层，弹出快捷菜单，选择“创建剪贴蒙版”命令，即可创建剪贴蒙版，其图像效果如图4-117所示。

图4-116 添加对称渐变

图4-117 创建剪贴蒙版

14 “图层”面板中右击“图层4”图层，弹出快捷菜单，选择“混合选项”命令，弹出“图层样式”对话框，勾选“投影”复选框，在对应列表框中修改各参数值，如图4-118所示。

15 单击“确定”按钮，即可为图像应用“投影”图层样式，其图像效果如图4-119所示。

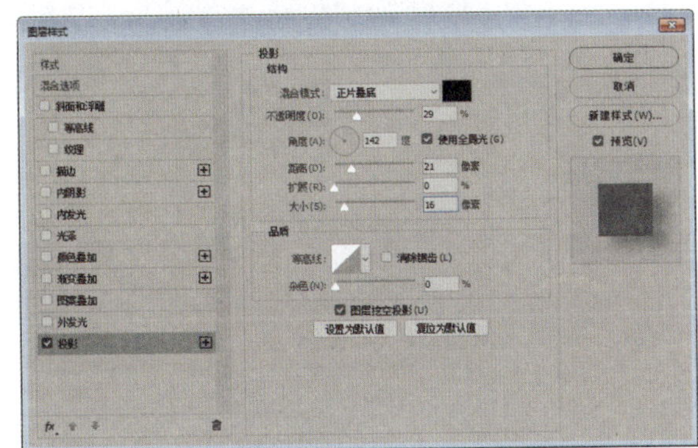

图4-118 修改参数值

图4-119 应用图层样式

2. 制作聚划算图文本

01 在工具箱中选择 T（横排文字工具），在图像上单击创建文本，并在工具选项栏中，设置“字体”为“方正粗谭黑简体”、“字号”为83和107，如图4-120所示。

02 右击新创建的文本图层，弹出快捷菜单，选择“混合选项”命令，打开“图层样式”对话框，勾选“斜面和浮雕”复选框，在对应列表框中修改各参数值，如图4-121所示。

图4-120　创建文本

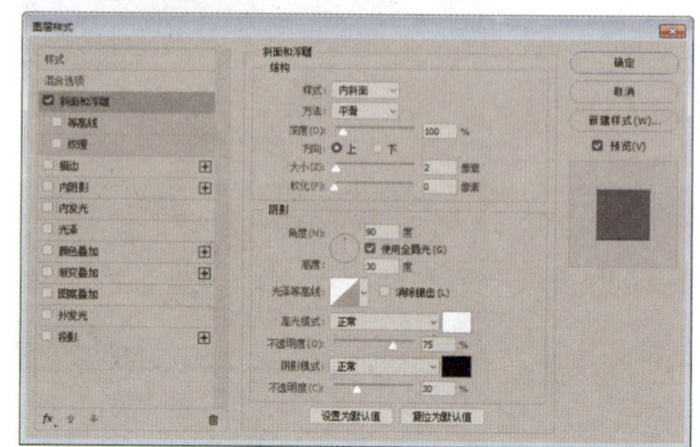

图4-121　修改参数值

03 勾选“描边”复选框，在对应列表框中修改各参数值，如图4-122所示。

04 勾选“渐变叠加”复选框，在对应列表框中修改各参数值，如图4-123所示。

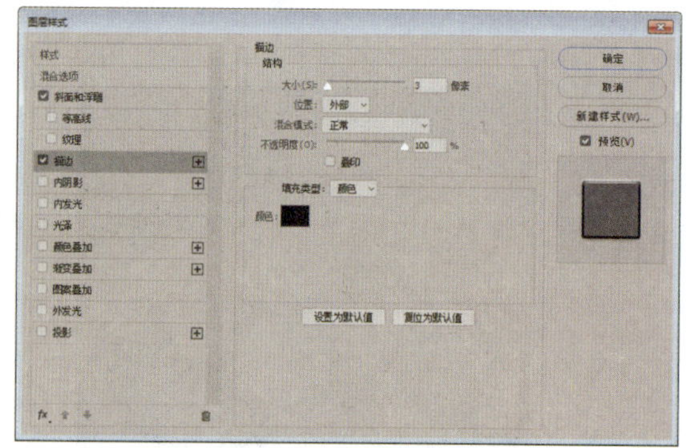

图4-122　修改参数值

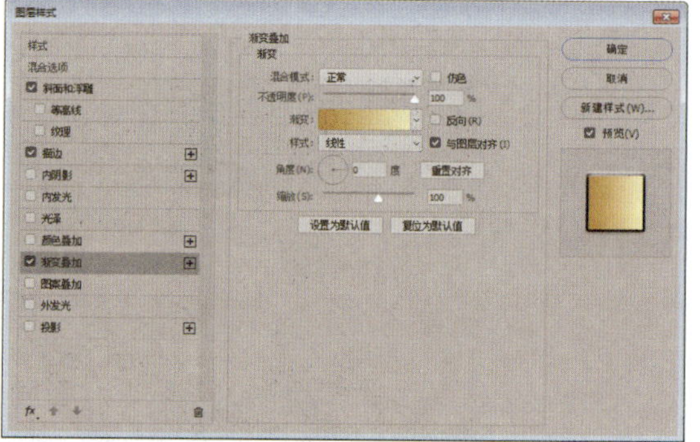

图4-123　修改参数值

05 单击“确定”按钮，即可为文本应用图层样式，其图像效果如图4-124所示。

06 选择“图层”面板中的“文本”图层，按两次快捷键Ctrl+J，复制文本图层，并修改复制后文本图层中的文本内容、字号和位置，如图4-125所示。

图4-124　应用图层样式

图4-125　复制并修改文本

07 在工具箱中选择 T（横排文字工具），在图像上单击创建文本，并在工具选项栏中，设置“字体”为“微软雅黑”、“字号”为47、“字体颜色”的RGB参数分别为85、40、16，如图4-126所示。

08 右击新创建的文本图层，弹出快捷菜单，选择“混合选项”命令，弹出“图层样式”对话框，选中“渐变叠加”复选框，在对应列表框中修改各参数值，如图4-127所示。

图4-126　创建文本

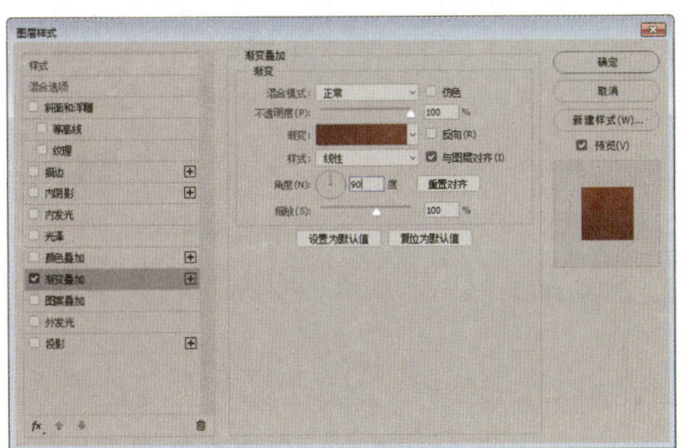

图4-127　修改参数值

09 勾选“投影”复选框，在对应列表框中修改各参数值，如图4-128所示。

10 单击“确定”按钮，即可为新创建的文本应用图层样式，其图像效果如图4-129所示。

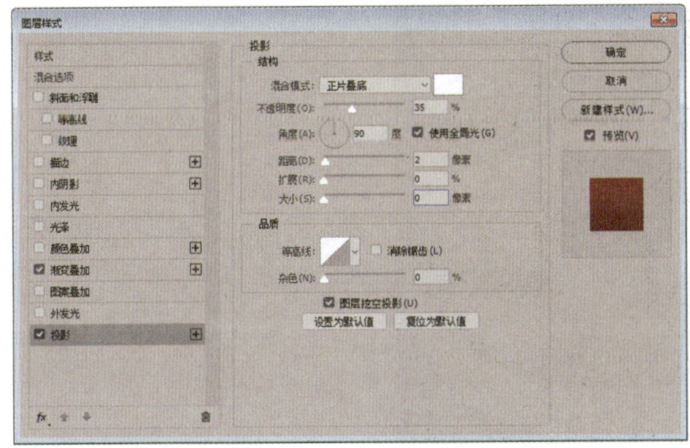

图4-128　修改参数值

图4-129　应用图层样式

11 在工具箱中选择T.（横排文字工具），在图像上单击创建文本，并在工具选项栏中，设置“字体”为“方正兰亭超细黑简体”、“字号”为32、“字体颜色”的RGB参数分别为255、232、184，如图4-130所示。

12 在工具箱中选择T.（横排文字工具），在图像上单击，创建文本，并在工具选项栏中，设置“字体”为Impact、“字号”为101、“字体颜色”的RGB参数分别为255、232、184，如图4-131所示。

图4-130　创建文本

图4-131　创建文本

13 勾选“投影”复选框，在对应列表框中修改各参数值，如图4-132所示。

14 单击“确定”按钮，即可为新创建的文本应用图层样式，其图像效果如图4-133所示。

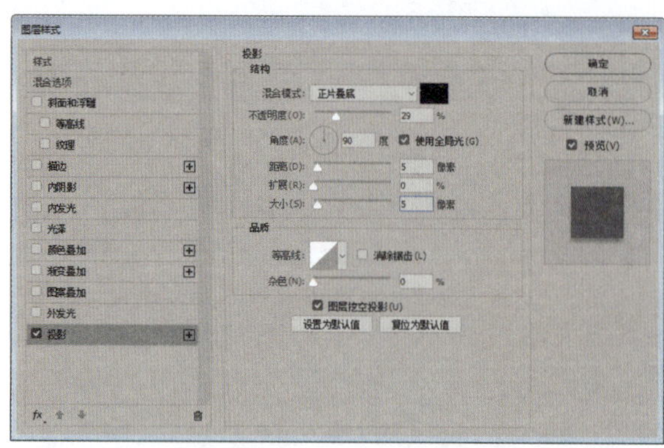

图4-132　修改参数值

图4-133　应用图层样式

15 在工具箱中选择T（横排文字工具），在图像上单击创建文本，并在工具选项栏中，设置“字体”为“Adobe黑体Std”、“字号”为24、“字体颜色”的RGB参数分别为255、232、184，得到最终图像效果，如图4-134所示。

图4-134　最终效果

店铺装修设计

第5章 电商首页设计

首页相当于电商店铺的门面，是店铺的展示窗口，它直接影响店铺的品牌宣传以及买家的购物体验。首页的装修决定了店铺的整体形象。一般情况下，电商首页包含有店招、公告栏、导航条以及首页海报/轮播图，通过这些版块，可以更好地布局电商店铺的首页，从而更好地体现电商店铺的装修风格。本章详细讲解首页中各个版块的设计方法，以供读者掌握、使用。

5.1 店招的制作

店招是网店的店铺招牌，它就好比一个店铺的脸面，对于店铺的发展起着较为重要的作用。因此在设计店招时，需要更多地从顾客的角度去考虑，设计出来的店招要能够快速地被顾客记住。本节详细讲解店招的基础知识与制作方法。

5.1.1 店招的设计原则和要求

店招是为了确定店铺属性和展示品牌的，因而店招的设计主旨必须围绕店铺卖什么、店铺名称是什么展开。店招中必须包含品牌LOGO、店铺名、广告语、视觉点和关注或收藏店铺的入口等内容。如图5-1所示为店招效果。

图5-1 店招效果

1. 设计原则

在设计店招时要遵循以下两个基本原则。

- 电商店铺的店招要直观明确地告诉客户自己店铺是卖什么的，表现形式最好是实物照片。
- 电商店铺的店招要直观明确地告诉客户自己店铺的卖点（特点、优势、差异化）。

2. 设计要求

在设计店招时不仅要遵循店招的设计原则，还需要清楚知道店招的设计要求：

- 店招一定要凸显品牌的特性，让客户很容易就清楚你是卖什么的，包括风格，品牌文化等。
- 视觉重点不宜过多。有1～2个就够了，太多了会给店招造成压力。要根据店铺现阶段的情况来分析，如果现阶段是做大促，可以着重突出促销信息。
- 整体风格要与店内产品统一。
- 颜色不要复杂，颜色一定要保持整洁性。
- 如果店招里有季节的要素，需要根据季节及时更换。比如女装店要注意随着季节变化及时调整，不要放置过季服装在店招上。

5.1.2 店招的类别

店招的类别有常规店招和通栏店招两种。其中，常规店招的尺寸是950px×120px，将常规店招上传到电商店铺页面后，店招两侧将显示空白色。通栏店招的尺寸是1920px×150px，是淘宝旺铺中使用较多的尺寸。将通栏店招上传到电商店铺页面后，店招会根据设计的结果进行显示。

TIPS 在店招设计中，并不是要将所有的内容都包含在其中，可以根据店铺的需要来选取重点信息，最终制作出店招效果。

5.1.3 店招的设计逻辑

一个好看的网店设计是将很多素材和信息完美组合而成的，一个网络店铺的首页主要包含四大部分，依次为店招、欢迎模块、产品区、店尾。为什么网店的店招很重要，要先从消费者购物逻辑来分析。

首先要明白，顾客为什么要来到店铺的首页？对于店铺的老客户而言，是直接通过店铺收藏进入店铺的；而对于新客户而言，进入店铺首页的目的主要有三个，如图5-2所示。

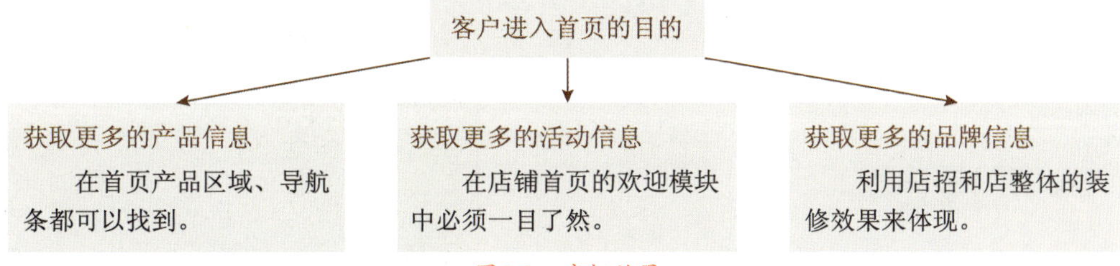

图5-2 店招效果

经营网络店铺的商家尤其要有成本意识，要节约消费者了解你的成本，节约你向消费者介绍的成本。因此，在设计店招时需要包含店铺名称、LOGO，通过这些店招内容营造出品牌的氛围和感觉，体现品牌气质和店铺定位。

5.1.4 案例制作：休闲服装店招设计与详解

在电商店铺中包含多个服装店铺，不同的服装店铺所制作的店招效果不一样。下面详细讲解制作休闲服装店招的具体操作步骤。

● 案例分析

本案例设计制作休闲服装店铺的店招效果，该图中使用了浅蓝色作为背景色，并添加了各种滤镜效果，用于修饰店招的背景，给人一种悠闲、愉悦的感受。店招中采用了字号比较大的字，能够很好地呈现出店招标题内容。

● 颜色分析

在本案例中，使用浅蓝色作为店招的背景色，搭配土黄色和白色两种颜色，能够给人耳目一新的感觉，从视觉上能够快速抓住人们的眼球。

● 字体分析

店招中的字体一般都是采用幼圆和华文细黑作为中文字体，选择Corbel和Kalinga字体作为英文字体，能够很好地展示出店铺的招牌名称，吸引浏览者的注意。

● 制作步骤

1. 制作店招背景

01 执行“文件”|“新建”命令，弹出“新建文档”对话框，修改各参数值，如图5-3所示，单击“创建”按钮，即可新建文档。

02 在工具箱中单击“前景色”色块，弹出“拾色器（前景色）”对话框，修改RGB参数分别为141、204、193，如图5-4所示，单击“确定”按钮，即可设置前景色。

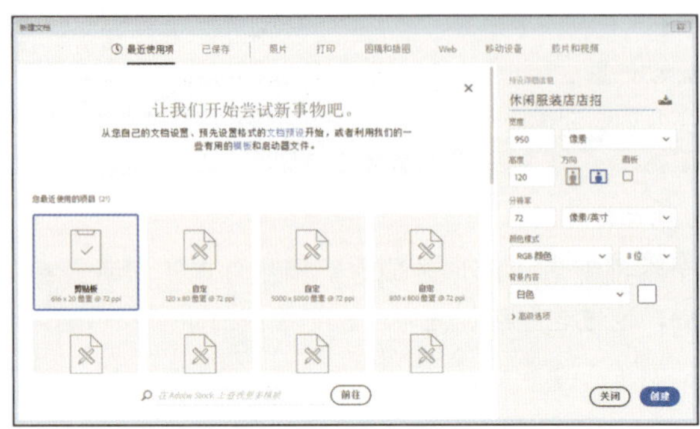
图5-3 设置参数值

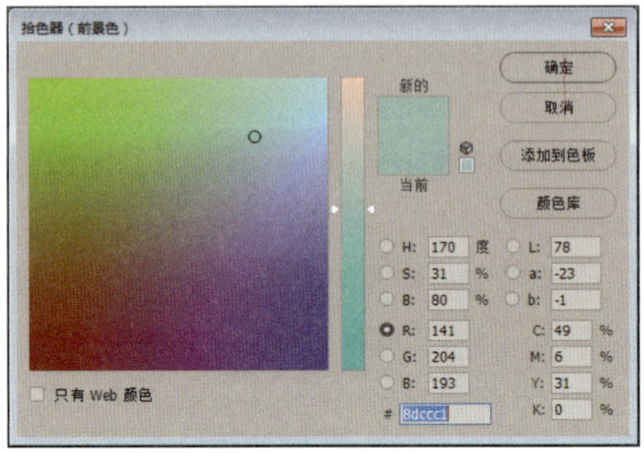
图5-4 设置颜色

03 在工具箱中选择（油漆桶工具），在背景图像上单击，即可填充背景色，如图5-5所示。

04 在“图层”面板中选择“背景”图层，右击，弹出快捷菜单，选择“复制图层”命令，即可复制背景图层。右击复制后的图层，弹出快捷菜单，选择“转换为智能对象”命令，将图层转换为智能对象，如图5-6所示。

图5-5 填充背景色

图5-6 转换智能对象

05 执行“滤镜”|“杂色”|“添加杂色”命令，弹出“添加杂色”对话框，修改“数量”参数为12.5，如图5-7所示。

06 单击“确定”按钮，即可为背景添加滤镜效果，如图5-8所示。

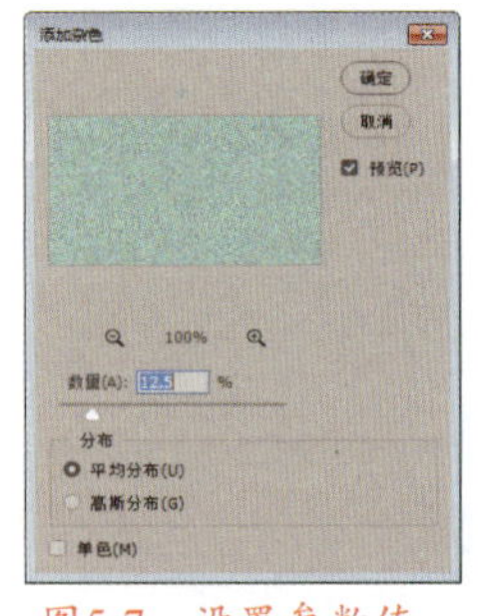
图5-7 设置参数值

图5-8 添加滤镜效果

07 在“图层”面板中选择“背景”图层，右击，弹出快捷菜单，选择“复制图层”命令，即可复制背景图层。右击复制后的图层，弹出快捷菜单，选择“转换为智能对象”命令，将图层转换为智能对象。

08 执行“滤镜”|“滤镜库”命令，弹出“滤镜库”对话框，在中间列表框中，选择“龟裂缝”滤镜，在

右侧列表框中，修改各参数值，如图5-9所示。

09 单击“确定”按钮，即可为背景添加滤镜效果，如图5-10所示。

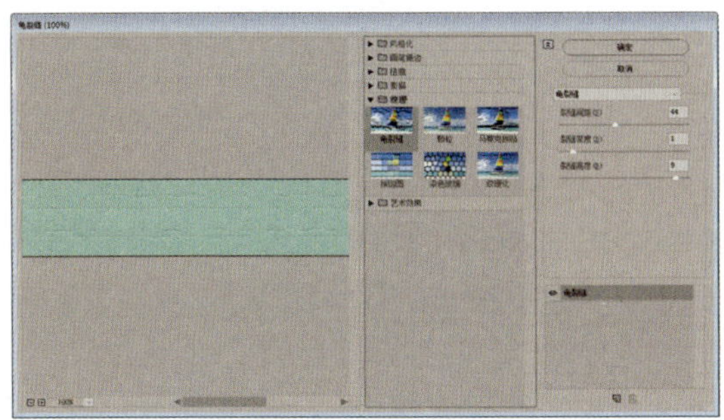

图5-9 设置参数值

图5-10 添加滤镜效果

10 在工具箱中选择（自定形状工具），在工具选项栏的“形状”列表框中，选择“会话3”形状，修改“填充”的RGB参数分别为244、237、214，“描边”为“无”，在图像上按住鼠标左键拖曳，绘制一个会话形状，如图5-11所示。

11 在工具箱中选择（删除锚点工具），在图像上的相应点上单击，删除多余的锚点，并移动锚点的位置，其图像效果如图5-12所示。

图5-11 绘制会话形状

图5-12 修改形状锚点

12 在“图层”面板中选择“形状1”形状，按5次快捷键Ctrl+J，复制图层。选择复制后的图层形状，按快捷键Ctrl+T，弹出变换控制框，依次调整形状的大小和位置，如图5-13所示。

13 在“图层”面板中选择复制后的2、3、4图层，修改各图层的“不透明度”参数分别为18%、25%和36%，其图像效果如图5-14所示。

图5-13 复制并调整形状

图5-14 修改图像不透明度

14 在工具箱中选择（自定形状工具），在工具选项栏的“形状”列表框中，选择“鸟2”形状，修改“填充”的RGB参数分别为196、221、205，“描边”为“无”，在图像上按住鼠标左键拖曳，绘制一个鸟形状，如图5-15所示。

15 在“图层”面板中选择“形状2”形状，按快捷键Ctrl+J，复制图层，选择复制后的图层形状，执行“编辑”|“变换”|“水平翻转”命令，水平翻转形状，并将翻转后的形状移动至合适位置，如图5-16所示。

图5-15 绘制形状

图5-16 修改形状

2. 制作店招主体

01 执行“文件”|“打开”命令，打开“素材\第5章\5.1.4\服装.png”图像文件，将打开的服装图像拖曳至“店招”窗口中，如图5-17所示。

02 在工具箱中选择（圆角矩形工具），在工具选项栏中修改“工具模式”为“形状”，在图像上按住鼠标左键拖曳，绘制一个圆角矩形，如图5-18所示。

图5-17　移动图像

图5-18　绘制圆角矩形

03 在打开的“属性”面板中，依次修改各参数值，如图5-19所示，即可更改圆角矩形的形状。

04 在“图层”面板中，选择“圆角矩形1”形状，修改其“不透明度”参数为35%，如图5-20所示，即可完成圆角矩形不透明度参数的修改，其图像效果如图5-21所示。

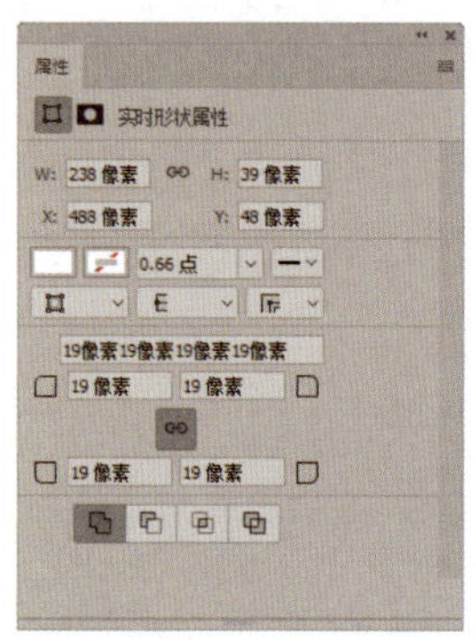

图5-19　修改参数值

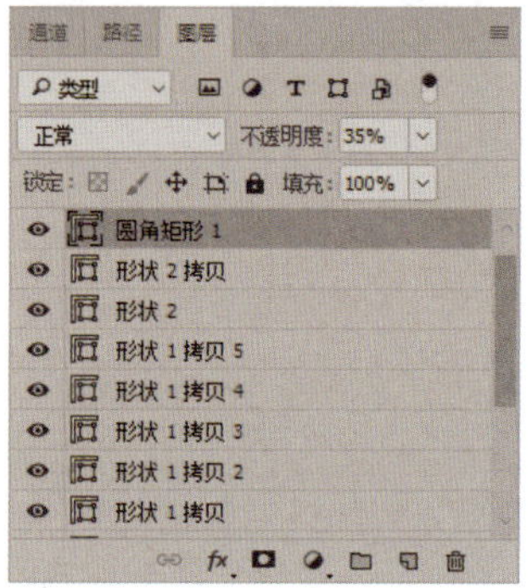

图5-20　修改参数值

05 在工具箱中选择（圆角矩形工具），在工具选项栏中修改“工具模式”为“形状”，在图像上按住鼠标左键拖曳，绘制一个圆角矩形，如图5-22所示。

图5-21　图像效果

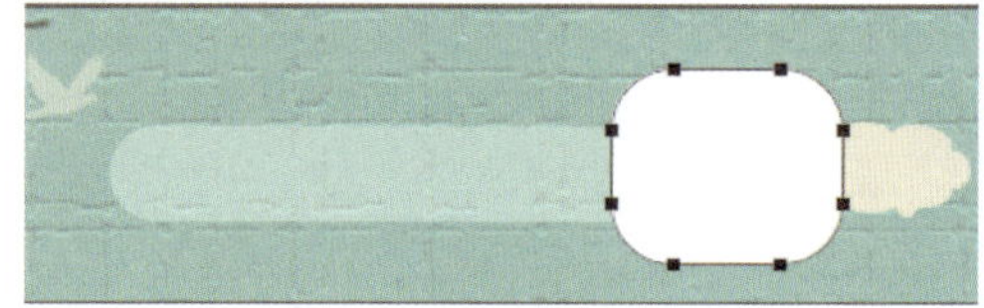

图5-22　绘制一个圆角矩形

06 在弹出的“属性”面板中，依次修改各参数值，如图5-23所示，即可更改圆角矩形的大小、位置和颜色，其图像效果如图5-24所示。

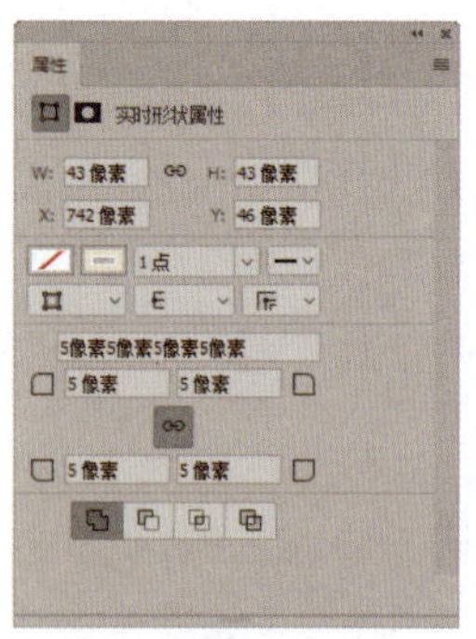

图5-23　设置保存参数

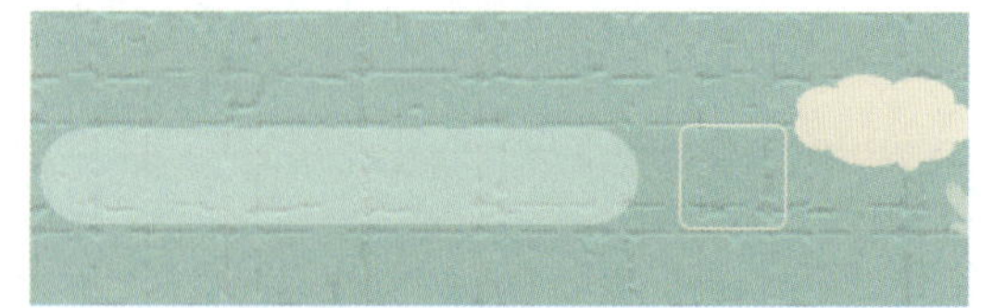

图5-24　更改圆角矩形

07 在工具箱中选择（自定形状工具），在工具选项栏的“形状”列表框中，选择“花6”形状，修改“填充”的RGB参数均为255，“描边”为“无”，在图像上按住鼠标左键拖曳，绘制一个W和H均为“26像素”的花朵形状，如图5-25所示。

08 在“图层”面板中选择“形状3”形状，按6次快捷键Ctrl+J，进行图层的复制操作，在工具箱中选择（移动工具），将复制后的形状移至合适的位置，如图5-26所示。

图5-25 绘制花朵形状

图5-26 复制形状

09 在工具箱中选择（横排文字工具），在图像上单击创建文本，在工具选项栏中，修改“字体”为“幼圆”、“字号”为“24点”、“字体颜色”的RGB分别为94、87、80，如图5-27所示。

10 在工具箱中选择（横排文字工具），在图像上单击创建文本，在工具选项栏中，修改“字体”为Kalinga、“字号”为“14点”、“字体颜色”的RGB分别为165、211、190，如图5-28所示。

图5-27 创建文本

图5-28 创建文本

11 在“图层”面板中选择新创建的文本，按6次快捷键Ctrl+J，进行图层的复制操作，在工具箱中选择（移动工具），将复制后的形状依次至合适的位置，依次修改复制后的文本内容，如图5-29所示。

12 在工具箱中选择（横排文字工具），在图像上单击，创建文本，在工具选项栏中，修改“字体”为Corbel、“字号”为“15点”、“字体颜色”的RGB分别为223、242、240，如图5-30所示。

图5-29 修改文本内容

图5-30 创建文本

13 在工具箱中选择（横排文字工具），在图像上单击创建文本，在工具选项栏中，修改“字体”为Corbel、“字号”为“15点”、“字体颜色”的RGB分别为223、242、240，如图5-31所示。

14 在工具箱中选择（横排文字工具），在图像上单击创建文本，在工具选项栏中，修改“字体”为“华文细黑”、“字号”为“16点”、“字体颜色”的RGB分别为244、237、214，得到最终图像效果，如图5-32所示。

图5-31 创建文本

图5-32 最终图像效果

5.2 制作精美公告栏

公告栏是电商店铺中用于发布店铺开业信息、促销信息、优惠信息、新品上架、物流信息等提示性内容的展示工具。本节详细讲解制作精美公告栏的相关基础知识和制作方法。

5.2.1 文字公告栏

文字公告栏只由纯文字组成，不包含图片对象。在制作文字公告栏时，其公告栏中的文字内容要言简意赅，能够吸引浏览者的注意。如图5-33所示为文字公告栏。

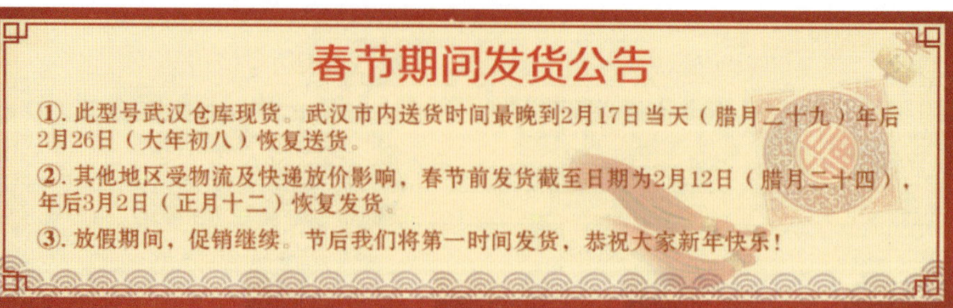

图5-33　文字公告栏

5.2.2　图片公告栏

图片公告栏由文字和图片混合组成，通过在公告栏中添加图片，可以增添公告的展示意；搭配解说文字，能够很好地引起浏览者的注意。如图5-34所示为图片公告栏。

图5-34　图片公告栏

5.2.3　动态公告栏

对于网店而言，动态公告栏是将多个图像和文字效果构成GIF动画，制作这种动态公告栏可以使用GIF软件，如Easy GIF Animator、Ulead GIF Animator等。

5.2.4　案例制作：店铺公告栏设计与详解

在制作店铺公告栏时，公告栏的尺寸参数大约在400px×200px左右（即使装修后的公告高度大于200px，也只是在公告框里滚动），而且公告必须是滚动的。下面详细讲解制作店铺公告栏的方法。

● 案例分析

本案例设计制作一款图文组合的公告栏，该图中使用土黄色作为公告栏的背景，搭配黑色和褐色的文字颜色，能够呈现出公告栏可爱、幽默的气质。

● 颜色分析

在本案例中，使用土黄色作为公告栏的背景，搭配一个太阳图形，给人一种阳光温暖的感觉。黑色和褐色的文字能够很好地呈现出公告栏中的文字内容和主题含义。

● 字体分析

公告栏中的字体一般都是采用汉仪丫丫体简和迷你简汉真广标字体，通过这些字体，可以让公告栏的标题醒目，且正文内容充满趣味，吸引人浏览。

● 制作步骤

1. 制作公告栏背景

01 执行“文件”|“新建”命令，弹出“新建文档”对话框，修改各参数值，如图5-35所示，单击“创建”按钮，即可新建文档。

02 在工具箱中单击“前景色”颜色块，弹出“拾色器（前景色）”对话框，修改RGB参数分别为248、236、221，如图5-36所示，单击“确定”按钮，即可设置前景色。

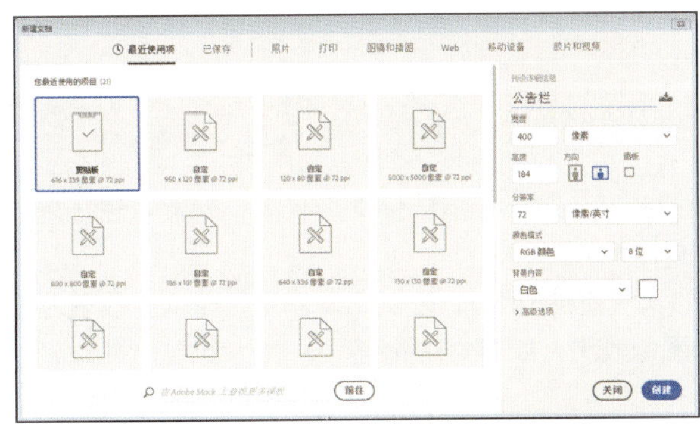

图5-35 设置参数值

图5-36 设置颜色

03 在工具箱中选择（油漆桶工具），在背景图像上单击，即可填充背景色，如图5-37所示。

04 执行“文件”|“打开”命令，打开“素材\第5章\5.2.4\太阳.png”图像文件，将打开的太阳图像拖曳至“公告栏”窗口中，并按快捷键Ctrl+T，打开变换控制框，调整图像大小和位置，如图5-38所示。

图5-37 填充背景色

图5-38 调整图像

05 执行“文件”|“打开”命令，打开“素材\第5章\5.2.4\装饰.jpg”图像文件，将打开的装饰图像拖曳至“公告栏”窗口中，并按快捷键Ctrl+T，弹出变换控制框，调整图像大小和位置，如图5-39所示。

图5-39　调整图像

2. 制作公告栏文字

01 在工具箱中选择T（横排文字工具），在图像上单击，创建文本，在工具选项栏中，修改“字体”为“汉仪丫丫体简”、“字号”为“9点”、“字体颜色”的RGB分别为84、69、53、“字体行距”为“10点”，并将新创建好的文本移动至合适的位置，如图5-40所示。

02 在工具箱中选择T（横排文字工具），在图像上单击，创建文本，在工具选项栏中，修改“字体”为“迷你简汉真广标”、“字号”为“25点”、“字体颜色”的RGB分别为84、69、53，如图5-41所示。

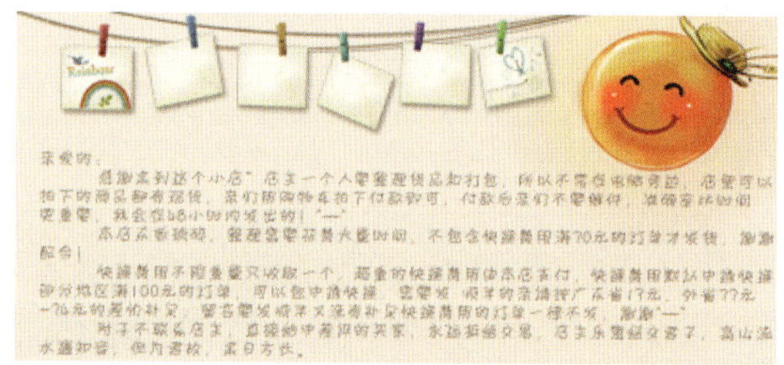

图5-40　创建文本

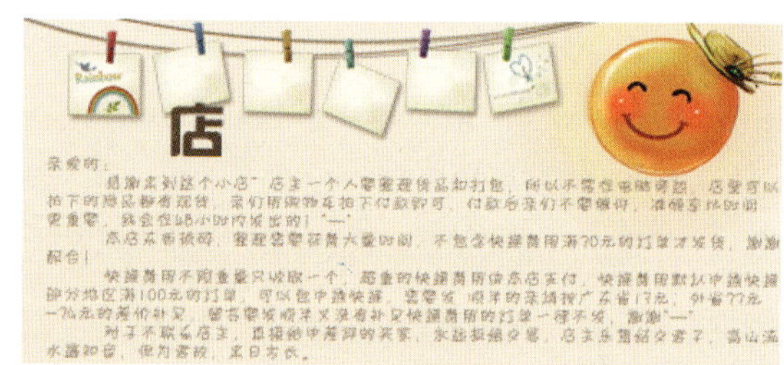

图5-41　创建文本

03 选择新创建的文本，按快捷键Ctrl+T，打开变换控制框，当鼠标指针呈↻形状时，对文本进行旋转操作，并将旋转后的文本移动至合适的位置，如图5-42所示。

04 在“图层”面板中，选择新创建的文本图层，按3次快捷键Ctrl+J，复制文本图层，依次修改复制后文本内容，并调整文本的角度和位置，得到最终的图像效果，如图5-43所示。

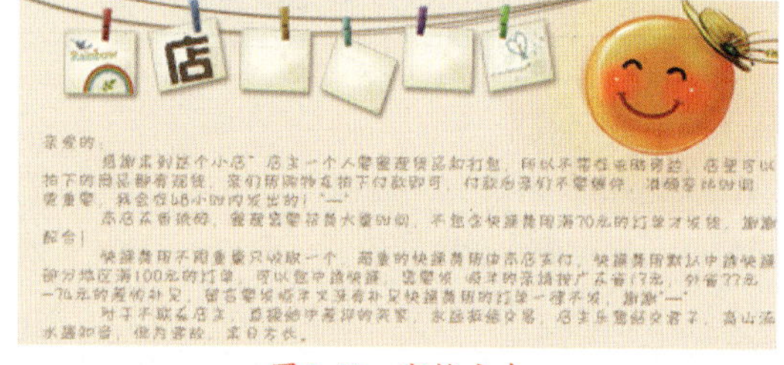

图5-42　变换文本

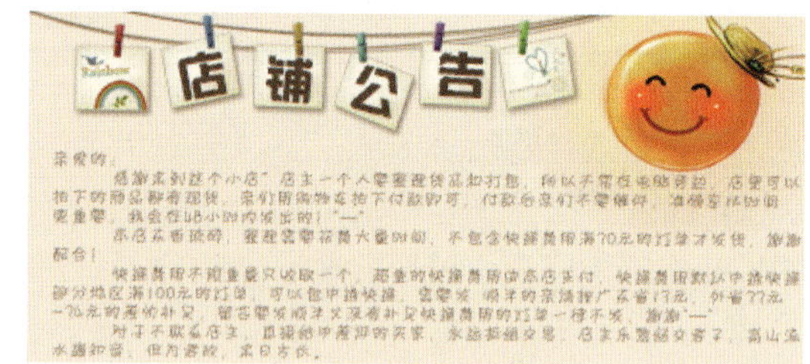

图5-43　最终图像效果

5.3　精准的定位——导航条

导航条是店招下方的区域，是显示商品分类、便于浏览者快速地访问所需要的商品或信息的部分。导航条是否合理是电商店铺易用性评价的重要指标之一。本节详细讲解导航条的基础知识和制作方法。

5.3.1 导航条介绍

导航条是网页设计中不可缺少的部分，它是指通过一定的技术手段，为网站的访问者提供一定的途径，使其可以方便地访问到所需的内容，使人们浏览网站时可以快速从一个页面转到另一个页面。利用导航条，我们就可以快速找到想要浏览的页面。导航条的目的是让网站的层次结构以一种有条理的方式清晰展示，引导用户毫不费力地找到并管理信息，让用户在浏览网站过程中不致迷失。为了让网站信息可以有效地传递给用户，导航一定要简洁、直观、明确。如图5-44所示为导航条效果。

图5-44　导航条效果

5.3.2 导航条的设计要求

简单直观的导航条不仅可以提高电商店铺易用性，而且方便浏览者找到所需的信息，有助于提高用户转化率。导航条设计在整个电商店铺的设置中举足轻重。在设计网店导航条时，对于导航条的尺寸有一定的限制，例如淘宝网规定导航条的尺寸为950px的宽度，150px的高度。导航条的方式有很多种，常见的有图片导航、按钮导航、文字导航等，如图5-45所示为不同的导航条效果。

图5-45　不同的导航条效果

在设计导航条时，需要注意以下基本要求。

- 明确性：无论采用哪种导航条策略，导航条的设计应该明确，让浏览者能一目了然。具体表现为浏览者明了店铺的主要商品范围，清楚了解自己所在的位置等。只有明确的导航才能够发挥“引导”的作用，引导浏览者找到所需的信息。
- 可理解性：导航条对于浏览者来说应该是易于理解的，在表达形式上，要使用清楚简洁的按钮，图文表达清晰，应该避免使用无效的字句描述。
- 完整性：在设计网店中的导航条时，要具体、完整，能够让浏览者获得整个网店范围的产品销售类目，从而通过完整的销售类目，直接获取网店中全部产品的信息。
- 咨询性：在设计导航条时，导航条应该能够给买家提供咨询信息，当买家有需要时，可以为买家提供导航。
- 易用性：整个导航条的系统应该容易进入，同时也容易退出当前页面，或者让使用者以简单的方式去想要去的页面。

5.3.3 案例制作：导航条设计与详解

导航条是店铺装修中必不可少的模块之一，使用导航条可以方便浏览者浏览店铺中的各种产品。下面将详细讲解制作导航条的具体操作步骤。

实例效果

首页 时尚单鞋 休闲布鞋 WELCOME 韩版潮靴 可爱小皮鞋 凉鞋拖鞋

扫一扫

下载视频教学

● 案例分析

本案例设计制作一款导航条，该图中使用了粉红色作为导航条的主色，搭配褐色和白色的文字颜色，使导航条中的产品类别一目了然，方便浏览者浏览选择。

● 颜色分析

在本案例中，使用粉红色和褐色作为导航条的主色，为导航条增添了可爱的感觉，特别适合童鞋店铺使用。

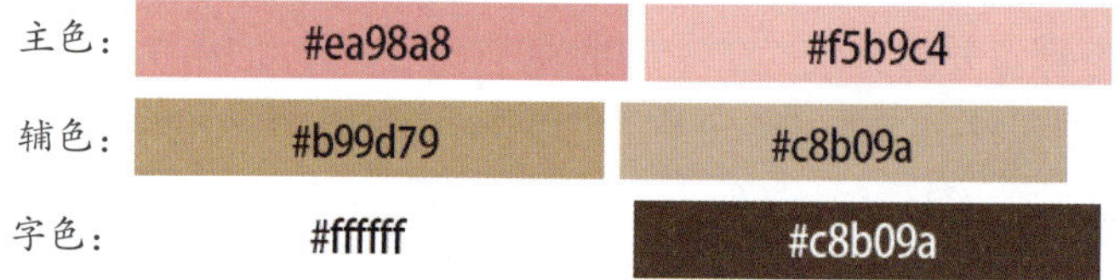

● 字体分析

导航条中的字体一般都采用方正水柱简体、Harrington等字体，通过这些字体可以使童鞋店铺导航条具有儿童天真活泼的感觉，从而吸引浏览者的注意。

● 制作步骤

1. 制作导航条背景

01 执行“文件”|“新建”命令，弹出“新建文档”对话框，修改各参数值，如图5-46所示，单击“创建”按钮，即可新建文档。

02 在工具箱中单击“前景色”颜色块，弹出“拾色器（前景色）”对话框，修改RGB参数分别为232、233、237，如图5-47所示，单击“确定”按钮，即可设置前景色。

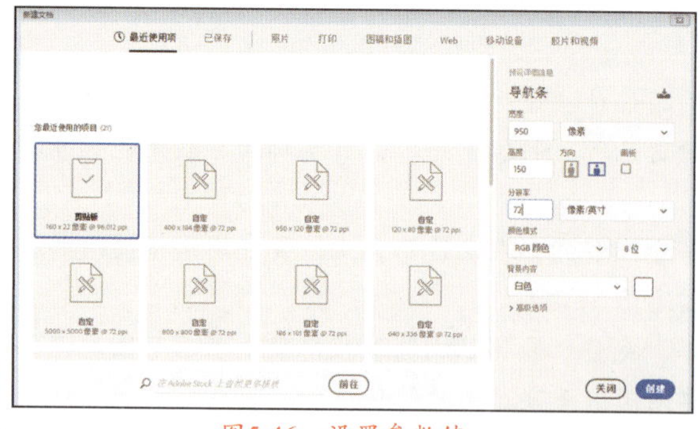

图5-46 设置参数值

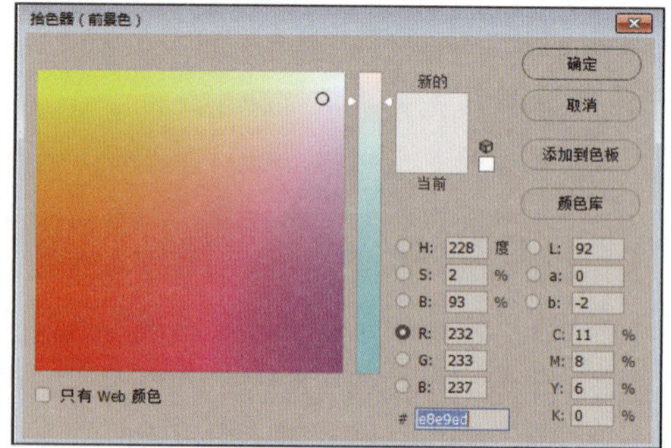

图5-47 设置颜色

03 在工具箱中选择（油漆桶工具），在背景图像上单击，即可填充背景色，如图5-48所示。

04 在工具箱中选择（自定形状工具），在工具选项栏中，修改“形状”为“网格”，修改“填充”的RGB参数均为255，在图像上按住鼠标左键拖曳，绘制一个W和H均为“150像素”的正方形网格，如图5-49所示。

图5-48 填充背景色

图5-49 绘制正方形网格

05 选择新绘制的形状，按快捷键Ctrl+T，弹出变换控制框，当鼠标指针呈 形状时，对形状进行旋转操作，并将旋转后的形状移动至合适的位置，如图5-50所示。

06 在“图层”面板中，选择“形状1”图层，修改“不透明度”参数为40%，即可更改图层的不透明度，其图像效果如图5-51所示。

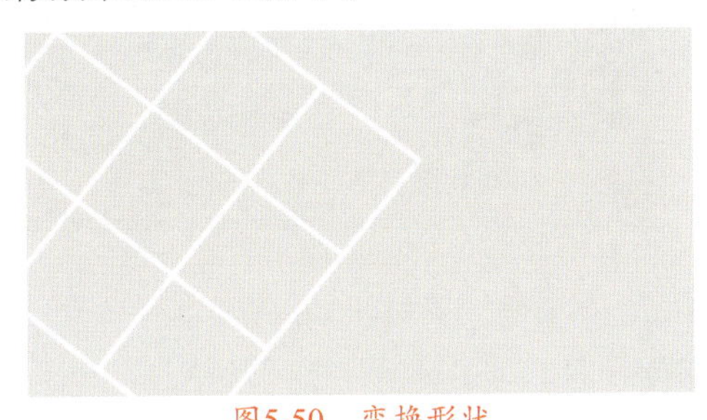

图5-50 变换形状

图5-51 更改图层不透明度

07 在“图层”面板中，选择“形状1”图层，按快捷键Ctrl+J，复制图层，修改复制后图层的“不透明度”参数为31%，并修改图层名称为“形状2”，如图5-52所示。

08 选择“形状2”图层中的形状，在工具箱中选择（移动工具），将选择的形状移动至合适位置，并旋转形状，如图5-53所示。

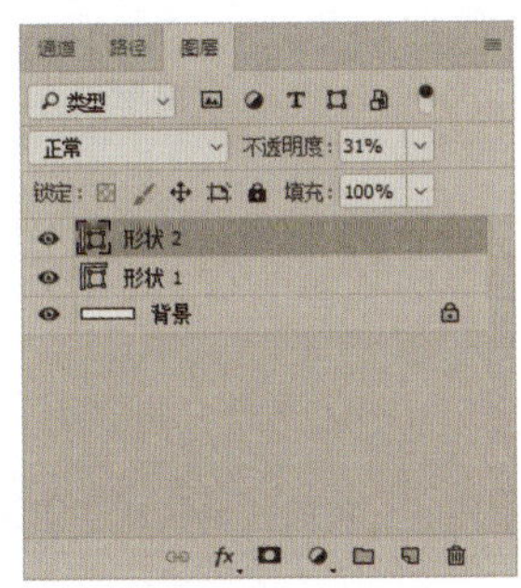

图5-52 修改图层

图5-53 移动形状

09 在“图层”面板中，选择“形状1”图层，按4次快捷键Ctrl+J，复制图层，并在工具箱中选择（移动工具），将复制后的形状移动至合适位置，如图5-54所示。

10 在“图层”面板中，选择“形状2”图层，按5次快捷键Ctrl+J，复制图层，并在工具箱中选择（移动工具），将复制后的形状移动至合适位置，如图5-55所示。

图5-54 复制形状

图5-55 复制形状

2.制作导航条主体

01 在工具箱中选择（圆角矩形工具），在工具选项栏中修改“工具模式”为“形状”，在图像上按住鼠标左键拖曳，绘制一个W为928、H为47、“半径”为23的圆角矩形形状，如图5-56所示。

02 在弹出的“属性”面板中，设置“渐变填充”的RGB1分别为147、89、9，修改RGB2分别为234、152、168，完成圆角矩形形状的更改，其图像效果如图5-57所示。

图5-56 绘制圆角矩形形状

图5-57 更改圆角矩形

03 在“图层”面板中右击“圆角矩形1”图层，弹出快捷菜单，选择“混合选项”命令，弹出“图层样式”对话框，勾选“斜面和浮雕”复选框，在对应列表框中修改各参数值，如图5-58所示。

04 勾选“投影”复选框，在对应列表框修改各参数值，如图5-59所示。

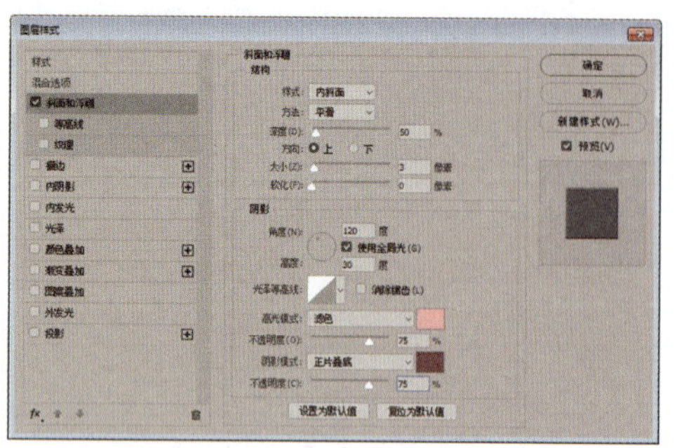
图5-58　修改参数值

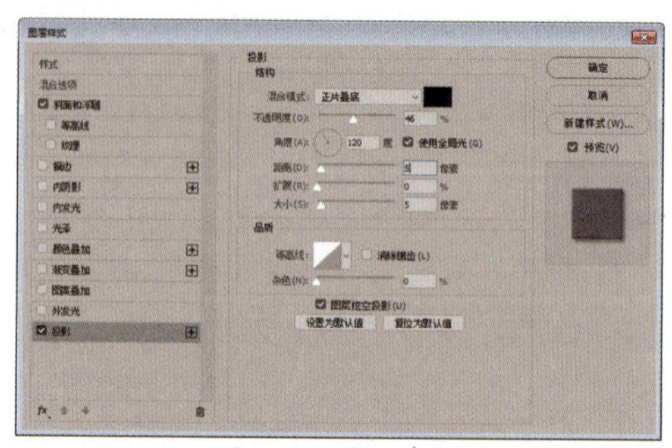
图5-59　修改参数值

05 单击“确定”按钮，即可为圆角矩形形状应用图层样式，其图像效果如图5-60所示。

06 在工具箱中选择（圆角矩形工具），在工具选项栏中修改“工具模式”为“形状”，在图像上按住鼠标左键拖曳，绘制一个圆角矩形形状，如图5-61所示。

图5-60　应用图层样式

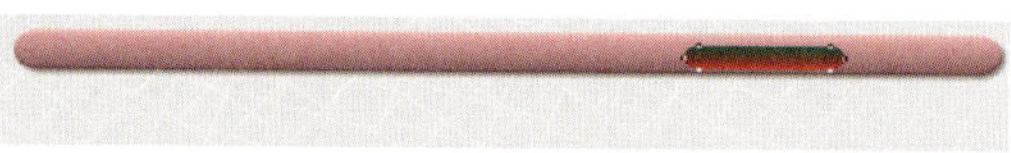
图5-61　绘制圆角矩形

TIPS

圆角矩形工具主要用来创建圆角矩形，其使用方法以及选项都与矩形工具相同，只是在工具选项栏中多了一个“半径”选项。“半径”选项用来设置圆角矩形的圆角半径，该值越大，圆角越广。

07 在打开的“属性”面板中，依次修改“大小”“填充颜色”和“圆角”参数值，如图5-62所示，即可更改圆角矩形的形状效果，其图像效果如图5-63所示。

图5-62　修改参数值

图5-63　更改圆角矩形

08 在“图层”面板中右击“圆角矩形1”图层，弹出快捷菜单，选择“混合选项”命令，弹出“图层样式”对话框，勾选“投影”复选框，在对应列表框中，修改各参数值，如图5-64所示。

09 单击“确定”按钮，即可为圆角矩形应用图层样式，其图像效果如图5-65所示。

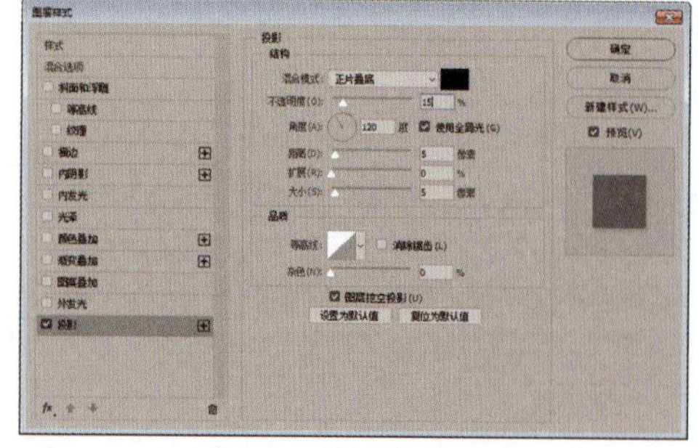
图5-64　修改参数值

图5-65　应用图层样式

10 在工具箱中选择■（矩形工具），在工具选项栏中，修改“工具模式”为“形状”，在图像上按住鼠标左键拖曳，绘制一个矩形形状，如图5-66所示。

11 在弹出的“属性”面板中，修改W为222、H为59，颜色参数保持不变，完成矩形形状的更改，并将更改后的矩形形状移动至合适位置，其图像效果如图5-67所示。

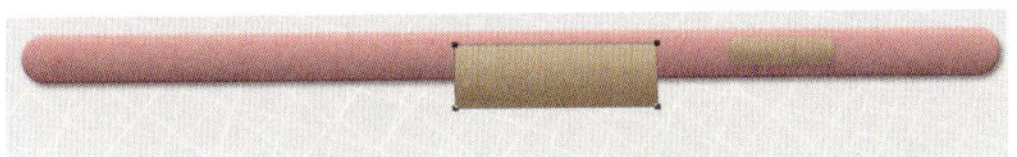

图5-66　绘制矩形形状

图5-67　更改矩形形状

12 在工具箱中选择■（添加锚点工具），在矩形的底部水平直线上单击，添加一个锚点，并向下拖曳锚点至合适的位置，如图5-68所示。

13 在工具箱中选择■（转换工具），在锚点上单击，将锚点从曲线转换为直线，其图像效果如图5-69所示。

图5-68　添加锚点

图5-69　转换锚点

14 在“图层”面板中，选择“矩形1”图层，按快捷键Ctrl+J，在“矩形1”图层下方复制一个图层，在工具箱中选择■（移动工具），将复制后的形状移动至合适位置，如图5-70所示。

15 右击“矩形1 拷贝”图层，打开快捷菜单，选择“混合选项”命令，打开“图层样式”对话框，选中“渐变叠加”复选框，在对应列表框中修改各参数值，如图5-71所示。

图5-70　复制并移动形状

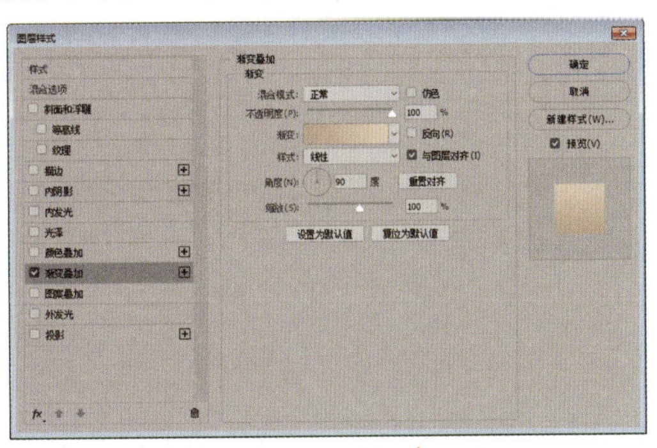

图5-71　修改参数值

16 勾选“投影”复选框，在对应列表框中修改各参数值，如图5-72所示。

17 单击“确定”按钮，即可为形状应用图层样式，其图像效果如图5-73所示。

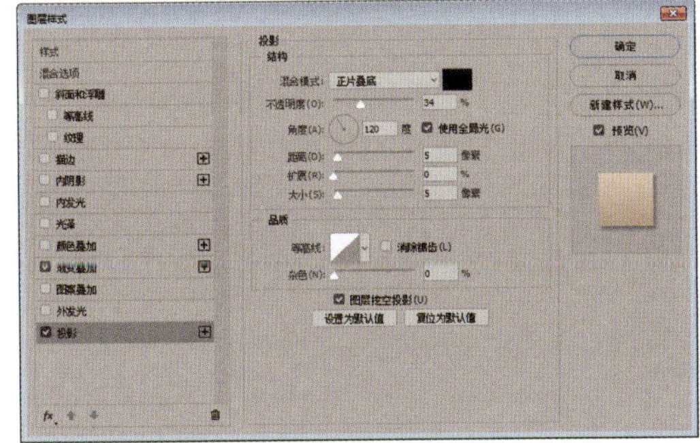

图5-72　创建文本

图5-73　应用图层样式

18 在工具箱中选择（钢笔工具），在工具选项栏中修改“工具模式”为“形状”、“填充”的RGB参数为116、72、80，“描边”为“无”，在图像上依次单击，添加锚点，绘制一个三角形状，如图5-74所示。

19 选择钢笔形状，执行“窗口”|“属性”命令，打开“属性”面板，修改“羽化”参数为“1.7像素”，即可羽化形状，其图像效果如图5-75所示。

图5-74　绘制三角形状

图5-75　羽化形状

20 在“图层”面板中选择钢笔形状，按快捷键Ctrl+J，复制图层，选择复制后的钢笔形状，执行“编辑”|“变换”|“水平翻转”命令，水平翻转形状，选择工具箱中的（移动工具），将翻转后的形状移动至合适位置，其图像效果如图5-76所示。

图5-76　复制并变换形状

3. 制作导航条文本

01 在工具箱中选择（横排文字工具），在图像上单击创建文本，在工具选项栏中，修改“字体”为“方正水柱简体”、“字号”为“18点”、“字体颜色”的RGB均为255，并将新创建好的文本移动至合适的位置，如图5-77所示。

02 在“图层”面板中，选择新创建的文本图层，按5次快捷键Ctrl+J，复制文本图层，依次修改复制后文本内容，并调整文本的位置，如图5-78所示。

图5-77　创建文本

图5-78　复制文本

03 在工具箱中选择（横排文字工具），在图像上单击创建文本，在工具选项栏中，修改“字体”为Harrington、“字号”为“35点”、“字体颜色”的RGB均为0，并将新创建好的文本移动至合适的位置，如图5-79所示。

04 在“图层”面板中，选择新创建的文本图层，按快捷键Ctrl+J，复制文本图层，选择复制后的文本，执行“编辑”|“变换”|“垂直翻转”命令，垂直翻转文本，并将文本移动至合适位置，如图5-80所示。

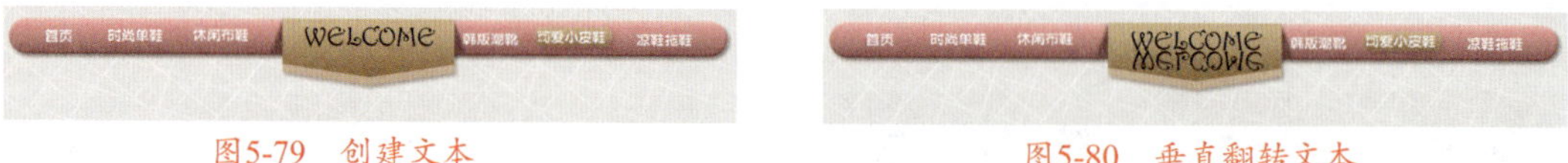

图5-79　创建文本

图5-80　垂直翻转文本

05 选择复制后的文本图层，在“图层”面板底部单击“添加矢量蒙版”按钮，添加矢量蒙版，设置“前景色”的RGB参数均为0，在工具箱中选择（画笔工具），在工具选项栏中依次修改画笔样式和大小，在图像上按住鼠标左键拖曳，涂抹图像，得到最终图像效果，如图5-81所示。

图5-81　最终图像效果

5.4 首页海报/轮播图设计

首页海报/轮播图一般位于导航条的下方，占有较大的面积，是顾客进入店铺首页中看到的最醒目区域。设计首页海报/轮播图，不仅具有震撼感，还能使顾客第一时间了解店铺的活动和促销信息。本节详细讲解首页海报/轮播图的基础知识和设计方法。

5.4.1 海报的视觉要点

首页海报/轮播图是将多张海报图片进行循环播放。在制作海报时，要清楚了解海报的视觉要点。海报的视觉要点主要包含海报主题、海报构图和海报配色3个方面，下面进行详细讲解。

1. 海报主题

海报的制作需要有一个主题，无论是新品上市还是活动促销，主题选定后才能围绕这个方向确定海报的文案和信息等。海报的主题以产品加上描述体现，将海报提炼成简洁的文字，并将主题内容放置在海报的第一视觉中心，能够比较高效且直接地让浏览者一眼就看出海报所要表达的内容。如图5-82所示为海报效果。

图5-82 海报效果

海报主要由背景、文案和产品3个部分组成。

- 背景：背景图主要是根据产品图片和活动来选择，背景一般包含颜色背景、场景背景和纹理背景等，不同的背景效果，所呈现的海报主题也不一样。
- 文案：海报中的标题、正文、附加内容等都离不开文字，通过文案内容可以获得主要信息。在设计电商海报时，为文案设置不同的字体，可以给人不同的心理感受。在电商海报设计中，好的产品文案至关重要。在添加海报中的文案内容时，包含主题、副标题和正文等内容。因此，合理地使用文案可以使海报设计更加容易，表达产品内容更加明确。
- 产品：海报中添加了产品图片后，能够更好地突出产品特色、卖点等信息，方便浏览者浏览和选购。

2. 海报构图

海报的构图就是处理好图片和文字之间的位置关系，使其整体和谐，并突出主体。海报的构图方式有黄金比例分割构图、三等分构图、对角线构图和三角形构图等方式。

- 黄金比例分割构图：黄金分割是指将整体一分为二，较大部分与整体部分的比值等于较小部分与较大部分的比值，其比值约为0.618。这个比例被公认为是最能引起美感的比例，被称为黄金分割。因此，黄金比例分割构图符合大多数用户的审美标准，可以使海报看起来美观、合理。如图5-83所示为黄金比例分割构图海报效果。

图5-83　黄金比例分割构图海报效果

- 三等分构图：三等分构图是黄金比例分割构图的简化，三等分构图是指把画面横分三分，每一分中心都可放置海报的主体形态，这种构图适宜多形态平行焦点的主体。这种画面构图，表现鲜明，构图简练，如图5-84所示为三等分构图海报效果。

图5-84　三等分构图海报效果

- 对角线构图：使用对角线构图可以利用倾斜的四角线将视觉中心引向任意两条线相交的交点，即视觉的兴趣区域所在点。
- 三角形构图：三角形构图布局方式是以三个视觉中心为景物的主要位置，有时是以三点成面几何构成来安排景物，形成一个稳定的三角形。这种三角形可以是正三角，也可以是斜三角或倒三角，其中斜三角较为常用，也较为灵活。三角形构图具有安定、均衡但不失灵活的特点。

3. 海报配色

海报的配色十分关键，画面的色调会营造一种氛围。在配色中，对重要的文字信息用突出醒目的颜色进行强调，以清晰的明暗对比传递画面信息，用不同的配色来确定相应的风格。

5.4.2 制作海报图

在清楚了解海报图的基础知识后，需要对海报图进行设计和制作。在制作海报图时，海报中画面传达的内容将会被用户直接感知，且海报的设计要主次分明，才能吸引浏览者的注意。下面详细讲解制作海报图的具体步骤。

实例效果

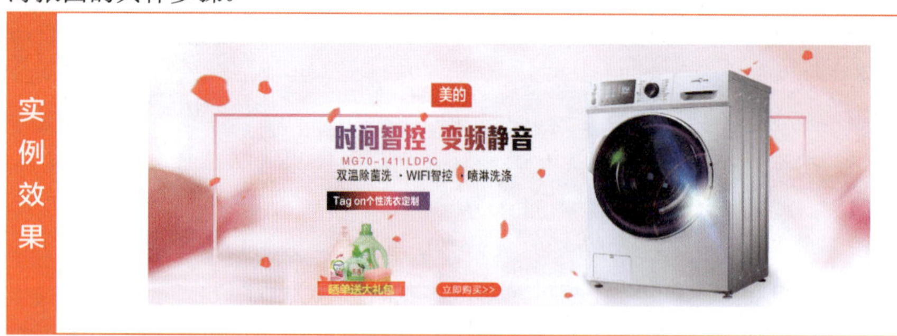

扫一扫

下载视频教学

- 案例分析

本案例设计制作一款洗衣机海报图，该图中使用了粗大的文字和粉红色、白色相间的背景，使得人看到海报有种新颖、特别的感觉。海报中的色彩鲜明，能够更好地呈现海报文本的主次顺序。

● 颜色分析

在本案例中，使用粉红色和白色混合的背景图片作为海报的背景，搭配飘落的红色花瓣和银色的洗衣机产品，给人一种家的温馨，冲击着浏览者的视线，给人一种置身于家的感觉。海报中的文字都是采用紫色渐变、黄色、白色和黑色等颜色，能够一层一层地呈现洗衣机的特点和优势，给人一种物有所值的感觉。

● 字体分析

海报中的字体一般都是采用方正黑体简体、方正兰亭中黑简体和方正兰亭粗黑简体等字体，通过这些字体，可以体现出海报中洗衣机产品高科技、实用和实惠的特点。

● 制作步骤

1. 制作海报图主体

01 执行“文件”|“新建”命令，弹出“新建文档”对话框，修改各参数值，如图5-85所示，单击“创建”按钮，即可新建文档。

02 执行“文件”|“置入嵌入的智能对象”命令，弹出“置入嵌入对象”对话框，选择“素材\第5章\5.4.2\背景.png”图像文件，如图5-86所示。

图5-85 设置参数值

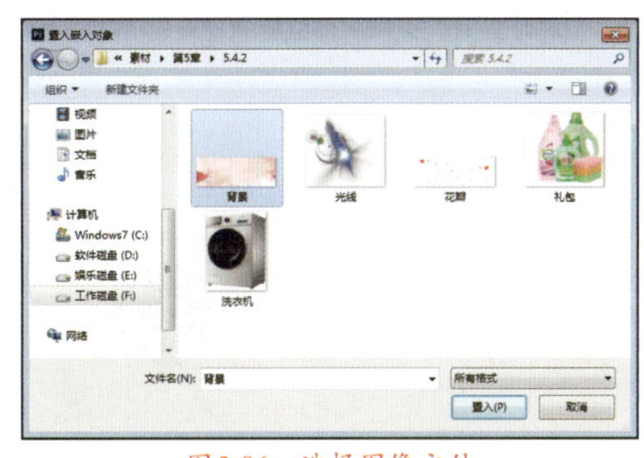

图5-86 选择图像文件

03 单击“置入”按钮，即可置入“背景”图像，其图像效果如图5-87所示。

04 在工具箱中选择（矩形工具），在工具选项栏中设置“工具模式”为“形状”，修改“填充”为“无”、“描边”的渐变RGB分别为255、196、208和254、131、159，“描边宽度”为“8点”，在图像上按住鼠标左键拖曳，绘制一个W为1570、H为490的矩形形状，如图5-88所示。

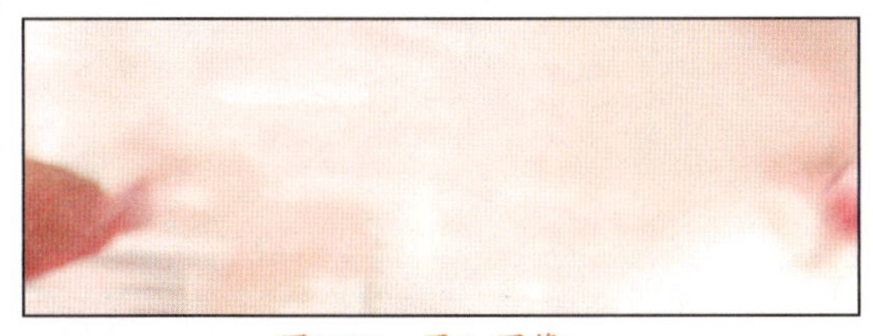

图5-87 置入图像

图5-88 绘制矩形形状

05 选择新创建的矩形图层，在“图层”面板底部单击“添加图层蒙版”按钮，添加图层蒙版，设置“前景色”的RGB均为0，在工具箱中选择（画笔工具），在工具选项栏中设置画笔样式、画笔大小等参数，在矩形上按住鼠标左键拖曳，涂抹图像，如图5-89所示。

06 在工具箱中选择（圆角矩形工具），在工具选项栏中设置“工具模式”为“形状”，在图像上按住鼠标左键拖曳，绘制一个圆角矩形形状，如图5-90所示。

图5-89 涂抹图像

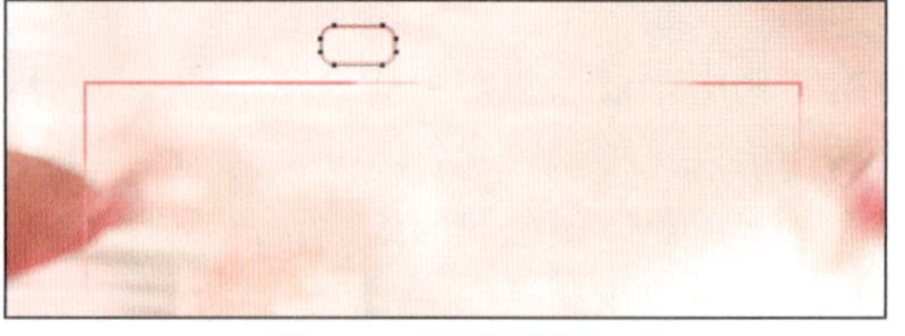
图5-90 绘制圆角矩形

07 在弹出的“属性”面板中，修改W为108、H为65、“填充”的RGB参数分别为254、0、0，解锁相同半径值，修改右上角的“半径”参数为20，其他角点的“半径”参数均为0，即可更改圆角矩形的大小和填充，其图像效果如图5-91所示。

08 执行“文件”|“打开”命令，打开“素材\第5章\5.4.2\花瓣.png”图像文件，将打开的图像文件移动至“海报图”图像窗口中，如图5-92所示。

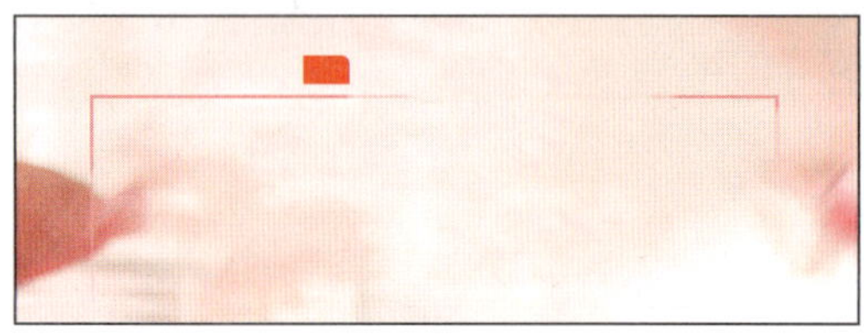
图5-91 更改圆角矩形

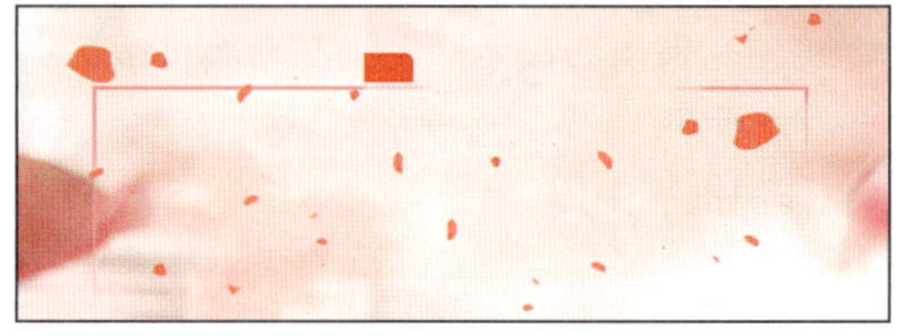
图5-92 移动图像

09 执行“文件”|“打开”命令，打开“素材\第5章\5.4.2\洗衣机.png”图像文件，将打开的图像文件移动至“海报图”图像窗口中，如图5-93所示。

10 按快捷键Ctrl+Shift+N，在“图层2”图层下方新建“图层3”图层，设置“前景色”的RGB参数均为0，在工具箱中选择（画笔工具），在工具选项栏中，选择“柔角左手姿势”画笔样式，修改“画笔大小”为“37像素”、“不透明度”参数为30%，在图像上按住鼠标左键拖曳，涂抹图像，如图5-94所示。

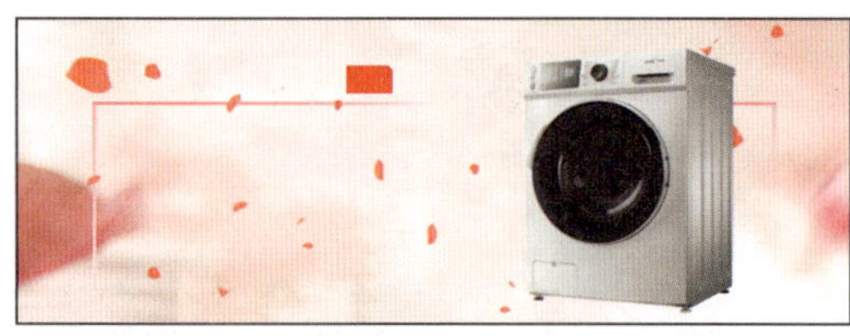
图5-93 移动图像

图5-94 涂抹图像

TIPS 产品图片是海报中的重要组成部分，产品图片的本身效果和摆放位置都至关重要。在海报中合理地摆放产品图片，可以影响整个海报的视觉效果。

11 在“图层”面板的底部单击“创建新的填充或调整图层”按钮，展开列表框，选择“照片滤镜”命令，打开“属性”面板，依次修改各参数值，如图5-95所示，即可为图像添加“照片滤镜”效果，其图像效果如图5-96所示。

图5-95 修改参数值

图5-96 调整图像

12 在"图层"面板的底部单击"创建新的填充或调整图层"按钮，展开列表框，选择"曲线"命令，打开"属性"面板，依次修改各参数值，如图5-97所示，即可为图像添加"曲线"效果，其图像效果如图5-98所示。

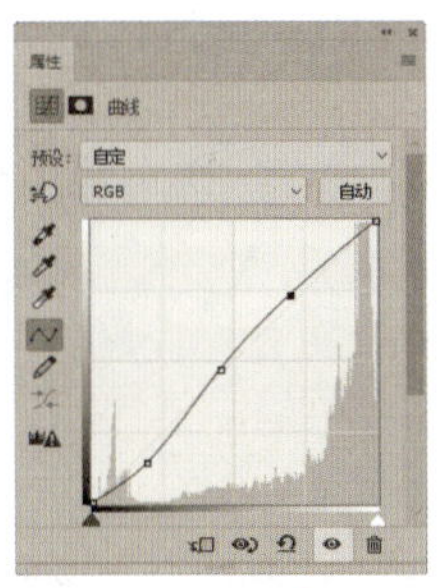
图5-97 修改参数值

图5-98 调整图像

13 执行"文件"|"打开"命令，打开"素材\第5章\5.4.2\光线.png"图像文件，将打开的图像文件移动至"海报图"图像窗口中，如图5-99所示。

14 在"图层"面板中选择"图层4"图层，在"设置图层的混合模式"列表框中选择"滤色"选项，即可更改图层的混合模式，其图像效果如图5-100所示。

图5-99 移动图像

图5-100 更改图层混合模式

2. 制作海报图文本

01 在工具箱中选择（横排文字工具），在图像上单击创建文本，并在工具选项栏中，设置"字体"为MStiffHei PRC、"字号"为"62点"，如图5-101所示。

02 在"图层"面板中，双击新创建的文本图层，弹出"图层样式"对话框，勾选"渐变叠加"复选框，在对应的列表框中修改各参数值，如图5-102所示。

图5-101 创建文本

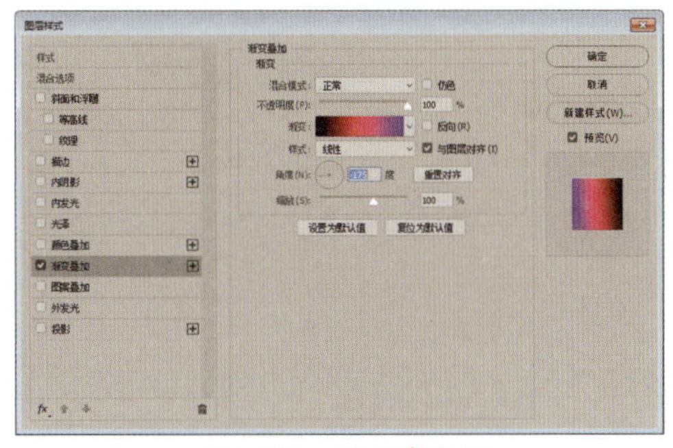
图5-102 修改参数值

03 单击"确定"按钮关闭对话框，添加"渐变叠加"图层样式后的文字效果如图5-103所示。

04 在工具箱中选择（横排文字工具），在图像上单击创建文本，并在工具选项栏中，设置"字体"为"方正黑体简体"、"字号"为"24点"，"字体颜色"的RGB参数分别为236、16、110，并将新创建的文本移动至合适的位置，如图5-104所示。

05 在工具箱中选择（横排文字工具），在图像上单击创建文本，并在工具选项栏中，设置"字体"为"方正黑体简体"、"字号"为"30点"，"字体颜色"的RGB参数均为0，并将新创建的文本移动至合适的位置，如图5-105所示。

06 在工具箱中选择T.（横排文字工具），在图像上单击创建文本，并在工具选项栏中，设置“字体”为“方正兰亭中黑简体”、“字号”为“36点”，“字体颜色”的RGB参数均为255，并将新创建的文本移动至合适的位置，如图5-106所示。

图5-103 创建文本

图5-104 创建文本

图5-105 创建文本

图5-106 创建文本

07 在工具箱中选择□（矩形工具），在工具选项栏中，修改“工具模式”为“形状”，在图像上按住鼠标左键拖曳，绘制一个矩形形状，如图5-107所示。

08 在弹出的“属性”面板中，依次修改各参数值，如图5-108所示，即可完成矩形形状的更改操作，其图像效果如图5-109所示。

> TIPS 矩形工具用来绘制矩形和正方形，选择该工具后，按住鼠标左键拖曳可以创建矩形；按住Shift键拖曳即可创建正方形；按住Alt键拖曳会以单击点为中心向外创建矩形；按住Shift+Alt键拖曳会以单击点为中心向外创建正方形。

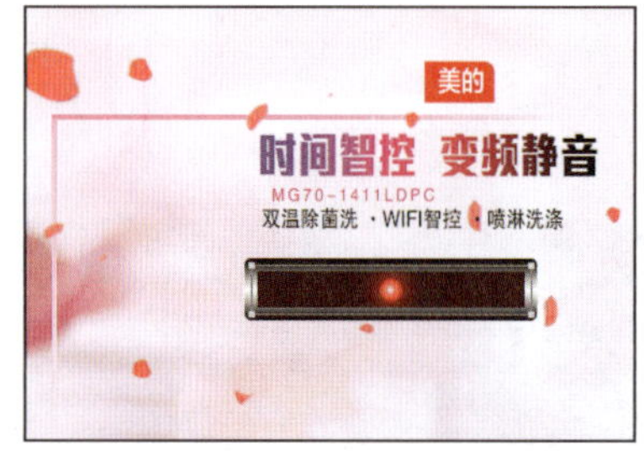

图5-107 绘制矩形形状

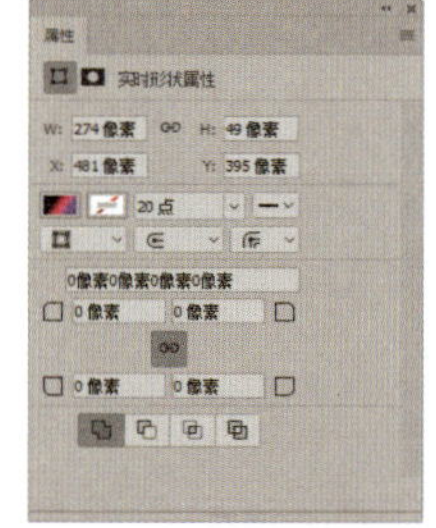
图5-108 修改参数值

09 在工具箱中选择T.（横排文字工具），在图像上单击，创建文本，并在工具选项栏中，设置“字体”为“方正兰亭粗黑简体”、“字号”为“24点”，“字体颜色”的RGB参数均为255，并将新创建的文本移动至合适的位置，如图5-110所示。

图5-109 更改矩形形状

图5-110 创建文本

10 执行“文件”|“打开”命令，打开“素材\第5章\5.4.2\礼包.png”图像文件，将打开的图像文件移动至“海报图”图像窗口中，如图5-111所示。

11 在工具箱中选择□（矩形工具），在工具选项栏中，修改“工具模式”为“形状”，在图像上按住鼠标左键拖曳，绘制一个矩形形状，并在工具选项栏中，修改“填充”的RGB参数分别为255、0、0，“描边”为“无”；修改W为234、H为37，并将新绘制的矩形形状移动至合适位置，如图5-112所示。

图5-111 移动图像

图5-112 创建矩形形状

12 在“图层”面板底部单击“添加矢量蒙版”按钮，为“矩形2”图层添加矢量蒙版，在工具箱中选择 （画笔工具），在工具选项栏中选择“柔边圆”画笔样式，修改“画笔大小”为“20像素”、“不透明度”参数为30%，在新绘制的矩形上按住鼠标左键拖曳，涂抹图像，如图5-113所示。

13 在工具箱中选择 （横排文字工具），在图像上单击，创建文本，并在工具选项栏中，设置“字体”为“方正兰亭粗黑简体”、“字号”为“26点”，“字体颜色”的RGB参数均为255、243、51，并将新创建的文本移动至合适的位置，如图5-114所示。

图5-113 涂抹图像

图5-114 创建文本

14 在工具箱中选择 （圆角矩形工具），在工具选项栏中，修改“工具模式”为“形状”，在图像上按住鼠标左键拖曳，绘制一个圆角矩形形状，如图5-115所示。

15 在弹出的“属性”面板中，依次修改各参数值，如图5-116所示，即可更改圆角矩形形状的大小和颜色，其图像效果如图5-117所示。

图5-115 绘制圆角矩形

图5-116 修改参数值

16 在工具箱中选择 （横排文字工具），在图像上单击，创建多个文本，并在工具选项栏中，设置“字体”为“方正兰亭刊黑简体”、“字号”为“24点”、“字体颜色”的RGB参数均为255，将新创建的文本移至合适的位置，得到最终图像效果，如图5-118所示。

图5-117 更改圆角矩形

图5-118 最终图像

5.4.3 海报图装修

在完成了海报图的制作后，可以将制作好的全屏海报图装修到电商店铺中。在店铺中装修海报图时要用html代码进行装修操作。

01 进入“店铺装修”页面，选择“模块”选项，在展开的面板中选择“自定义区”模块，如图5-119所示。

02 按住鼠标左键拖曳，将选择模块拖曳到右侧页面中，释放鼠标，即可添加自定义区，如图5-120所示。

图5-119 选择“自定义区”模块

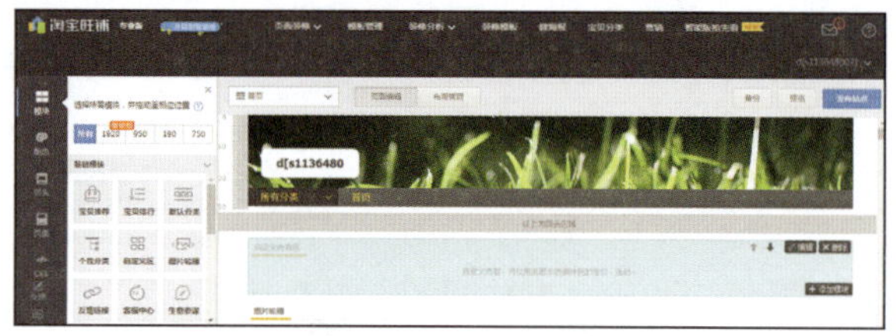

图5-120 添加自定义区

03 在自定义区中单击“编辑”按钮，如图5-121所示。

04 打开“自定义内容区”面板，选中“不显示”单选按钮，勾选“编辑源代码”复选框，在文本框中输入代码，单击“确定”按钮，如图5-122所示，即可完成海报图的添加。

图5-121 单击“编辑”按钮

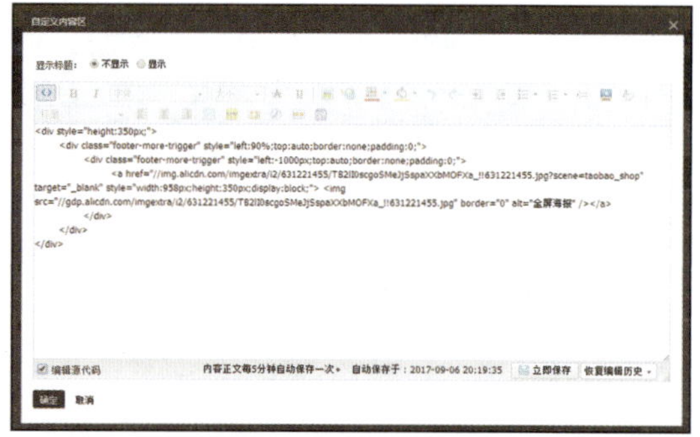

图5-122 输入代码

05 单击“预览”按钮，即可预览添加全屏海报图效果，如图5-123所示。

图5-123 预览全屏海报图

5.4.4 轮播图装修

轮播图是在店铺首页轮着播放的图片。在店铺装修中可以添加"图片轮播"模块，为首页添加轮播图播放效果。

01 进入"店铺装修"页面，选择"模块"选项，在展开的面板中选择"图片轮播"模块，如图5-124所示。

02 按住鼠标左键拖曳，将选择模块拖曳到右侧页面中，释放鼠标，即可添加"图片轮播"模块，如图5-125所示。

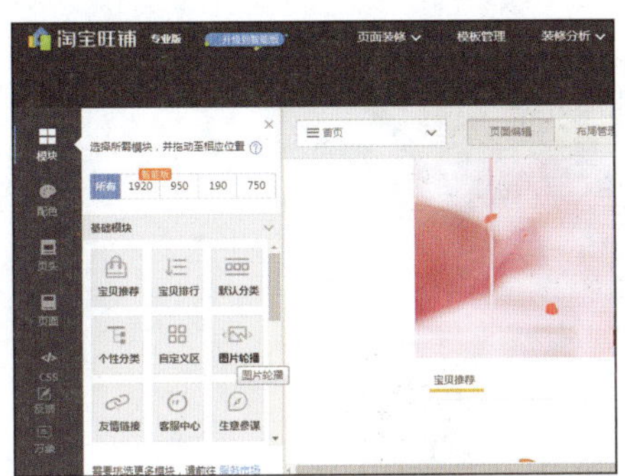

图5-124 选择"图片轮播"模块

图5-125 添加图片轮播

03 在"图片轮播"模块中单击"编辑"按钮，如图5-126所示。

04 打开"图片轮播"面板，在"内容设置"选项卡中单击"添加"按钮，添加一个"图片地址"栏，并依次输入图片地址和链接地址，如图5-127所示。

图5-126 单击"编辑"按钮

图5-127 输入地址

05 切换至"显示设置"选项卡，修改"模块高度"为550px，单击"保存"按钮，如图5-128所示，即可保存图片轮播图。

06 单击"预览"按钮，即可预览添加轮播图效果，如图5-129所示。

图5-128 设置参数值

图5-129 预览轮播图

第6章　小视频制作

在电商店铺中添加小视频，不仅能够快速吸引消费者的目光，还能在最短的时间内展示商品的信息及使用方法等。本章详细讲解制作电商小视频的方法，帮助卖家快速掌握电商视频的制作，从而快速制作好视频并应用到电商店铺装修中。

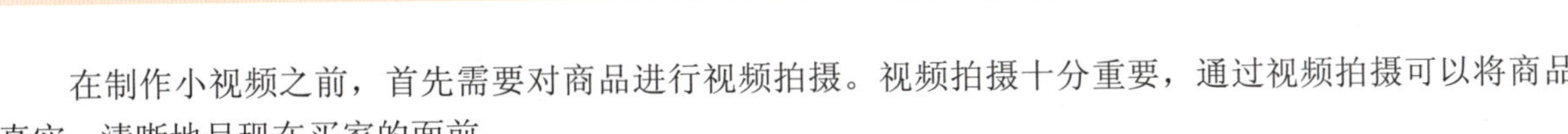

6.1 视频拍摄

在制作小视频之前，首先需要对商品进行视频拍摄。视频拍摄十分重要，通过视频拍摄可以将商品真实、清晰地呈现在买家的面前。

6.1.1 淘宝商品拍摄流程

在拍摄商品时，需要清楚知道商品的拍摄流程，才能拍摄出好看的商品图片。

1. 了解商品特点

拍摄淘宝视频前需要对商品有一定的认识与了解，包括商品的特点及商品的使用方法等，只有了解了商品后才能选择合适的模特、环境和时间，以及根据商品的大小和材质来确定拍摄的器材和拍摄布光等。在拍摄时，对商品特色之处进行重点表现，可以帮助消费者了解商品，打消顾虑并购买。如图6-1所示为拍摄制作的淘宝视频效果。

图6-1 拍摄制作的淘宝视频

2. 了解商品拍摄总体要求

商品拍摄的总体要求是将商品的形、质、色充分表现出来，而不夸张。形，指的是商品的形态、造型特征以及画面的构图形式。质，指的是商品的质地、质量、质感。商品拍摄对质的要求非常严格。体现质的影纹层次必须清晰、细腻、逼真。尤其是细微处，以及高光和阴影部分，对质的表现要求更为严格。用恰到好处的布光角度，恰如其分的光比反差，以求更好地完成对质的表现。色，指商品拍摄要注意色彩的统一。色与色之间应该是互相烘托，而不是对抗，是统一的整体。"室雅无须大，花香不在多"，在色彩的处理上应力求简、精、纯，避免繁、杂、乱。

3. 准备摄影器材、道具、模特和场景

拍摄商品视频时，摄影器材、道具、模特与场景的准备必不可少，下面分别进行介绍。

- 摄影器材：在拍摄商品时，要有一款适合静物和视频拍摄的相机，且为了避免相机晃动，保证影像的清晰度，使用三脚架是必需的。
- 道具：视频拍摄的道具有很多，但道具的使用还要根据商品来选择，如需要为产品进行解说，则要选择录音设备；在进行室内拍摄时，则可以选择相应的摄影灯；要将商品放置在某一个位置上拍摄，则需要准备办公桌、茶几、纸箱等作为商品拍摄台。
- 模特：不同的商品需要选择不同的模特。例如：女装需要选择女性模特；男装需要选择男性模特；童装则需要选择儿童模特；有些商品则不需要模特即可拍摄。

● 场景：一般而言，拍摄的场景分为室内棚拍场景和室外场景。在拍摄室内场景时需要考虑灯光、背景与布局等，室外拍摄则需要选择一个合适的地点，避免在人物杂乱的环境中拍摄。

TIPS 在为商品拍摄选择拍摄场景时，无论选择哪种场景，都需要为每款商品拍摄多组视频，以便多方位展示商品，以及后期的挑选与剪辑。

4. 视频拍摄和后期制作

在一切准备就绪后，就可以进行视频拍摄了。在完成视频的拍摄后，需要将多余的部分删减，然后将多场景组合，以及进行添加字幕、音频、转场和特效等制作。在制作视频时，常常需要借助视频编辑软件，常用的视频编辑软件有会声会影和Premiere等。由于会声会影对于新手而言更易掌握，且功能强大，因此，本书后面的章节中主要以讲解会声会影的视频编辑、合成为主。

6.1.2 视频构图的基本原则

视频构图指将各部分组成、结合、配置并整理出一个艺术性较高的画面。在进行视频拍摄时，必须包含一个主体，才能将视频的兴趣中心点引到主体上，从而吸引人浏览。

视频构图主要有以下六大原则。

1. 突出主体

突出主体是对画面进行构图的主要目的，通过主体来表现主题思想。在摄影的构图上，要将主体放在醒目的位置。从人们的视觉习惯来讲，把主体放置在视觉的中心位置上，才能更容易突出主体效果。如图6-2所示为突出主体的画面效果。

图6-2 突出主体的画面效果

2. 陪体衬托

如果只有主体而无衬托，画面会显得呆板，不能吸引人的注意。因此，需要为画面添加衬托，使整个画面的视觉语言准确生动。但是，画面陪体的安排必须以不削弱主体为原则，不能喧宾夺主，陪体在画面所占面积多少、色调的安排、线条的走向、人物的神情动作，都要与主体配合紧密，息息相关，不能游离于主体之外。如图6-3所示为陪体衬托的画面效果。

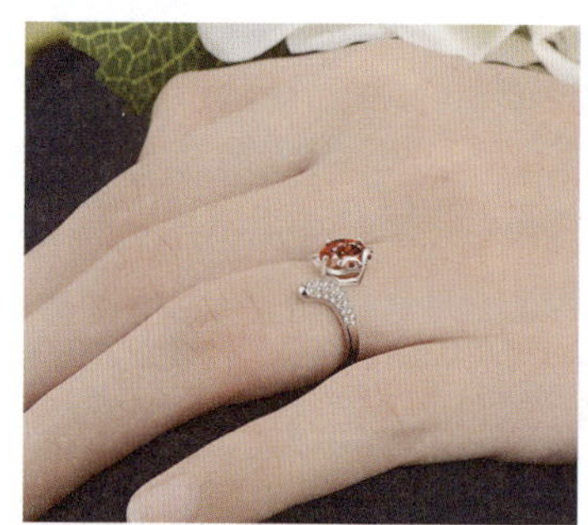

图6-3 陪体衬托的画面效果

3. 环境衬托

在许多的摄影艺术作品里，常常可以从画面上看到有些对象是作为环境的组成部分对主体、情节起着烘托的作用，以加强主题思想的表现力。如图6-4所示为环境衬托的画面效果。

图6-4　环境衬托的画面效果

4. 前景和背景处理

前景处在主体前面，靠近相机位置，它们的特点是成像大，色调深，大都处于画在的四周边缘，前景通常运用的物体是树木、花草，也可以是人和物。陪体也可以同时是前景。而背景是指在主体后面用来衬托主体的景物，以强调主体是处于在什么环境之中，背景对突出主体形象、丰富主体的内涵都起着重要的作用。如图6-5所示为前景与背景处理的画面效果。

图6-5　前景与背景处理的画面效果

TIPS

前景有均衡画面的作用。有时在画面上发现空缺不均衡的时候，比如天空无云显得单调时，用下垂的枝叶置于上方，弥补画面不足之处；有时画面下方压不住，上重下轻的时候，可用山石、栏杆做前景，色调深使画面压住阵脚，达到稳定、均衡的作用。

5. 画面均衡

在把画面的各个部分组成一个整体的过程中，最后一步是要审查画面是否均衡，因为均衡是人们在长期生活中形成的一种心理要求和形式感觉。画面均衡与否，不仅对整体结构有影响，还与观众的欣赏心理紧密地联系着。如图6-6所示为画面均衡的画面效果。

一幅画面在一般情况下应该是均衡、安定的、使人感到稳定、和谐、完整。利用人们要求均衡的心理因素，可以从几个方面来强调画面的表现力：

- 强调一种庄重、肃穆的气氛时，要求画面均衡平稳，甚至有意地采取对称式的均衡，从四平八稳的对称均衡中显示出一种古朴、庄重的关系。
- 在一些强调幽雅、恬静、柔媚的抒情性风光画面及生动活泼的人物、情节画面中，要求的是变化中的均衡，画面上可以有疏有密、有虚有实，但整体要求是均衡的。
- 均衡还可以从另一方面来加以运用。即有意地违反均衡的法则，使画面在不均衡中造成某种动荡感，像受到外界冲击一样。利用不均衡的形式来深刻地表达主题。

图6-6 画面均衡的画面效果

6. 追求形式美

在拍摄视频时，需要充分利用点、线、面等综合元素的结合，在视觉上追求画面感。

6.1.3 景别与角度

在拍摄商品时，需要清楚了解商品拍摄的景别和角度。选择不同的角度和方位，可以拍摄出不同的商品效果。

1. 景别

景别是指由于摄像机与被摄体的距离不同，而造成被摄体在摄像机寻像器中所呈现出的范围大小的区别。景别的划分，一般可分为5种：由近至远分别为特写（指人体肩部以上）、近景（指人体胸部以上）、中景（指人体膝部以上）、全景（人体的全部和周围背景）、远景（被摄体所处环境）。

- 远景：一般用来表现远离摄像机的环境全貌，展示人物及其周围广阔的空间环境、自然景色和群众活动大场面的镜头画面。它相当于从较远的距离观看景物和人物，视野宽广，能包容广大的空间，人物较小，背景占主要地位，画面给人以整体感，细部却不甚清晰。
- 全景：是表现物体的全貌或人物全身的镜头，这种景别在淘宝视频中应用很多，常用于表现商品的整体造型。
- 中景：画框下边卡在膝盖左右部位或场景局部的画面称为中景画面。中景在视频拍摄中所占比重较大，它将对象的大概外形展示出来，在一定程度上显示了细节，是突出主体的常见镜头。
- 近景：拍到人物胸部以上，或物体的局部称为近景。近景的屏幕形象是近距离观察人物的体现，所以近景能清楚地看清人物的细微动作。也是人物之间进行感情交流的景别。近景着重表现人物的面部表情，传达人物的内心世界，是刻画人物性格最有力的景别。
- 特写：画面的下边框在成人肩部以上的头像，或其他被摄对象的局部称为特写镜头。特写镜头中，被摄对象充满画面，比近景更加接近观众。特写镜头提示信息、营造悬念，能细微地表现人物面部表情，刻画人物，表现复杂的人物关系，它具有生活中不常见的特殊的视觉感受。

TIPS

画面的景别，取决于摄像机与被摄物体之间的距离和所用镜头焦距的长短两个因素。不同景别的画面在人的生理和心理情感中都会产生不同的投影，不同的感受。景别越大，环境因素越多；景别越小，强调因素越多。

2. 角度

拍摄角度主要包含有平拍、俯拍和仰拍三种，不同的角度可以得到不同的造型效果，具有不同的表现功能。

- 平拍：平拍是将拍摄点与被摄对象处于同一水平线上，以平视的角度拍摄照片，画面效果接近人们观察事物的视觉习惯。在商品拍摄中能真实反映形状等外部特征。如图6-7所示为商品平拍画面效果。

- 俯拍：俯拍是将拍摄点高于被摄对象，以俯视的角度拍摄位置较低的物体。如图6-8所示为商品俯拍画面效果。
- 仰拍：仰拍是将拍摄点低于被摄对象，以仰视的角度来拍摄物体，能够突出主体，表现对象的内部结构。

图6-7　商品平拍画面效果

图6-8　商品俯拍画面效果

6.2 认识会声会影

会声会影是一款操作简单、功能强大的多合一视频编辑制作软件，拥有强劲的处理速度和效能，支持最新视频编辑技术，集创新编辑、高级效果、屏幕录制和各种光盘制作于一身。在使用会声会影软件制作电商视频之前，首选需要对会声会影的工作界面和制作流程有所了解。

6.2.1 会声会影的工作界面

会声会影特有的操作界面，可以让读者清晰而快速地完成影片的编辑工作。会声会影X10的操作界面由步骤面板、菜单栏、预览窗口、导览面板、素材库、选项面板、工具栏、时间轴组成，如图6-9所示。

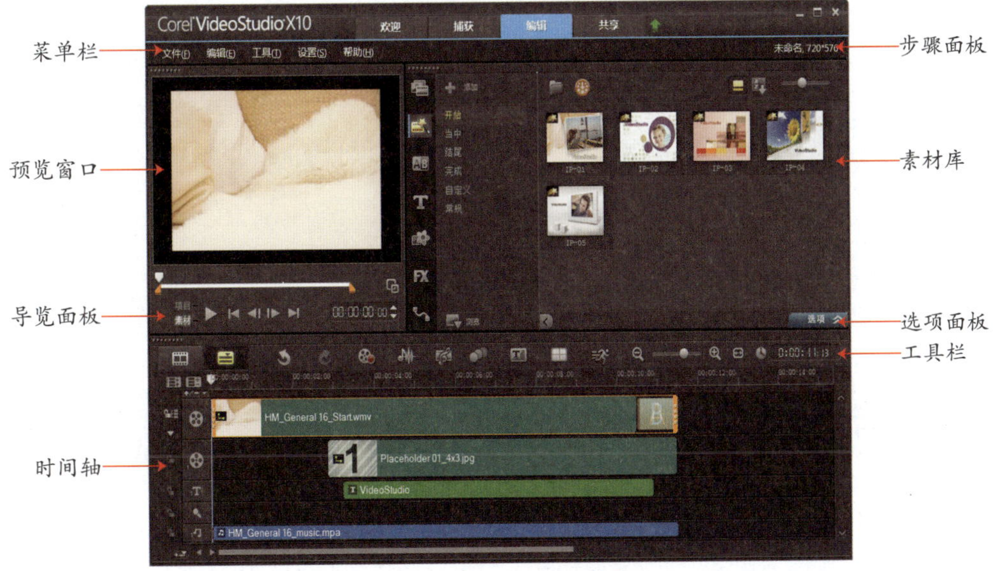

图6-9　会声会影X10操作界面

会声会影的工作界面中各选项如下。

- 步骤面板：使用会声会影X10剪辑影片可分成4个步骤，分别为欢迎、捕获、编辑和共享。
- 菜单栏：会声会影X10的菜单栏包括文件、编辑、工具和设置4个菜单，用于文件操作、编辑视频内容等操作。
- 预览窗口与导览面板：用于预览和编辑项目文件中的素材。
- 素材库：用于保存和管理各种素材文件，包括视频、图像、音频三类媒体素材，还包括转场、标题、滤镜、图形、路径等。
- 选项面板：用于设置视频或素材的属性。面板的内容根据素材类型及素材所在轨道的不同而不同。
- 工具栏：通过工具栏，用户可以方便快捷地访问编辑按钮，还可以在“项目时间轴”上放大和缩小项目视图，以及启动不同工具以进行有效的编辑。
- 项目时间轴：是添加、编辑素材的地方，时间轴中包括了视频轨、覆叠轨、标题轨、声音轨和音乐轨等。

6.2.2 视频制作流程

会声会影中视频的制作流程如下。

1. 素材采集

素材采集指将模拟视频、音频信号转换成数字信号存储到计算机中，或者将外部的数字视频存储到计算机中，成为可以处理的素材。

2. 基本编辑

- 素材剪辑：对采集来的素材在相应的视频编辑软件中进行剪切、复制、粘贴等，从而获取有用的镜头片段。
- 素材排列：对镜头进行重新组合、排列，改变镜头之间的组接顺序。

3. 特效编辑

- 场景过渡：利用镜头之间的自然过渡来衔接两个场景，为了体现不同的视觉效果和叙事要求，需要使用特技转场来连接两个场面。
- 特效处理：通过对素材添加滤镜、控制时间的快慢等特效处理，使视频呈现出精彩炫酷的效果。
- 合成：合成是影视制作的工作流程中必不可少的一个环节，是指将多个层上的画面混合，通过修改透明度、遮片等操作叠加成单一复合画面的处理过程，同时还包括了音视频的合成、字幕的合成等。

4. 节目生成和输出

- 节目的生成：经过剪辑、添加特效、转场、音视频合成、字幕合成等步骤之后，编辑的最终效果就体现在视频编辑软件的时间线窗口中，然后将其生成为最终视频。
- 节目的输出：将生成的视频输出到相应的设备中，不同的设备所需的视频格式不同。

6.3 视频制作

电商店铺视频主要用于主图、首页和详情页的产品描述中。本节详细讲解制作各种电商店铺视频的具体操作方法。

6.3.1 制作9s主图视频

使用主图视频可以快速让用户对产品的作用和功效有所了解，提高产品购买转化率。主图视频的时间限制为9s以内，因此在制作视频时最关键的一点就是控制时间。

实例效果

扫一扫

下载视频教学

● 制作步骤

1. 设置项目

01 启动会声会影X10，执行“设置”|“项目属性”命令，如图6-10所示。

02 弹出“项目属性”对话框，在“项目格式”列表框中选择“在线”选项，单击下方的“新建”按钮，如图6-11所示。

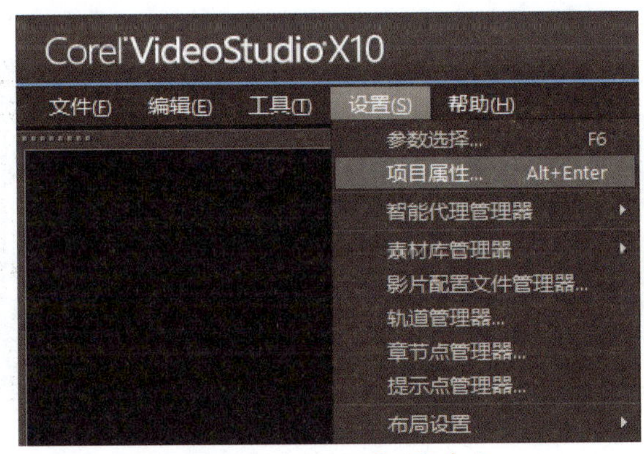

图6-10 执行“项目属性”命令

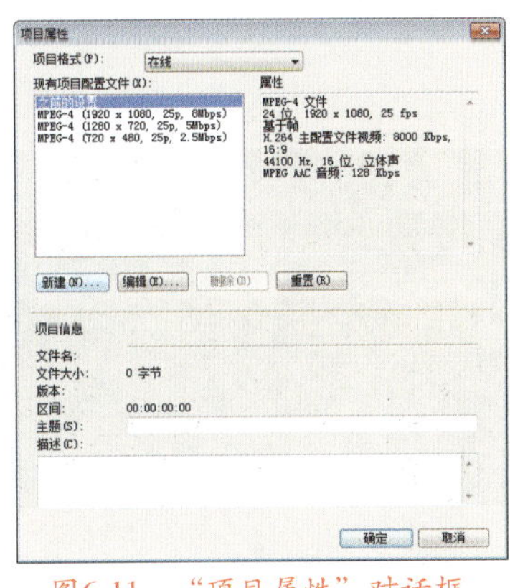

图6-11 “项目属性”对话框

03 弹出“编辑配置文件选项”对话框，在“配置文件名称”文本框中输入“电商主图视频”，如图6-12所示。

04 切换至“常规”选项卡，在“标准”列表框中选择“1920×1080”选项，如图6-13所示，依次单击“确定”按钮，完成项目的设置。

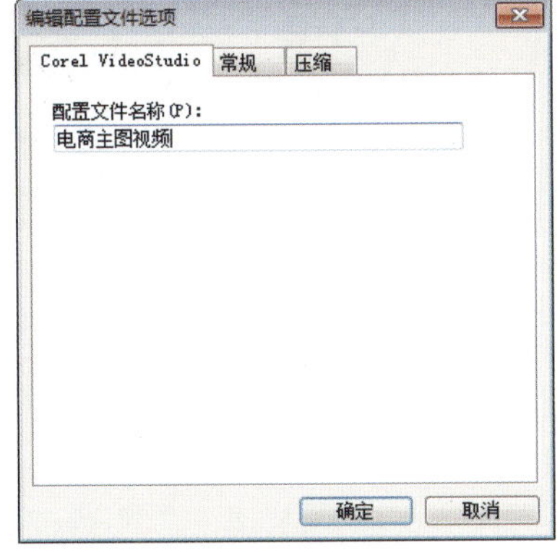

图6-12 输入名称

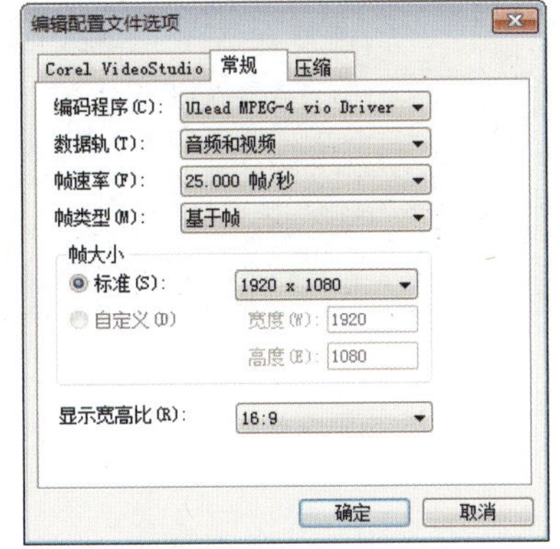

图6-13 选择选项

2. 主图视频制作

01 在“时间轴”面板的视频轨上右击，弹出快捷菜单，选择“插入照片”命令，如图6-14所示。

02 弹出“浏览照片”对话框，在“素材\第6章\6.3.1”文件夹中，选择“女装1.jpg”～“女装3.jpg”图像文件，如图6-15所示。

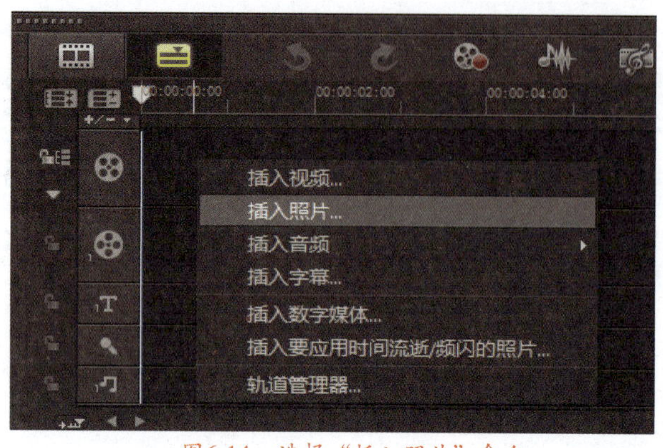

图6-14　选择“插入照片”命令

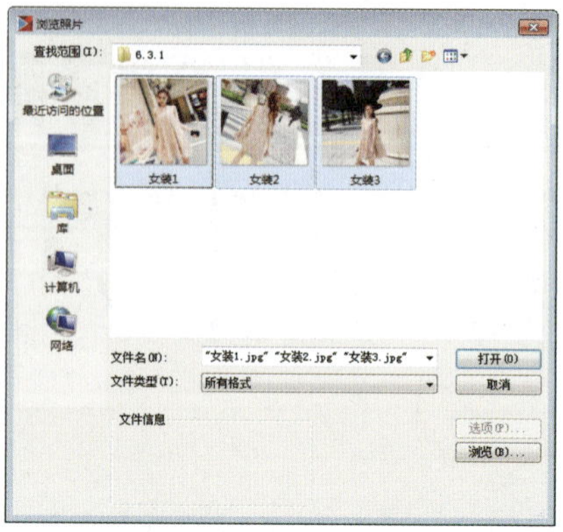

图6-15　选择图像文件

03 单击“打开”按钮，即可添加主图照片，则时间轴最右侧的项目区间显示了项目的总时间为9s，如图6-16所示。

04 在“时间轴”面板中选择第1个素材，在预览窗口中预览默认效果，如图6-17所示。

图6-16　添加主图照片

图6-17　预览效果

05 双击选择的素材，展开选项面板，在“照片”选项面板中选中“摇动和缩放”单选按钮，并单击“自定义”按钮，如图6-18所示。

06 打开“摇动和缩放”对话框，选择第一个关键帧，在左侧的图像上，按住鼠标左键拖曳，调整显示框的大小，并将显示框移动到图像的上部，如图6-19所示。

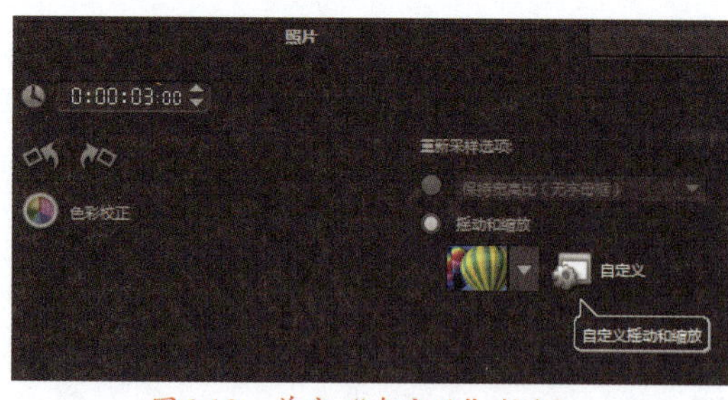

图6-18　单击“自定义”按钮

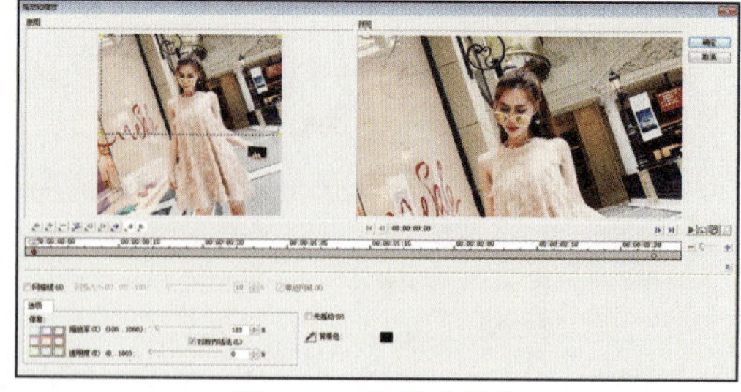

图6-19　设置关键帧

07 选择最后一个关键帧，按住鼠标左键拖曳，调整显示框的大小，并将显示框移动到图像的下部，如图6-20所示，单击“确定”按钮，即可自定义摇动和缩放。

08 选择素材1，右击，弹出快捷菜单，选择“复制属性”命令，复制素材属性，如图6-21所示。

图6-20 设置关键帧

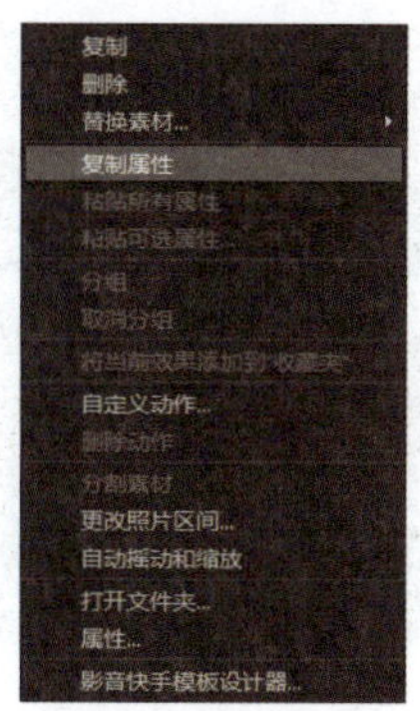

图6-21 复制素材属性

09 在“时间轴”面板中依次选择素材2和素材3，右击，弹出快捷菜单，选择“粘贴所有属性”命令，即可粘贴属性，如图6-22所示。

10 在素材库中单击“转场”按钮，进入“转场”素材库，选择“百叶窗”转场效果，如图6-23所示。

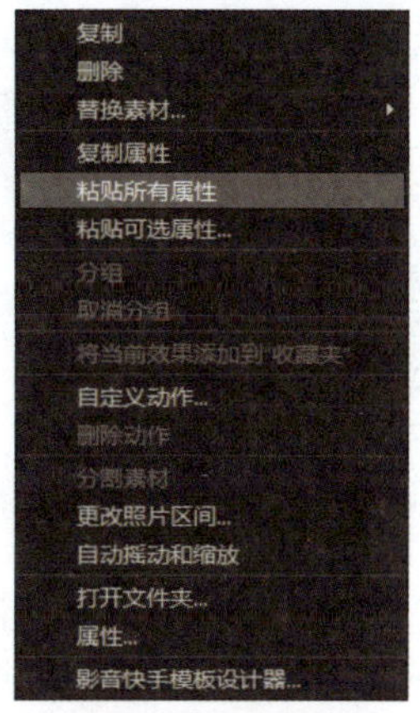

图6-22 粘贴属性

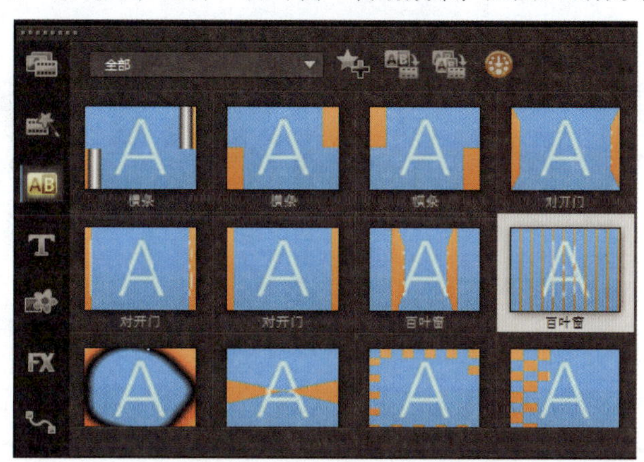

图6-23 选择“百叶窗”转场效果

TIPS 场是指场景，在会声会影中每个素材为不同的场，转场则是场与场之间的过渡方式，会声会影中提供了很多种转场效果。在项目中添加转场效果能让素材与素材之间的过渡更自然。

11 按住鼠标左键拖曳，将选择的转场效果添加至“视频1”轨道上，如图6-24所示。

12 在“转场”素材库，选择“菱形”转场效果，按住鼠标左键拖曳，将选择的转场效果添加至“视频1”轨道上，如图6-25所示。

图6-24 添加转场效果

图6-25 添加转场效果

13 在素材库中单击“标题”按钮，进入“标题”素材库，选择合适的标题选项，如图6-26所示。

14 按住鼠标左键拖曳，将选择的标题字幕拖曳至覆叠轨上，并选择字幕，在字幕的末尾处按住鼠标左键拖曳，调整字幕文件的长度，如图6-27所示。

图6-26 选择标题选项

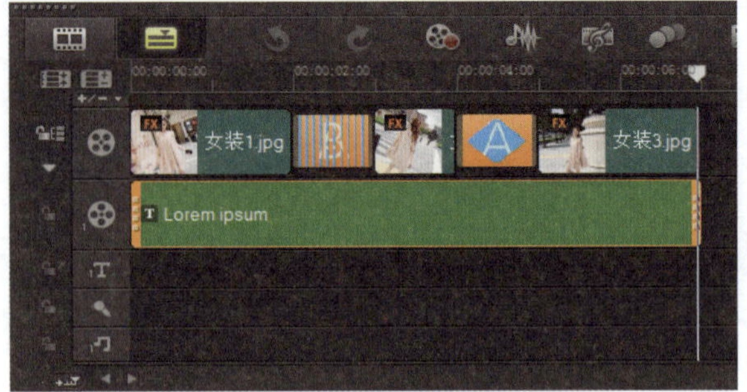

图6-27 调整字幕文件的长度

TIPS 在添加字幕文件时，不仅可以直接将选择的字幕拖曳到视频轨中，还可以在“标题”素材库中选择字幕文件，右击，打开快捷菜单，选择“插入到”|“覆叠轨1”\“标题轨1”命令，即可直接插入。

15 在预览窗口中，双击字幕，弹出字幕编辑框，重新输入字幕，即可完成主图视频的制作，在导览面板中，单击“播放/停止播放”按钮，预览主图视频效果，如图6-28所示。

图6-28 预览主图视频效果

TIPS 在导览面板中，单击“播放/停止播放”按钮，可以播放、暂停或恢复当前项目或所选素材。

6.3.2 制作详情页视频

为了体现电商店铺视觉营销的重要性，详情页的视频一般是以介绍产品、展示产品或者操作演示为主。下面详细讲解制作详情页视频的具体操作步骤。

实例效果

扫一扫

下载视频教学

01 新建一个项目文件，在“时间轴”面板的视频轨道上，右击，弹出快捷菜单，选择“插入视频”命令，如图6-29所示。

02 弹出“浏览视频文件”对话框，在“素材\第6章\6.3.2”文件夹中，选择“视频.mp4”视频文件，如图6-30所示。

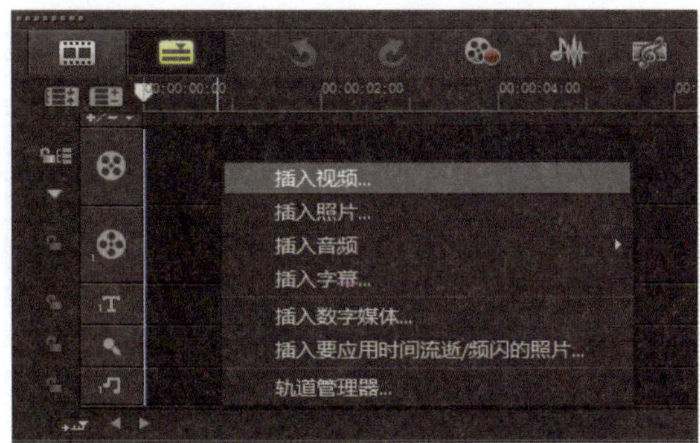

图6-29 选择“插入视频”命令

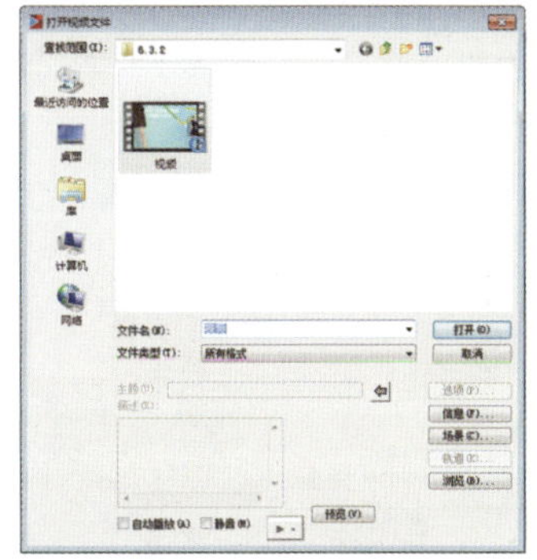

图6-30 选择视频文件

03 单击“打开”按钮，即可打开视频文件，并自动将其添加至视频轨中，如图6-31所示。

04 在素材库中单击“即时项目”按钮，进入“即时项目”素材库，在左侧列表框中选择“开始”选项，在右侧的“开始”列表框中，选择“IP-02”选项，如图6-32所示。

图6-31 添加视频文件

图6-32 选择“IP-02”选项

05 按住鼠标左键拖曳，将其添加至视频轨1中，如图6-33所示。

06 在覆叠轨中选择图像文件，右击，弹出快捷菜单，选择“替换素材”|“照片”命令，如图6-34所示。

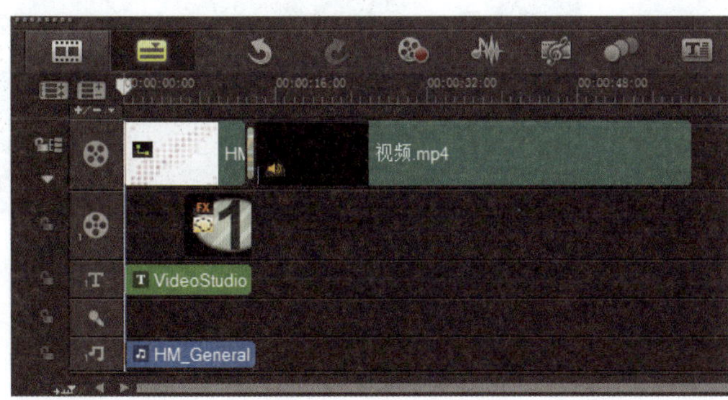

图6-33 添加即时项目

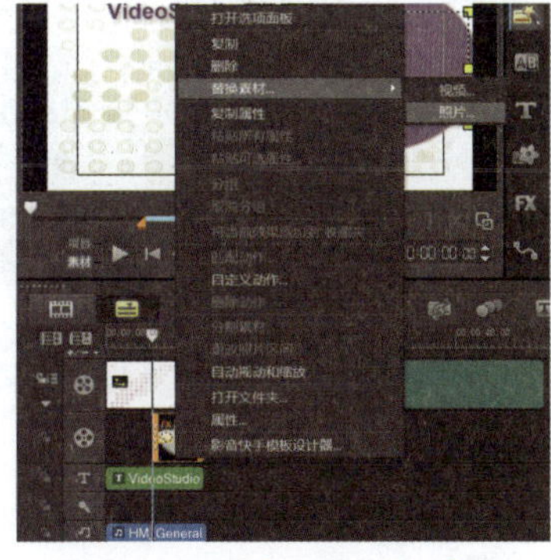

图6-34 选择“照片”命令

07 弹出“链接/重新链接素材”对话框，在打开的对话框中选择“素材\第6章\6.3.2\1.jpg”图像文件，如图6-35所示。

08 单击“打开”按钮，即可替换图像文件，并在预览窗口中预览替换后的图像文件效果，如图6-36所示。

09 在标题轨上选择字幕文件，双击，在预览窗口中修改文本内容，如图6-37所示。

10 在“字幕”属性面板中，修改“字号”为107，如图6-38所示，即可更改字幕的文字大小。

图6-35　选择图像文件

图6-36　预览替换图像文件

图6-37　修改文本内容

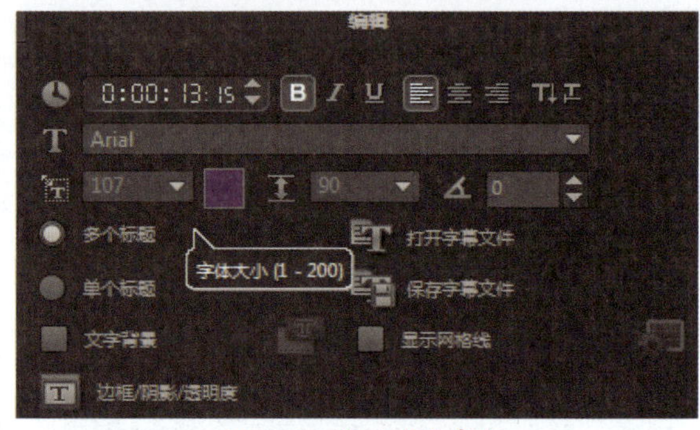

图6-38　修改字号参数

11 在视频轨中选择已添加视频文件，右击，弹出快捷菜单，选择“分离音频”命令，如图6-39所示，即可将视频中的音频单独分离出来，如图6-40所示。

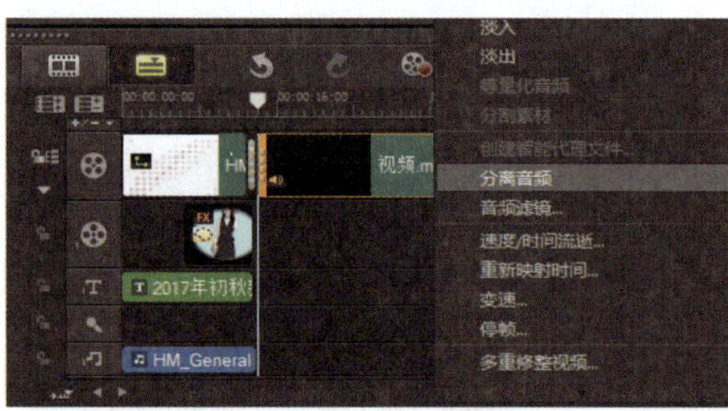

图6-39　选择“分离音频”命令

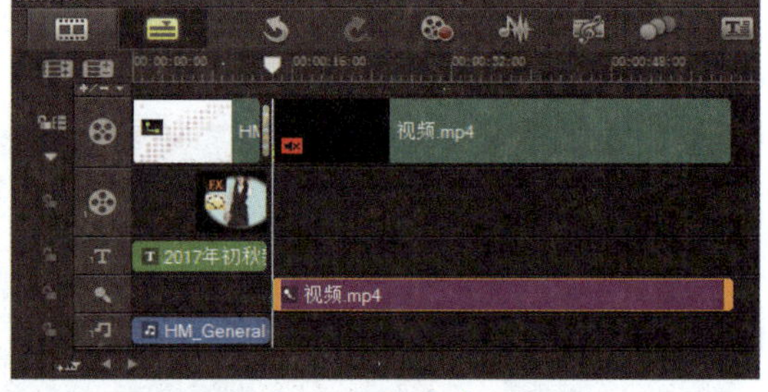

图6-40　分离音频

12 在素材库中单击“即时项目”按钮，进入“即时项目”素材库，在左侧列表框中选择“开始”选项，在右侧的“结尾”列表框中，选择“IP-02”选项，如图6-41所示。

13 按住鼠标左键拖曳，将选择的结尾项目添加至“时间轴”面板中，并删除音频轨道上的所有音频文件，如图6-42所示。

图6-41　选择“IP-02”选项

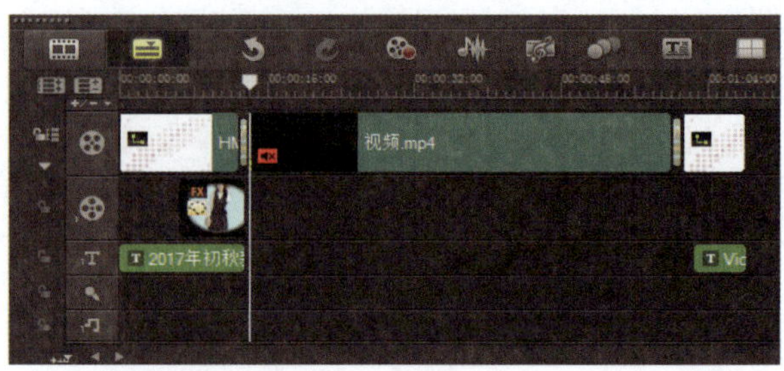

图6-42　添加结尾项目

14 在标题轨上选择结尾处字幕文件，双击，在预览窗口中修改文本内容，在“编辑”属性面板中修改“字号”为137，并将修改后的文本移至合适的位置，如图6-43所示。

15 再次在预览窗口中双击，输入文本“欢迎您”，在“编辑”属性面板中修改“字体”为“方正兰亭粗黑简体”、“字号”为100，并将修改后的文本移至合适的位置，如图6-44所示。

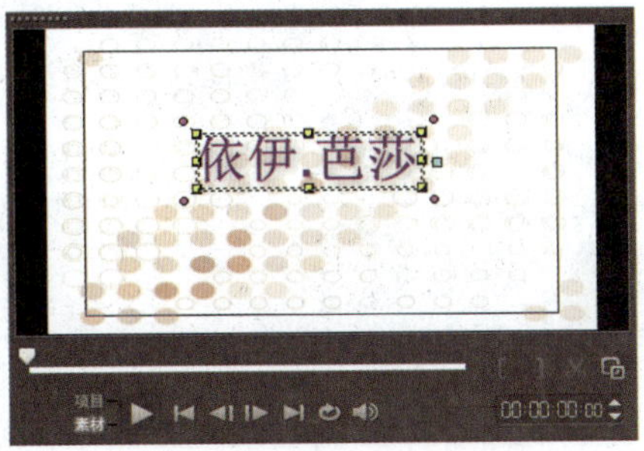

图6-43 修改文本

图6-44 创建文本

16 在导览面板中，单击“播放/停止播放”按钮，预览详情页视频效果，如图6-45所示。

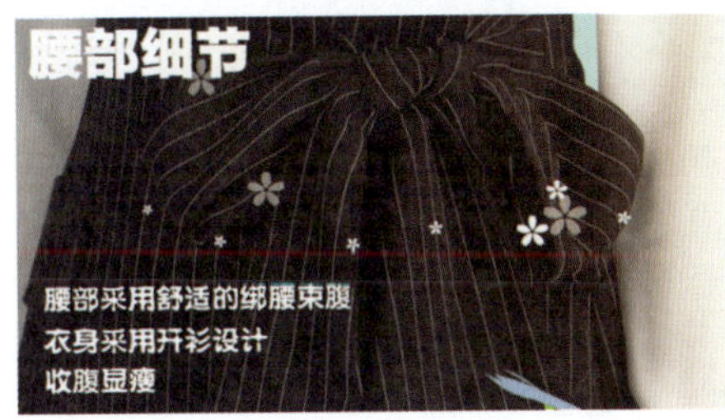

图6-45 预览详情页视频效果

6.3.3 为视频添加LOGO

在会声会影中制作视频时，可以直接将LOGO图片添加到覆叠轨上，完成图片LOGO的添加，还可以直接添加字幕完成纯文字LOGO的添加。

实例效果

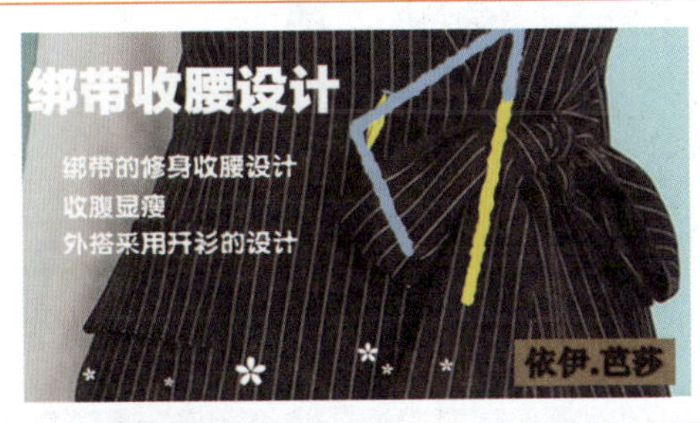

扫一扫

下载视频教学

01 在素材库中单击“标题”按钮，进入“标题”素材库，选择合适的标题选项，如图6-46所示。

02 按住鼠标左键拖曳，将其添加至覆叠轨1中，并调整字幕文件的长度，如图6-47所示。

图6-46 选择标题选项

图6-47 添加字幕文件

03 在预览窗口中双击字幕文件，重新输入字幕内容，修改“字号”为70，并调整字幕内容的位置，如图6-48所示，即可为视频添加字幕LOGO。

04 在导览面板中，单击“播放/停止播放”按钮，预览添加LOGO后的视频效果，如图6-49所示。

图6-48 修改字幕

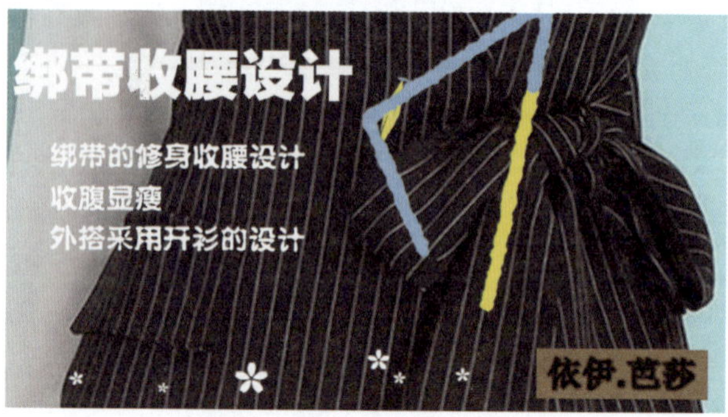

图6-49 预览视频LOGO

6.3.4 为视频添加音乐

为视频配上背景音乐，可以为视频营造一种氛围，从而帮助浏览者快速理解视频内容。下面详细讲解为视频添加音乐的具体方法。

扫一扫

下载视频教学

01 在“时间轴”面板的音频轨上，右击，弹出快捷菜单，选择“插入音频”|“到音乐轨#1”命令，如图6-50所示。

02 弹出“打开音频文件”对话框，在“素材\第6章\6.3.2”文件夹中选择音频文件，如图6-51所示，即可将选择的音频添加至音乐轨中，如图6-52所示。

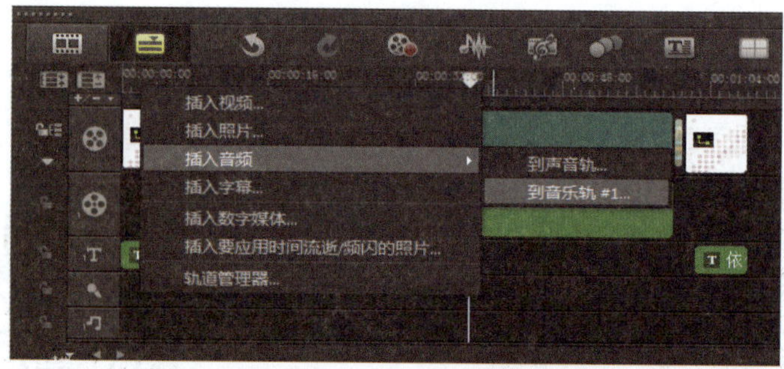

图6-50 选择“到音乐轨#1”命令

图6-51 选择音频文件

03 在导览面板中，单击“播放/停止播放”按钮，试听音乐效果。

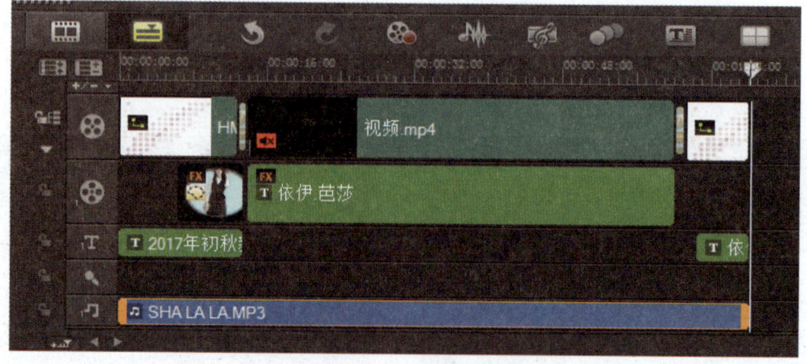

图6-52 添加音频文件

6.4 上传视频

扫 一 扫

下载视频教学

在将制作好的视频文件进行输出操作后，可以将已输出的视频文件应用到电商店铺中。下面将介绍其具体的操作步骤。

01 在浏览器地址栏中输入地址http://ugc.taobao.com/，进入“淘宝视频”页面，单击“上传视频”按钮，如图6-53所示。

02 打开“上传视频”面板，单击“+”按钮，如图6-54所示。

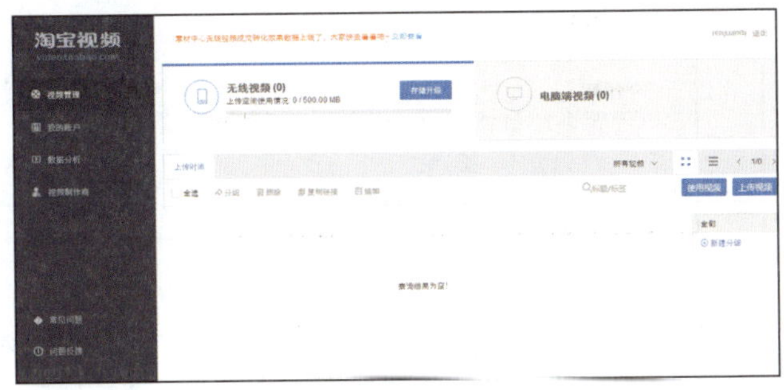

图6-53 单击“上传视频”按钮

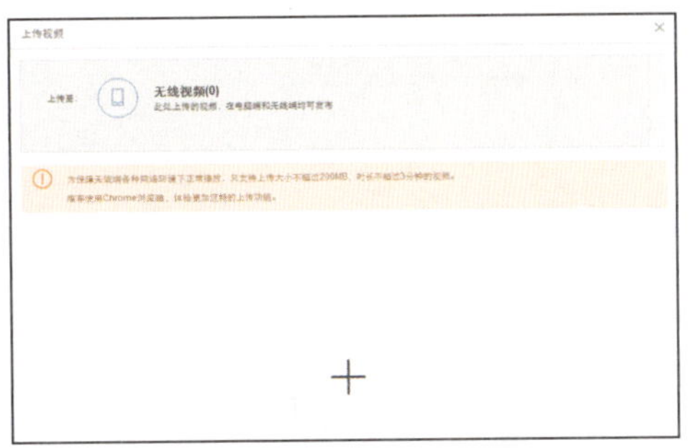

图6-54 单击“+”按钮

03 弹出“打开”对话框，选择需要上传的视频文件，单击“打开”按钮，如图6-55所示，即可开始上传视频文件，并显示上传进度，如图6-56所示。

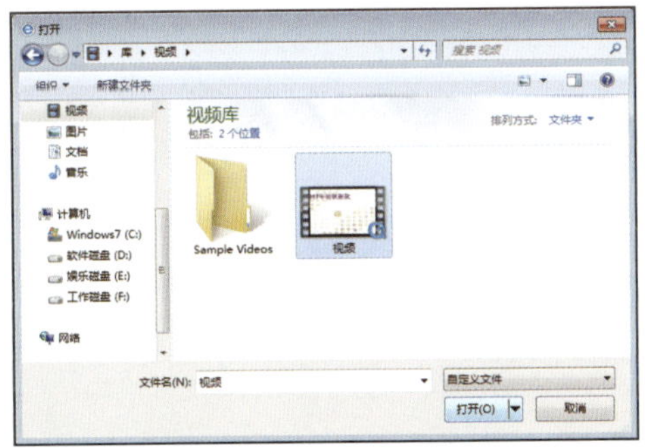

图6-55 选择视频文件

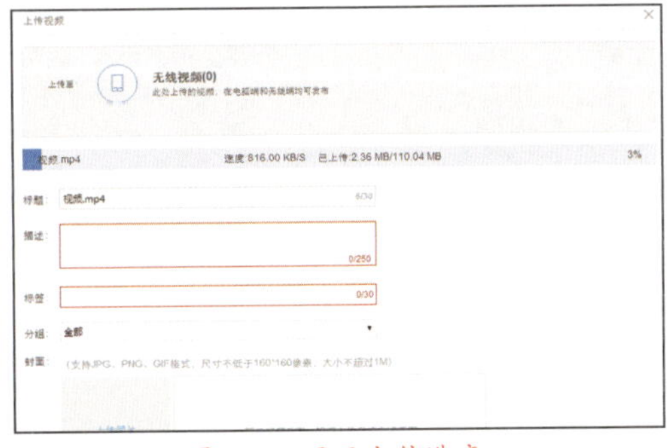

图6-56 显示上传进度

04 稍后将完成视频的上传操作，依次在“描述”和“标签”文本框中输入相关内容，勾选相应复选框，单击“确认”按钮，如图6-57所示。

05 进入“文件上传成功”界面，提示视频文件已上传成功，单击“素材管理”超链接，如图6-58所示。

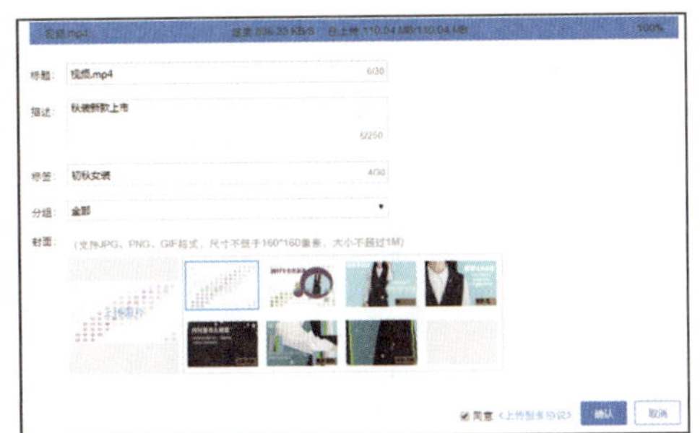

图6-57 设置相关参数

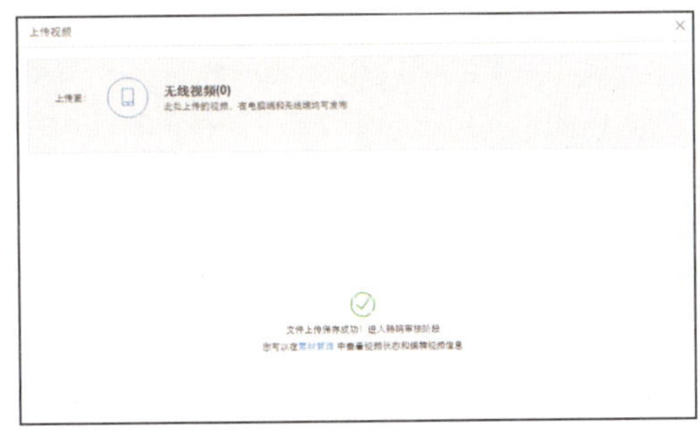

图6-58 成功上传视频

TIPS 上传视频时，文件大小不能大于2GB，支持的格式包括WMV、avi、mpg、mpeg、3gp、mov、mp4、flv、f4v、m4v、m2t、mts、rmvb、vob和mkv。

06 进入“素材管理”页面，在“所有视频”列表框中选择“发布成功”选项，进入“发布成功”页面，查看已发布成功的视频，选择发布成功的视频，单击“复制链接”按钮，如图6-59所示。

07 弹出“复制链接”对话框，单击“FLASH代码”右侧的“复制”按钮，复制代码用于代码装修即可，如图6-60所示。

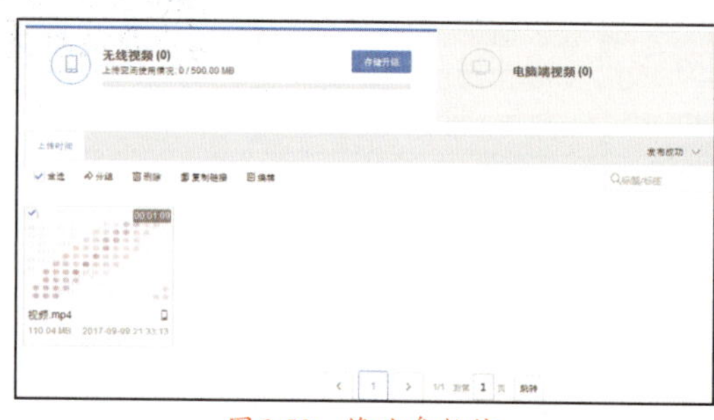

图6-59　修改参数值

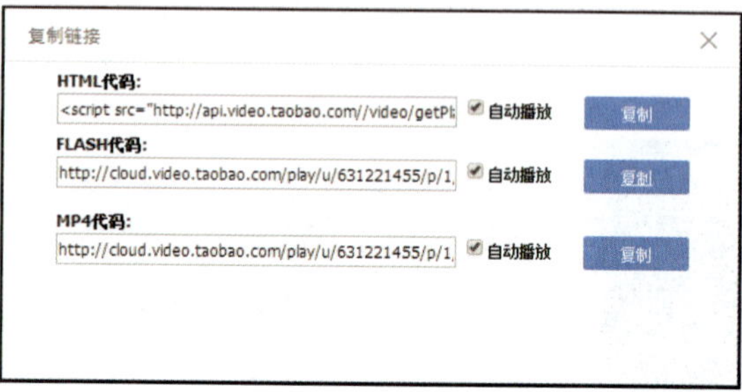

图6-60　复制代码

TIPS 在将视频上传到视频中心后，如果想将视频应用到店铺装修中，则可以在店铺的“卖家中心”页面中选择“我要推广”选项，进入“卖家中心-应用”页面，开通视频包月功能，就可以将视频应用到店铺装修中，进行发布即可。

第7章 辅助页面设计

在电商店铺装修中不仅需要对店铺首页进行装修，还需要对店铺中的欢迎区、收藏区和客服区等模块也进行装修。这些区域也是顾客进入店铺后容易被吸引的区域，其设计效果的好与坏能够直接影响店铺的点击率和商品销量。因此，利用文字与商品相结合，将其卖点展示出来，从而让设计出来的各个区域与店铺整体版面和谐统一是非常重要的。本章详细讲解首页欢迎区、店铺收藏区和客服区等辅助页面的设计方法，帮助读者更好地设计店铺。

7.1 首页欢迎区

首页欢迎区在店铺首页的位置，起到欢迎的作用，顾客进入店铺就可以看到，从而留住顾客的目光。本节详细详解首页欢迎区的基础知识和设计制作方法。

7.1.1 概述

网店的首页欢迎区中是对店铺最新商品、促销活动等信息进行展示的区域，位于店铺导航条的下方，其设计的面积比店招和导航条都要大，是顾客进入店铺首页中看到的最醒目的区域。店铺的首页欢迎区一般包含活动信息、新品上架和店铺公告三大模块。如图7-1所示为首页欢迎区效果。

图7-1 首页欢迎区效果

7.1.2 设计分析

在制作欢迎区之前，需要将欢迎区中要表达的内容精确地表达出来，以抓住主要诉求点，且内容中的主体文字要醒目、正规、大气，颜色的视觉冲击力要强，才能吸引顾客的目光。在清楚欢迎区的制作要点后，需要为欢迎区的制作做好以下准备。

- 明确设计的目的。
- 清楚针对什么样类型的顾客。
- 研究顾客最容易的接受方式。
- 掌握同行业设计趋势。

在清楚了设计欢迎区的准备工作后，需要掌握欢迎区的设计技巧。

- 注意信息元素的间距：欢迎区中的每个信息元素之间都保持同等的间距，不能过宽或过小。
- 文案的字体不能超过3种：欢迎区中的文案字体不能过多，以免造成视觉上的混乱。
- 画面的色彩不宜繁多：欢迎区中的色彩要简洁明了，所使用色彩最多不能超过5种，标题文字的颜色、背景及饰品颜色不能太杂乱。
- 画面进行适当的留白处理：留白的区域让画面中的文案突出，同时给人喘息的时间，减轻阅读的压力，将画面精致、大气的风格完美地呈现出来，使整个版式显得错落有致。
- 合理构图理清设计思路：在制作首页欢迎区时，欢迎区的构图要合理清晰，其构图方案包含双栏分布、多栏分布、三栏分布和上下分布4种构图方式，根据不同的店铺版面采用不同的构图方式即可。

7.1.3 案例制作

每个店铺的装修风格不一样，首页欢迎区的设计风格也不一样。例如，设置女包首页欢迎区，使用精致、时尚的风格；设置化妆品的首页欢迎区，则使用娇媚、柔美的风格。下面详细讲解制作首页欢迎区的具体操作步骤。

实例效果

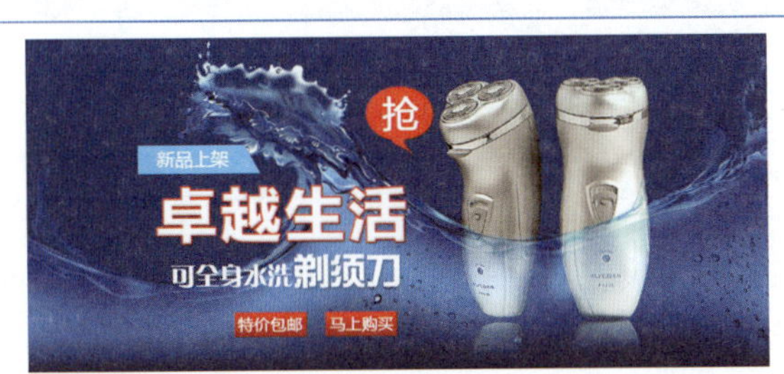

扫一扫

下载视频教学

● 案例分析

本案例设计制作数码产品店铺的首页欢迎区效果，该图中为了突出剃须刀时尚、高科技的魅力，在背景上选用了深蓝色，再搭配水纹作为点缀，从而彰显出剃须刀的品质感。

● 颜色分析

在本案例中，为了突出剃须刀产品的特点，画面选择了深蓝色作为欢迎区的背景色，搭配白色的文字，多种色彩的综合搭配使得版面更能显示画面的高端、高科技的感觉。

● 字体分析

首页欢迎区中的字体一般都是采用微软雅黑、华康简综艺等字体，并将文字排列在整个欢迎区界面的左侧，使得欢迎区的主题内容清晰、层次结构明了。

● 制作步骤

1. 制作欢迎区主体

01 执行"文件"|"新建"命令，弹出"新建文档"对话框，修改各参数值，如图7-2所示，单击"创建"按钮，即可新建文档。

02 在工具箱中单击"前景色"色块，弹出"拾色器（前景色）"对话框，修改RGB参数分别为0、45、118，如图7-3所示，单击"确定"按钮，即可设置前景色。

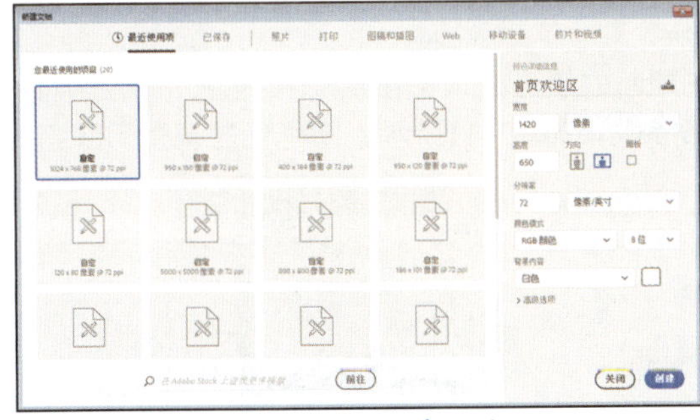

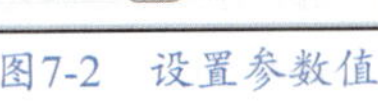

图7-2 设置参数值

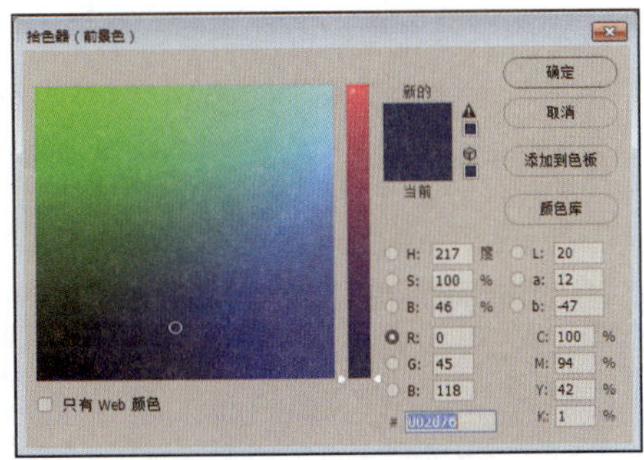

图7-3 设置参数值

03 在工具箱中选择（油漆桶工具），在背景图像上单击，即可填充背景色，如图7-4所示。

04 执行"文件"|"打开"命令，打开"素材\第7章\7.1.3\剃须刀.png"图像文件，将打开的剃须刀图像拖曳至"欢迎区"窗口中，如图7-5所示。

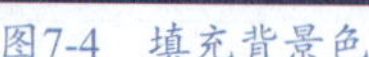

图7-4　填充背景色

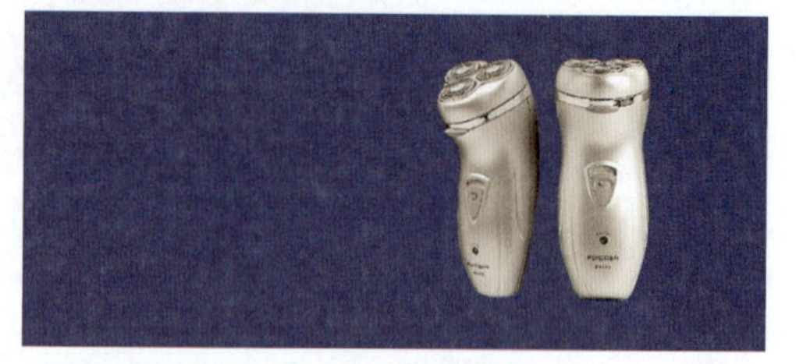

图7-5　移动图像

05 在“图层”面板中选择“图层1”图层，按快捷键Ctrl+J，复制图层，选择复制后的图层图像，执行“编辑”|“图像”|“垂直翻转”命令，垂直翻转图像，并将垂直翻转后的图像移动至合适的位置，如图7-6所示。

06 选择“图层1 拷贝”图层，在“图层”面板底部单击“添加图层蒙版”按钮，添加图层蒙版，如图7-7所示。

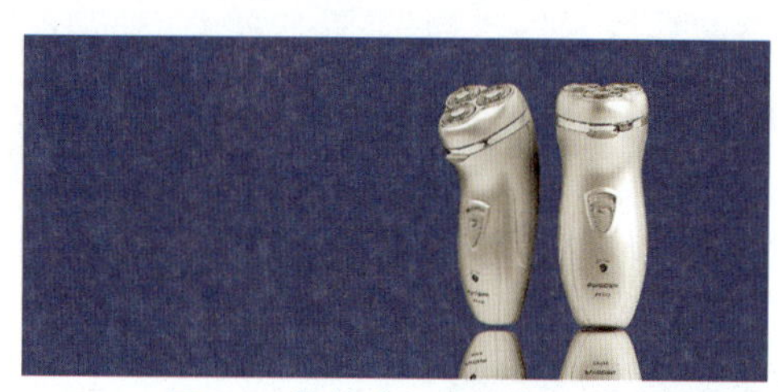

图7-6　复制并翻转图像

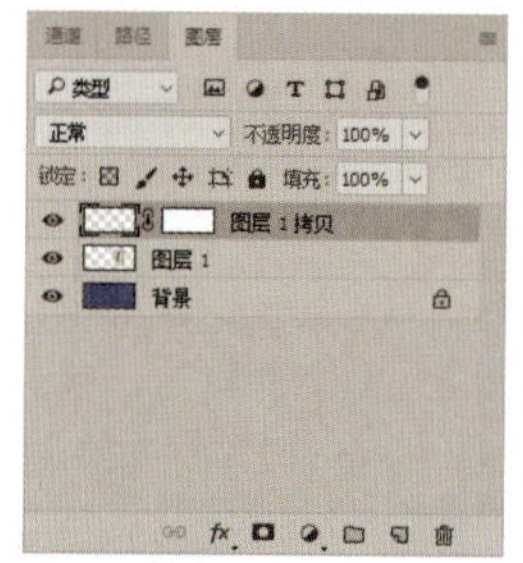

图7-7　添加图层蒙版

07 在工具箱中选择（画笔工具），在工具选项栏中，设置“画笔样式”为“柔边圆”，修改“画笔大小”为“66像素”，“不透明度”参数为30%，在图像上按住鼠标左键拖曳，涂抹图像，如图7-8所示。

08 执行“文件”|“打开”命令，打开“素材\第7章\7.1.3\水.png”图像文件，将打开的剃须刀图像拖曳至“欢迎区”窗口中，如图7-9所示。

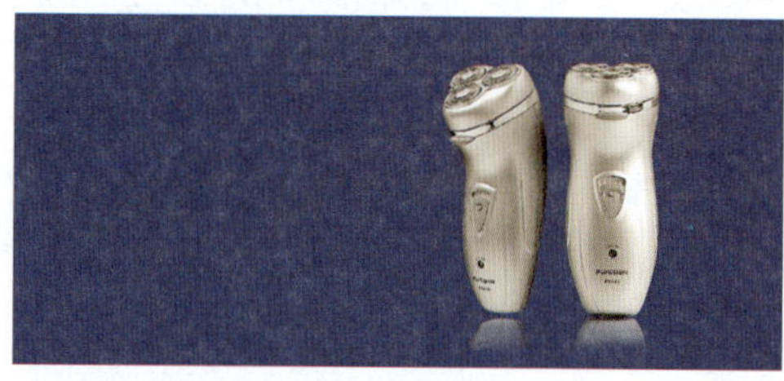

图7-8　涂抹图像

图7-9　移动图像

09 在“图层”面板中选择“图层2”图层，在“设置图层的混合模式”列表框中选择“强光”选项，即可更改图层的混合模式，其图像效果如图7-10所示。

10 在“图层”面板中选择“图层2”图层，单击“创建新的填充或调整图层”按钮，展开列表框，选择“色阶”命令，弹出“属性”面板，依次修改各参数，如图7-11所示，即可创建调整图层。

图7-10　更改图层混合模式

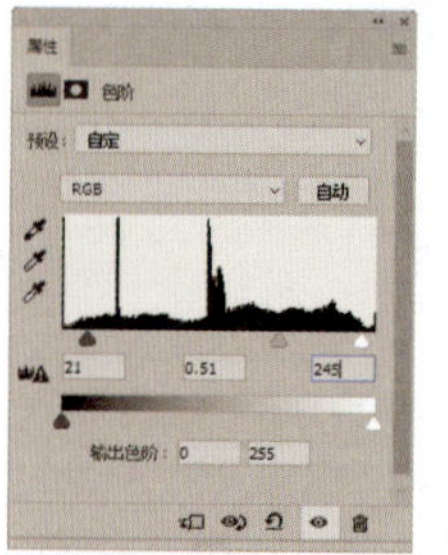

图7-11　修改参数值

11 查看调整后的图像效果，如图7-12所示。

12 选择“图层”面板中的调整图层的矢量蒙版，在工具箱中选择（画笔工具），在工具选项栏中，设置“画笔样式”为“柔边圆”，修改“画笔大小”为“66像素”，“不透明度”参数为100%，在图像上按住鼠标左键拖曳，涂抹图像，如图7-13所示。

图7-12 调整图像效果

图7-13 涂抹图像

13 在工具箱中选择（矩形工具），在工具选项栏中，设置“工具模式”为“形状”，在图像上按住鼠标左键拖曳，绘制一个矩形形状，如图7-14所示。

14 在弹出的“属性”面板中依次修改各参数值，如图7-15所示，即可更改矩形形状。

图7-14 绘制矩形形状

图7-15 修改参数值

15 将新绘制的矩形形状移动至合适的位置，如图7-16所示。

16 在“图层”面板中选择“矩形1”图层，按快捷键Ctrl+J，复制图层形状，选择复制后的矩形形状，将其移动至合适位置，如图7-17所示。

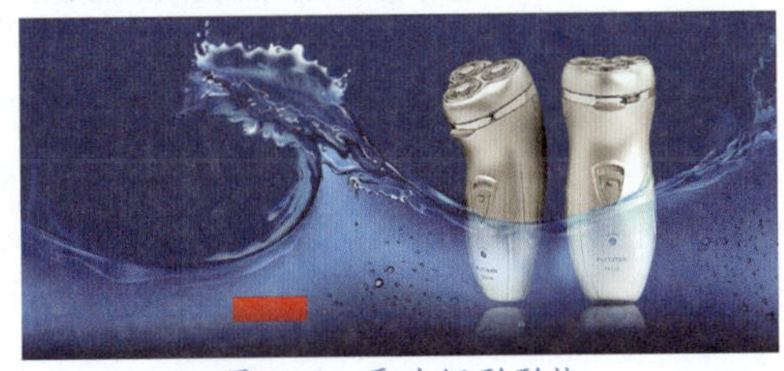
图7-16 更改矩形形状

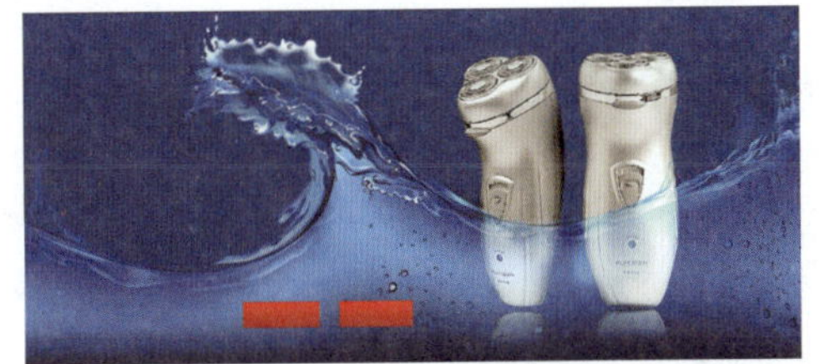
图7-17 复制矩形形状

17 在工具箱中选择（自定形状工具），在工具选项栏中，设置“工具模式”为“形状”，在“形状”下拉列表框中选择“会话1”形状，修改“描边”为“无”、“填充”的RGB参数分别为255、0、0，在图像上按住鼠标左键拖曳，绘制一个会话形状，如图7-18所示。

18 在工具箱中选择（添加锚点工具），在新绘制的会话形状上添加锚点，移动锚点的位置，并水平翻转形状，如图7-19所示。

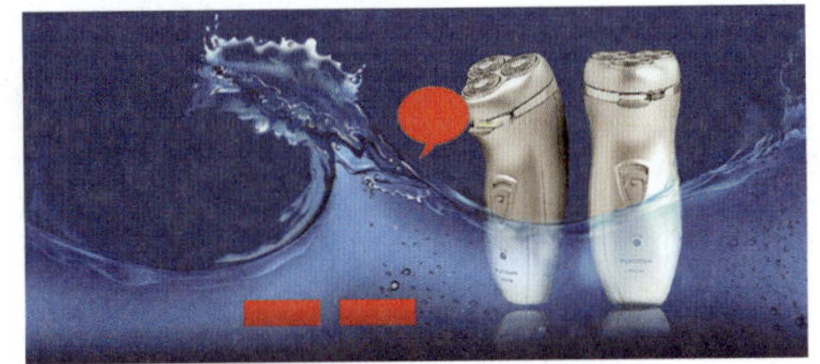
图7-18 绘制会话形状

图7-19 移动锚点位置并翻转形状

19 在工具箱中选择▭（矩形工具），在工具选项栏中，设置“工具模式”为“形状”，修改“填充”的RGB参数为0、192、255，“描边”为“无”，在图像上按住鼠标左键拖曳，绘制一个矩形形状，在工具箱中选择↖（直接选择工具），在矩形的右上角锚点上，按住鼠标左键拖曳，即可移动锚点的位置，如图7-20所示。

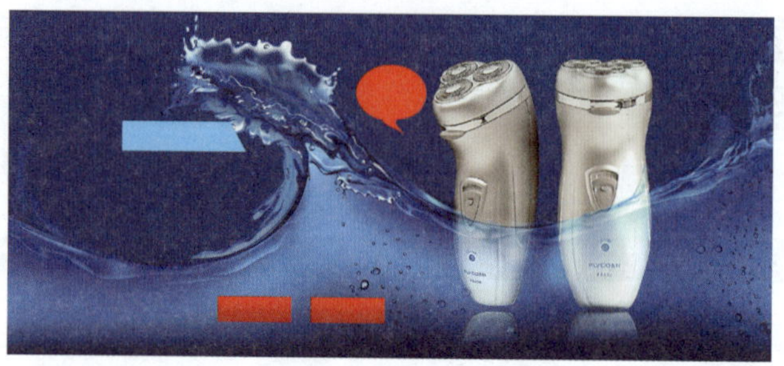

图7-20　绘制矩形形状

2. 制作欢迎区文本

01 在工具箱中选择T（横排文字工具），在图像上单击，创建文本，在工具选项栏中，修改“字体”为“微软雅黑”、“字号”为“35点”、“字体颜色”RGB均为255，并将新创建的文本移动至合适位置，如图7-21所示。

02 在工具箱中选择T（横排文字工具），在图像上单击，创建文本，在工具选项栏中，修改“字体”为“微软雅黑”、“字号”为“70点”、“字体颜色”RGB均为255，并将新创建的文本移动至合适位置，如图7-22所示。

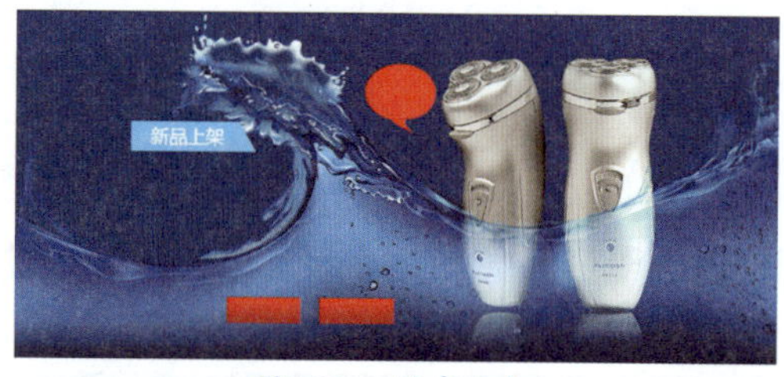

图7-21　创建文本

图7-22　创建文本

03 在工具箱中选择T（横排文字工具），在图像上单击，创建文本，在工具选项栏中，修改“字体”为“方正兰亭粗黑简体”、“字号”为“120点”、“字体颜色”RGB均为255，并将新创建的文本移动至合适位置，如图7-23所示。

04 在“图层”面板中双击新创建的文本图层，弹出“图层样式”对话框，勾选“斜面和浮雕”复选框，在对应列表框中修改各参数值，如图7-24所示。

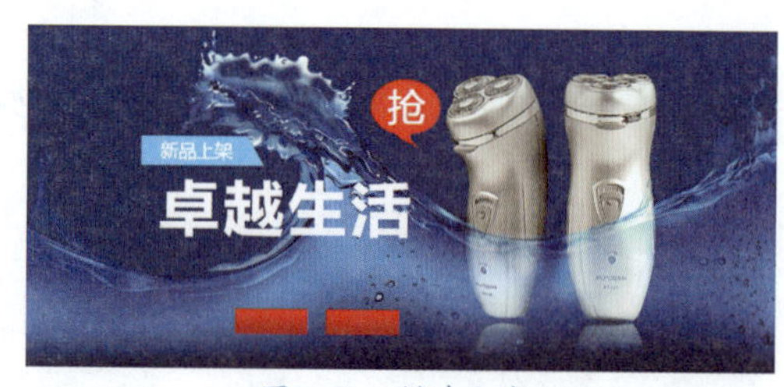

图7-23　创建文本

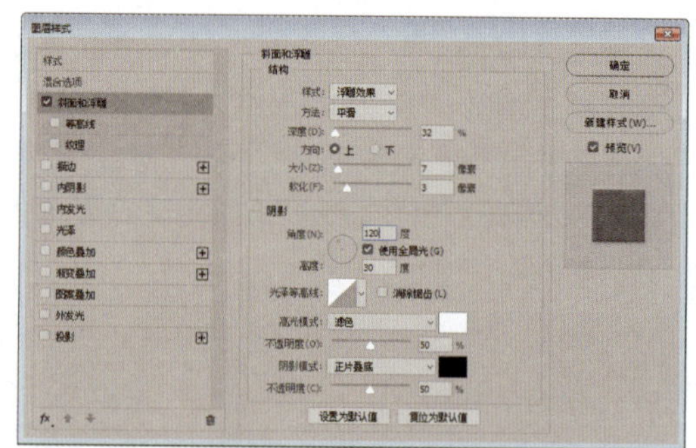

图7-24　修改参数值

05 勾选“描边”复选框，在对应列表框中修改各参数值，如图7-25所示。

06 勾选“投影”复选框，在对应列表框中修改各参数值，如图7-26所示。

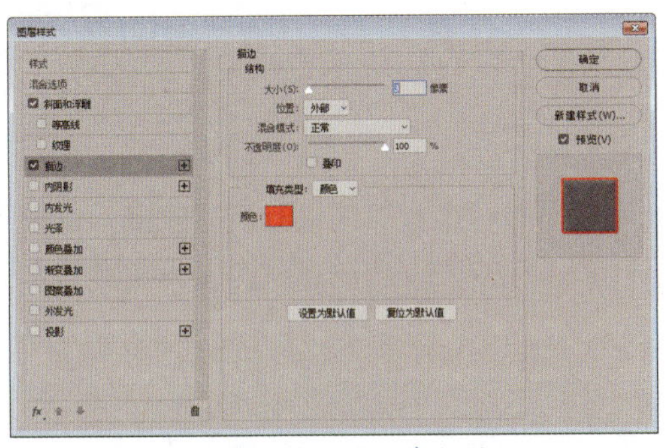

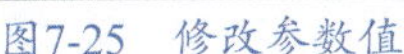

图7-25 修改参数值

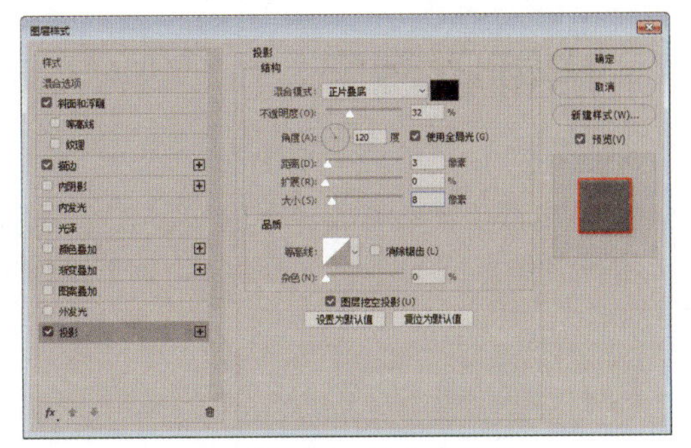

图7-26 修改参数值

07 单击“确定”按钮，即可为文本添加图层样式，其图像效果如图7-27所示。

08 在工具箱中选择T（横排文字工具），在图像上单击，创建文本，在工具选项栏中，修改“字体”为“方正粗倩简体”、“字号”为“48点”、“字体颜色”RGB均为255，并将新创建的文本移动至合适位置，如图7-28所示。

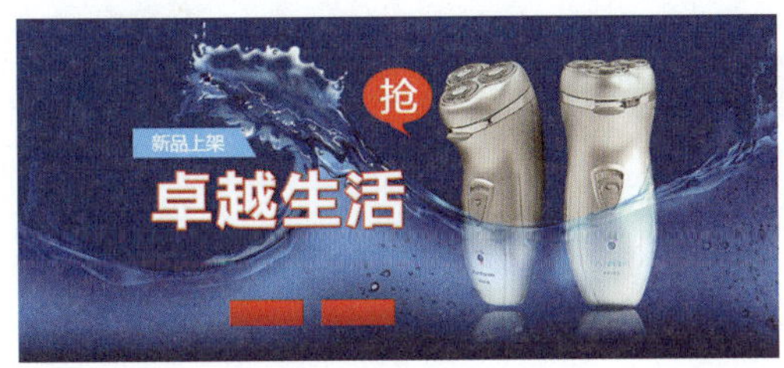

图7-27 添加图层样式

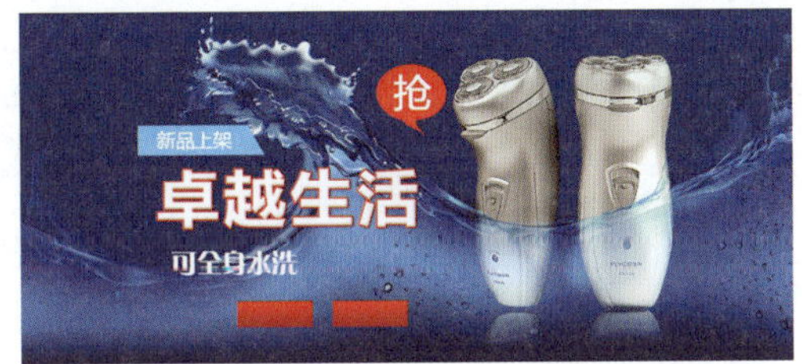

图7-28 创建文本

09 在工具箱中选择T（横排文字工具），在图像上单击，创建文本，在工具选项栏中，修改“字体”为“华康简综艺”、“字号”为“72点”、“字体颜色”RGB均为255，并将新创建的文本移动至合适位置，如图7-29所示。

10 在“图层”面板中双击新创建的文本图层，弹出“图层样式”对话框，勾选“投影”复选框，在对应列表框中修改各参数值，单击“确定”按钮，即可为文本添加图层样式，其图像效果如图7-30所示。

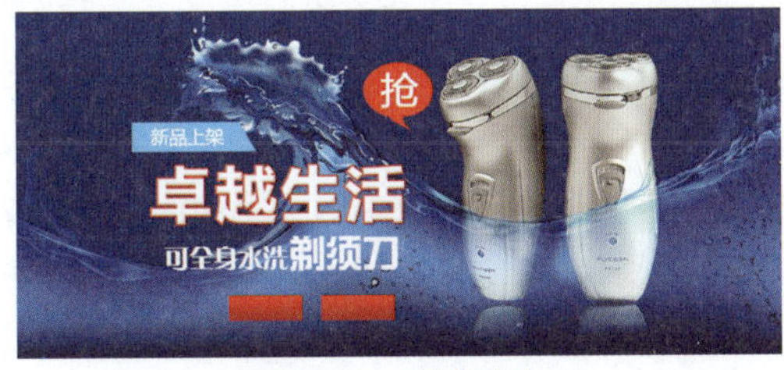

图7-29 创建文本

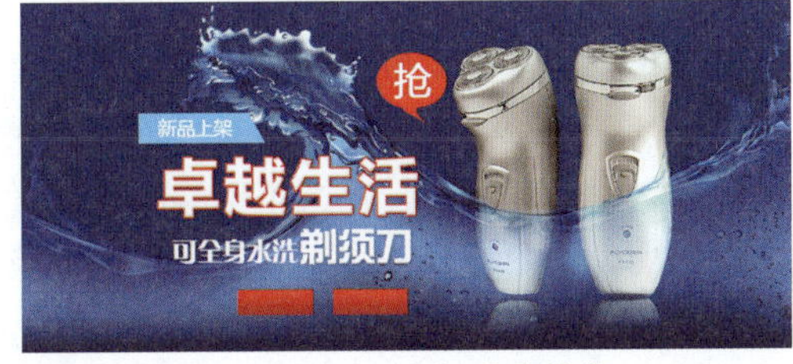

图7-30 添加图层样式

11 在工具箱中选择T（横排文字工具），在图像上单击，创建两个文本，在工具选项栏中，修改“字体”为“微软雅黑”、“字号”为“30点”、“字体颜色”RGB均为255，并将新创建的文本移动至合适位置，得到最终的图像效果如图7-31所示。

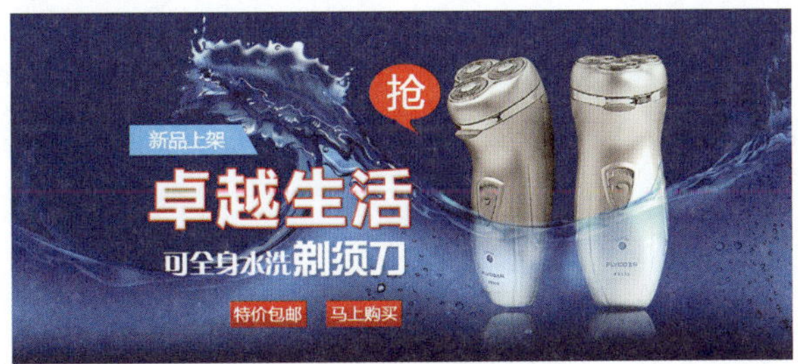

图7-31 最终图像效果

7.2 店铺收藏区

收藏区是电商店铺装修设计中的一部分，它的添加可以提醒顾客对店铺进行及时收藏，以便下次再次访问，是增加顾客回头率的一项设计，本节详细讲解制作店铺收藏区的相关基础知识和制作方法。

7.2.1 概述

收藏区主要显示在网店装修的首页位置，在很多网商平台的固定区域，都会用统一的按钮或者图标对店铺收藏进行提醒，如图7-32所示为淘宝中网店首页“收藏店铺”的置顶显示效果。店家为了提升店铺的人气，增加顾客的回头率，往往还会在店铺的其他位置设计和添加收藏区域。

图7-32 店铺收藏区效果

7.2.2 设计分析

店铺收藏就是顾客将感兴趣的店铺添加到收藏夹中，以便在再次访问时可以轻松地找到相应的商品。在同类店铺中，店铺收藏数量较高的店铺，往往曝光量要比其他同行高，要火热得多。店铺收藏的设计较为灵活，它可以直接设计在网店的店招中，也可以单独显示在首页的某个区域。

网店装修中，收藏区可以存在于网店首页或者详情页面的多个位置，例如将收藏店铺设计到店招和网店首页底部的效果。但是“店铺收藏”不是一味地胡乱添加，它的设计也是有讲究的，是要与周围的设计元素相互融合，且风格一致，不影响整体视觉效果。店铺收藏通常由简单的文字和广告语组成，一般情况下设计的内容较为单一，而有的商家为了吸引顾客的注意，也会将一些宝贝图片、素材图片等添加到其中，达到推销商品和提高收藏量的双重目的。

通常情况下，店铺收藏的设计会使用JPEG这种静态的图片来进行表现，除此之外，还可以使用GIF格式的图片，即使用帧动画制作的动态图片，这种闪烁的图片效果可以使其更容易引起顾客的注意，提高网店的收藏数量。

7.2.3 案例制作

店铺收藏区的设计要清爽简单，能够吸引顾客的注意即可。下面详细讲解制作店铺欢迎区的操作方法。

实例效果

扫 一 扫

下载视频教学

● 案例分析

本案例设计制作一款店铺收藏区，该区域不仅包含收藏功能，还带有优惠券，可以吸引浏览者收藏店铺领取优惠券，从而增加客流量。

● 颜色分析

在本案例中，使用了黄色渐变背景，搭配红色的文字和图形，使收藏区中的内容得到突出表现，也可以使画面的层次关系变得更加明朗，从而让要表现的主要信息自然而然地成为视觉中心。

主色：	#fece6a	#fede9a	
辅色：	#e81219	#d50312	#ffff17
字色：	#930104	#ffffff	#ffff17

● 字体分析

店铺收藏区中的字体一般都是采用微软雅黑和方正准圆简体等字体，通过这些字体，可以为文字添加艺术效果，使文字更有创意。

● 制作步骤

1. 制作店铺收藏区主体

01 执行“文件”|“新建”命令，弹出“新建文档”对话框，修改各参数值，如图7-33所示，单击“创建”按钮，即可新建文档。

02 新建“图层1”图层，在工具箱中选择（渐变工具），在工具选项栏中选择渐变预设选项，并修改渐变颜色参数，单击“径向渐变”按钮，在图像上按住鼠标左键拖曳，添加渐变填充，如图7-34所示。

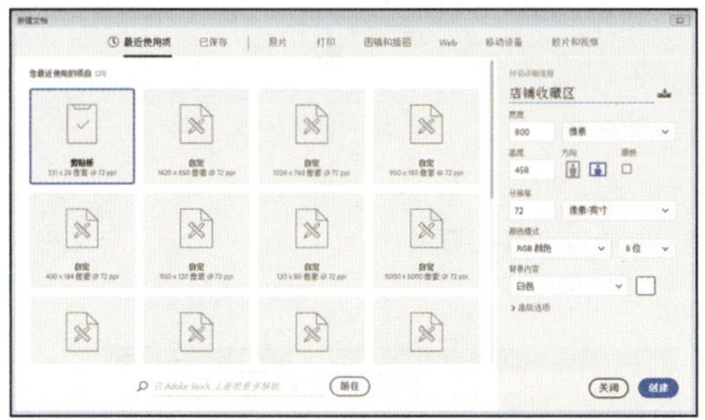

图7-33 设置参数值

图7-34 添加渐变填充

03 执行“文件”|“打开”命令，打开“素材\第7章\7.2.3\装饰.png”图像文件，将打开的装饰图像拖曳至“店铺收藏区”窗口中，如图7-35所示。

04 在工具箱中选择（椭圆工具），在工具选项栏中修改“工具模式”为“形状”，修改“填充”的RGB参数分别为206、2、14，“描边”为“无”，在图像上按住鼠标左键拖曳，绘制一个椭圆形状，并将新绘制的椭圆形状移动至合适位置，如图7-36所示。

图7-35　移动图像

图7-36　绘制椭圆形状

05 在“图层”面板中，将“椭圆1”图层移至“图层2”图层的下方，其图像效果如图7-37所示。

06 在工具箱中选择（矩形工具），在工具选项栏中修改“工具模式”为“形状”，修改“填充”的RGB参数分别为232、18、25，“描边”为“无”，在图像上按住鼠标左键拖曳，绘制一个W为170、H为44的矩形形状，并将新绘制的矩形形状移动至合适位置，如图7-38所示。

图7-37　调整图层顺序

图7-38　绘制矩形形状

07 双击“矩形1”图层，弹出“图层样式”对话框，勾选“描边”复选框，在对应列表框中修改各参数值，如图7-39所示。

08 勾选“外发光”复选框，在对应列表框中修改各参数值，如图7-40所示。

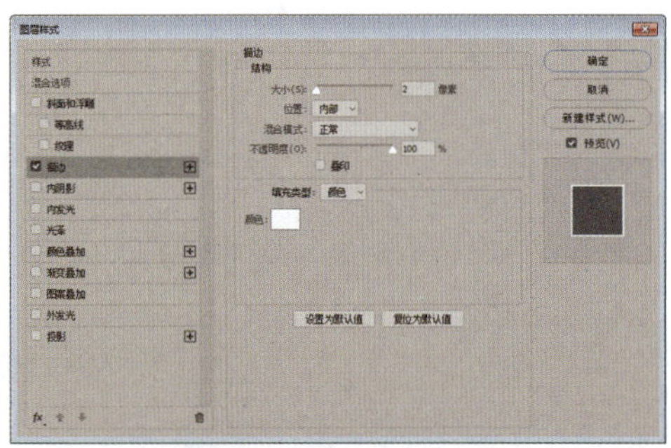

图7-39　修改参数值

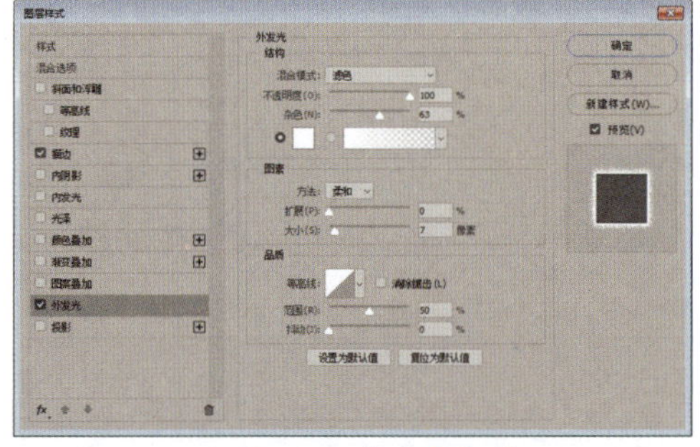

图7-40　修改参数值

09 勾选“投影”复选框，在对应列表框中修改各参数值，如图7-41所示。

10 单击“确定”按钮，即可为矩形形状添加图层样式，其图像效果如图7-42所示。

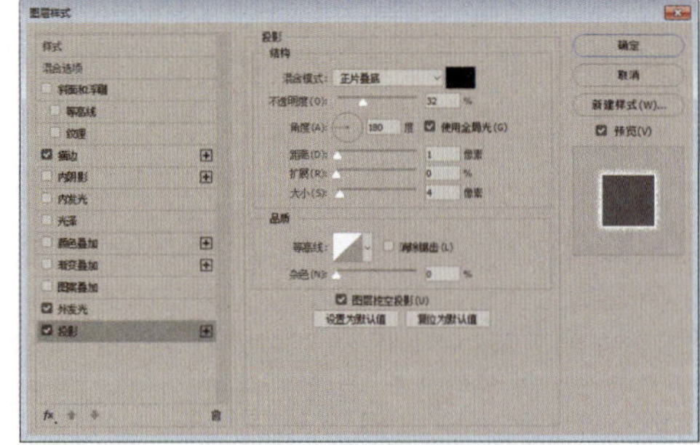

图7-41　修改参数值

图7-42　添加图层样式

11 在工具箱中选择（矩形工具），在工具选项栏中修改“工具模式”为“形状”，修改“填充”的RGB参数分别为206、2、14，“描边”为“无”，在图像上按住鼠标左键拖曳，绘制一个W为315、H为49的矩形形状，并将新绘制的矩形形状移动至合适位置，如图7-43所示。

12 在工具箱中选择（横排文字工具），在图像上单击，创建文本，在工具选项栏中，修改“字体”为“方正粗倩简体”、“字号”为“36点”、“字体颜色”RGB均为255，并将新创建好的文本移动至合适的位置，如图7-44所示。

图7-43　绘制矩形形状

图7-44　创建文本

13 在工具箱中选择（横排文字工具），在图像上单击，创建文本，在工具选项栏中，修改“字体”为“方正粗倩简体”、“字号”为“125点”、“字体颜色”RGB分别为229、18、24，加粗并倾斜文本，调整相应图层的顺序，并将新创建好的文本移动至合适的位置，如图7-45所示。

14 双击新创建的文本图层，弹出“图层样式”对话框，勾选“斜面和浮雕”复选框，在对应列表框中修改各参数值，如图7-46所示。

图7-45　创建文本

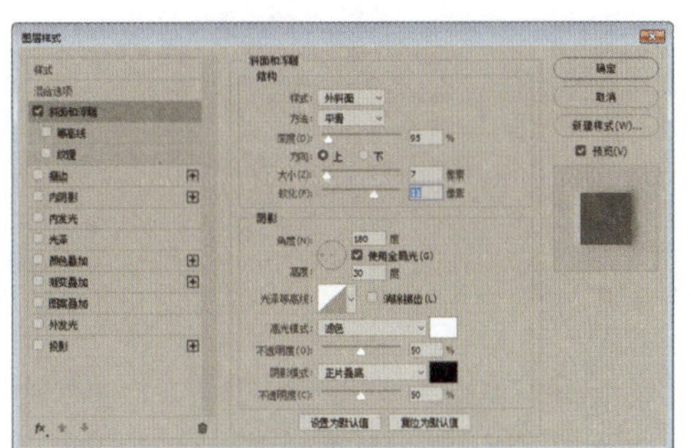

图7-46　修改参数值

15 单击“确定”按钮，即可为文本添加图层样式，其图像效果如图7-47所示。

16 在“图层”面板中，选择新创建的文本图层，按快捷键Ctrl+J，复制文本图层，选择复制后文本，执行“编辑”|“变换”|“垂直翻转”命令，垂直翻转文本，并将文本移动至合适位置，如图7-48所示。

图7-47　添加图层样式

图7-48　垂直翻转文本

17 选择复制后的文本图层，修改“不透明度”为17%，在“图层”面板底部单击“添加矢量蒙版”按钮，添加矢量蒙版，设置“前景色”的RGB参数均为0，在工具箱中选择（画笔工具），在工具选项栏中依次修改画笔样式和大小，在图像上按住鼠标左键拖曳，涂抹图像，如图7-49所示。

18 在工具箱中选择（横排文字工具），在图像上单击，创建文本，在工具选项栏中，修改“字体”为

"方正粗倩简体"、"字号"为"44点"、"字体颜色"RGB均为255，并将新创建好的文本移动至合适的位置，如图7-50所示。

图7-49 涂抹图像

图7-50 创建文本

2. 制作收藏区优惠信息

01 在工具箱中选择T.（横排文字工具），在图像上单击，创建文本，在工具选项栏中，修改"字体"为"方正准圆简体"、"字号"为"27点"、"字体颜色"RGB分别为147、1、4，并将新创建的文本移动至合适的位置，如图7-51所示。

02 在工具箱中选择□.（矩形工具），在工具选项栏中修改"工具模式"为"形状"，修改"填充"的RGB参数分别为213、3、18，"描边"为"无"，在图像上按住鼠标左键拖曳，绘制一个W为252、H为98的矩形形状，并将新绘制的矩形形状移动至合适位置，如图7-52所示。

图7-51 创建文本

图7-52 绘制矩形形状

03 在工具箱中选择□.（圆角矩形工具），在工具选项栏中修改"工具模式"为"形状"，修改"填充"的RGB参数分别为255、255、23，"描边"为"无"，在图像上按住鼠标左键拖曳，绘制一个W为65、H为25、"半径"为3的圆角矩形形状，并将新绘制的圆角矩形形状移动至合适位置，如图7-53所示。

04 在工具箱中选择T.（横排文字工具），在图像上单击，创建文本，在工具选项栏中，修改"字体"为"微软雅黑"、"字号"为"30点"、"字体颜色"RGB均为255，并将新创建的文本移动至合适的位置，如图7-54所示。

图7-53 绘制圆角矩形

图7-54 创建文本

05 在工具箱中选择T.（横排文字工具），在图像上单击，创建文本，在工具选项栏中，修改"字体"为Impact、"字号"为"80点"、"字体颜色"RGB分别为255、255、23，并将新创建的文本移动至合适的位置，如图7-55所示。

06 在工具箱中选择T.（横排文字工具），在图像上单击，创建文本，在工具选项栏中，修改“字体”为“微软雅黑”、“字号”为“35点”、“字体颜色”RGB均为255，并将新创建的文本移动至合适的位置，如图7-56所示。

图7-55　创建文本

图7-56　创建文本

07 在工具箱中选择T.（横排文字工具），在图像上单击，创建文本，在工具选项栏中，修改“字体”为“微软雅黑”、“字号”为“12点”、“字体颜色”RGB均为255，将文本移至合适位置，如图7-57所示。

08 在工具箱中选择T.（横排文字工具），在图像上单击，创建文本，在工具选项栏中，修改“字体”为“微软雅黑”、“字号”为“15点”、“字体颜色”RGB分别为255、18、46，并将新创建的文本移动至合适的位置，如图7-58所示。

图7-57　创建文本

图7-58　创建文本

09 在“图层”面板中选择合适的图层对象，按快捷键Ctrl+G，将选择的图层进行编组操作，如图7-59所示。

10 选择新创建的组对象，按两次快捷键Ctrl+J，复制组对象，如图7-60所示。

11 在工具箱中选择✣.（移动工具），移动复制后的组对象，并依次修改组对象中的文本内容，得到最终的图像效果，如图7-61所示。

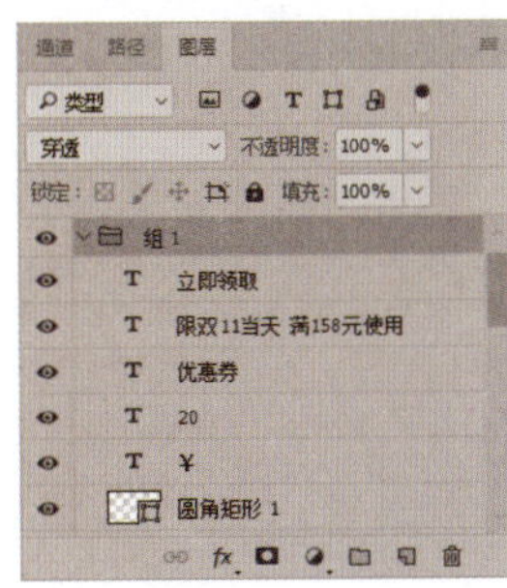

图7-59　图层编组

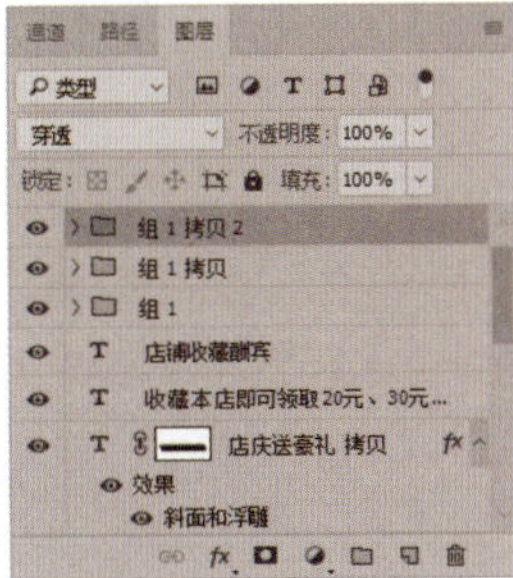

图7-60　复制组

图7-61　最终图像效果

7.3 客服区

电商客服是电商店铺的一种形式，可以通过网络和电商聊天软件，提供给客户解答和售后等服务。一般来说，电商店铺中都提供了专门的客服区，顾客只要通过客服区中的客服头像链接，就可以联系到客服进行相关咨询。本节详细讲解客服区的基础知识和制作方法。

7.3.1 概述

网店中的客服与实体店中的售货员具有相同的作用，但是在网店中如何快速寻找到客服并进行询问，是客服区位置摆放和设计的关键。默认情况下，网店的客服与商品分类相邻。而随着网店装修的不断提升，越来越多的商家将客服放在了网店首页的中间或者底部位置，因为当顾客对网店首页浏览到一定程度时，客服区的及时显示会增加顾客询问的概率，从而提高网店的销售量。如图7-62所示为客服区的店铺详情页效果。

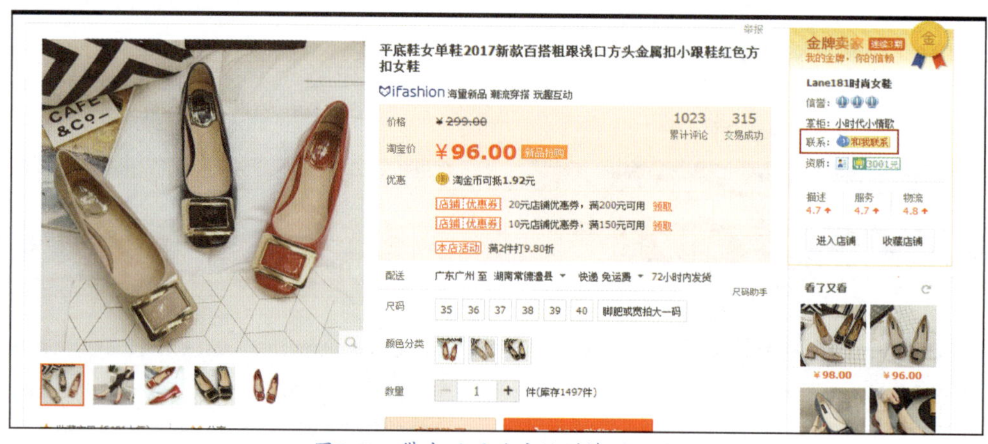

图7-62　带客服区的店铺详情页效果

7.3.2 设计分析

网店的客服区会存在于网店首页的多个区域，此外，网商平台都会在网店首页的最顶端统一定制客服的联系图标，便于顾客形成固定的思维，当然这些都是不够的，很多专业的网店，为了突显店铺的专业性和服务品质，在首页的多个区域都会添加上客服区，以便顾客及时联系工作人员。客服区的设计中有一点很重要，就是清晰地列出客服的图标，让顾客可以快速点击并进行咨询。

在将客服区的图片设计完成之后，需要把设计好的图片上传到店铺中使用，需要做一系列的工作，如添加链接、制作代码、新建模块等，完成这些复杂的操作后，才能将设计好的客服区图片进行正确应用。

7.3.3 案例制作

客服区是店铺装修中必不可少的模块之一，下面将详细讲解制作客服区的具体操作步骤。

实例效果

● 案例分析

本案例设计制作一款客服区，在设计时选择可以带来视觉冲击力的蓝紫色作为背景，并叠加建筑效果，使整个设计更加符合店铺的商品特征。

● 颜色分析

在本案例中，耳机给人专业的形象，为了营造一种舒适的氛围，画面采用了蓝紫色作为背景色，构成了整个画面的主色调，搭配白色的文本，可以给人专业的品质感。

● 字体分析

客服区中的字体一般都是采用方正宋一简体、方正粗宋简体等字体，并对客服区中的文本区域进行整体划分，在每个文本区域都添加了图形进行合理分隔，错落有致，又有细微的变化，整个布局显得非常自然、灵活，有利于信息的表现和传递。

● 制作步骤

1. 制作客服区主体

01 执行“文件”|“新建”命令，弹出“新建文档”对话框，修改各参数值，如图7-63所示，单击“创建”按钮，即可新建文档。

02 在工具箱中单击“前景色”颜色块，弹出“拾色器（前景色）”对话框，修改RGB参数分别为190、26、166，如图7-64所示，单击“确定”按钮，即可设置前景色。

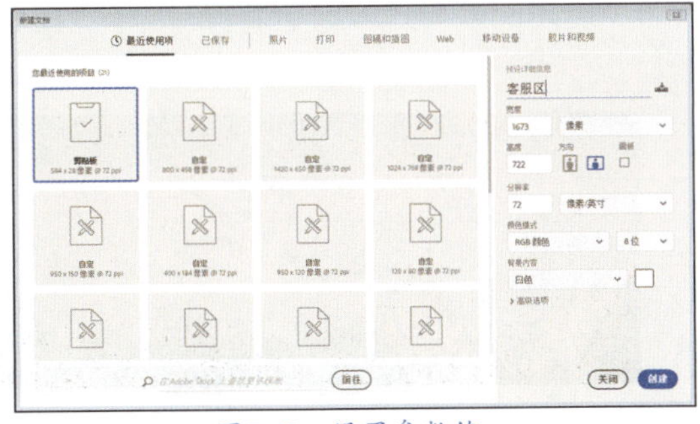
图7-63 设置参数值

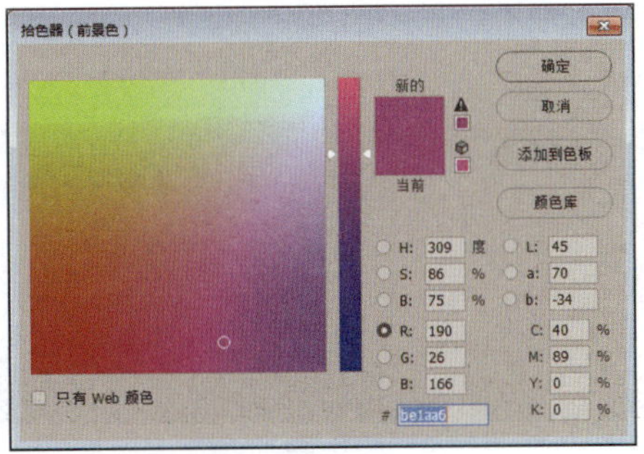
图7-64 设置参数值

03 在工具箱中选择（油漆桶工具），在背景图像上单击，即可填充背景色，如图7-65所示。

04 执行“文件”|“打开”命令，打开“素材\第7章\7.3.3\背景.png”图像文件，将打开的背景图像拖曳至“客服区”窗口中，如图7-66所示。

05 在“图层”面板中选择“图层1”图层，在“设置图层的混合模式”列表框中选择“叠加”选项，即可更改图层的混合模式，其图像效果如图7-67所示。

06 新建“图层1”图层，在工具箱中选择（渐变工具），在工具选项栏中选择渐变预设选项，并修改渐变颜色参数，单击“径向渐变”按钮，在图像上按住鼠标左键拖曳，添加渐变填充颜色，其图像效果如图7-68所示。

图7-65　填充背景色

图7-66　移动图像

图7-67　更改图层混合模式

图7-68　添加渐变填充

07 执行“文件”|“打开”命令，打开“素材\第7章\7.3.3\耳机1.png、耳机2.png”图像文件，依次将打开的耳机图像拖曳至“客服区”窗口中，如图7-69所示。

08 执行“文件”|“打开”命令，打开“素材\第7章\7.3.3\图标.png”图像文件，将打开的图标图像拖曳至“客服区”窗口中，如图7-70所示。

图7-69　移动图像

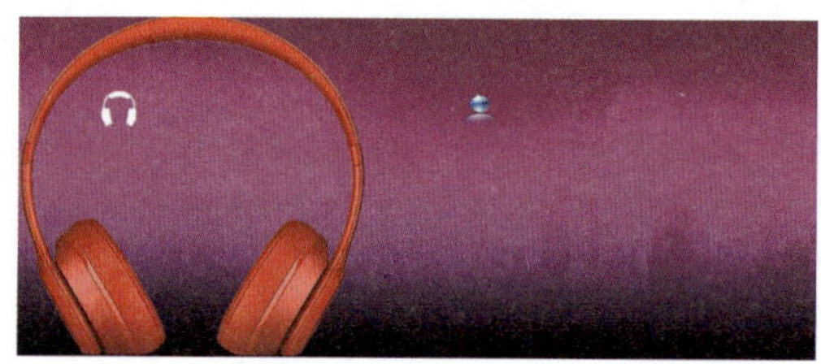
图7-70　移动图像

09 在“图层”面板中，选择“图层5”图层，按5次快捷键Ctrl+J，复制图层，并在工具箱中选择（移动工具），将复制后的图像移动至合适位置，如图7-71所示。

10 执行“文件”|“打开”命令，打开“素材\第7章\7.3.3\装饰.png”图像文件，将打开的装饰图像拖曳至“客服区”窗口中，如图7-72所示。

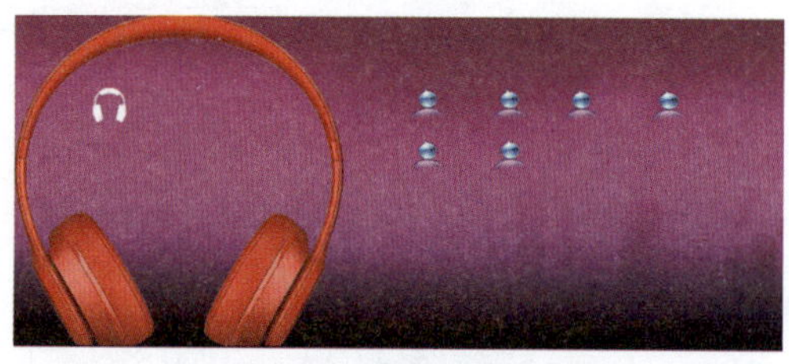
图7-71　复制图像

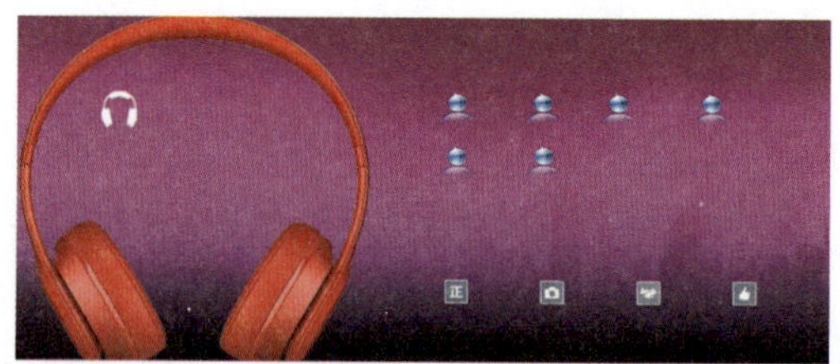
图7-72　移动图像

11 在工具箱中选择（矩形工具），在工具选项栏中修改“工具模式”为“形状”，修改“填充”的RGB参数均为255，“描边”为“无”，在图像上按住鼠标左键拖曳，绘制一个W为823、H为2的矩形形状，并将新绘制的矩形形状移动至合适位置，如图7-73所示。

12 选择“矩形1”图层，修改“不透明度”为17%，在“图层”面板底部单击“添加矢量蒙版”按钮，添加矢量蒙版，设置“前景色”的RGB参数均为0，在工具箱中选择（画笔工具），在工具选项栏中依次修改画笔样式和大小，在图像上按住鼠标左键拖曳，涂抹图像，如图7-74所示。

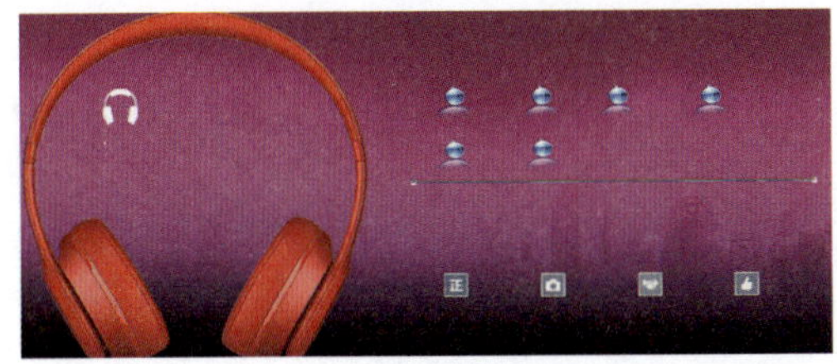
图7-73　绘制矩形形状

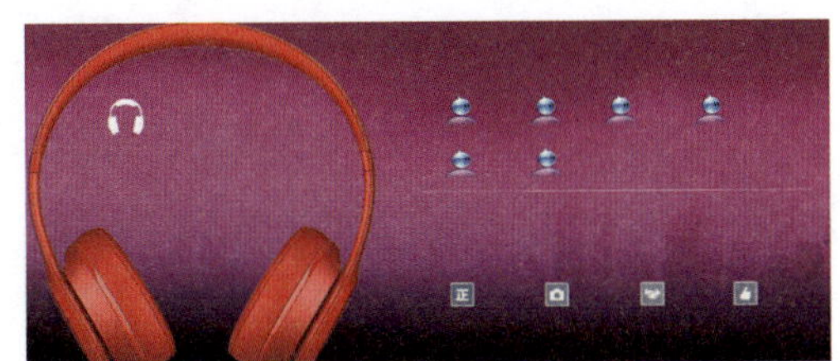
图7-74　更改圆角矩形

TIPS 矢量蒙版是由钢笔、自定形状等矢量工具创建的蒙版，它与分辨率无关，无论怎么缩放都能保持光滑的轮廓，因此，常用来制作LOGO、按钮或其他Web设计元素，图层蒙版和剪贴蒙版都属于基于像素的蒙版，矢量蒙版则将矢量图形引入蒙版中，它不仅丰富了蒙版的多样性，也提供了一种可以在矢量状态下编辑蒙版的特殊方式。

2. 制作客服区文本

01 在工具箱中选择T（横排文字工具），在图像上单击，创建文本，在工具选项栏中，修改“字体”为“方正粗宋简体”、“字号”为80、“字体颜色”RGB均为255，并将创建好的文本移动至合适的位置，如图7-75所示。

02 在工具箱中选择T（横排文字工具），在图像上单击，创建文本，在工具选项栏中，修改“字体”为Sakkal Majalla、“字号”为120、“字体颜色”RGB均为255，加粗文本，并将创建好的文本移动至合适的位置，如图7-76所示。

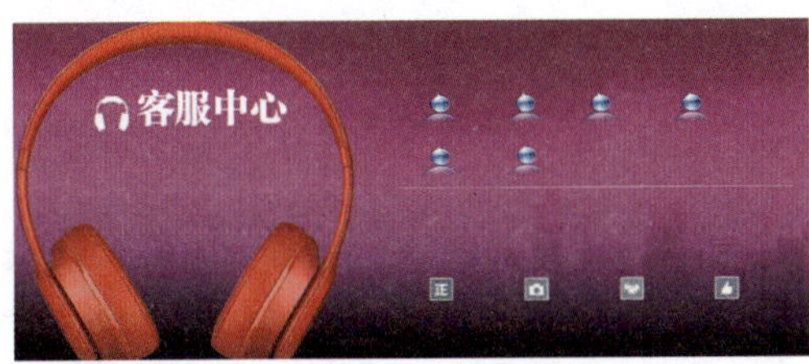

图7-75　创建文本

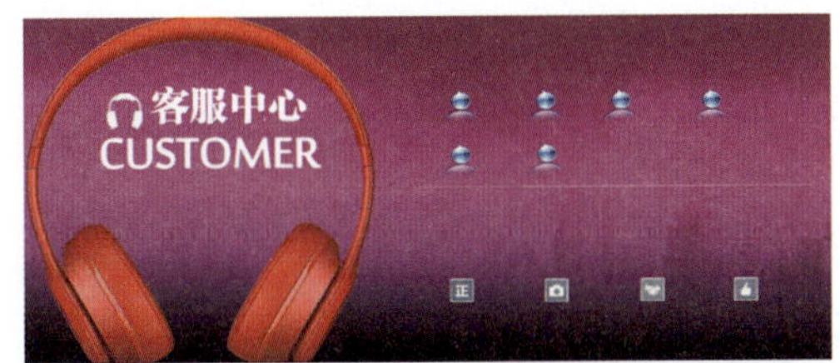

图7-76　创建文本

03 在工具箱中选择T（横排文字工具），在图像上单击，创建文本，在工具选项栏中，修改“字体”为Sakkal Majalla、“字号”为72、“字体颜色”RGB均为255，并将创建好的文本移动至合适的位置，如图7-77所示。

04 在工具箱中选择T（横排文字工具），在图像上单击，创建多个文本，在工具选项栏中，修改“字体”为“方正宋一简体”、“字号”为35、“字体颜色”RGB均为255，并将创建好的文本移动至合适的位置，如图7-78所示。

图7-77　创建文本

图7-78　创建文本

05 在工具箱中选择T（横排文字工具），在图像上单击，创建文本，在工具选项栏中，修改“字体”为“微软雅黑”、“字号”为35、“字体颜色”RGB均为255，并将创建好的文本移动至合适的位置，如图7-79所示。

06 在“图层”面板中，选择新创建的文本图层，按5次快捷键Ctrl+J，复制图层文本，依次修改各文本的内容，并在工具箱中选择（移动工具），将复制后的图像移动至合适位置，如图7-80所示。

图7-79　创建文本

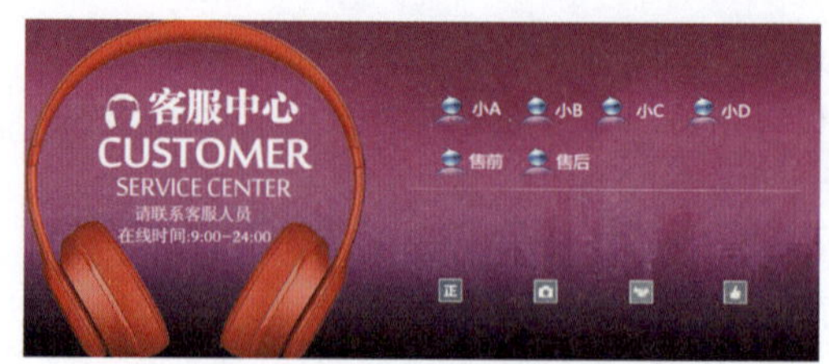

图7-80　复制文本

07 在工具箱中选择T（横排文字工具），在图像上单击，创建文本，在工具选项栏中，修改“字体”为“方正宋一简体”、“字号”为35、“字体颜色”RGB均为255，并将创建好的文本移动至合适的位置，如图7-81所示。

08 在工具箱中选择T（横排文字工具），在图像上单击，创建文本，在工具选项栏中，修改“字体”为Bookman Old Style、“字号”为25、“字体颜色”RGB均为255，并将创建好的文本移动至合适的位置，如图7-82所示。

图7-81　创建文本

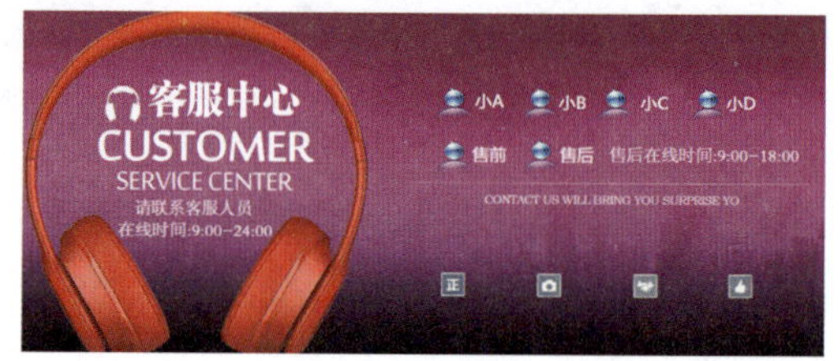

图7-82　创建文本

09 在工具箱中选择T（横排文字工具），在图像上单击，创建文本，在工具选项栏中，修改“字体”为“方正宋一简体”、“字号”为45、“字体颜色”RGB均为255，并将创建好的文本移动至合适的位置，如图7-83所示。

10 在工具箱中选择T（横排文字工具），在图像上单击，创建文本，在工具选项栏中，修改“字体”为“方正宋一简体”、“字号”为22、“字体颜色”RGB均为255，并将创建好的文本移动至合适的位置，如图7-84所示。

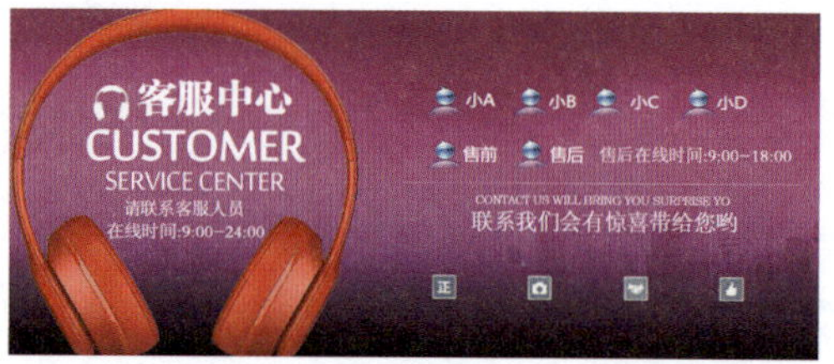

图7-83　创建文本

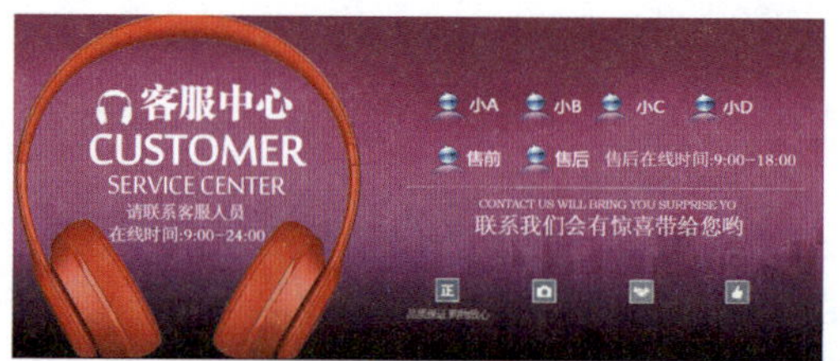

图7-84　创建文本

11 在“图层”面板中，选择新创建的文本图层，按3次快捷键Ctrl+J，复制图层文本，依次修改各文本的内容，并在工具箱中选择（移动工具），将复制后的图像移动至合适位置，如图7-85所示。

图7-85　最终图像效果

TIPS

Photoshop中文字的划分方式有很多种，如果从排列方式上划分，可以分为横排文字和直排文字；如果从形式上划分，可以分为文字和文字蒙版；如果从创建的内容上划分，可以分为点文字、段落文字和路径文字；如果从样式上划分，可以分为普通文字和变形文字。

第8章　促销广告设计

促销广告设计是将对象的技术功能性、使用舒适性及审美装饰性有机地、和谐地结合起来的设计。在电商店铺装修中，促销广告通常位于店铺导航条的下方，是展示促销活动信息的区域，通过促销广告可以吸引浏览者的目光，促进成交量。本章详细讲解促销广告设计的基础知识和设计方法，帮助读者快速做好店铺中的促销广告装修。

8.1 促销广告设计的标准

促销广告是指直接向消费者推销产品或服务的广告形式。运用各种途径和方式，将产品的质量、性能、特点、带给消费者的方便性等进行诉求，唤起消费者的消费欲望，从而达到广告目的。图8-1所示为促销广告效果。

图8-1 促销广告效果

促销广告不仅能突出其产品的品牌、商标及产地，使人留下深刻印象，还能短期内激励买家购买。店铺通过促销，能够加深买家对商品的认识，从而培养出更多的老客户。

由于广告在网店首页开启时占用了大面积的位置，因此，考虑到广告的展现效果，保证促销广告不变形，促销广告的宽度一般为800px、1024px、1280px、1440px、1680px和1920px，高度则随意调整，一般为150～800px。

促销广告设计得好坏决定了点击率的多少，从而直接影响盈亏。因此，为了设计出高点击率的促销广告，还要清楚促销广告三大设计标准。

- 主题突出。
- 目标明确。
- 形式美观。

这3个标准是促销广告的基本标准，也是有效的视觉传达标准。

8.1.1 主题突出

促销广告主题的展示由促销内容、促销产品、促销时间等组成，在突出品牌理念、维护品牌形象的原则下，作为阶段性的促销活动需要让浏览者清楚知道促销活动的主题内容、促销方式、促销方法和活动起止时间等。不同主题的促销活动，所展示的内容也不同。

1. 开业促销活动

开业促销广告是最重要的海报，开业海报只有一次，活动决定着顾客今后是否光顾本店。因此需要予以特别重视。图8-2所示为店铺开业促销海报。

图8-2 店铺开业促销海报

2. 节庆促销活动

节庆促销活动是结合春节、国庆节、妇女节、情人节、中秋节等节日所展开的促销活动。通过节日促销不仅可以增加节日气氛，也可以为顾客提供购买选择。图8-3所示为情人节店铺促销海报。

图8-3 情人节店铺促销海报

3. 例行性促销活动

一般而言，例行性促销活动是指配合社会风俗、社会活动或者回馈老客户而举办的活动，既可以吸引新顾客，也可以提高老顾客的购买量。图8-4所示为单品特价促销海报。

图8-4 单品特价促销海报

8.1.2 目标明确

促销是一种面向顾客、公众或者渠道的说服和沟通，是一种消费引导。大部分商家每年都举办各种促销活动，包括节假日促销、淡旺季促销、新品上市促销、双11和双12促销等。促销不仅是为了增加产品销售数量、清理快过保质期的产品库存、推荐新产品、吸引人气和产品出镜率，更是一种大范围的沟通、信息传递、提高品牌知名度和美誉度的手段。

促销的目标有以下3点，下面分别进行介绍。

1. 扩大客源

客源即顾客来源，通过促销活动可以扩大客源，扩大客源后店铺的销量也会逐渐增加。

2. 增加销量

增加销量的同时能够扩大客源，更重要的是能够增加利润，还能将临近保质期的商品销售出去。

3. 提升品牌知名度

若是品牌知名度不高、不是有太多人气的店铺，则需要使用能使店铺品牌推广出去的促销广告，将品牌推广出去，才能提高品牌的知名度。

8.1.3 形式美观

在设计促销广告时，为了保证促销广告的形式美观、简洁，需要使促销广告中的色彩搭配、布局和文字编排等符合人的视觉规律，才能制作出引人注意的促销广告。

1. 色彩搭配

促销广告的配色十分重要，顾客在接收到广告信息之前会处于色彩搭配带来的氛围中，一幅广告的色彩，是倾向于冷色或暖色，还是倾向于明朗鲜艳或素雅质朴，每种色彩倾向将形成不同色调，给人们的印象也不同。根据产品的属性，合理搭配色彩，可以使顾客快速融入促销广告所营造的氛围中。图8-5所示为蓝色、黄色等颜色搭配的促销海报。

图8-5　蓝色、黄色等颜色搭配的促销海报

2. 布局

在制作促销广告时，需要对广告中的图文进行合理排布，形成能够吸引顾客的版式布局。在搭配广告中的版式布局时，没有固定规律，需要灵活运用与搭配。合理安排图文排布，使画面形成视觉导向，才能有利于视觉传达，从而制作出优秀的促销广告作品。图8-6所示为左图右文版式布局的促销海报。

图8-6　左图右文版式布局的促销海报

3. 文字编排

在促销广告的页面中，文字的表现与商品的展示同等重要，文字可以对商品、活动、服务等信息进行说明、阐述和引导，通过对文字合理正确的编排，可以使信息的传递更加准确，广告页面也会更加精美。图8-7所示为促销海报效果。

图8-7　促销海报

8.2 促销广告的实施步骤

在清楚了促销广告设计的标准后，需要清楚了解促销广告的设计实施步骤、设计需求表和素材库管理等基础知识，下面将进行详细介绍。

8.2.1 设计实施步骤

设计师在设计促销广告时，要记住“三分设计，七分沟通”的设计准则。充分的沟通、充足的素材，是做好设计的前提。设计是营销策略的外延，是其视觉表达形式。不理解策划的意图，做不出好的促销广告设计。所以要耐心地体验产品，读懂策划，不要上来就开始做，要想成熟了再开始。

因此，建议所有网店设计师都要做2～5天的客服，这样对设计师理解消费者以及产品都是非常有帮助的。促销广告实施步骤分为3个阶段：策划、沟通和设计，如图8-8所示。

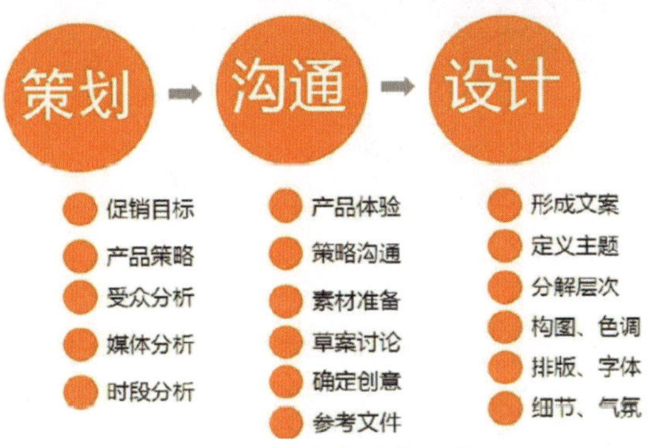

图8-8 促销广告的实施步骤

8.2.2 设计需求表

设计师要读懂设计需求表，才能理解促销策划的意图。设计需求表如图8-9所示。

编号：2010112101

项目接收设计师：________

设计要求			
目标/主题		受众	
投放位置-1		尺寸-1	
交稿时间		上线时间	
主要信息	促销广告、促销折扣		
	是否销量、是否有赠品或关联销售		
	促销卖点		
	对应产品	链接	
	特别要求		
投放位置-2	如上		
新页面		新分类	
新产品			
素材提供			
图片地址			
文字地址			
参考设计			
项目信息			
项目组		提交时间	
申请人		审批人	

图8-9 设计需求表

8.2.3 素材库管理

建立常用素材库，模块化地管理素材，可以极大程度地提高效率，以适应电商活动的快速反应要求。常用的素材库包括PSD分层图库、常用符号和形式语言库、图片素材库。

8.3 案例制作：促销广告设计与详解

在制作促销广告时，为了营造更稳定的画面感，在左侧和中间添加装饰性元素和文字信息，可以展示更完整的画面效果。下面将详细讲解制作促销广告的具体操作步骤。

实例效果

- 案例分析

本案例设计制作儿童玩具的促销海报，该图中使用了灰色作为背景色，且添加了图案，使得画面整体具有强烈的视觉冲击力。海报中的文字采用了醒目的“7.8折”文字，突出了海报中玩具的折扣信息，能够更快、更准地吸引顾客的视线。

- 颜色分析

在本案例中，使用明度较亮的灰色作为促销海报的背景色，在其中用蓝紫色和白色的文字对画面进行说明，表现除了强烈的视觉反差，使得主体对象更加醒目，突出，从而展示出折扣的优惠力度。

- 字体分析

促销海报中的字体一般都是采用长城新艺体、方正大黑简体等字体，通过这些字体可以突出促销信息，让顾客的视线集中在店家所销售的玩具商品上，有效地传递商品信息。

- 制作步骤

1. 制作促销广告主体

01 执行“文件”|“新建”命令，弹出“新建文档”对话框，修改各参数值，如图8-10所示，单击“创建”按钮，即可新建文档。

02 在“图层”面板底部，单击“创建新的填充或调整图层”按钮，展开列表框，选择“纯色”选项，弹出“拾色器（纯色）”对话框，修改RGB参数分别为228、221、221，如图8-11所示。

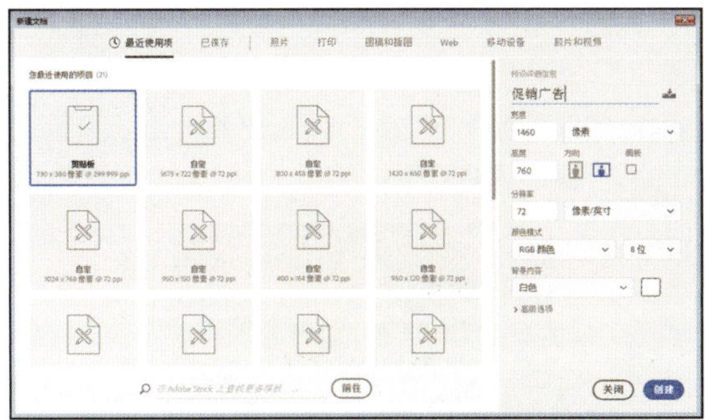

图8-10 设置参数值

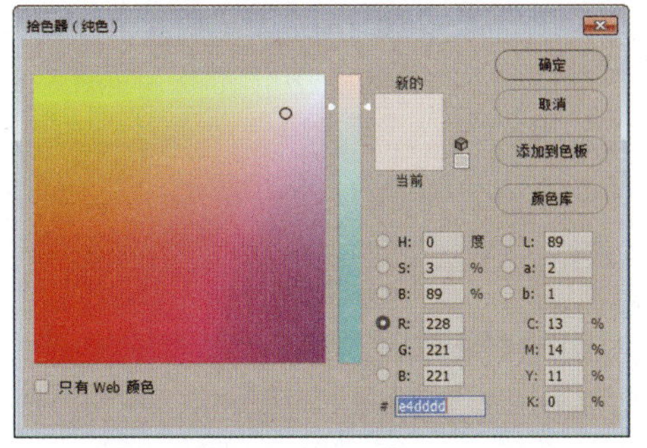

图8-11 修改参数值

03 单击“确定”按钮，即可创建调整图层，并自动为背景填充背景色，如图8-12所示。

04 在“图层”面板中双击“颜色填充1”图层，弹出“图层样式”对话框，勾选“图案叠加”复选框，在对应列表框中依次修改各参数值，如图8-13所示。

图8-12 填充背景色

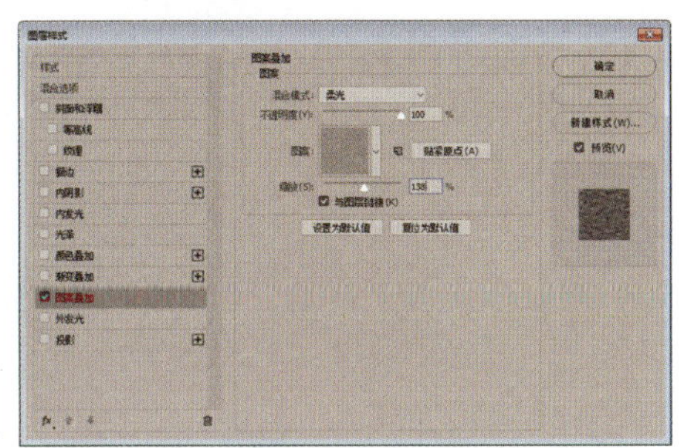

图8-13 修改参数值

05 单击“确定”按钮，即可为图层添加图层样式，其图像效果如图8-14所示。

06 执行“文件”|“打开”命令，打开“素材\第8章\8.3\婴儿.png”图像文件，将打开的婴儿图像拖曳至“促销广告”窗口中，如图8-15所示。

图8-14 添加图层样式

图8-15 移动图像

07 在“图层”面板中选择“图层1”图层，在“图层”面板底部单击“添加图层蒙版”按钮，为选择的图层添加图层蒙版，如图8-16所示。

08 在工具箱中选择（画笔工具），在工具选项栏中选择“柔边圆”画笔样式，修改画笔大小和不透明度参数，在新添加的图片图像上按住鼠标左键拖曳，涂抹对象，如图8-17所示。

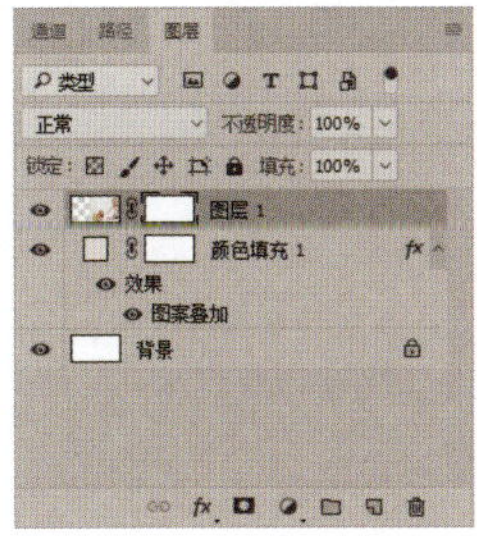

图8-16 添加图层蒙版

图8-17 涂抹图像

09 在工具箱中选择▭（矩形工具），在工具选项栏中，修改“工具模式”为“形状”，在图像上按住鼠标左键拖曳，绘制一个矩形形状，如图8-18所示。

10 在打开的“属性”面板中依次修改各参数值，如图8-19所示，即可更改矩形形状的大小、位置和填充颜色，其图像效果如图8-20所示。

图8-18　绘制矩形形状

图8-19　修改参数值

11 在工具箱中选择▭（自定形状工具），在工具选项栏中修改“工具模式”为“形状”，在“形状”下拉列表框中选择“会话3”形状，如图8-21所示。

图8-20　更改矩形形状

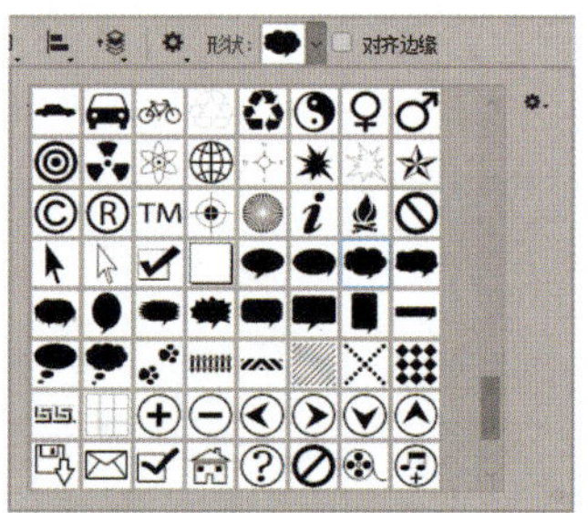

图8-21　选择形状

12 在图像上按住鼠标左键拖曳，绘制一个会话形状，并在工具选项栏中，修改“填充”的RGB参数分别为223、214、205；修改“描边”的RGB参数分别为243、186、133；“描边大小”为“5.07点”，其图像效果如图8-22所示。

13 选择新绘制的形状，执行“编辑”|“变换”|“水平翻转”命令，水平翻转形状，并再次按快捷键Ctrl+T，弹出变换控制框，当鼠标指针呈↻形状时，按住鼠标左键拖曳，旋转形状，如图8-23所示。

图8-22　绘制会话形状

图8-23　旋转形状

TIPS　在创建矩形、圆形、多边形、直线和自定义形状时，创建形状的过程中按下键盘中的空格键并拖动鼠标，可以移动形状。

14 在工具箱中选择▭（圆角矩形工具），在工具选项栏中修改“工具模式”为“形状”，在图像上按住鼠标左键拖曳，绘制一个圆角矩形形状，如图8-24所示。

15 在打开的“属性”面板中，依次修改各参数值，如图8-25所示，即可更改圆角矩形的大小、位置和填充颜色，其图像效果如图8-26所示。

图8-24　绘制圆角矩形形状

图8-25　修改参数值

16 在工具箱中选择（矩形工具），在工具选项栏中，修改“工具模式”为“形状”，在图像上按住鼠标左键拖曳，绘制一个矩形形状，如图8-27所示。

图8-26　更改圆角矩形形状

图8-27　绘制矩形形状

17 在打开的“属性”面板中，依次修改各参数值，如图8-28所示，即可更改矩形形状的大小、位置和填充颜色，其图像效果如图8-29所示。

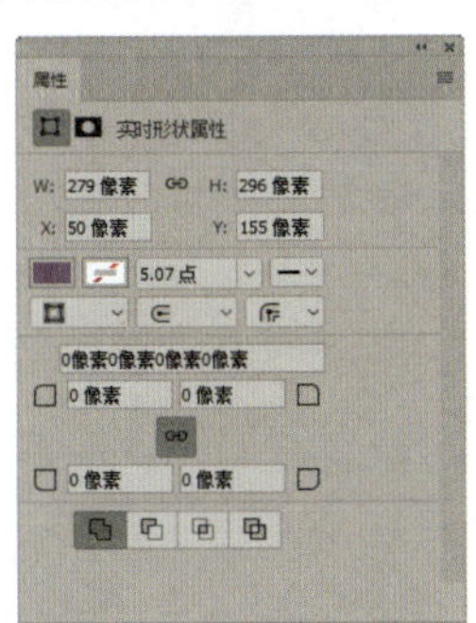
图8-28　修改参数值

图8-29　更改矩形形状

2. 制作促销广告文本

01 在工具箱中选择（横排文字工具），在图像上单击，创建文本，在工具选项栏中，修改“字体”为“方正大黑简体”、“字号”为30、“字体颜色”RGB分别为29、2、62，并将创建好的文本移动至合适的位置，如图8-30所示。

02 在工具箱中选择（横排文字工具），在图像上单击，创建文本，在工具选项栏中，修改“字体”为“长城新艺体”、“字号”为37、“字体颜色”RGB均为255，并将创建好的文本移动至合适的位置，如图8-31所示。

03 在工具箱中选择（横排文字工具），在图像上单击，创建文本，在工具选项栏中，修改“字体”为“华康少女文字W5(P)”、“字号”为“36点”和“24点”、“字体颜色”RGB分别为75、73、71，“字体行距”为“36点”，如图8-32所示。

04 选择新创建的文本，按快捷键Ctrl+T，弹出变换控制框，当鼠标指针呈形状时，按住鼠标左键拖曳，旋转文本，并将旋转后的文本移动至合适位置，如图8-33所示。

图8-30　创建文本

图8-31　创建文本

图8-32　创建文本

图8-33　旋转并移动文本

05 在工具箱中选择T（横排文字工具），在图像上单击，创建文本，在工具选项栏中，修改“字体”为“长城新艺体”、“字号”为69、“字体颜色”RGB分别为177、123、160，如图8-34所示。

06 在工具箱中选择T（横排文字工具），在图像上单击，创建文本，在工具选项栏中，修改“字体”为“方正大黑简体”、“字号”为69、“字体颜色”RGB均为255，并将创建好的文本移动至合适的位置，如图8-35所示。

图8-34　创建文本

图8-35　创建文本

07 在工具箱中选择T（横排文字工具），在图像上单击，创建文本，在工具选项栏中，修改“字体”为“长城新艺体”、“字号”为150、“字体颜色”RGB分别为244、94、93，并将创建好的文本移动至合适的位置，如图8-36所示。

08 在“图层”面板中双击新创建的文本图层，弹出“图层样式”对话框，勾选“斜面和浮雕”复选框，在对应列表框中修改各参数值，如图8-37所示。

图8-36　创建文本

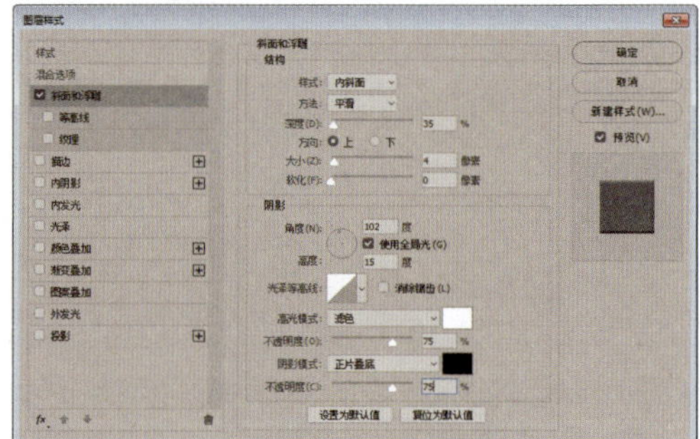
图8-37　修改参数值

09 勾选“渐变叠加”复选框，在对应列表框中修改各参数值，如图8-38所示。

10 单击“确定”按钮，即可为文本添加图层样式，其图像效果如图8-39所示。

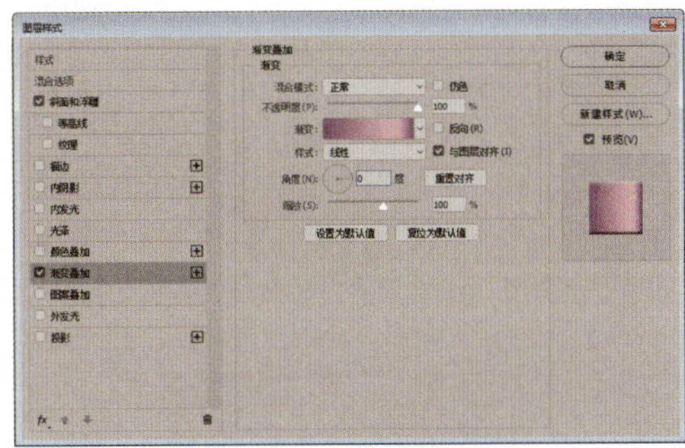

图8-38　修改参数值

图8-39　添加图层样式

11 在“图层”面板中，选择新创建的文本图层，按快捷键Ctrl+J，复制图层文本，并调整文本图层的顺序，如图8-40所示。

12 选择复制后的文本，执行“编辑”|“变换”|“垂直翻转”命令，垂直翻转文本，并在工具箱中选择（移动工具），将翻转后的文本移动至合适位置，如图8-41所示。

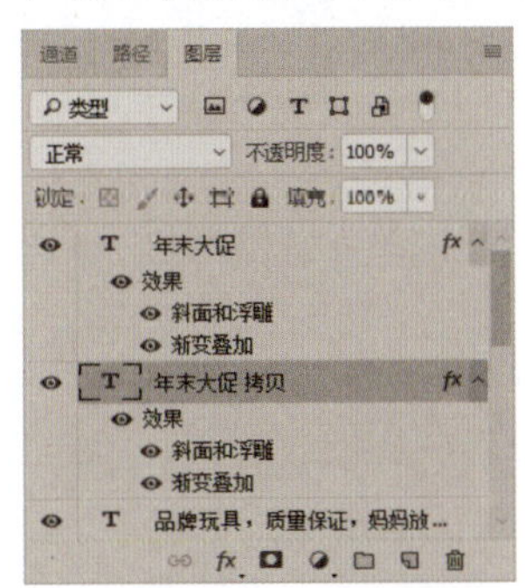

图8-40　调整图层顺序

图8-41　翻转并移动文本

> **TIPS** 在调整图层顺序时，不仅可以直接在“图层”面板中拖曳图层进行调整，也还可以选择“图层”|“排列”命令，在展开的子菜单中选择“置为顶层”\“前移一层”\“后移一层”\“置为底层”\“反向”命令，对图层顺序进行调整。“排列”子菜单中各选项的含义如下。
>
> - 置为顶层：将所选图层调整到最顶层。
> - 前移一层\后移一层：将所选图层向上或向下移动一个堆叠顺序。
> - 置为底层：将所选图层调整到最底层。
> - 反向：在“图层”面板中选择多个图层以后，执行该命令，可以反转它们的堆叠顺序。

13 在“图层”面板中单击“添加矢量蒙版”按钮，添加矢量蒙版，在工具箱中选择（画笔工具），在工具选项栏中设置画笔样式、画笔大小和不透明度，在文字上单击鼠标并拖曳，涂抹图像，如图8-42所示。

14 在工具箱中选择（横排文字工具），在图像上单击，创建文本，在工具选项栏中，修改“字体”为“方正正大黑简体”、“字号”为90、“字体颜色”RGB分别为128、89、133，并将创建好的文本移动至合适的位置，如图8-43所示。

15 在工具箱中选择（横排文字工具），在图像上单击，创建文本，在工具选项栏中，修改“字体”为“方正正大黑简体”、“字号”为360、“字体颜色”RGB均为255，并将创建好的文本移动至合适的位置，如图8-44所示。

16 在“图层”面板中调整图层顺序，选择“7”文本图层和“矩形2”图层，按快捷键Ctrl+G，将选择的图层创建为一个组，如图8-45所示。

图8-42　涂抹图像

图8-43　创建文本

图8-44　创建文本

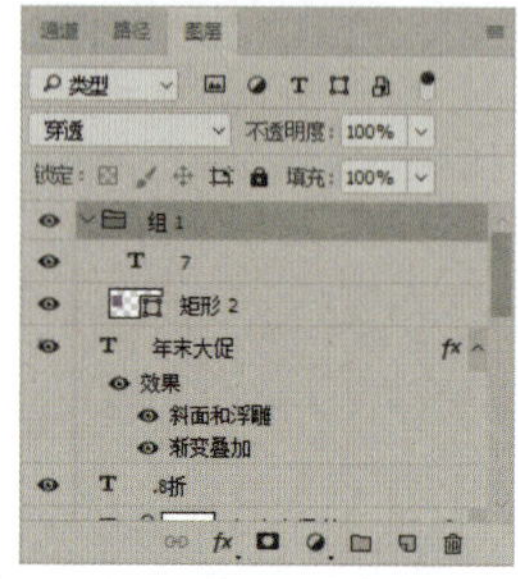

图8-45　创建组

17 选择新创建的组，按快捷键Ctrl+J，复制组对象，选择复制后的组对象，执行“编辑”|“变换”|“垂直翻转”命令，垂直翻转组对象，并在工具箱中选择（移动工具），将翻转后的组对象移动至合适位置，如图8-46所示。

18 在“图层”面板中选择复制后的组对象，单击“添加图层蒙版”按钮，添加图层蒙版，在工具箱中选择（画笔工具），在工具选项栏中设置画笔样式、画笔大小和不透明度，在文字上按住鼠标左键拖曳，涂抹图像，得到最终的图像效果，如图8-47所示。

图8-46　复制并翻转图像

图8-47　最终图像效果

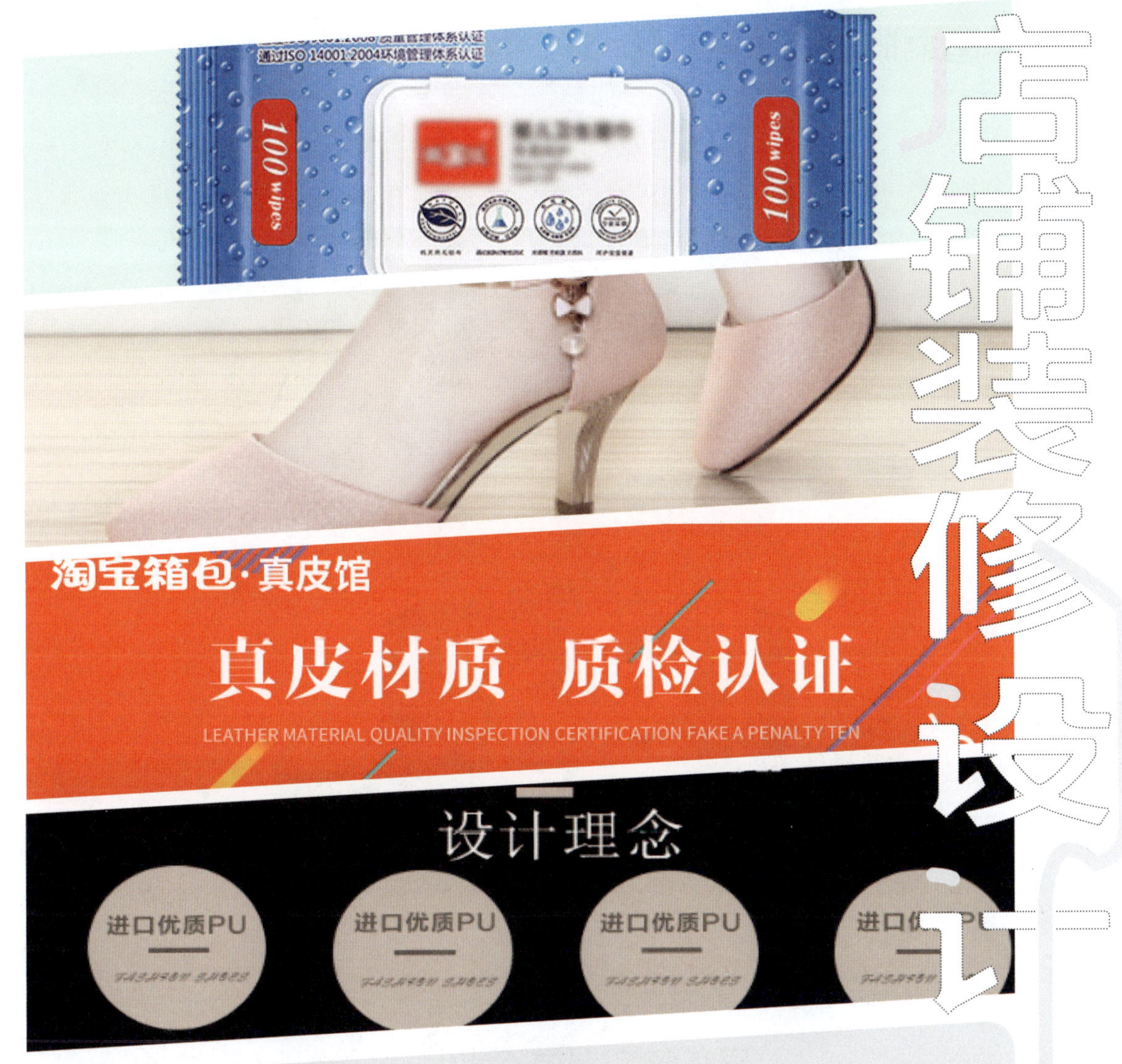

第9章 详情页装修设计

商品详情页的装修设计主要是对电商店铺中销售的单个商品的细节及购买流程等一系列内容进行介绍。在电商店铺交易中，没有实物，也没有营业员，详情页页面就承担着主要的宣传、推销工作。因此，在设计详情页时需要对商品的细节进行详细介绍，将文字与图片进行合理搭配，提取商品的特点、功能、价值等主要信息，让顾客能够通过细节描述来了解商品的主要特色、功能等，从而达到商品销售的目的。本章详细讲解详情页装修设计的相关基础知识和设计方法。

9.1 详情页概述

详情页设计至关重要，对于大多数淘宝卖家来说，宝贝详情页是其命脉所在，有好的详情页，才会有高的成交量和转化率。图9-1所示为婴儿湿纸巾产品的详情页页面。

图9-1 婴儿湿纸巾产品的详情页页面

9.2 设计分析

在设计详情页时，要清楚知道详情页的构成框架、制作流程和设计原则等。本节详细讲解详情页的设计分析内容。

9.2.1 构成框架

详情页页面由两部分组成，其中上半部分诉说产品价值，后半部分则是培养顾客的消费信任感。消费信任感不光通过各种证书、品牌认证的图片来树立，采用正确的颜色、字体和排版结构，这些对赢得顾客消费信任感也会起到重要的作用。详情页中的每一块组成都有它的价值，都要经过仔细的推敲和设计，下面对详情页的各个组成框架进行介绍。

1. 商品橱窗照

商品详情页面中的橱窗照位于宝贝详情页面的最顶端位置，基本的尺寸要求是宽度为310px，高度为310px，如果宽度和高度大于800px，那么顾客在点击查看图片时，会使用放大镜功能进行查看。在设计橱窗照的过程中，只要能够将商品清晰、完整地展示出来即可，图片色彩、清晰度和完整度是最重要的，也是最基本的设计要求。图9-2所示为详情页中的商品橱窗照。

图9-2　详情页中的商品橱窗照

2. 产品基本属性

详情页上部右侧的区域是产品的基本属性，其内含产品的标题名称、价格、优惠信息、配送信息、颜色分类和尺寸等信息，图9-3所示。

图9-3　产品基本属性

3. 宝贝详情

宝贝详情页面是对商品的使用方法、材质、尺寸、细节等方面的内容进行展示，同时，有的店家为了拉动店铺内其他商品的销售，或者提升店铺的品牌形象，还会在宝贝详情页面中添加搭配套餐、公司简介等信息，以此来树立和创建商品的形象，提升顾客的购买欲望。宝贝描述图的宽度是750px，高度不限，宝贝详情页可直接影响成交的转化率，其中的设计内容要根据商品的具体内容来定义，只有图片处理的合格，才能让店铺看起来比较正规，更加专业，这样对顾客才更有吸引力，这也是装修宝贝详情页面中最基础的要求。图9-4所示为宝贝详情页面。

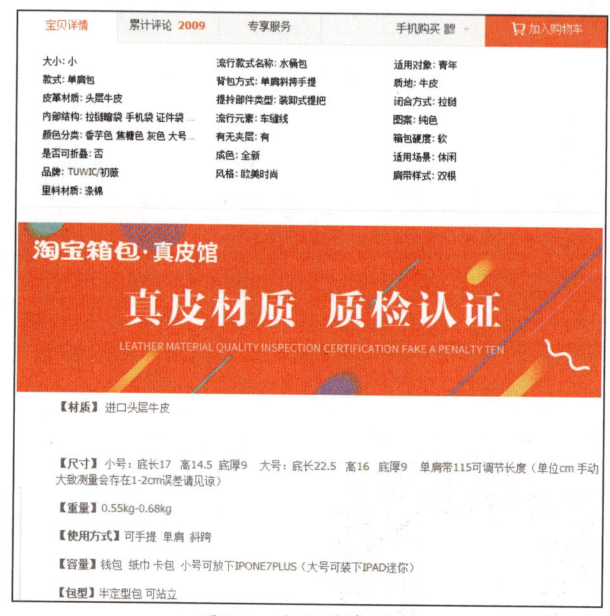

图9-4　宝贝详情页面

4. 产品效果展示

在产品效果展示区域中，利用平铺或者多个角度展示产品效果，让顾客一目了然。产品展示区域是大部分顾客最关心的区域，基本上60%以上的顾客会直接浏览这个部分，这部分的图片好坏会决定店铺的转化率，但是很大一部分是取决于产品本身是否符合顾客的需求。图9-5所示为产品效果展示区域。

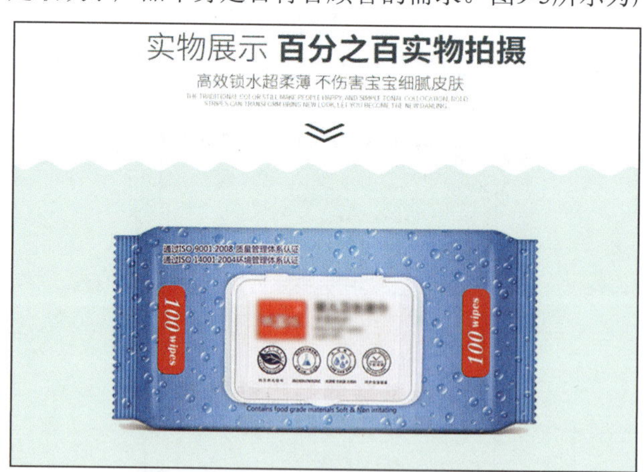

图9-5　产品效果展示区域

5. 细节展示

产品细节展示比较考验设计师的水平，产品之间的相互比较、局部区域的重点展示能够剖析出商品的特点，加深顾客对宝贝的了解，但是不能过度地吹嘘。图9-6所示为细节展示区域。

图9-6 细节展示区域

6. 质保信息

在产品完整展示之后，加入保障元素，能够进一步提升顾客对店铺产品的信心和信赖。

7. 物流及包装

网店的商品传递是通过物流来实现的，商品的包装也是物流过程中的一个重要影响因素，好的包装和物流，会提升店铺的服务品质。因此，必要的物流及包装展示，会增强店铺运营的专业程度。

9.2.2 设计原则

详情页的描述基本遵循以下顺序：

- 引发兴趣：当顾客点击商品进入详情页之后，怎么能够引发他的兴趣？首先详情页要做到让客户第一眼看过去就明白商品是什么及商品的使用对象是谁。
- 激发潜在需求：客户开始对这件商品产生兴趣还不能说明什么，还需要进一步激发他们的潜在需求。激发客户潜在需求，可以通过产品功能介绍，也可以通过情感营销。
- 赢得消费信任：客户对产品产生兴趣后，就需要让顾客对店铺或商品从信任过渡到信赖。
- 替客户做决定：对于一些犹豫不决、迟迟不肯下单的客户，就需要发挥主动权，帮助客户做决定。

需要特别注意的是，由于客户不能真实体验产品，因此详情页页面是要打消客户顾虑，从客户的角度出发，关注最重要的几个方面，并不断强化。告诉客户我是做这方面的专家，很值得信赖，买家买了都说好，正好店铺有活动，现在下单价格最优，明日即会涨价等，促使客户购买。

在设计详情页时需要遵循以下原则：

- 文案要运用情感营销引发共鸣。
- 对于产品的提炼要简短易记，并反复强调和暗示。
- 运用好FAB法则（属性、作用、益处的法则），有需求才有产品，我们卖的不是产品，卖的是顾客买到产品之后可以得到什么价值，满足什么需求。

9.2.3 制作流程

下面介绍详情页的制作流程。

1. 确定风格

根据店铺的活动、商品特色、节日和季节来确定详情页的风格。

2. 收集素材

平常养成素材收集的习惯，以免在装修时寻找素材而浪费大量时间。对于好的装修图可以截取或保存下来，便于参考，以及寻找灵感。图9-7所示为素材文件夹。

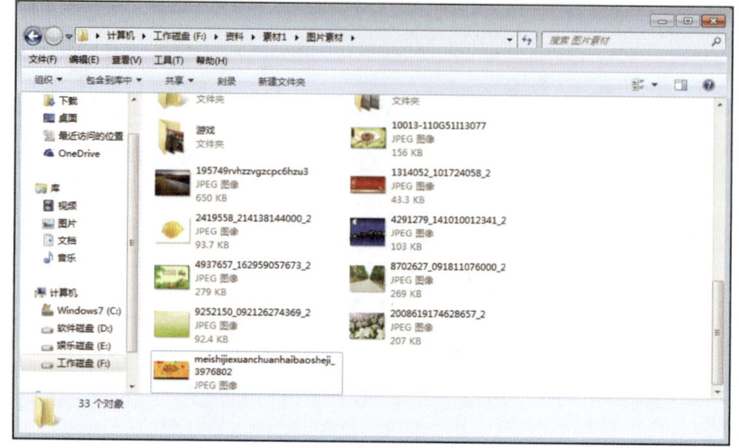

图9-7 素材文件夹

3. 页面布局

对页面进行布局，布局可以参考电脑端详情页的布局要求。

4. 确定配色

选择合适的配色风格，要避免使用深色系，或者直接根据店铺端详情来配色。

5. 排版设计

使用Photoshop或淘宝神笔对详情页进行制作，以及对图片和文字进行排版。

6. 切片存储

制作好详情图后，切片并存储，需要添加链接、替换为网络图片的再通过Dreamweaver进行编辑操作。

7. 上传完成

将详情上传到“宝贝发布页”页面中，发布完宝贝即可完成详情页的装修。

9.3 案例制作：女鞋详情页面设计

本实例是为某品牌女鞋设计的商品详情页，在页面中使用圆形对鞋子的特定部位进行描述，同时添加必要的说明文字和售后信息，制作出精致时尚的女鞋商品细节描述设计效果。

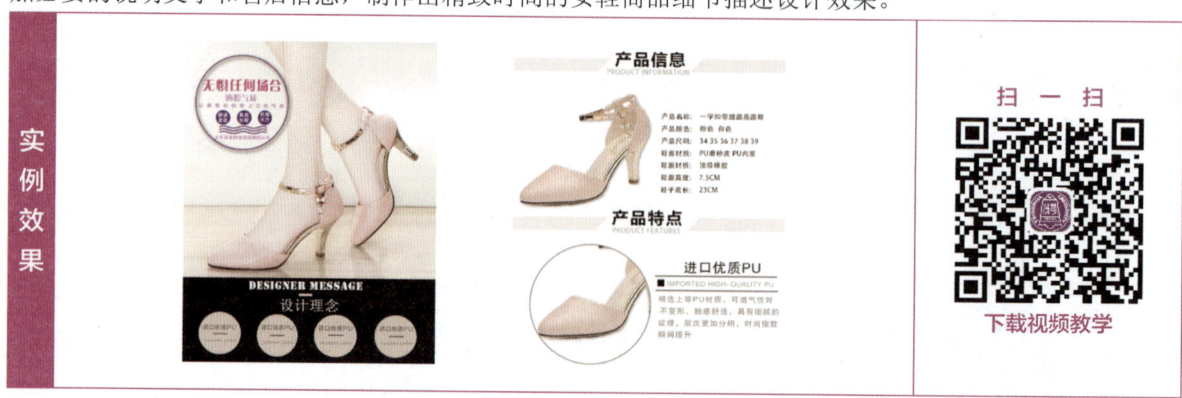

● 案例分析

本案例设计制作品牌女鞋的商品详情页面，该图中使用了白色作为背景色，并将女鞋的细节进行放大显示，针对不同的商品细节图添加相应的说明信息，使女鞋的卖点更加突出、醒目。

● 颜色分析

在本案例中，使用了浅色系的颜色作为详情页的主色调，再搭配多种色彩的形状和文字，使得整个页面充满了温馨的女性魅力，既能够符合女性的审美特征，也增强了画面的表现力。

主色：	#f7f6f4	#ffffff	#f5e9dd	
辅色：	#551096	#000000	#cec1b8	
字色：	#e0019f	#000000	#ffffff	#e078ea

● 字体分析

详情页中的字体种类繁多，包含方正粗倩简体、方正兰亭大黑简体等，通过这些字体可以更好地对女鞋产品进行详细介绍，从而突出女鞋产品的各个细节特征和产品信息等内容，从而帮助顾客了解商品的具体特征。

● 制作步骤

1. 制作详情页海报

01 执行“文件”|“新建”命令，打开“新建文档”对话框，修改各参数值，如图9-8所示，单击“创建”按钮，即可新建文档。

02 执行“文件”|“打开”命令，打开“素材\第9章\9.3\女鞋1.png”图像文件，将打开的图像拖曳至“女鞋详情页面”窗口中的顶部位置，如图9-9所示。

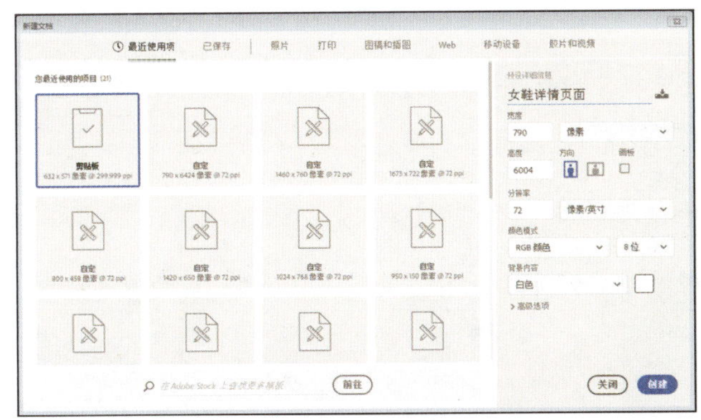

图9-8 设置参数值

图9-9 移动图像

TIPS 在同一个文档中使用移动工具移动图像时，按住Alt键拖动图像可以复制图像，同时生成一个新的图层；当将一个图像拖到另一个文档时，按住Shift键操作，可以使拖入的图像位于当前文档的中心，如果这两个文档的大小相同，则拖入的图像就会与当前文档的边界对齐。

03 在“图层”面板中选择“图层1”图层，按快捷键Ctrl+G，创建图层编组，双击编组名称，将其更改为“详情页海报”，如图9-10所示。

04 在“图层”面板中选择“图层1”图层，在工具箱中选择 （椭圆工具），在工具选项栏中修改“工具模式”为“形状”，在图像上按住鼠标左键拖曳，绘制一个椭圆形状，如图9-11所示。

05 在弹出的“属性”面板中依次修改各参数值，如图9-12所示，即可更改椭圆的大小和描边颜色，其图像效果如图9-13所示。

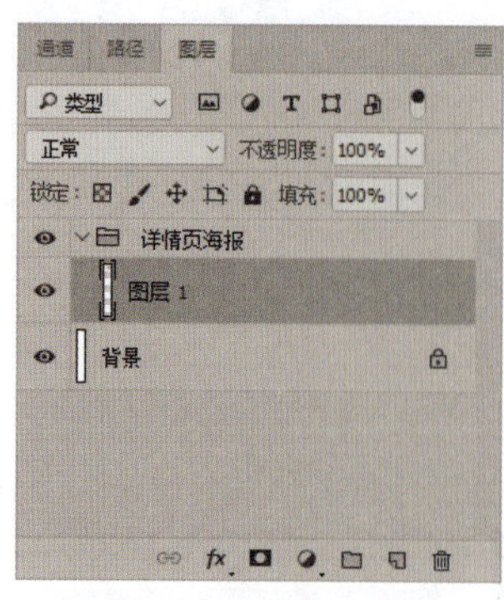

图9-10 创建组对象

图9-11 绘制椭圆形状

图9-12 修改参数值

图9-13 更改椭圆形状

06 在“图层”面板中双击“椭圆1”图层，弹出“图层样式”对话框，勾选“投影”复选框，在对应列表框中修改各参数值，如图9-14所示。

07 单击“确定”按钮，即可为椭圆形状添加图层样式，其图像效果如图9-15所示。

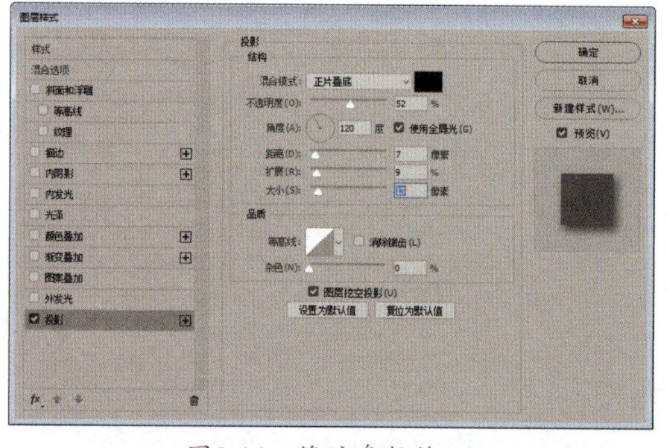

图9-14 修改参数值

图9-15 添加图层样式

08 在工具箱中选择T（横排文字工具），在图像上单击，创建文本，在工具选项栏中，修改“字体”为“方正粗倩简体”、“字号”为“40点”、“字体颜色”RGB分别为224、1、159，并将创建好的文本移动至合适的位置，如图9-16所示。

09 在工具箱中选择T（横排文字工具），在图像上单击，创建文本，在工具选项栏中，修改“字体”为“方正粗倩简体”、“字号”为“24点”、“字体颜色”RGB分别为224、120、234，并将创建好的文本移动至合适的位置，如图9-17所示。

10 在工具箱中选择T（横排文字工具），在图像上单击，创建文本，在工具选项栏中，修改“字体”为“方正兰亭大黑简体”、“字号”为“15点”、“字体颜色”RGB分别为224、120、234，“字符字距”为“50点”，并将创建好的文本移动至合适的位置，如图9-18所示。

11 在工具箱中选择◯（椭圆工具），在工具选项栏中修改“工具模式”为“形状”，在图像上按住鼠标左键拖曳，绘制一个椭圆形状，如图9-19所示。

图9-16　创建文本

图9-17　创建文本

图9-18　创建文本

图9-19　绘制椭圆形状

12 在打开的“属性”面板中依次修改各参数值，如图9-20所示，即可更改椭圆的大小和填充颜色。

13 将新绘制的椭圆形状移动至合适位置，如图9-21所示。

> TIPS
> 椭圆工具是用来创建椭圆形和圆形，选择椭圆工具后，按住鼠标左键拖曳可以创建椭圆形，按住Shift键拖曳即可创建圆形。椭圆工具的选项及创建方法与矩形工具基本相同，我们可以创建不受约束的椭圆和圆形，也可以创建固定大小和固定比例的图形。

图9-20　修改参数值

图9-21　更改椭圆形状

14 在“图层”面板中选择“椭圆2”图层，按两次快捷键Ctrl+J，复制图层，并在工具箱中选择✥（移动工具），将复制后的椭圆形状移动至合适位置，如图9-22所示。

15 在工具箱中选择✿（自定形状工具），在工具选项栏中，设置“工具模式”为“形状”，修改“填充”的RGB参数分别为85、16、150，“描边”为“无”，在“形状”下拉列表框中选择“波浪”形状，在图像上按住鼠标左键拖曳，绘制波浪形状，修改如图9-23所示。

图9-22　复制并移动椭圆

图9-23　绘制波浪形状

16 在工具箱中选择T（横排文字工具），在图像上单击，创建文本，在工具选项栏中，修改“字体”为“方正准圆简体”、“字号”为“14点”、“字体颜色”RGB均为255，并将创建好的文本移动至合适的位置，如图9-24所示。

17 在“图层”面板中选择新创建的文本图层，按两次快捷键Ctrl+J，复制图层，并在工具箱中选择✣（移动工具），将复制后的文本移动至合适位置，并依次修改文本内容，如图9-25所示。

图9-24　创建文本

图9-25　复制并修改文本

18 在工具箱中选择T（横排文字工具），在图像上单击，创建文本，在工具选项栏中，修改“字体”为“方正兰亭大黑简体”、“字号”为“14点”、“字体颜色”RGB分别为224、120、234，并将创建好的文本移动至合适的位置，如图9-26所示。

图9-26　创建文本

2. 制作“设计理念”

01 在“图层”面板中选择“详情页海报”组，在工具箱中选择□（矩形工具），在工具选项栏中修改“工具模式”为“形状”，在图像上按住鼠标左键拖曳，创建矩形形状，如图9-27所示。

02 在弹出的“属性”面板中依次修改各参数值，如图9-28所示，即可更改矩形形状的大小、位置和填充颜色，其图像效果如图9-29所示。

图9-27　创建矩形形状

图9-28　修改参数值

03 在“图层”面板中选择“矩形1”图层，按快捷键Ctrl+G，创建图层编组，双击编组名称，将其更改为“设计理念”，如图9-30所示。

图9-29　更改矩形形状

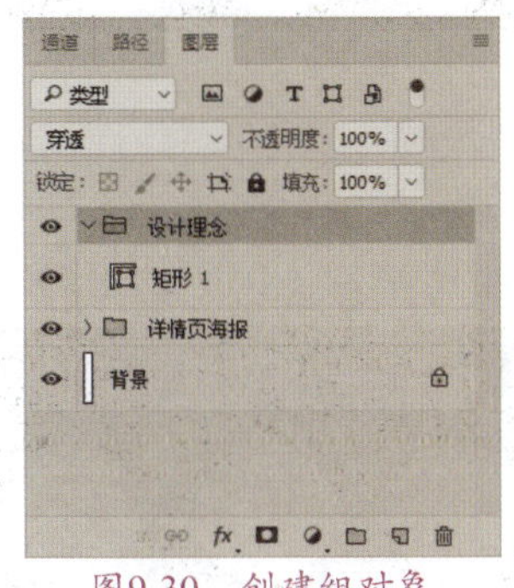

图9-30　创建组对象

04 在“图层”面板中选择“矩形1”图层，在工具箱中选择（椭圆工具），在工具选项栏中修改“工具模式”为“形状”，在图像上按住鼠标左键拖曳，绘制一个椭圆形状，如图9-31所示。

05 在打开的“属性”面板中依次修改各参数值，如图9-32所示，即可更改椭圆形状的大小和填充颜色。

图9-31　绘制椭圆形状

图9-32　修改参数值

06 将椭圆形状移动至合适的位置，如图9-33所示。

07 在“图层”面板中选择“椭圆3”图层，按3次快捷键Ctrl+J，复制图层，并在工具箱中选择（移动工具），将复制后的椭圆形状移动至合适位置，如图9-34所示。

图9-33　移动椭圆形状

图9-34　复制椭圆形状

08 在工具箱中选择（矩形工具），在工具选项栏中修改“工具模式”为“形状”，在图像上按住鼠标左键拖曳，绘制一个矩形形状，如图9-35所示。

09 在打开的“属性”面板中依次修改各参数值，如图9-36所示，即可更改矩形形状的大小和填充颜色。

图9-35 修改参数值

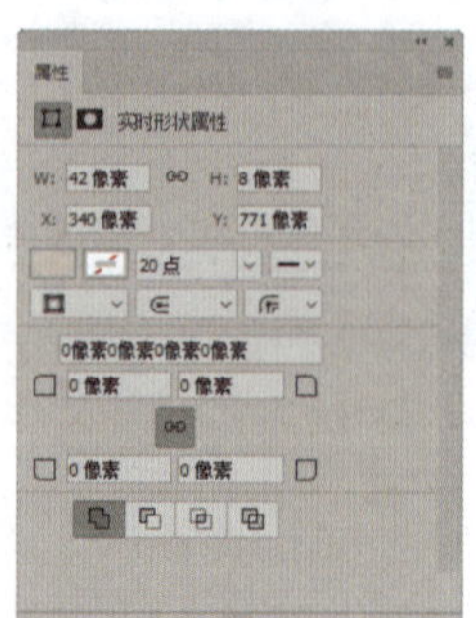

图9-36 修改参数值

10 将新绘制的矩形移动至合适的位置，如图9-37所示。

11 在工具箱中选择（矩形工具），在工具选项栏中修改“工具模式”为“形状”，在图像上按住鼠标左键拖曳，绘制一个矩形形状，如图9-38所示。

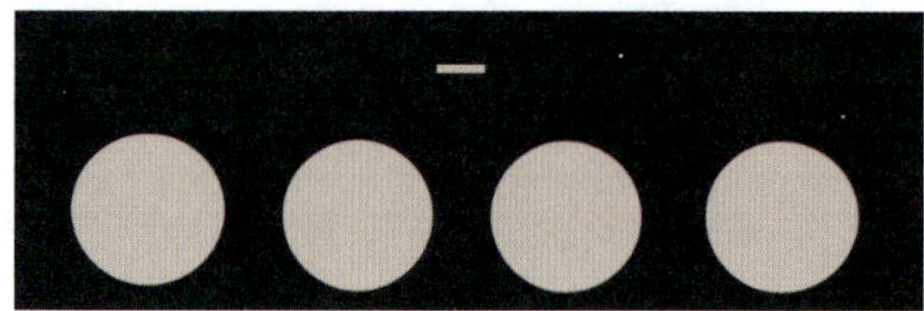

图9-37 更改矩形形状

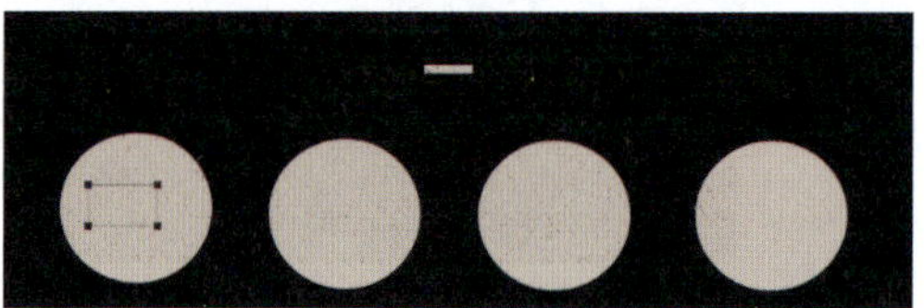

图9-38 绘制矩形形状

12 在工具选项栏中修改矩形形状的“填充”RGB参数分别为104、93、85，修改“W”为45、“H”为4，并将更改后的矩形形状移动至合适位置，其图像效果如图9-39所示。

13 在“图层”面板中选择“矩形3”图层，按3次快捷键Ctrl+J，复制图层，并在工具箱中选择（移动工具），将复制后的矩形形状移动至合适位置，如图9-40所示。

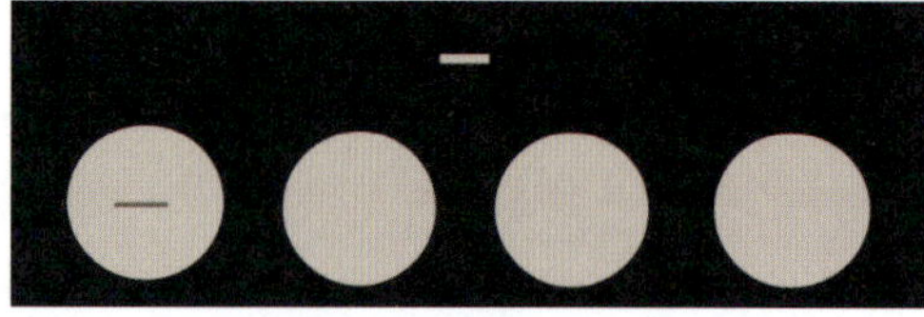

图9-39 修改矩形形状

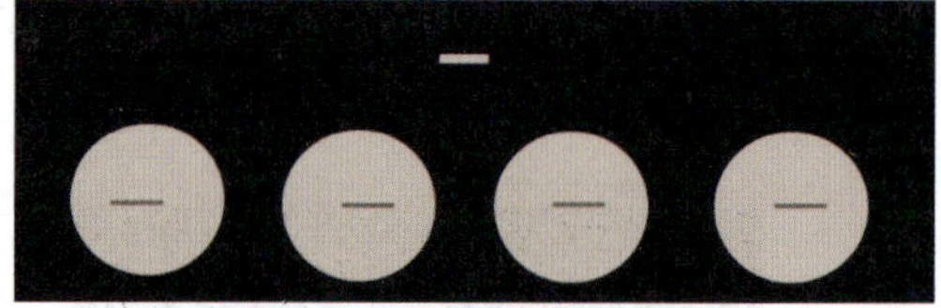

图9-40 复制矩形形状

14 在工具箱中选择（横排文字工具），在图像上单击，创建文本，在工具选项栏中，修改“字体”为Stencil、“字号”为“36点”、“字体颜色”RGB均为255，并将创建好的文本移动至合适的位置，如图9-41所示。

15 在工具箱中选择（横排文字工具），在图像上单击，创建文本，在工具选项栏中，修改“字体”为“宋体”、“字号”为“45点”、“字体颜色”RGB均为255，并将创建好的文本移动至合适的位置，如图9-42所示。

图9-41 创建文本

图9-42 创建文本

16 在工具箱中选择（横排文字工具），在图像上单击，创建文本，在工具选项栏中，修改“字体”为“方正兰亭粗黑简体”、“字号”为“18点”、“字体颜色”RGB分别为104、93、85，并将创建好的文本移动至合适的位置，如图9-43所示。

17 在工具箱中选择 T.（横排文字工具），在图像上单击，创建文本，在工具选项栏中，修改“字体”为Vladimir Script、“字号”为“10点”、“字体颜色”RGB分别为104、93、85，并将创建好的文本移动至合适的位置，如图9-44所示。

图9-43 创建文本

图9-44 创建文本

18 在“图层”面板中依次选择相应的文字图层，按3次快捷键Ctrl+J，复制图层，并在工具箱中选择 ✥.（移动工具），将复制后的文本移动至合适位置，如图9-45所示。

图9-45 复制并移动文本

3. 制作“产品信息”

01 在“图层”面板中选择“设计理念”组，在工具箱中选择 ▭.（矩形工具），在工具选项栏中修改“工具模式”为“形状”，在图像上按住鼠标左键拖曳，创建矩形形状，如图9-46所示。

02 在打开的“属性”面板中依次修改各参数值，如图9-47所示。

图9-46 创建矩形形状

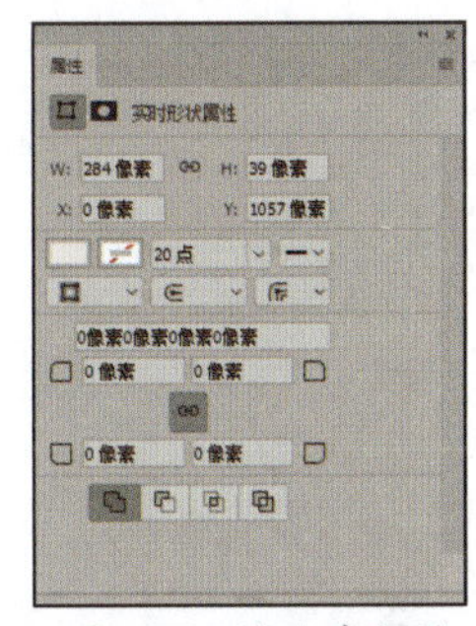

图9-47 修改参数值

03 在工具箱中选择 ↖.（直接选择工具），在矩形右下角的锚点上按住鼠标左键向左拖曳，至合适位置后，释放鼠标，即可移动锚点位置，完成形状的更改，如图9-48所示。

04 在“图层”面板中选择“矩形4”图层，按快捷键Ctrl+G，创建图层编组，双击编组名称，将其更改为“产品信息”，如图9-49所示。

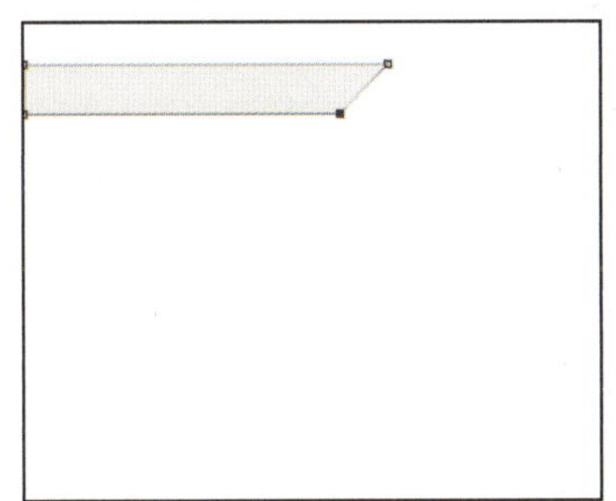

图9-48 更改矩形形状锚点

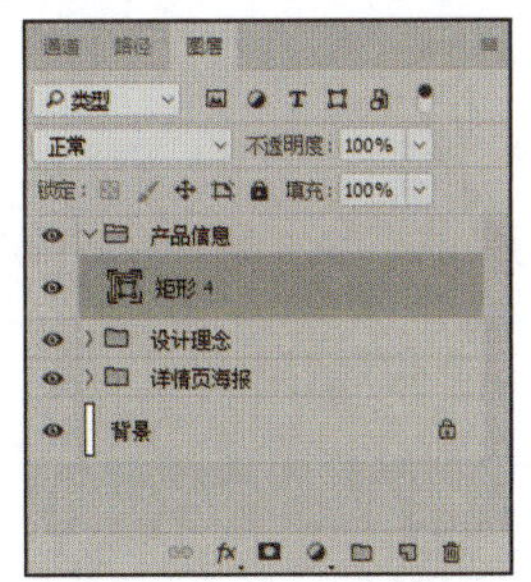

图9-49 创建组对象

05 在“图层”面板中选择“矩形4”图层，按快捷键Ctrl+J，复制图层形状，选择复制后的矩形形状，执行“编辑”|“变换”|“水平翻转”命令，水平翻转形状，执行“编辑”|“变换”|“垂直翻转”命令，垂直翻转形状，并将翻转后的形状移动至合适的位置，如图9-50所示。

06 执行“文件”|“打开”命令，打开“素材\第9章\9.3\女鞋2.png”图像文件，将打开的图像拖曳至“女鞋详情页面”窗口中的产品信息区域，如图9-51所示。

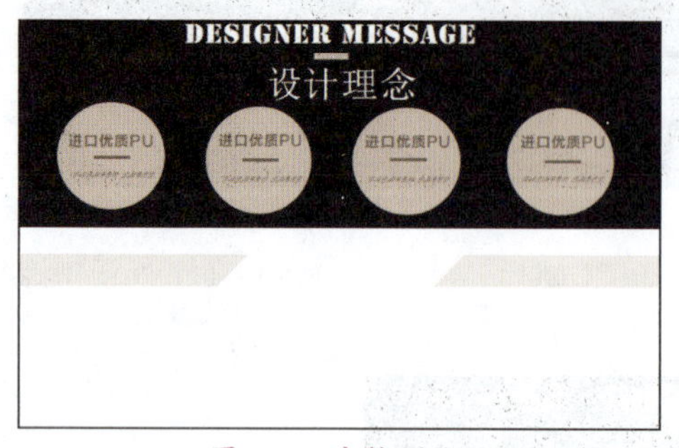

图9-50　变换形状

图9-51　移动图像

07 在“图层”面板中双击“图层2”图层，弹出“图层样式”对话框，勾选“投影”复选框，在对应列表框中修改各参数值，如图9-52所示。

08 单击“确定”按钮，即可为图层添加图层样式，其图像效果如图9-53所示。

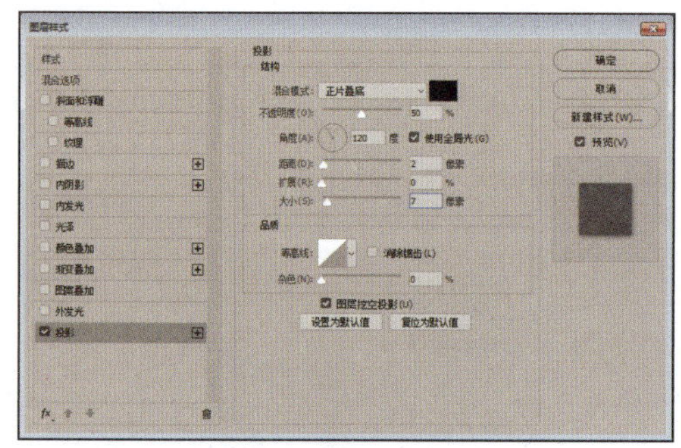

图9-52　修改参数值

图9-53　添加图层样式

09 在工具箱中选择T（横排文字工具），在图像上单击，创建文本，在工具选项栏中，修改“字体”为“方正兰亭粗黑简体”、“字号”为“50点”、“字体颜色”RGB均为0，并移动文本，如图9-54所示。

10 在工具箱中选择T（横排文字工具），在图像上单击，创建文本，在工具选项栏中，修改“字体”为“方正黑体简体”、“字号”为“50点”、“字体颜色”RGB均为0，并移动文本，如图9-55所示。

图9-54　创建文本

图9-55　创建文本

11 在“图层”面板中选择新创建的文本图层，修改“不透明度”为50%，即可更改文本的不透明度，其图像效果如图9-56所示。

12 在工具箱中选择T（横排文字工具），在图像上单击，创建文本，在工具选项栏中，修改“字体”为“Adobe 黑体 Std”、“字号”为“20点”、“字体颜色”RGB均为0、“字体行距”为“18点”，并移动文本，如图9-57所示。

图9-56　更改文本不透明度

图9-57　创建文本

13 在工具箱中选择T（横排文字工具），在图像上单击，创建文本，在工具选项栏中，修改“字体”为“Adobe 黑体 Std”、“字号”为“20点”、“字体颜色”RGB均为0、“字体行距”为“18点”，并移动文本，如图9-58所示。

图9-58　创建文本

4. 制作“产品特点”

01 在“图层”面板中选择“产品信息”组，按快捷键Ctrl+J，复制组对象，选择组对象中的所有图层，在工具箱中选择✥（移动工具），将选择的图层对象移动至合适的位置，更改组名称，并删除多余的图层对象，其“图层”面板如图9-59所示。

02 依次选择“产品特点”组中的文本图层内容，并重新修改选择文本图层中的文本内容，其图像效果如图9-60所示。

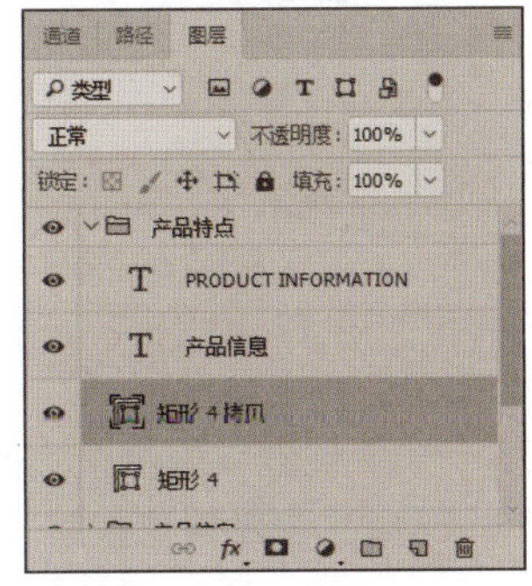

图9-59　复制并修改组

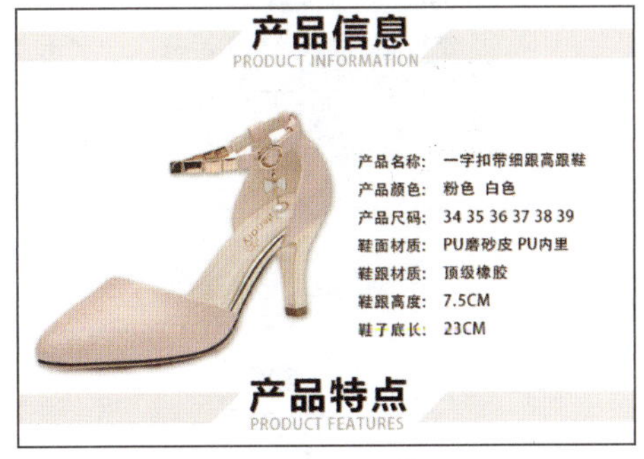

图9-60　更改文本内容

03 在“图层”面板中选择“产品特点”组，按3次快捷键Ctrl+J，复制组对象，依次更改组名称，并取消相应组的选中状态，如图9-61所示。

04 选择“产品信息”组中的“图层2”图层，按快捷键Ctrl+J，复制图层对象，并将复制后的图层移至“产品特点”组中，如图9-62所示。

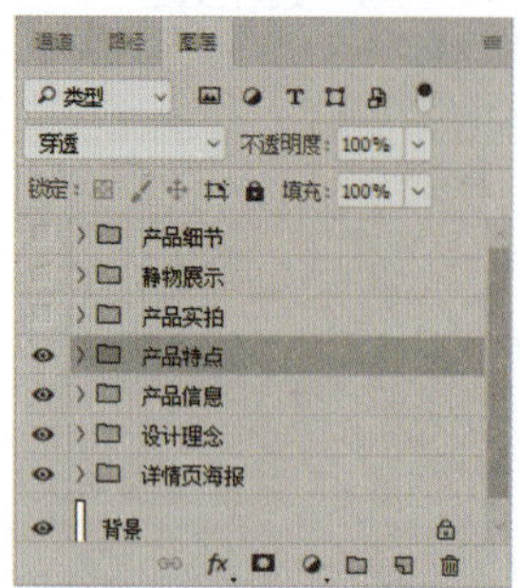

图9-61　复制并修改组

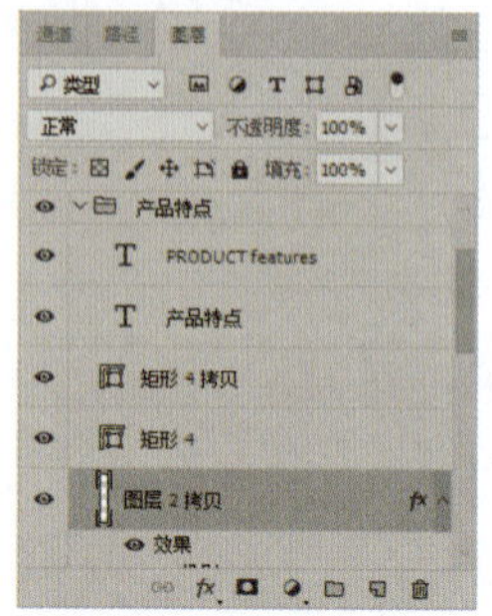

图9-62　调整图层

05 在工具箱中选择（移动工具），在图像上将复制后的“女鞋2”图像移至合适的位置，如图9-63所示。

06 在工具箱中选择（椭圆工具），在工具选项栏中，修改“工具模式”为“形状”，在图像上按住鼠标左键拖曳，绘制一个椭圆形状，如图9-64所示。

图9-63　移动图像

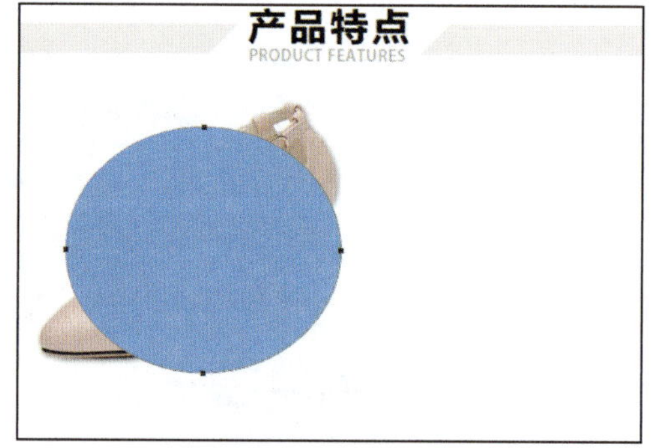

图9-64　绘制椭圆形状

07 在打开的“属性”面板中修改各参数值，如图9-65所示，即可更改椭圆形状的大小、填充颜色和描边效果。

08 调整图层的顺序，并将相应的图像进行移动操作，如图9-66所示。

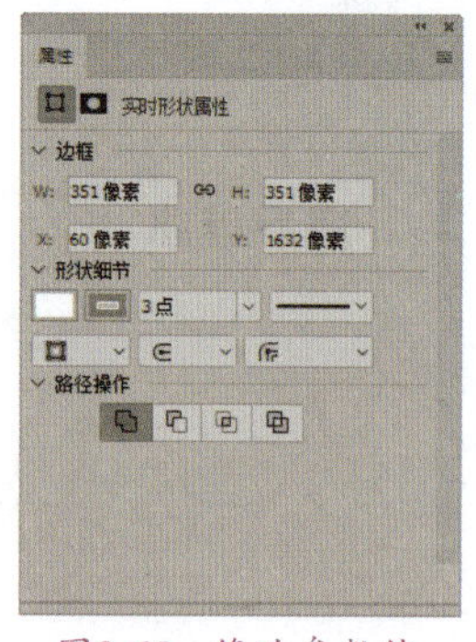

图9-65　修改参数值

图9-66　更改椭圆形状

09 在“图层”面板中右击“图层2 拷贝”图层，弹出快捷菜单，选择“创建剪贴蒙版”命令，为图层创建剪贴蒙版，其图像效果如图9-67所示。

10 在“图层”面板中选择图层，按快捷键Ctrl+G，创建组，修改组名称为“特点”，如图9-68所示。

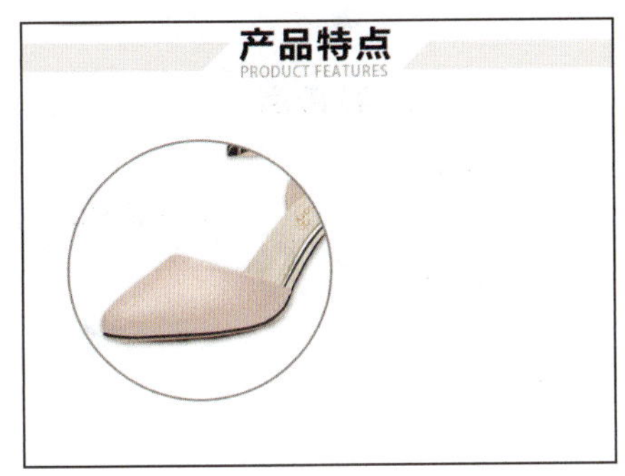

图9-67 创建剪贴蒙版

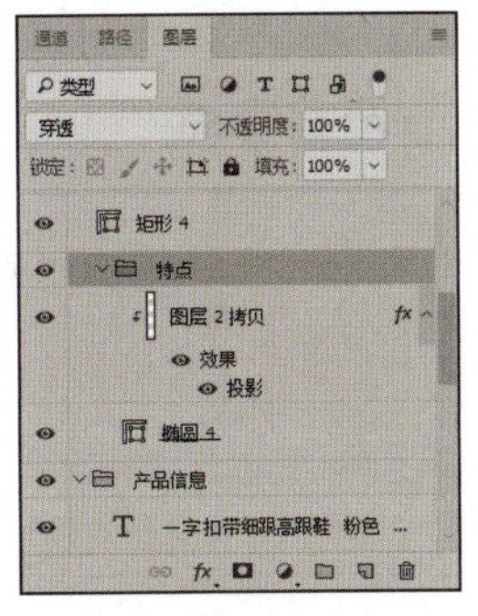
图9-68 创建组

11 在“图层”面板中选择“特点”组，按2次快捷键Ctrl+J，复制组对象，在工具箱中选择 （移动工具），依次移动相应的图层对象，并放大相应的图像，其图像效果如图9-69所示。

12 在工具箱中选择 （横排文字工具），在图像上单击，创建文本，在工具选项栏中，修改“字体”为“方正黑体简体”、“字号”为“40点”、“字体颜色”RGB均为0，并移动文本，如图9-70所示。

图9-69 复制并移动图像

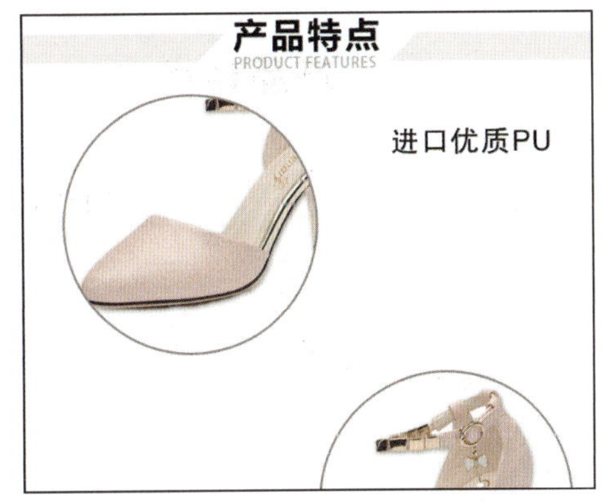

图9-70 创建文本

13 在工具箱中选择 （横排文字工具），在图像上单击，创建文本，在工具选项栏中，修改“字体”为“方正黑体简体”、“字号”为“20点”、“字体颜色”RGB均为0，移动文本，并修改新创建文本图层的“不透明度”参数为60%，其图像效果如图9-71所示。

14 在工具箱中选择 （矩形工具），在工具选项栏中设置“工具模式”为“形状”，“填充”RGB参数为0，“描边”为“无”，在图像上按住鼠标左键拖曳，绘制一个W和H均为20的矩形，如图9-72所示。

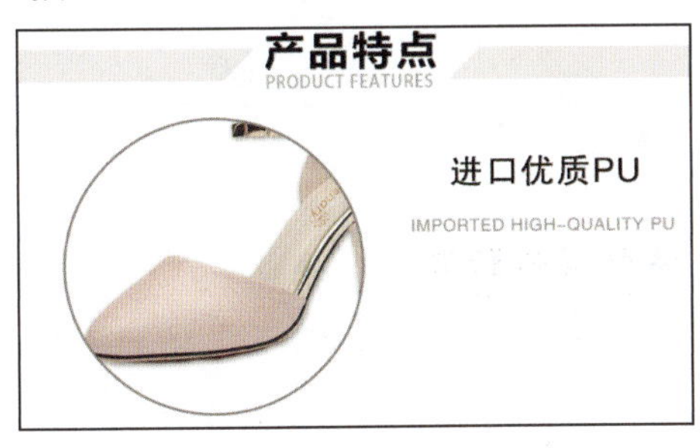

图9-71 创建文本

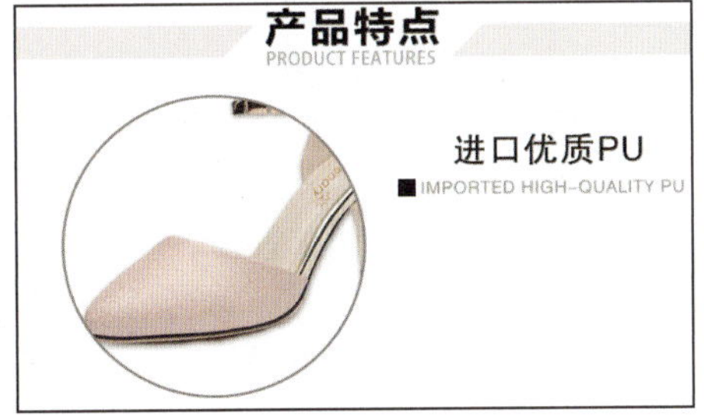

图9-72 绘制矩形形状

15 在工具箱中选择 （直线工具），在工具选项栏中，设置“工具模式”为“形状”，“填充”为“无”，“描边”RGB参数为0、“宽度”为“3点”，在图像上按住鼠标左键拖曳，绘制水平直线，如图9-73所示。

16 在“图层”面板中选择“形状1”图层，按快捷键Ctrl+J，复制直线，并将复制后的直线形状移动至合适的位置，依次修改“形状1”和“形状1 拷贝”图层的“不透明度”参数为60%，其图像效果如图9-74所示。

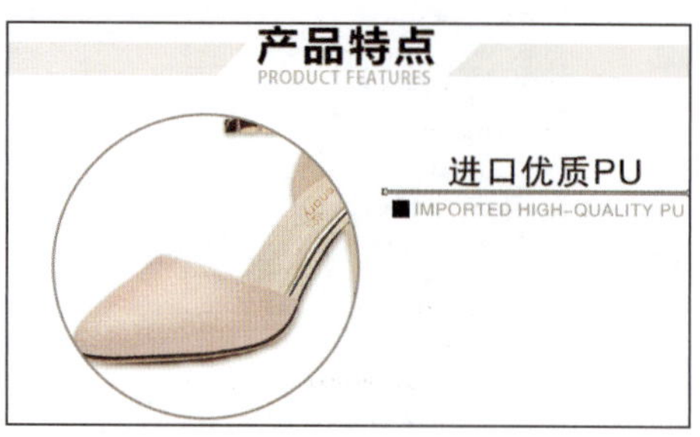

图9-73 绘制水平直线

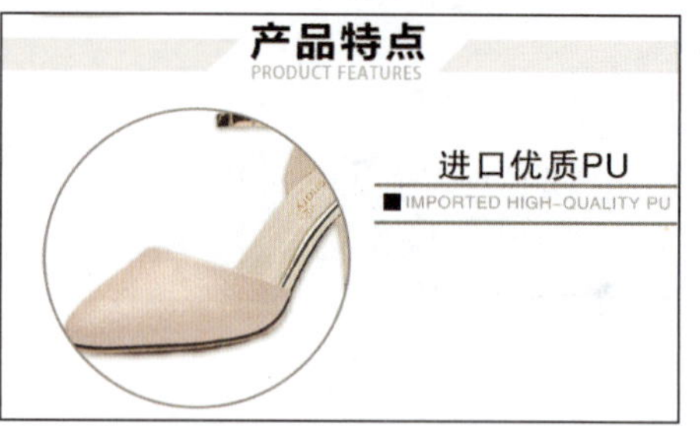

图9-74 复制并移动形状

17 在工具箱中选择T（横排文字工具），在图像上单击，创建文本，在工具选项栏中，修改“字体”为“方正黑体简体”、“字号”为“20点”、“字体颜色”RGB均为0，移动文本，并修改新创建文本图层的“不透明度”参数为70%，其图像效果如图9-75所示。

18 在“图层”面板中选择图层，按快捷键Ctrl+G，创建组，修改组名称为“文字”，在“图层”面板中选择“文字”组，按2次快捷键Ctrl+J，复制组对象，如图9-76所示。

图9-75 创建文本

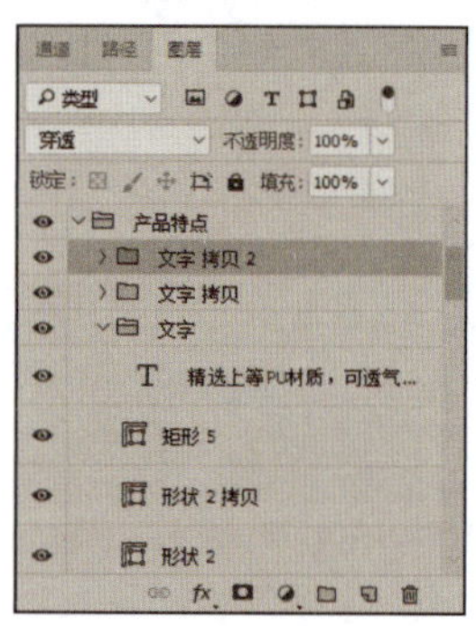

图9-76 创建并复制组

19 在工具箱中选择✛（移动工具），依次移动相应的文本对象，并依次修改复制后的文本内容，其图像效果如图9-77所示。

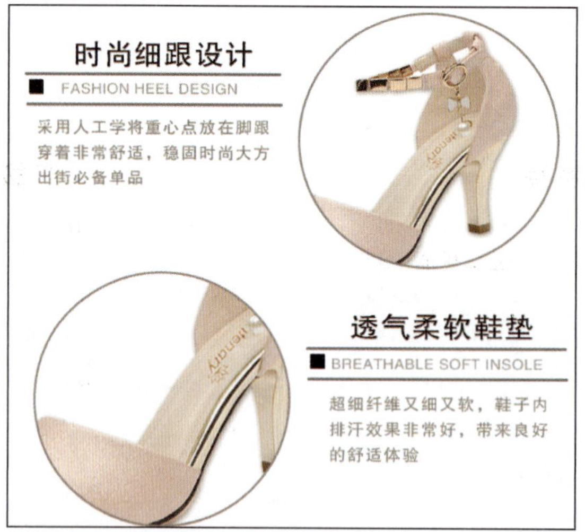

图9-77 复制文本内容

TIPS 在输入或修改文字时，文字将进入输入状态，单击3下可以选择一行文字；单击4下可以选择整个段落；按快捷键Ctrl+A可以选择全部的文本。

5. 制作“产品实拍”

01 在“图层”面板中，显示并选择“产品实拍”组中的所有图层对象，在工具箱中选择（移动工具），将选择的图层对象移动至合适的位置，并修改相应的文本内容，如图9-78所示。

02 执行“文件”|“打开”命令，打开“素材\第9章\9.3\女鞋1.png”图像文件，将打开的图像拖曳至“女鞋详情页面”窗口中的“产品实拍”区域，如图9-79所示。

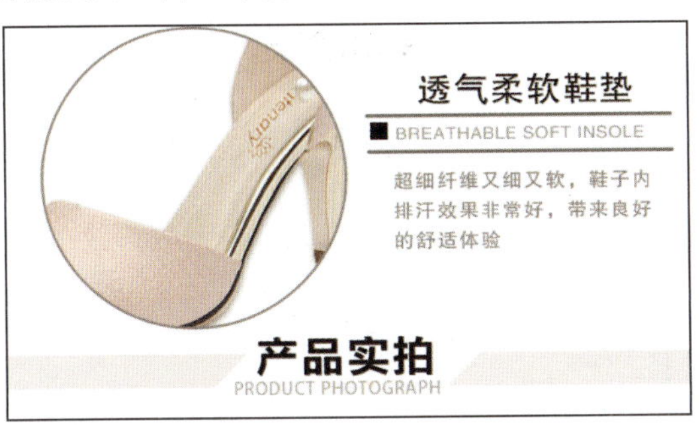

图9-78 修改文本内容

图9-79 移动图像

03 执行“文件”|“打开”命令，打开“素材\第9章\9.3\女鞋3.png”图像文件，将打开的图像拖曳至“女鞋详情页面”窗口中的“产品实拍”区域，如图9-80所示。

04 在工具箱中选择T（横排文字工具），在图像上单击，创建文本，在工具选项栏中，修改“字体”为“方正黑体简体”、“字号”为“25点”、“字体颜色”RGB均为0，移动文本，如图9-81所示。

图9-80 移动图像

图9-81 创建文本

05 在工具箱中选择T（横排文字工具），在图像上单击，创建文本，在工具选项栏中，修改“字体”为“宋体”、“字号”为“35点”、“字体颜色”RGB均为0，移动文本，如图9-82所示。

06 在工具箱中选择／（直线工具），在工具选项栏中，设置“工具模式”为“形状”，“填充”为“无”，“描边”RGB参数为0、“宽度”为“10点”，在图像上按住鼠标左键拖曳，绘制水平直线，如图9-83所示。

图9-82 创建文本

图9-83 绘制水平直线

6. 制作“静物展示”

01 在“图层”面板中，显示并选择“静物展示”组中的所有图层对象，在工具箱中选择（移动工具），将选择的图层对象移动至合适的位置，并修改相应的文本内容，如图9-84所示。

02 执行“文件”|“打开”命令，打开“素材\第9章\9.3\女鞋2.png”图像文件，将打开的图像拖曳至“女鞋详情页面”窗口中的“静物展示”区域，如图9-85所示。

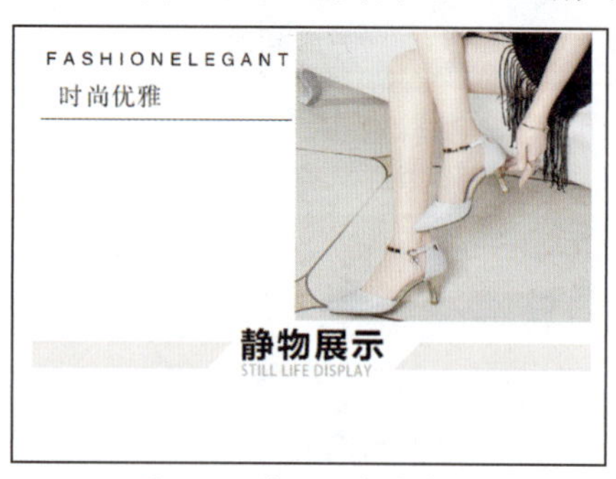

图9-84　修改文本内容

图9-85　移动图像

03 在工具箱中选择（矩形工具），在工具选项栏中，修改“工具模式”为“形状”，在图像上按住鼠标左键拖曳，绘制一个矩形形状，如图9-86所示。

04 在打开的“属性”面板中依次修改各参数值，如图9-87所示，即可更改矩形形状的大小和填充颜色。

图9-86　绘制矩形形状

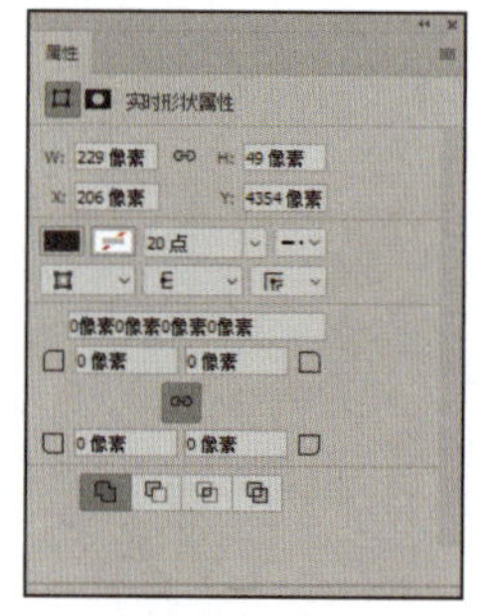
图9-87　修改参数值

05 将新绘制的矩形形状移动至合适的位置，如图9-88所示。

06 在工具箱中选择（横排文字工具），在图像上单击，创建文本，在工具选项栏中，修改“字体”为“方正黑体简体”、“字号”为“40点”、“字体颜色”RGB均为255，移动文本，如图9-89所示。

图9-88　更改矩形形状

图9-89　创建文本

07 执行“文件”|“打开”命令，打开“素材\第9章\9.3\女鞋4.png”图像文件，将打开的图像拖曳至“女鞋详情页面”窗口中的“静物展示”区域，如图9-90所示。

08 在“图层”面板中依次选择“矩形6”和“粉色”图层，按快捷键Ctrl+J，复制选择的图层，将复制后的矩形和文本移至合适位置，并修改文本内容，如图9-91所示。

图9-90　移动图像

图9-91　复制图像并修改文本

7. 制作“产品细节”和“结尾”

01 在“图层”面板中，显示并选择“产品细节”组中的所有图层对象，在工具箱中选择（移动工具），将选择的图层对象移动至合适的位置，并修改相应的文本内容，如图9-92所示。

02 执行“文件”|“打开”命令，打开“素材\第9章\9.3\女鞋5.png”图像文件，将打开的图像拖曳至“女鞋详情页面”窗口中的“产品细节”区域，如图9-93所示。

图9-92　修改文本内容

图9-93　移动图像

03 执行“文件”|“打开”命令，打开“素材\第9章\9.3\女鞋6.png”图像文件，将打开的图像拖曳至“女鞋详情页面”窗口中的“产品细节”区域，如图9-94所示。

04 在工具箱中选择（横排文字工具），在图像上单击，创建文本，在工具选项栏中，修改“字体”为“方正兰亭粗黑简体”、“字号”为“30点”、“字体颜色”RGB均为0，移动文本，如图9-95所示。

图9-94　移动图像

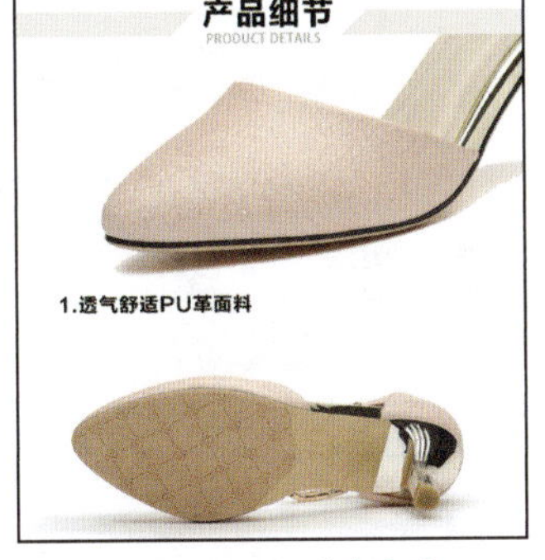

图9-95　创建文本

05 在工具箱中选择（横排文字工具），在图像上单击，创建文本，在工具选项栏中，修改“字体”为“方正兰亭大黑简体”、“字号”为“20点”、“字体颜色”RGB均为0，移动文本，修改新创建文本的“不透明度”为70%，如图9-96所示。

06 在“图层”面板中依次选择相应文本图层，按快捷键Ctrl+J，复制选择的图层，将复制后的文本移至合适位置，并修改文本内容，如图9-97所示。

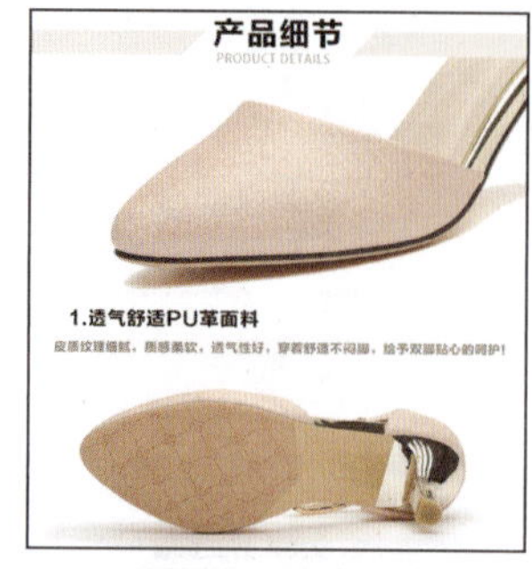

图9-96　创建文本

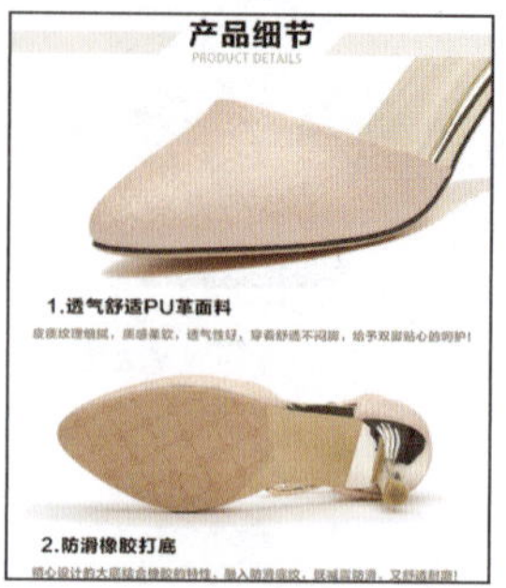

图9-97　复制并修改文本

07 在工具箱中选择▢（圆角矩形工具），在工具选项栏中修改“工具模式”为“形状”，在图像上按住鼠标左键拖曳，绘制一个圆角矩形形状，如图9-98所示。

08 在弹出的“属性”面板中依次修改各参数值，如图9-99所示，即可更改圆角矩形形状的大小和填充颜色。

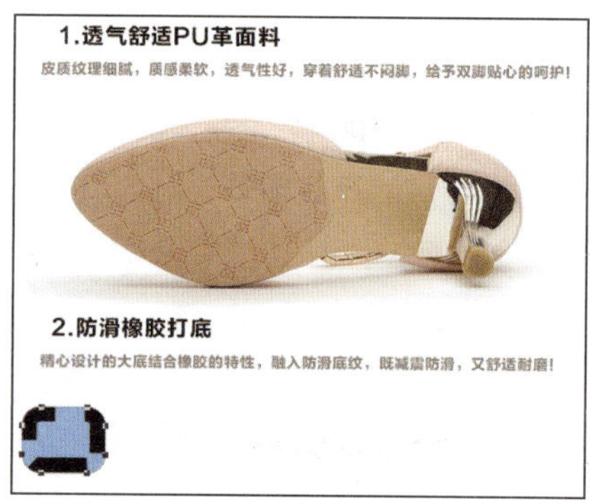

图9-98　绘制圆角矩形形状

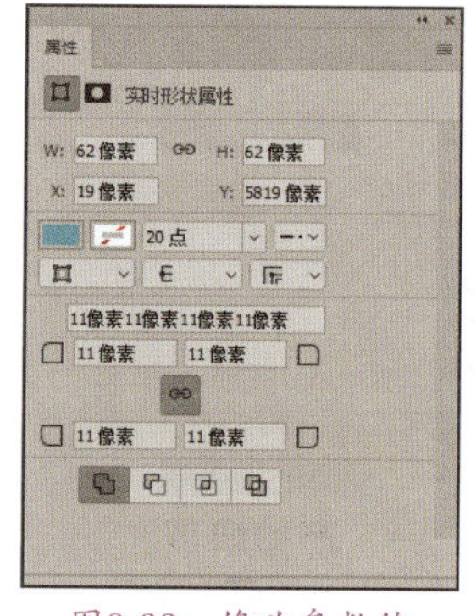

图9-99　修改参数值

09 将圆角矩形移动至合适位置，如图9-100所示。

10 在“图层”面板中依次选择“圆角矩形1”图层，按快捷键Ctrl+J，复制选择的图层，将复制后的圆角矩形移至合适位置，并修改圆角矩形的“填充”RGB参数分别为50、177、108，如图9-101所示。

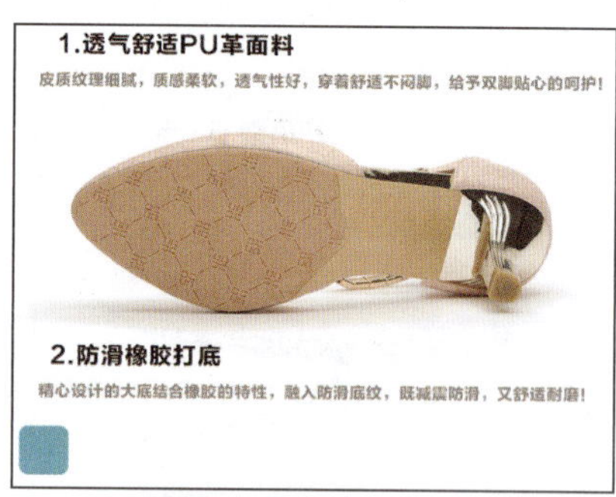

图9-100　更改圆角矩形形状

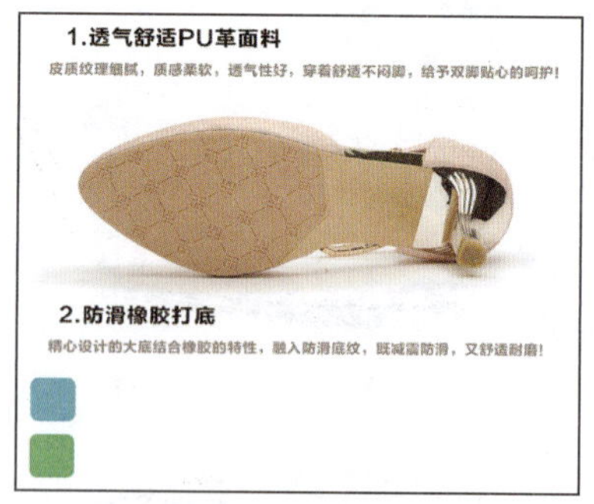

图9-101　复制圆角矩形形状

11 在工具箱中选择T（横排文字工具），在图像上单击，创建多个文本，在工具选项栏中，修改“字体”为“方正兰亭粗黑简体”、“字号”为“48点”、“字体颜色”RGB均为255，移动文本，如图9-102所示。

12 在工具箱中选择T（横排文字工具），在图像上单击，创建多个文本，在工具选项栏中，修改“字体”为“方正黑体简体”、“字号”为“32点”、“字体颜色”RGB均为0，移动文本，如图9-103所示。

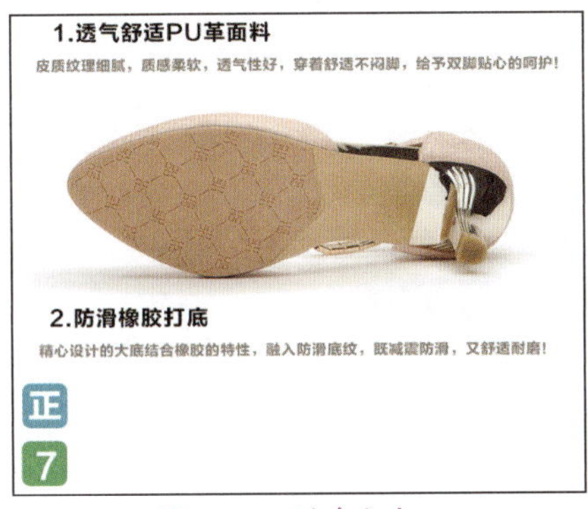

图9-102　创建文本

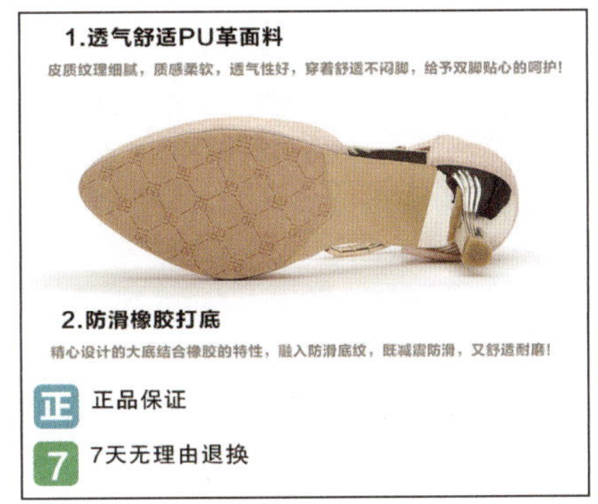

图9-103　创建文本

13 在工具箱中选择T（横排文字工具），在图像上单击，创建多个文本，在工具选项栏中，修改“字体”为“方正黑体简体”、“字号”为“15点”、“字体颜色”RGB均为0，“字体行距”为“18点”，移动文本，修改新创建文本的“不透明度”参数为70%，得到最终的图像效果，如图9-104所示。

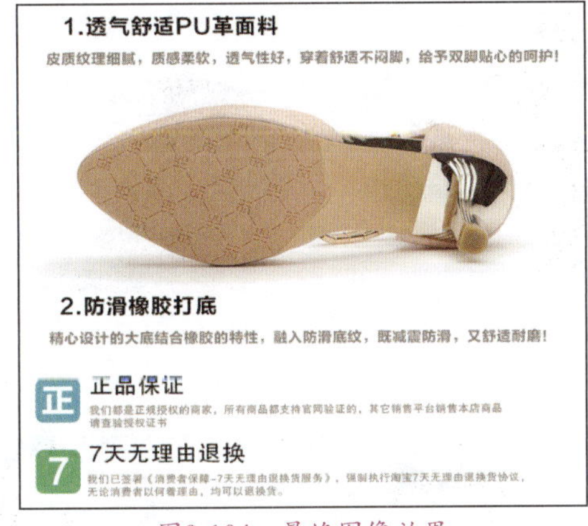

图9-104　最终图像效果

店铺装修设计

第10章　电商页面其他装修

电商店铺中不仅包含首页和详情页等页面，还包含宝贝陈列展示区域、分类引导区域和店铺页尾区域，每个区域都有不同的装饰要求。本章详细讲解电商店铺中其他区域的装修方法，通过本章学习，可以装修出更加完美漂亮的店面效果。

10.1 宝贝陈列展示设计

宝贝陈列展示区是首页最重要的模块，可以帮助买家快速了解店铺产品以及影响买家的购买决策。

10.1.1 宝贝陈列展示的视觉要点

宝贝陈列展示的视觉要点有4点，下面分别进行介绍。

1. 商品类别明确

对同类商品进行陈列，可以使商品显得整洁、美观且视觉冲击力强，如图10-1所示。

图10-1　商品类别明确

2. 突出产品

通过背景和商品的对比，突出产品信息。

3. 图文对应

对于混排的产品，描述和价格等文字需要对应商品，避免混淆。

4. 突出价格与购买按钮

价格写法要统一，对价格与购买按钮进行放大、加粗和使用对比色等操作，使其突出显示，同时弱化不重要信息。

10.1.2 宝贝推荐模块设置

电商店铺中默认的产品陈列方式为一行多列的常规展示，卖家可以根据自身的店铺需要对产品推荐模块重新设置。

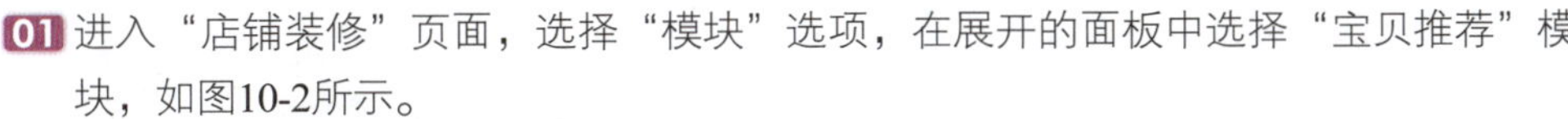

01 进入“店铺装修”页面，选择“模块”选项，在展开的面板中选择“宝贝推荐”模块，如图10-2所示。

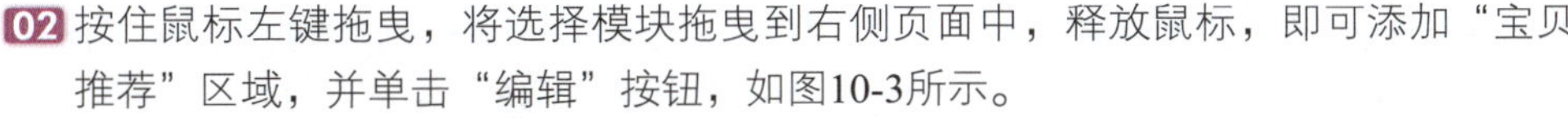

02 按住鼠标左键拖曳，将选择模块拖曳到右侧页面中，释放鼠标，即可添加“宝贝推荐”区域，并单击“编辑”按钮，如图10-3所示。

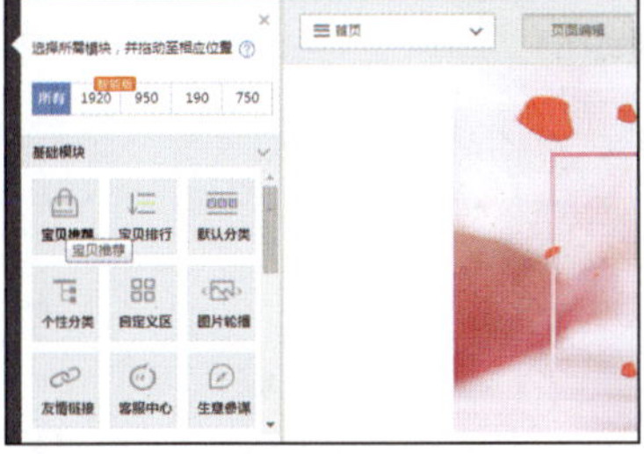

图10-2　选择“宝贝推荐”模块

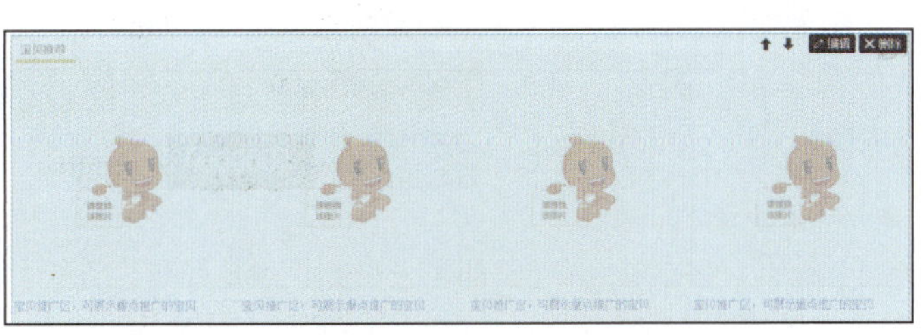

图10-3　单击“编辑”按钮

03 打开“宝贝推荐”面板，在“宝贝设置”选项卡中，依次修改各参数值，如图10-4所示。

04 切换至“电脑端显示设置”选项卡，在“显示方式”选项区中选择合适的选项，其他保持默认设置，如图10-5所示，单击“保存”按钮，即可自动设置宝贝推荐图片。

图10-4　设置参数值

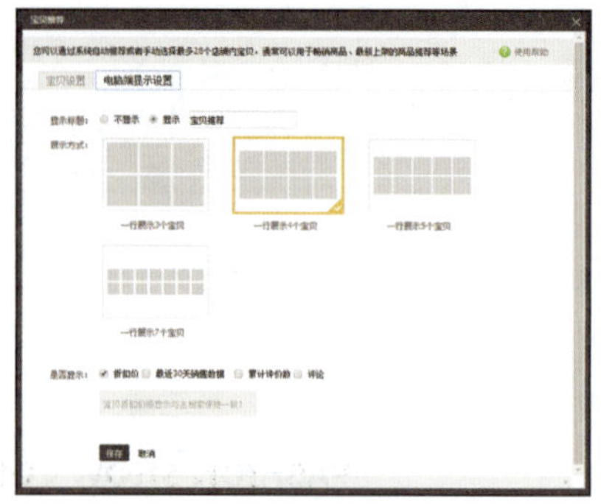

图10-5　设置参数值

10.1.3　自定义展区制作

本实例是为某品牌儿童卫衣设计的宝贝陈列展区，通过该区域可以对每个系列的产品进行陈列展示，方便顾客对同系列的产品进行选购和浏览。

● 案例分析

本案例设计制作的圆领卫衣产品的陈列展区，该图中采用了白色作为展示的主背景色，搭配橙色和绿色的形状，可以点缀陈列展区，让整个陈列展区充满童趣、活力的味道。展区下方的产品按水平和垂直对齐的方式进行陈列，每列排列4件产品，每件产品下都显示了对应的价格信息，方便顾客浏览。

● 颜色分析

在本案例中，使用白色作为背景色，并添加橙色和绿色等形状作为点缀，使得整个陈列展区干净整洁，陈列展区中的文字采用红色和黑色，使得产品价格醒目，能够吸引顾客进行挑选。

主色：#ffe23e　#ffffff　#9bd863

辅色：#ffea00　#a6c63c

字色：#41a4cd　#000000　#ffffff　#ff0000

● 字体分析

宝贝陈列展区中的字体一般都是采用方正黑体简体、方正兰亭刊黑简体等字体，通过这些字体可以突出产品的优惠和新品上市信息，让顾客的视线集中在店家所销售的童装产品上，有效地传递商品信息。

● 制作步骤

1. 制作宝贝陈列展区主体

01 执行“文件”|“新建”命令，弹出“新建文档”对话框，修改各参数值，如图10-6所示，单击“创建”按钮，即可新建文档。

02 在工具箱中选择▭（矩形工具），在工具选项栏中，设置“工具模式”为“形状”，在图像上按住鼠标左键拖曳，绘制一个矩形形状，如图10-7所示。

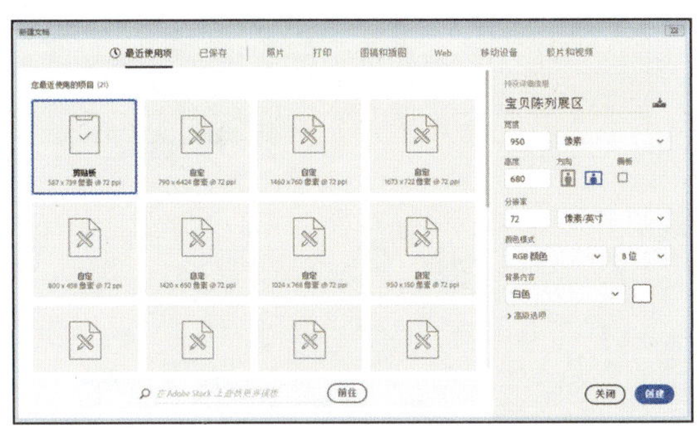

图10-6 设置参数值

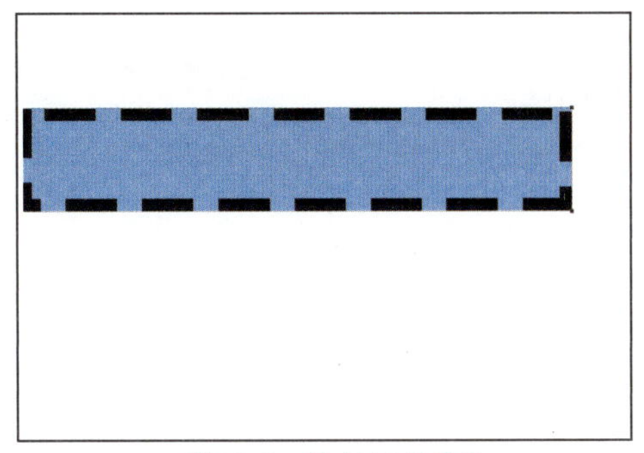

图10-7 绘制矩形形状

03 在打开的“属性”面板中，依次修改各参数值，如图10-8所示，即可更改矩形形状的大小和填充颜色。

04 将新绘制的矩形形状移动至合适的位置，如图10 9所示。

图10-8 设置参数值

图10-9 更改矩形形状

05 在工具箱中选择✎（钢笔工具），在工具选项栏中，设置“工具模式”为“形状”，修改“填充”的RGB参数分别为255、226、62，修改“描边”为“无”，在图像上依次单击，添加锚点，创建钢笔形状，如图10-10所示。

06 在工具箱中选择▭（自定形状工具），在工具选项栏中，设置“工具模式”为“形状”，在“形状”下拉列表框中选择“会话2”形状，修改“填充”的RGB参数分别为241、216、1，修改“描边”为“无”，在图像上按住鼠标左键拖曳，绘制一个会话形状，如图10-11所示。

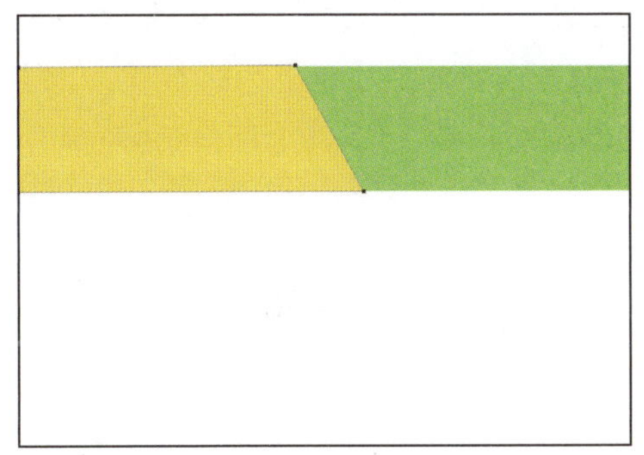

图10-10 创建钢笔形状

图10-11 绘制会话形状

07 选择会话形状，执行“编辑”|“变换”|“水平翻转”命令，水平翻转形状；执行“编辑”|“变换”|“垂直翻转”命令，垂直翻转形状；在工具箱中选择（添加锚点工具），在会话形状上移动锚点的位置，其图像效果如图10-12所示。

08 执行“文件”|“打开”命令，打开“素材\第10章\10.1.3\衣服1.png”图像文件，将打开的图像拖曳至“宝贝陈列展区”窗口中，如图10-13所示。

图10-12　更改会话形状

图10-13　移动图像

09 在工具箱中选择（横排文字工具），在图像上单击，创建文本，在工具选项栏中，修改“字体”为“方正兰亭黑体简体”、“字号”为“55点”、“字体颜色”RGB均为255，并将创建好的文本移动至合适的位置，如图10-14所示。

10 在工具箱中选择（横排文字工具），在图像上单击，创建文本，在工具选项栏中，修改“字体”为“方正兰亭黑体简体”、“字号”为“22点”、“字体颜色”RGB均为255，并将创建好的文本移动至合适的位置，如图10-15所示。

图10-14　创建文本

图10-15　创建文本

11 在工具箱中选择（横排文字工具），在图像上单击，创建文本，在工具选项栏中，修改“字体”为“Adobe 黑体 Std”、“字号”为“22点”、“字体颜色”RGB均为255，并将创建好的文本移动至合适的位置，如图10-16所示。

12 在工具箱中选择（横排文字工具），在图像上单击，创建文本，在工具选项栏中，修改“字体”为“方正综艺简体”、“字号”为“22点”、“字体颜色”RGB均为255，并将创建好的文本移动至合适的位置，如图10-17所示。

图10-16　创建文本

图10-17　创建文本

13 在工具箱中选择（横排文字工具），在图像上单击，创建文本，在工具选项栏中，修改“字体”为“方正兰亭刊黑简体”、“字号”为“30点”、“字体颜色”RGB均为255，为文本添加下划线，并将创建好的文本移动至合适的位置，如图10-18所示。

14 在工具箱中选择（圆角矩形工具），在工具选项栏中，设置“工具模式”为“形状”，在图像上按住鼠标左键拖曳，绘制一个圆角矩形形状，如图10-19所示。

图10-18　创建文本

图10-19　绘制圆角矩形形状

15 在打开的“属性”面板中修改各参数值，如图10-20所示，即可更改圆角矩形的大小和填充颜色。

16 将新绘制的圆角矩形移动至合适的位置，如图10-21所示。

图10-20　修改参数值

图10-21　更改圆角矩形形状

17 在工具箱中选择T（横排文字工具），在图像上单击，创建文本，在工具选项栏中，修改“字体”为“汉仪大黑体简”、“字号”为“22点”、“字体颜色”RGB分别为18、140、192，并将创建好的文本移动至合适的位置，如图10-22所示。

18 在工具箱中选择T（横排文字工具），在图像上单击，创建文本，在工具选项栏中，修改“字体”为“方正兰亭刊黑简体”、“字号”为“10点”、“字体颜色”RGB均为255，加粗文本，并将创建好的文本移动至合适的位置，如图10-23所示。

图10-22　创建文本

图10-23　创建文本

19 在工具箱中选择（直线工具），在工具选项栏中，设置“工具模式”为“形状”，修改“填充”的RGB参数分别为197、224、237，修改“描边”为“无”，在图像上按住鼠标左键拖曳，绘制一条水平直线，如图10-24所示。

20 在工具箱中选择（矩形工具），在工具选项栏中，设置“工具模式”为“形状”，在图像上按住鼠标左键拖曳，绘制一个矩形形状，如图10-25所示。

图10-24　绘制水平直线

图10-25　绘制矩形形状

21 在打开的“属性”面板中，依次修改各参数值，如图10-26所示，即可更改矩形形状的大小和填充颜色。

22 将矩形形状移至合适位置，如图10-27所示。

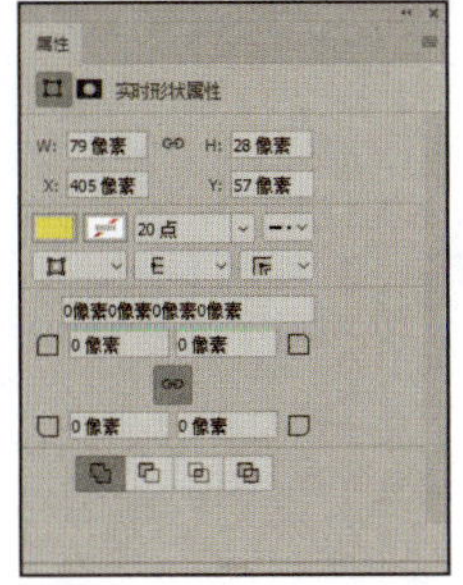

图10-26　修改参数值

图10-27　更改矩形形状

23 在“图层”面板中选择“矩形2”图层，按快捷键Ctrl+J，复制图层，并将复制后的矩形的“填充”RGB参数修改为255，“描边”RGB参数均为0，如图10-28所示。

24 选择“矩形2 拷贝”图层，按4次快捷键Ctrl+J，复制图层，并将复制后的形状移至合适的位置，如图10-29所示。

图10-28　复制矩形形状

图10-29　复制矩形形状

25 在工具箱中选择T（横排文字工具），在图像上单击，创建多个文本，在工具选项栏中，修改“字体”为“方正兰亭刊黑简体”、“字号”为“18点”、“字体颜色”RGB均为0，并将创建好的文本移动至合适的位置，如图10-30所示。

图10-30　创建文本

2. 完善宝贝陈列展区

01 在工具箱中选择▭（矩形工具），在工具选项栏中，设置“工具模式”为“形状”，在图像上按住鼠标左键拖曳，绘制一个矩形形状，如图10-31所示。

02 在弹出的“属性”面板中，依次修改各参数值，如图10-32所示，即可更改矩形形状的大小和填充颜色。

图10-31　绘制矩形形状

图10-32　修改参数值

03 将新绘制矩形移至合适位置，如图10-33所示。

04 执行“文件”|“打开”命令，打开“素材\第10章\10.1.3\衣服2.png”图像文件，将打开的图像拖曳至“宝贝陈列展区”窗口中，如图10-34所示。

图10-33　更改矩形形状

图10-34　移动图像

05 在工具箱中选择T（横排文字工具），在图像上单击，创建文本，在工具选项栏中，修改“字体”为“方正兰亭刊黑简体”、“字号”为“14点”、“字体颜色”RGB分别为0和255、0、0，并将创建好的文本移动至合适的位置，如图10-35所示。

06 在工具箱中选择□（圆角矩形工具），在工具选项栏中，设置“工具模式”为“形状”，在图像上按住鼠标左键拖曳，绘制一个圆角矩形形状，如图10-36所示。

图10-35 创建文本

图10-36 绘制矩形形状

07 在打开的“属性”面板中依次修改各参数值，如图10-37所示，即可更改圆角矩形的大小和填充颜色。

08 将圆角矩形移至合适的位置，如图10-38所示。

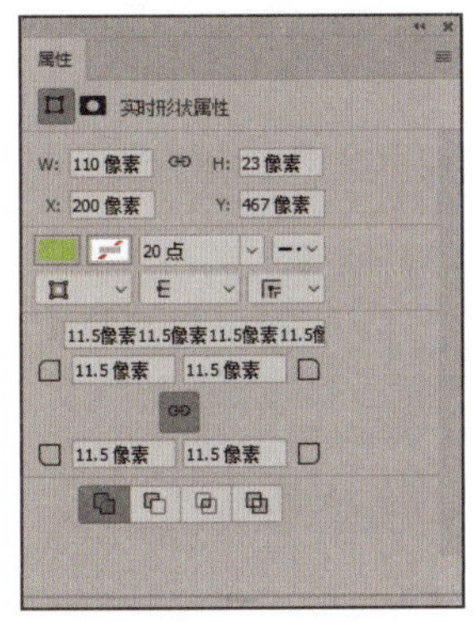

图10-37 修改参数值

图10-38 更改圆角矩形形状

09 在工具箱中选择T（横排文字工具），在图像上单击，创建文本，在工具选项栏中，修改“字体”为“方正黑体简体”、“字号”为“17点”、“字体颜色”RGB均为255，并移动文本，如图10-39所示。

10 选择相应的文本和圆角矩形图层，按7次快捷键Ctrl+J，复制文本和圆角形状，将复制后的图形和文本移至合适位置，并修改文本内容，得到最终图像效果，如图10-40所示。

图10-39 创建文本

图10-40 最终图像效果

10.2 分类引导设计

分类引导是很多电商平台中都会用到的，它向顾客展示了所有品类商品的详细分布。通过单击分类导航中的文字或图片，可以让顾客更快捷、轻松地选购符合自己要求的商品。本实例详细讲解设计分类引导区域的具体操作方法。

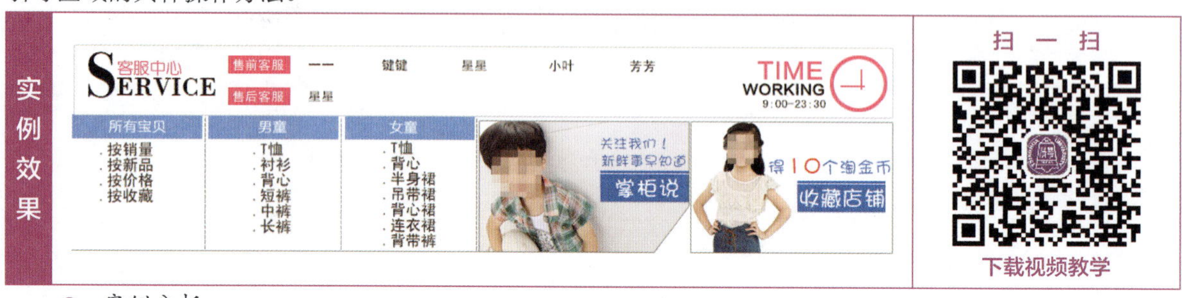

● 案例分析

本案例设计制作产品的分类引导区域，该分类引导区域根据店铺中的童装特点，使用矩形形状来修饰分类信息，并将详细的分类信息放置在引导区域的左侧，而右侧则搭配童装服饰和优惠信息，既方便顾客能够一眼找到需要的商品，又为顾客提供了优惠。

● 颜色分析

在本案例中，使用白色作为背景色，搭配各种不同颜色的形状和衣服，能够给人一种清新实在感，使画面中的元素主次更加分明，在文字的配色上使用干净的黑色、白色和蓝色来表现，可以让分类信息更明显。

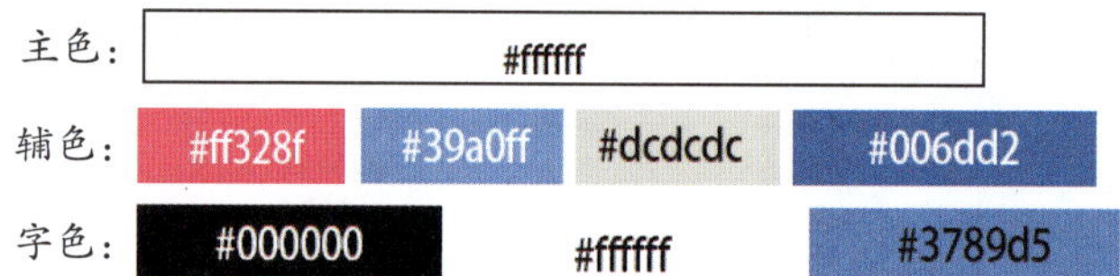

● 字体分析

由于分类引导区域是为儿童童装品牌设计的分类引导，因此，在文字上选用了华康少女简体，凸显儿童的天真、活泼，区域中的其他的文字则采用方正兰亭粗黑简体等字体，使得文字的编排更加整齐，易于阅读。

● 制作步骤

1. 制作分类引导主体

01 执行“文件”|“新建”命令，弹出“新建文档”对话框，修改各参数值，如图10-41所示，单击“创建”按钮，即可新建文档。

02 在工具箱中选择□（矩形工具），在工具选项栏中，修改“工具模式”为“形状”，在图像上按住鼠标左键拖曳，绘制一个矩形形状，如图10-42所示。

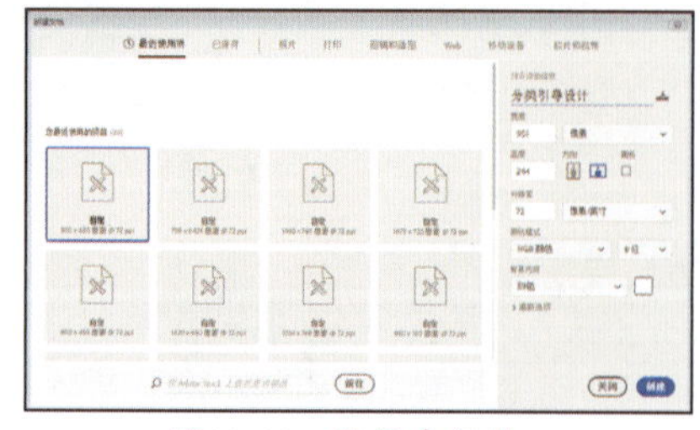
图10-41 设置参数值

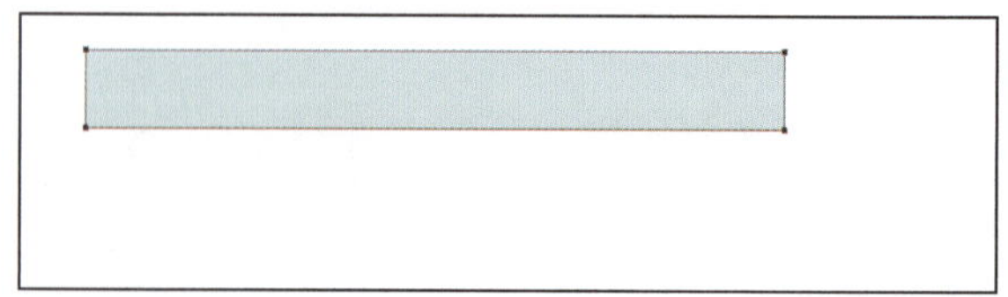
图10-42 绘制矩形形状

03 在弹出的“属性”面板中，依次修改各参数值，如图10-43所示，即可更改矩形形状的大小和填充颜色。

04 将新绘制矩形移至合适的位置，如图10-44所示。

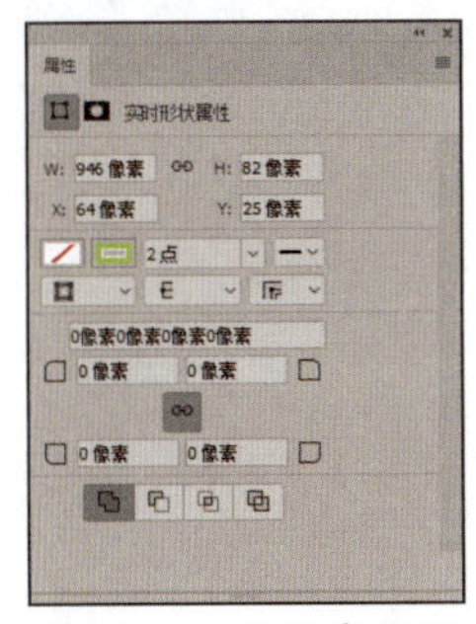

图10-43 修改参数值

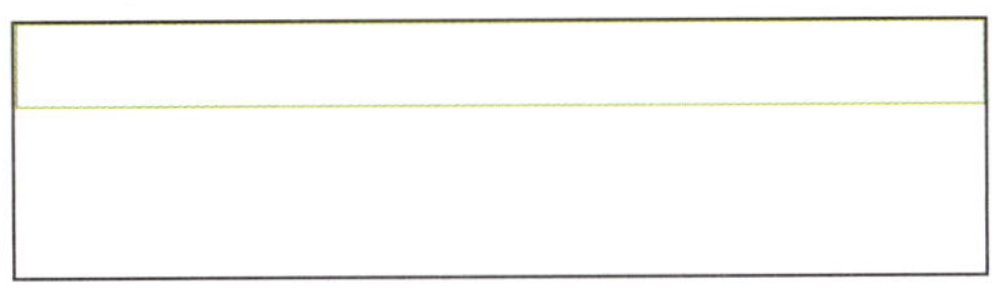

图10-44 更改矩形形状

05 在工具箱中选择（直线工具），在工具选项栏中，修改“工具模式”为“形状”，修改“描边”为“无”、“填充”的RGB参数分别为166、198、60，修改“粗细”为“2像素”，在图像上按住鼠标左键拖曳，绘制一条W为“491像素”的水平直线，如图10-45所示。

06 在工具箱中选择（直线工具），在工具选项栏中，修改“工具模式”为“形状”，修改“填充”为“无”、“描边”的RGB参数分别为166、198、60，修改“粗细”为“2像素”，在“描边线型”列表框中选择虚线线型，在图像上按住鼠标左键拖曳，绘制一条垂直直线，如图10-46所示。

图10-45 绘制水平直线

图10-46 绘制垂直直线

07 在工具箱中选择（矩形工具），在工具选项栏中，修改“工具模式”为“形状”，在图像上按住鼠标左键拖曳，绘制一个矩形形状，如图10-47所示。

08 在弹出的“属性”面板中依次修改各参数值，如图10-48所示，即可更改矩形形状的大小和填充颜色。

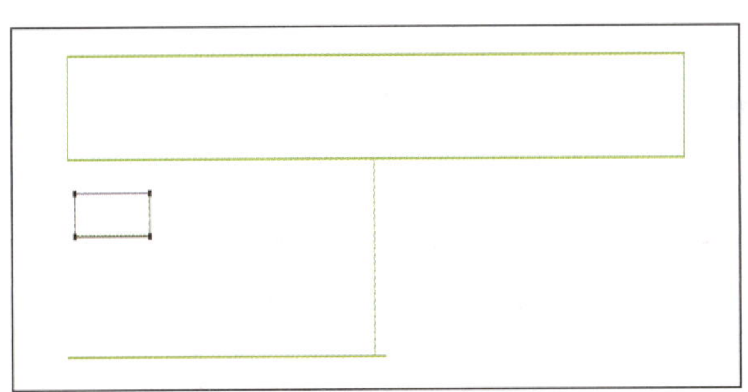

图10-47 绘制矩形形状

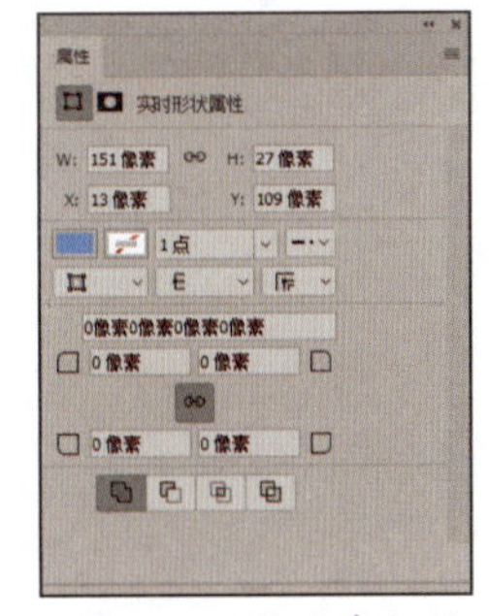

图10-48 修改参数值

09 将新绘制的矩形移动至合适的位置，其图像效果如图10-49所示。

10 在“图层”面板中选择“矩形2”图层，按2次快捷键Ctrl+J，复制矩形形状，并将复制后的矩形形状依次移至合适的位置，如图10-50所示。

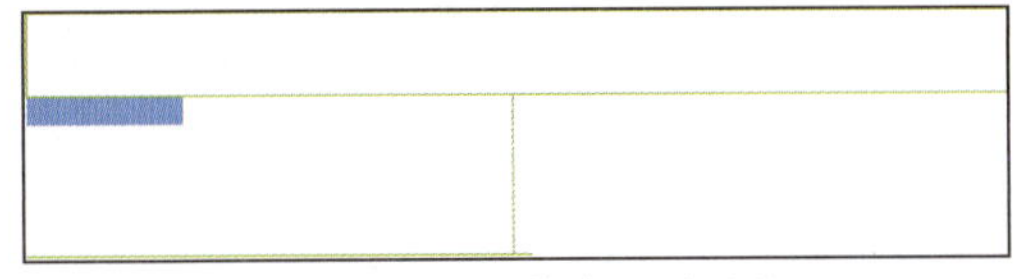

图10-49 更改矩形形状

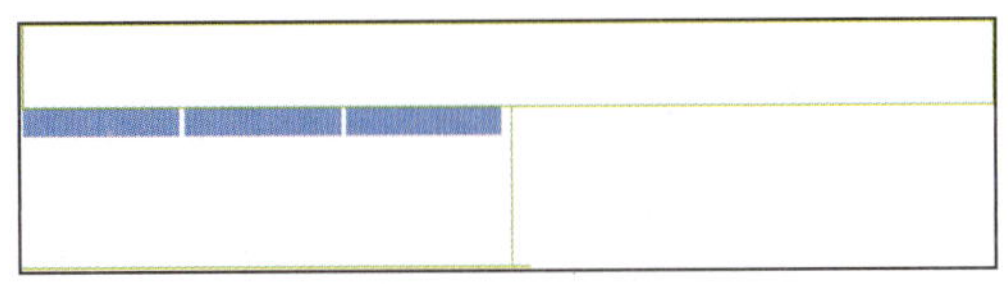

图10-50 复制矩形形状

11 在工具箱中选择（矩形工具），在工具选项栏中，修改“工具模式”为“形状”，在图像上按住鼠标左键拖曳，绘制一个矩形形状，如图10-51所示。

12 在弹出的“属性”面板中依次修改各参数值，如图10-52所示，即可更改矩形形状的大小和填充颜色。

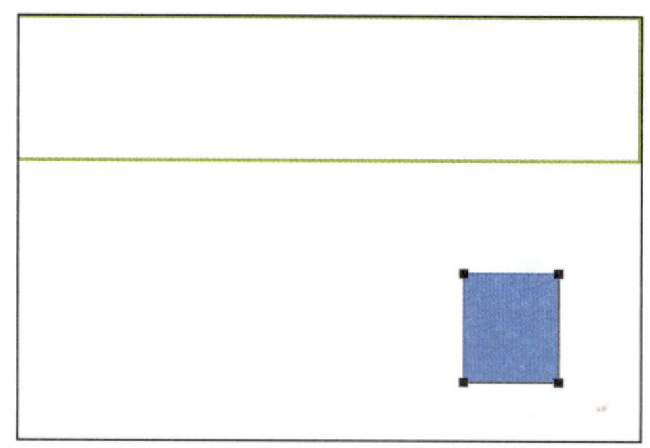
图10-51　绘制矩形形状

图10-52　修改参数值

13 将新绘制的矩形移动至合适的位置，如图10-53所示。

14 在工具箱中选择（直线工具），在工具选项栏中，修改“工具模式”为“形状”，修改“填充”为“无”、“描边”的RGB参数均为255，修改“粗细”为“1像素”，在图像上按住鼠标左键拖曳，绘制一条W为“103像素”的水平直线，如图10-54所示。

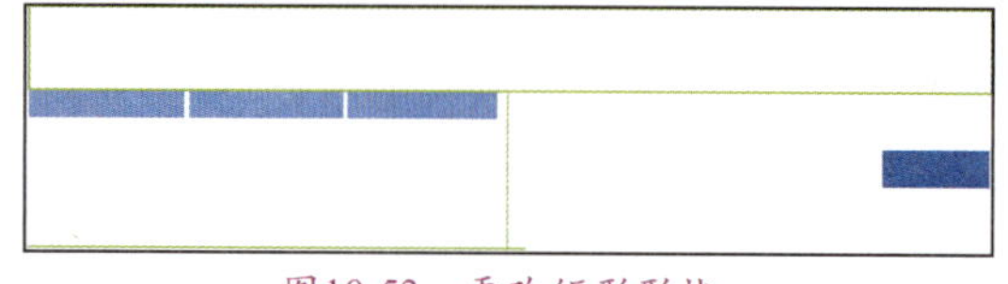
图10-53　更改矩形形状

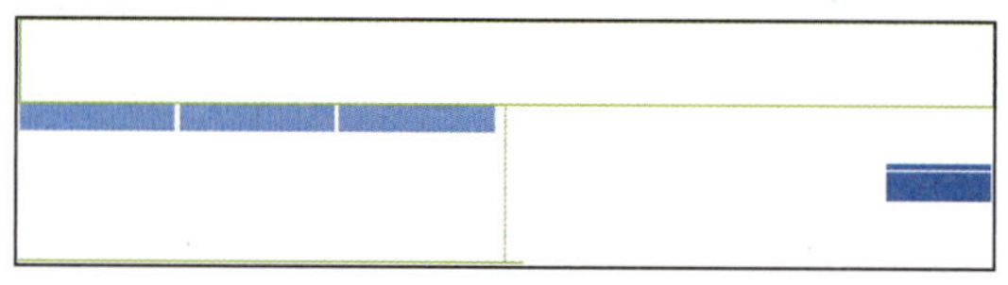
图10-54　绘制水平直线

15 在“图层”面板中选择新绘制的矩形和图层，按快捷键Ctrl+J，复制图层形状，并在工具箱中选择（移动工具），将复制后的形状移动至合适位置，如图10-55所示。

16 在工具箱中选择（矩形工具），在工具选项栏中，修改“工具模式”为“形状”，修改“填充”的RGB参数均为220、“描边”的RGB参数分别为255、0、255，“描边宽度”为2点，在图像上按住鼠标左键拖曳，绘制一条W为“242像素”、H为“153像素”的矩形形状，如图10-56所示。

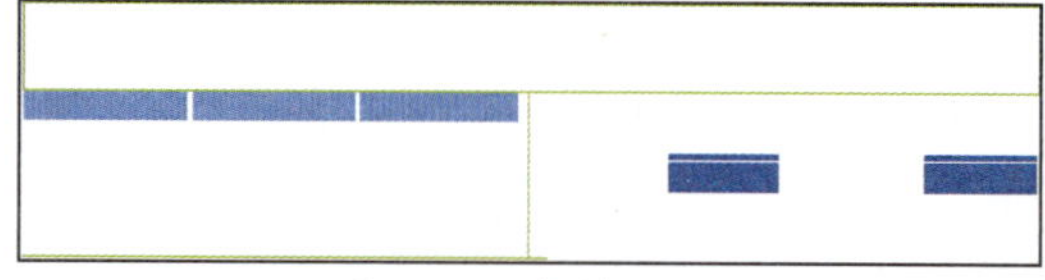
图10-55　复制形状

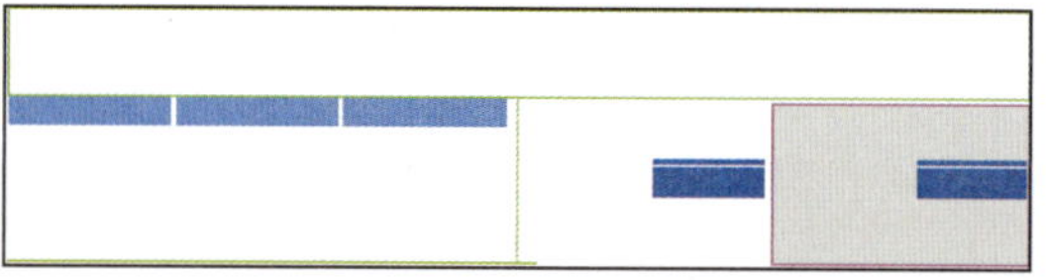
图10-56　绘制矩形形状

17 在工具箱中选择（钢笔工具），在工具选项栏中，修改“工具模式”为“形状”，修改“填充”的RGB参数均为220、“描边”的RGB参数分别为255、0、255，“描边宽度”为2点，在图像上依次单击，添加锚点，绘制一个钢笔形状，如图10-57所示。

18 执行“文件”|“打开”命令，打开“素材\第10章\10.2\男童.png、女童.png”图像文件，依次将打开的图像拖曳至“分类引导设计”窗口中，如图10-58所示。

图10-57　绘制钢笔形状

图10-58　移动图像

2. 制作分类引导的客服区

01 在工具箱中选择（矩形工具），在工具选项栏中，修改“工具模式”为“形状”，在图像上按住鼠标左键拖曳，创建矩形形状，如图10-59所示。

02 在打开的“属性”面板中依次修改各参数值，如图10-60所示，即可更改矩形形状的大小、位置和填充颜色，其图像效果如图10-61所示。

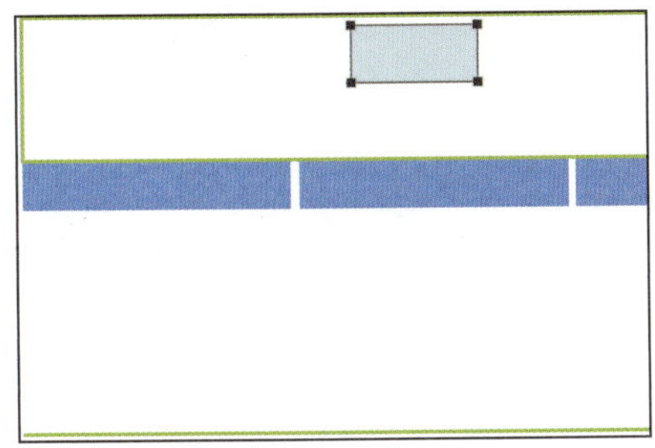

图10-59　创建矩形形状

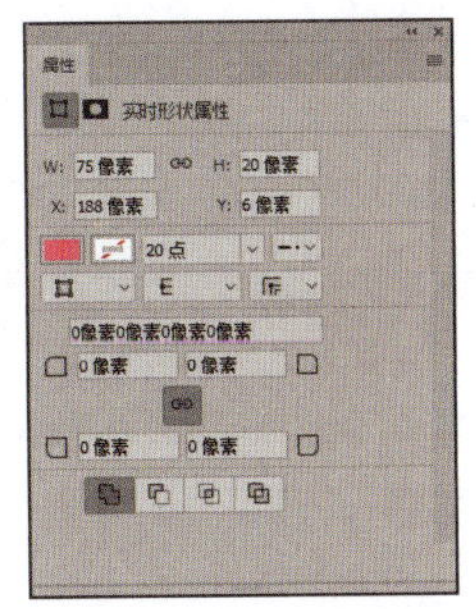

图10-60　修改参数值

03 在“图层”面板中选择“矩形5”图层，按快捷键Ctrl+J，复制图层形状，在工具箱中选择（移动工具），将复制后的形状移动至合适位置，如图10-62所示。

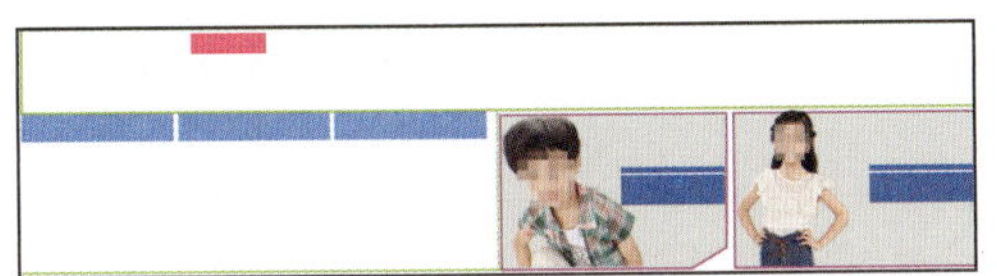

图10-61　更改矩形形状

图10-62　复制形状

04 在工具箱中选择（椭圆工具），在工具选项栏中，修改“工具模式”为“形状”，在图像上按住鼠标左键拖曳，绘制一个椭圆形状，如图10-63所示。

05 在弹出的“属性”面板中依次修改各参数值，如图10-64所示，即可更改椭圆形状的大小和填充颜色。

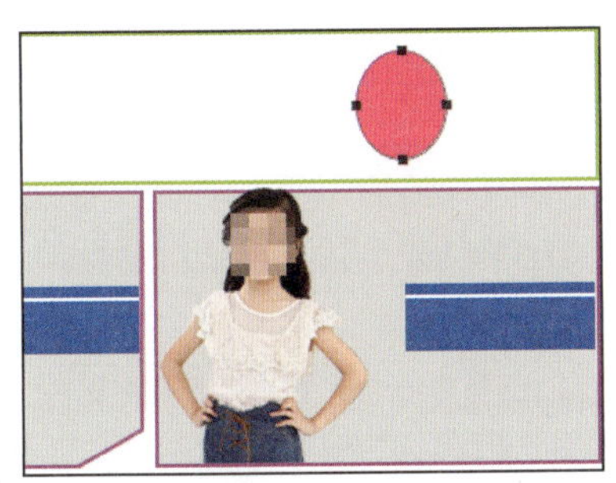

图10-63　绘制椭圆形状

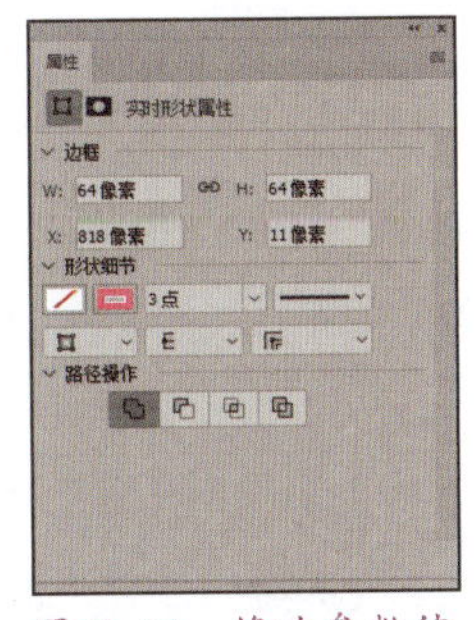

图10-64　修改参数值

06 将椭圆形状移动至合适的位置，如图10-65所示。

07 在工具箱中选择（直线工具），在工具选项栏中，修改“工具模式”为“形状”，修改“填充”为“无”、“描边”的RGB参数分别为255、77、158，修改“描边宽度”为“2点”，在图像上按住鼠标左键拖曳，绘制两条相互垂直的直线，如图10-66所示。

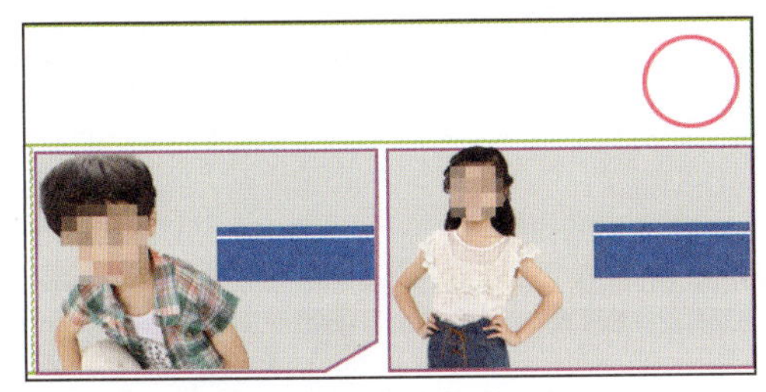

图10-65　移动椭圆形状

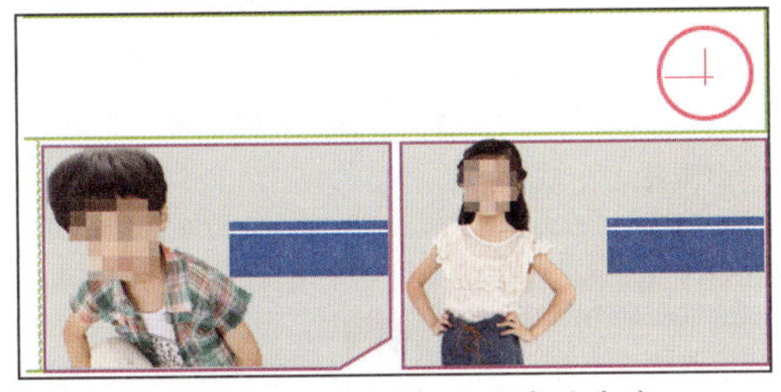

图10-66　绘制相互垂直的直线

3. 制作分类引导文本

01 在工具箱中选择（横排文字工具），在图像上单击，创建文本，在工具选项栏中修改“字体”为Gill Sans MT、“字号”为“72点”、“字体颜色”RGB均为0，并将新绘制文本移动至合适的位置，如图10-67所示。

02 在工具箱中选择T.（横排文字工具），在图像上单击，创建文本，在工具选项栏中修改“字体”为Bodoni MT、“字号”为“30点”、“字体颜色”RGB均为0，并将新绘制文本移动至合适的位置，如图10-68所示。

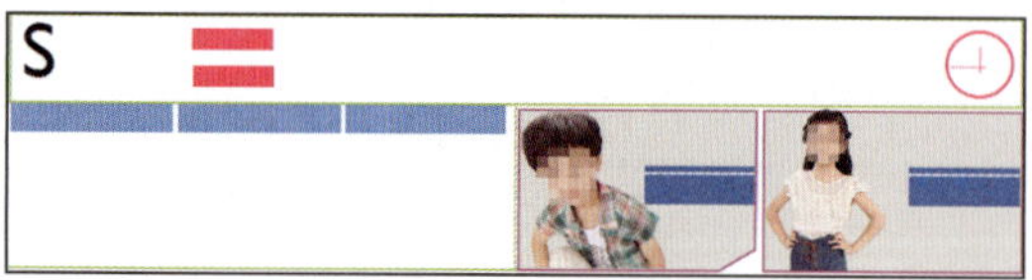

图10-67　创建文本

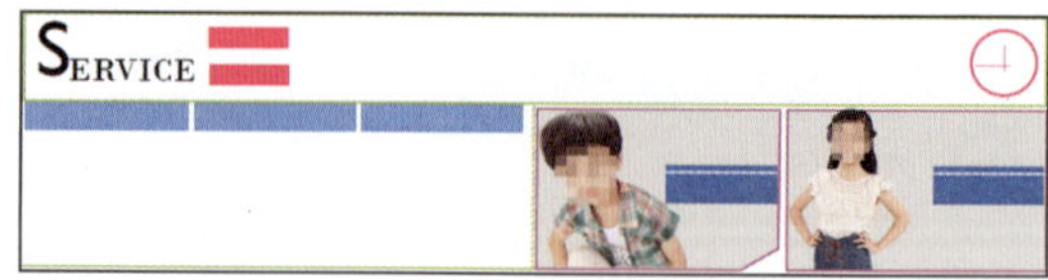

图10-68　创建文本

03 在工具箱中选择T.（横排文字工具），在图像上单击，创建文本，在工具选项栏中修改“字体”为“方正细圆简体”、“字号”为“18点”、“字体颜色”RGB分别为255、50、143，并将新绘制文本移动至合适的位置，如图10-69所示。

04 在工具箱中选择T.（横排文字工具），在图像上单击，依次创建多个文本，在工具选项栏中修改“字体”为“黑体”、“字号”为“15点”、“字体颜色”RGB均为255，并将新绘制文本移动至合适的位置，如图10-70所示。

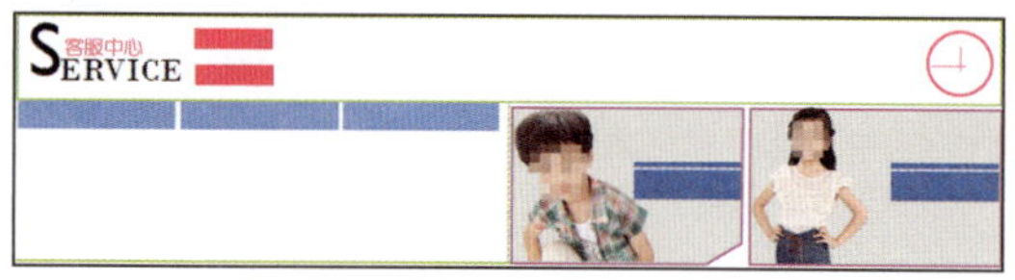

图10-69　创建文本

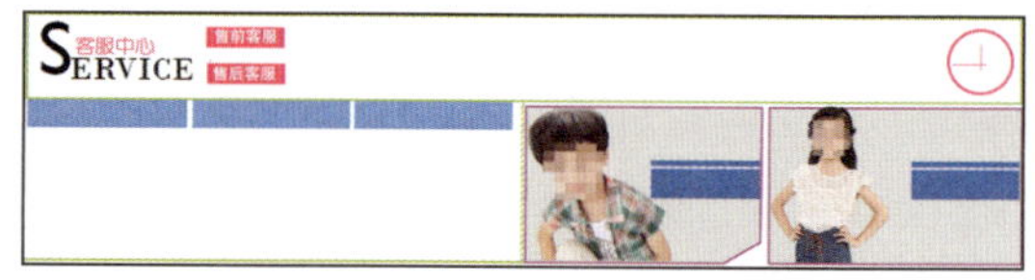

图10-70　创建多个文本

05 在工具箱中选择T.（横排文字工具），在图像上单击，依次创建多个文本，在工具选项栏中修改“字体”为“黑体”、“字号”为“15点”、“字体颜色”RGB均为0，并将新绘制文本移动至合适的位置，如图10-71所示。

06 在工具箱中选择T.（横排文字工具），在图像上单击，依次创建多个文本，在工具选项栏中修改“字体”为“方正兰亭粗黑简体”、“字号”为“26点”、“字体颜色”RGB分别为255、50、143，并将新绘制文本移动至合适的位置，如图10-72所示。

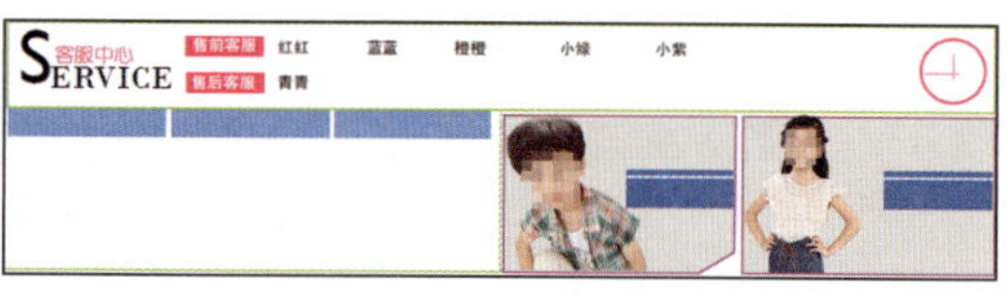

图10-71　创建文本

图10-72　创建文本

07 在工具箱中选择T.（横排文字工具），在图像上单击，依次创建多个文本，在工具选项栏中修改“字体”为“方正兰亭粗黑简体”、“字号”为“16点”、“字体颜色”RGB均为0，并将新绘制文本移动至合适的位置，如图10-73所示。

08 在工具箱中选择T.（横排文字工具），在图像上单击，依次创建多个文本，在工具选项栏中修改“字体”为“黑体”、“字号”为“14点”、“字体颜色”RGB均为0，并将新绘制文本移动至合适的位置，如图10-74所示。

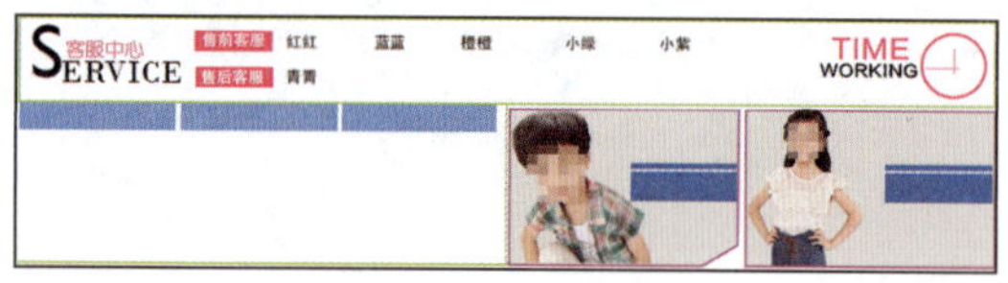

图10-73　创建文本

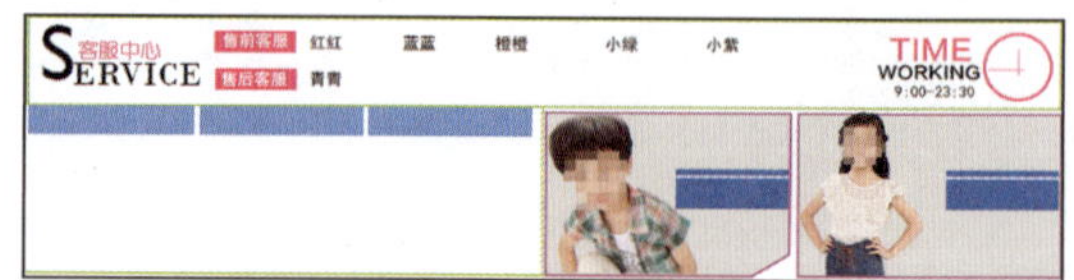

图10-74　创建文本

09 在工具箱中选择T.（横排文字工具），在图像上单击，创建文本，在工具选项栏中修改“字体”为“方正兰亭超细黑简体”、“字号”为“16点”、“字体颜色”RGB均为255，并将新创建文本移至合适位置，如图10-75所示。

10 在“图层”面板中选择新创建的文本图层，按两次快捷键Ctrl+J，复制文本，在工具箱中选择（移动工具），将复制后的文本移动至合适位置，并修改文本内容，如图10-76所示。

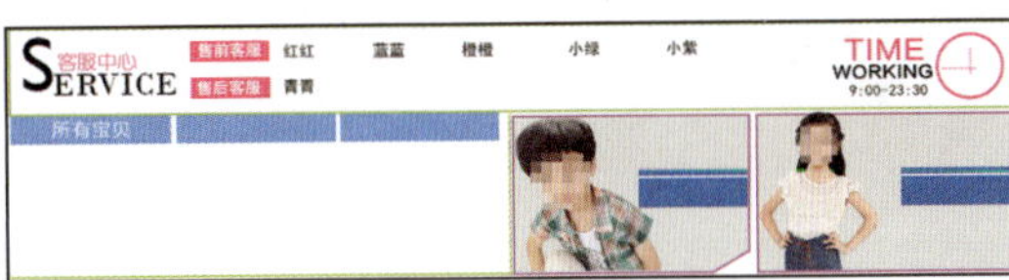

图10-75 创建文本

图10-76 复制文本

11 在工具箱中选择T（横排文字工具），在图像上单击，创建文本，在工具选项栏中修改“字体”为“黑体”、“字号”为“18点”、“字体颜色”RGB均为0，将新创建文本移至合适位置，如图10-77所示。

12 在“图层”面板中选择新创建的文本图层，按两次快捷键Ctrl+J，复制文本，在工具箱中选择（移动工具），将复制后的文本移动至合适位置，并修改文本内容，如图10-78所示。

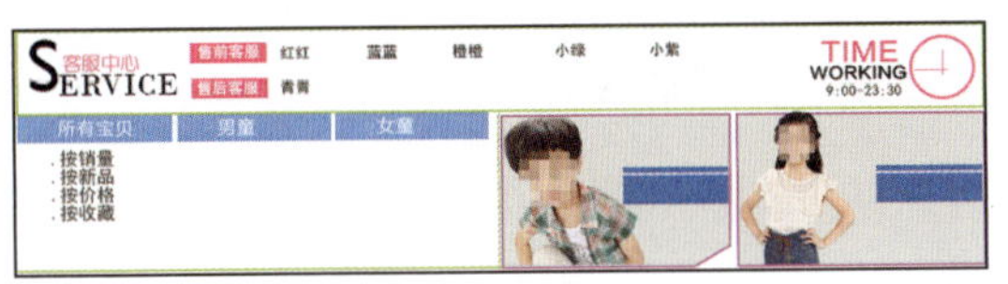

图10-77 创建文本

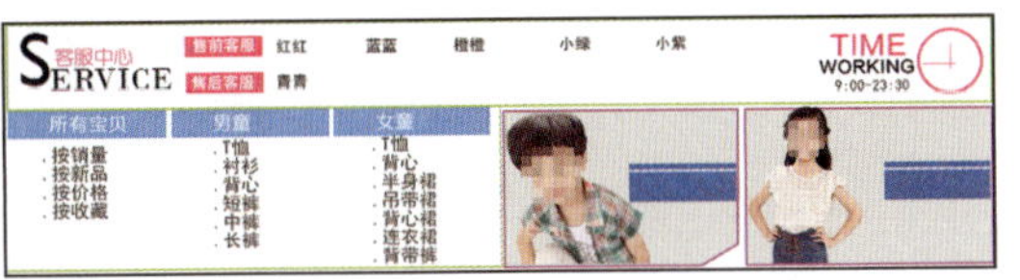

图10-78 复制文本

13 “图层”面板中选择“形状3”图层，按两次快捷键Ctrl+J，复制形状，在工具箱中选择（移动工具），将复制后的形状移动至合适位置，如图10-79所示。

14 在工具箱中选择T（横排文字工具），在图像上单击，创建文本，在工具选项栏中修改“字体”为“华康少女文字W5(P)”、“字号”为“16点”、“字体颜色”RGB分别为0、109、210，将新创建文本移至合适位置，如图10-80所示。

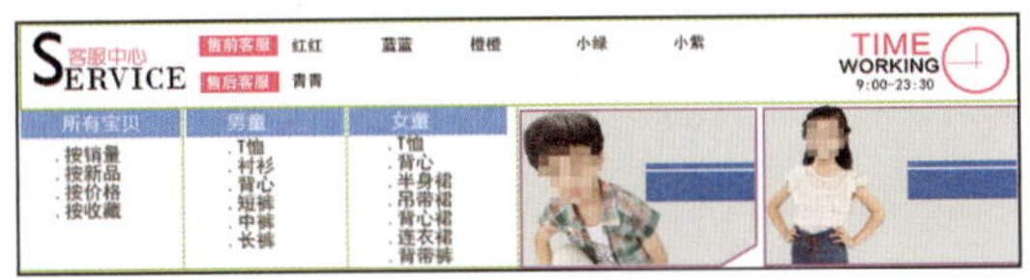

图10-79 复制形状

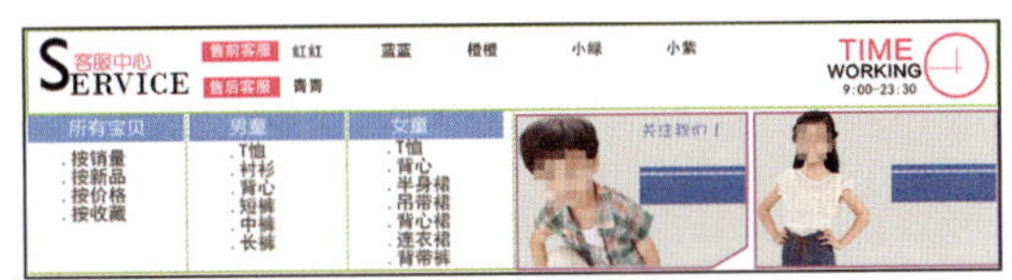

图10-80 创建文本

15 在工具箱中选择T（横排文字工具），在图像上单击，创建文本，在工具选项栏中修改“字体”为“华康少女文字W5(P)”、“字号”为“16点”、“字体颜色”RGB分别为0、109、210，将新创建文本移至合适位置，如图10-81所示。

16 在工具箱中选择T（横排文字工具），在图像上单击，创建文本，在工具选项栏中修改“字体”为“华康少女文字W5(P)”、“字号”为“20点”和“27点”、“字体颜色”RGB分别为0、109、210和255、0、0，将新创建文本移至合适位置，如图10-82所示。

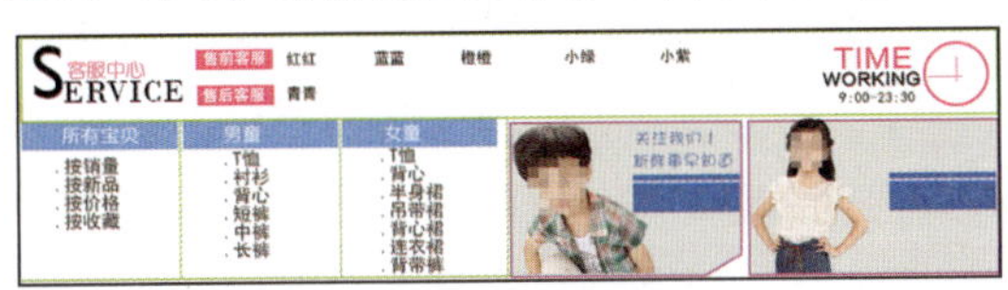

图10-81 创建文本

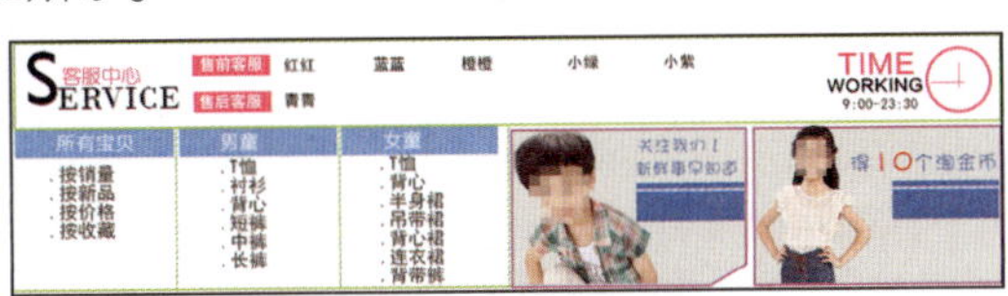

图10-82 创建文本

17 在工具箱中选择T（横排文字工具），在图像上单击，依次创建多个文本，在工具选项栏中修改“字体”为“华康少女文字W5(P)”、“字号”为“25点”、“字体颜色”RGB均为255，将新创建文本移至合适位置，得到最终的图像效果，如图10-83所示。

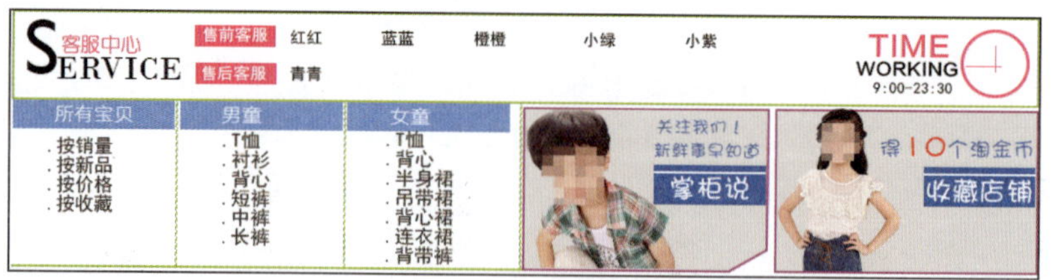

图10-83　最终图像效果

TIPS　在制作好分类引导模块后，可以使用Dreamweaver打开代码，将代码中的图片链接进行修改，将图片链接更改为已制作好的分类引导模块，然后在电商平台的“装修”页面中，全选代码，将选择的代码粘贴到装修页面中的“自定义内容区”中即可。

10.3　店铺页尾设计

店铺的页尾在店铺页面的最末尾处，该部分灵活性很大，包含店铺信用评价、退换货、运输等信息，因此卖家在装修时也不能忽略页尾，这一区域关系着卖家的售后和诚信问题，至关重要。

10.3.1　页尾的视觉要点

页尾的作用不可小觑，页尾中包含很大的信息量，包括店铺申明和公告等信息，在为买家提供方便的同时体现出了店铺的全方位服务。店铺页尾设计一般是使用简短的文字加上代表性的图标来传达相关信息。图10-84所示为某店铺的页尾区域。

图10-84　某店铺的页尾区域

店铺的页尾区域一般包含店铺底部导航、返回顶部按钮、收藏和分享店铺、旺旺客服和温馨提示等内容，下面分别进行介绍。

- 店铺底部导航：便于用户选择。
- 返回顶部按钮：在页面过长的情况下，加上返回顶部链接以便用户快速地跳转到顶部。
- 收藏和分享店铺：在页尾添加收藏和分享店铺的链接方便买家收藏，从而留住客户。
- 旺旺客服：便于买家联系客服，更多地解决顾客问题。
- 温馨提示：包含发货须知、买家必读、退换货和运输等信息，快速帮助顾客解决购物过程中的问题，减少买家对常见问题的咨询。

10.3.2 页尾的制作

了解了页尾的视觉要点后，接下来需要清楚掌握页尾的制作与装修方法，才能完善店铺装修，从而增加店铺的客流量，促进购买率。

● 案例分析

本案例设计制作某店铺的页尾区域，该区域为了方便顾客选择，添加了底部导航，并为了方便顾客收藏店铺，还添加了收藏店铺的按钮，方便顾客直接进行收藏。

● 颜色分析

在本案例中，使用灰色渐变色作为页尾区域的主色调，并搭配红色的矩形和圆形形状，使整个区域中的内容主次分明，内容排列整齐。

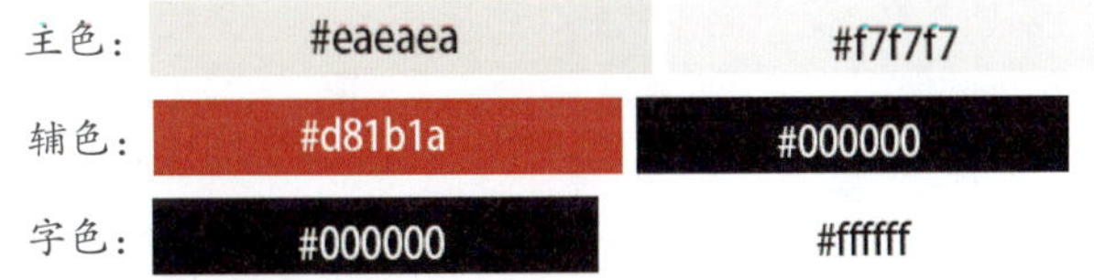

● 字体分析

页尾区域中的字体一般都采用宋体和黑体等，所有内容整齐排列在页面中，方便顾客阅读，也为买家增添了一份信任感，从而促进成交量。

● 制作步骤

1. 制作页尾区域主体

01 执行“文件”|“新建”命令，弹出“新建文档”对话框，修改各参数值，如图10-85所示，单击“创建”按钮，即可新建文档。

02 在工具箱中单击“前景色”颜色块，弹出“拾色器（前景色）”对话框，设置RGB参数均为233，如图10-86所示，单击“确定”按钮，即可设置前景色。

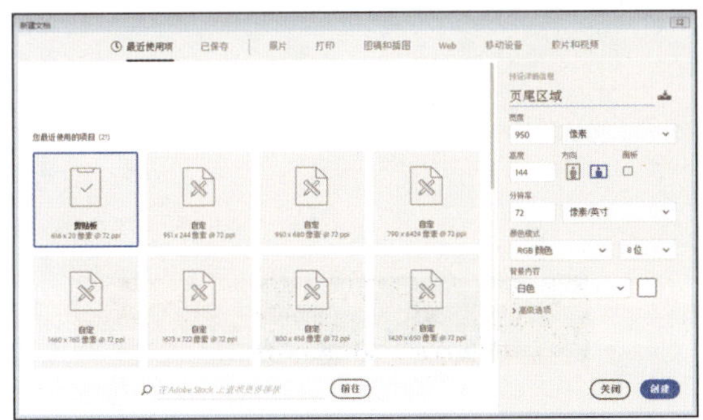

图10-85 修改参数值

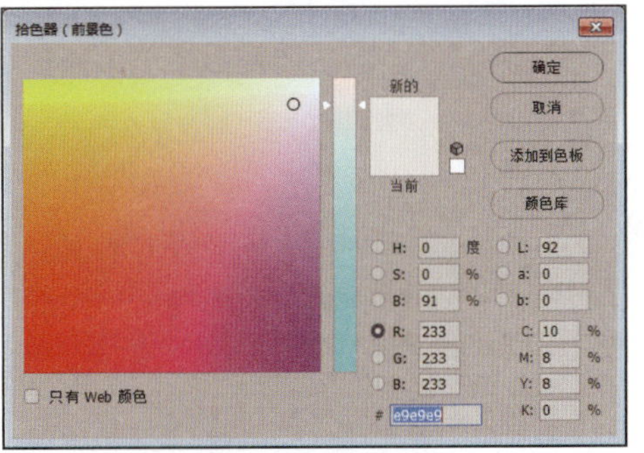

图10-86 设置前景色

03 在工具箱中选择（渐变工具），在工具选项栏中，选择渐变预设选项，并修改渐变颜色参数，单击“线性渐变”按钮，在图像上按住鼠标左键拖曳，添加渐变填充，如图10-87所示。

04 在工具箱中选择（矩形工具），在工具选项栏中，修改“工具模式”为“形状”，在图像上按住鼠标左键拖曳，绘制一个矩形形状，如图10-88所示。

图10-87 添加渐变填充

图10-88 绘制矩形形状

05 在打开的“属性”面板中，依次修改各参数值，如图10-89所示，即可更改矩形形状的大小、填充颜色和描边颜色等，其图像效果如图10-90所示。

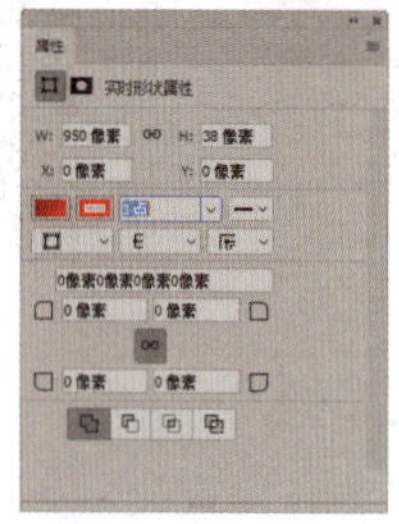

图10-89 修改参数值

图10-90 更改矩形形状

06 在工具箱中选择 (直线工具)，在工具选项栏中，修改“工具模式”为“形状”，修改“描边”为“无”、“填充”的RGB参数分别为255、0、0，在图像上按住鼠标左键拖曳，绘制多条垂直直线，如图10-91所示。

07 在“图层”面板中双击“形状1”图层，弹出“图层样式”对话框，勾选“投影”复选框，在对应列表框中修改各参数值，如图10-92所示，即可为选择的形状添加图层样式，其图像效果如图10-93所示。

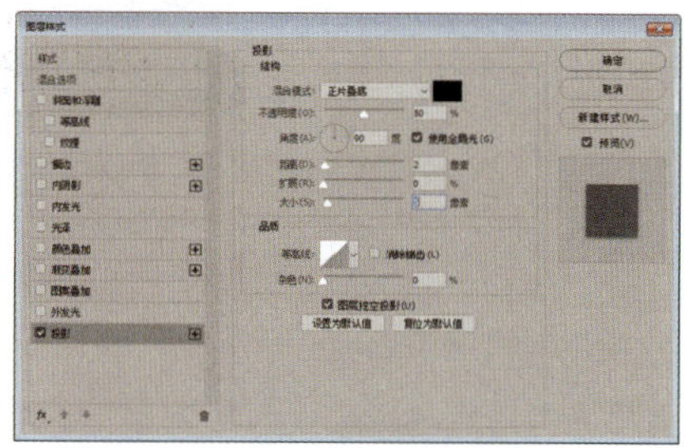

图10-91 绘制垂直直线

图10-92 修改参数值

08 在工具箱中选择 (矩形工具)，在工具选项栏中，修改“工具模式”为“形状”，在图像上按住鼠标左键拖曳，绘制一个矩形形状，如图10-94所示。

图10-93 添加图层样式

图10-94 绘制矩形形状

09 在打开的“属性”面板中，依次修改各参数值，如图10-95所示，即可更改矩形形状的大小、填充颜色等。

10 将新绘制的矩形形状移动至合适的位置，如图10-96所示。

图10-95 修改参数值

图10-96 更改矩形形状

11 在工具箱中选择（椭圆工具），在工具选项栏中，修改“工具模式”为“形状”，“描边”为“无”、“填充”RGB参数分别为216、26、26，在图像上按住鼠标左键拖曳，绘制一个W和H均为“70像素”的椭圆形状，如图10-97所示。

12 在“图层”面板中选择“椭圆1”图层，按两次快捷键Ctrl+J，复制形状，在工具箱中选择（移动工具），将复制后的形状移动至合适位置，如图10-98所示。

图10-97　绘制椭圆形状

图10-98　复制椭圆形状

13 在工具箱中选择（矩形工具），在工具选项栏中，修改“工具模式”为“形状”，在图像上按住鼠标左键拖曳，绘制一个W为179、H为35的矩形形状，如图10-99所示。

14 在“图层”面板中双击“矩形3”图层，弹出“图层样式”对话框，勾选“描边”复选框，在对应列表框中修改各参数值，如图10-100所示。

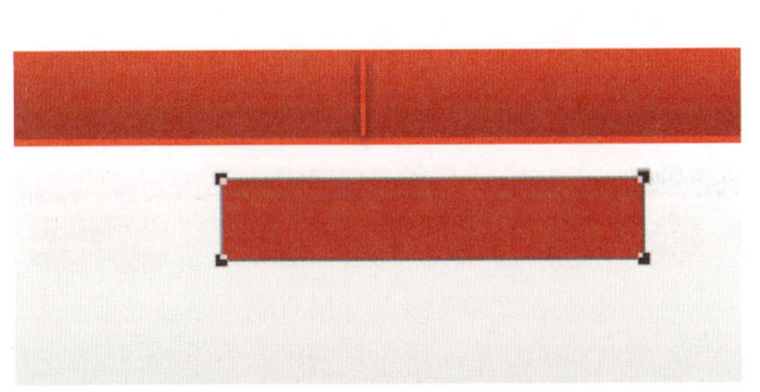
图10-99　绘制矩形形状

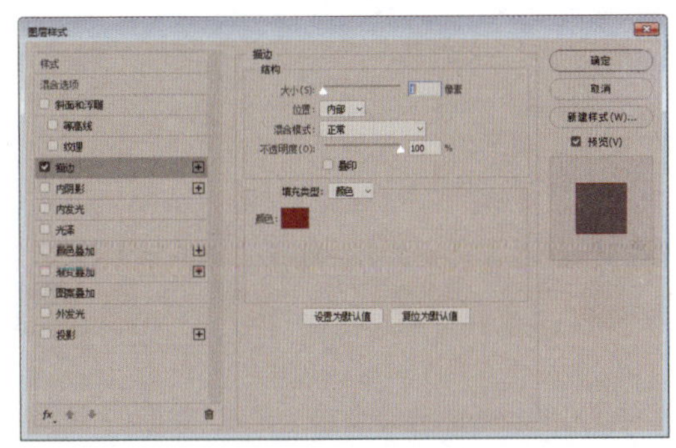
图10-100　修改参数值

15 勾选“内发光”复选框，在对应列表框中修改各参数值，如图10-101所示。

16 勾选“渐变叠加”复选框，在对应列表框中修改各参数值，如图10-102所示。

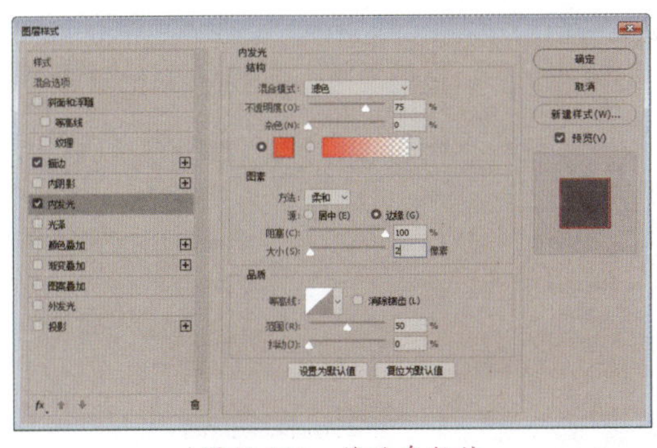
图10-101　修改参数值

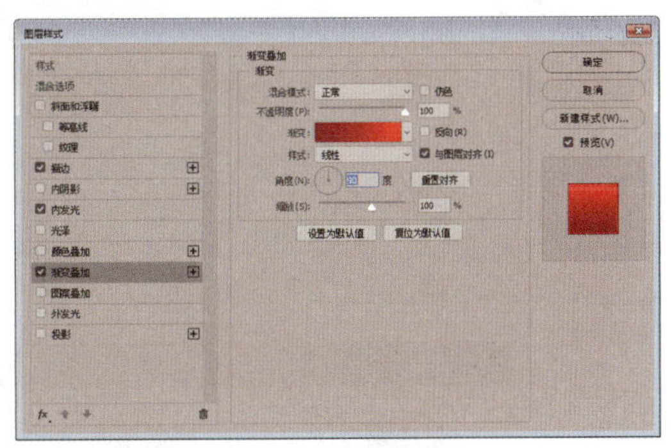
图10-102　修改参数值

17 单击“确定”按钮，即可为选择的矩形添加图层样式效果，如图10-103所示。

18 在“图层”面板中选择“矩形3”图层，按快捷键Ctrl+J，复制形状，在工具箱中选择（移动工具），将复制后的形状移动至合适位置，如图10-104所示。

图10-103　添加图层样式效果

图10-104　复制矩形形状

19 执行“文件”|“打开”命令，打开“素材\第10章\10.3.2\装饰1.png”～“装饰3.png”图像文件，依次将打开的图像拖曳至“页尾区域”窗口中，并调整移动后图像的大小，如图10-105所示。

图10-105　移动图像

2. 制作页尾区域文本

01 在工具箱中选择T（横排文字工具），在图像上单击，创建文本，在工具选项栏中，修改“字体”为“宋体”、“字号”为“20点”、“字体颜色”RGB均为255，移动文本，如图10-106所示。

02 在“图层”面板中选择新创建的文本图层，按5次快捷键Ctrl+J，复制文本，在工具箱中选择✥（移动工具），将复制后的文本移动至合适位置，并修改文本内容，如图10-107所示。

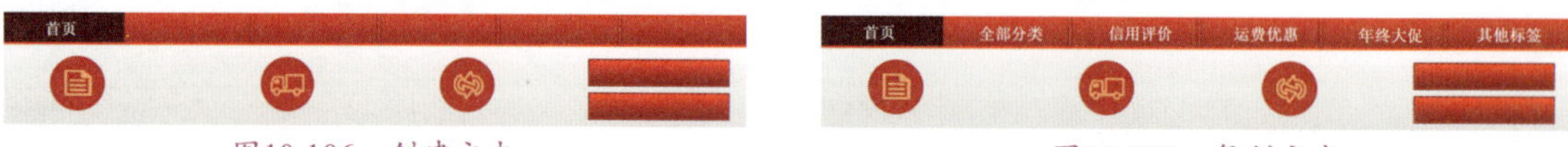

图10-106　创建文本　　图10-107　复制文本

03 在工具箱中选择T（横排文字工具），在图像上单击，创建文本，在工具选项栏中，修改“字体”为“宋体”、“字号”为“18点”、“字体颜色”RGB均为0，移动文本，如图10-108所示。

04 在“图层”面板中选择新创建的文本图层，按两次快捷键Ctrl+J，复制文本，在工具箱中选择✥（移动工具），将复制后的文本移动至合适位置，并修改文本内容，如图10-109所示。

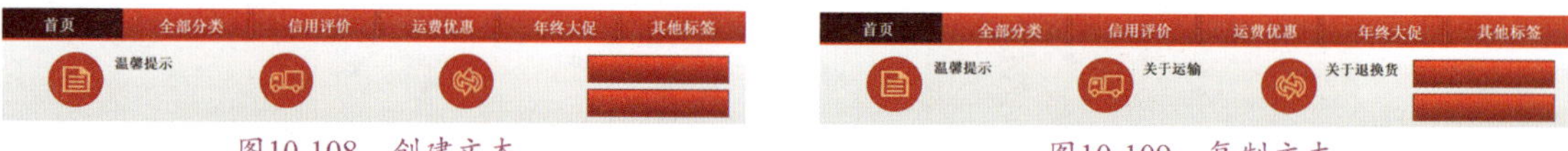

图10-108　创建文本　　图10-109　复制文本

05 在工具箱中选择T（横排文字工具），在图像上单击，创建文本，在工具选项栏中，修改“字体”为“黑体”、“字号”为“12点”、“字体颜色”RGB均为0，移动文本，如图10-110所示。

06 使用同样的方法，在图像上的其他位置上创建文本，其工具选项栏属性参数一样，其图像效果如图10-111所示。

图10-110　创建文本　　图10-111　创建文本

07 在工具箱中选择T（横排文字工具），在图像上单击，创建多个文本，在工具选项栏中，修改“字体”为“宋体”、“字号”为“19点”、“字体颜色”RGB均为255，加粗文本并移动文本，得到最终的图像效果，如图10-112所示。

图10-112　最终图像效果

店铺装修设计

New product
爆款专区

U包香辣小吃豆干麻

价格￥9.9

立即抢购

第11章　手机端设计

随着网上购物的兴起，手机购物也随之迅猛地发展起来。卖家也纷纷意识到手机网店的重要性：一个好的手机网店，带来的产品销售量不可小觑。本章将详细讲解手机端网店的特点，首页、详情页和其他页面设计的方法。

11.1 手机端店铺的装修要点

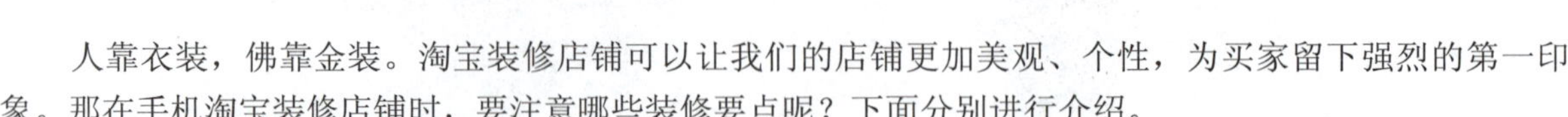

人靠衣装，佛靠金装。淘宝装修店铺可以让我们的店铺更加美观、个性，为买家留下强烈的第一印象。那在手机淘宝装修店铺时，要注意哪些装修要点呢？下面分别进行介绍。

1. 结构要符合浏览习惯

手机淘宝装修店铺时，要注意图片和文字的比例。因为在手机端的分辨率差异，使得用户的浏览习惯与PC端有所不同。要保证手机店铺的浏览体验，在淘宝装修店铺中的图片大小最好控制在620～960px，这样在手机端的图片效果呈现就比较良好。此外，文字要尽量精简，具有引导性，提高买家访问深度。同时，减少跳失率不能完全靠店铺文案来实现，基本功才是关键，要做好服务和产品，才能吸引买家购买。

2. 店铺配色不能超过3种

在进行淘宝装修店铺时，良好的配色方案可以使店铺的视觉效果整洁清晰，反之就会显得杂乱。淘宝装修店铺的配色原则是色彩最好不超过3种：一个主色调，一个辅色加上一个强调色。可以借用淘宝店铺宣传海报设计中的配色原则，即“7∶5∶2”，3种颜色的占比按照这个比例设置，基本上可以保证主要内容的突出强调，以及整体的美观舒适。

手机淘宝装修店铺针对手机店铺页面进行相关的美化，不管是使用模板还是自行设计装修样式，都可以改善店铺视觉效果。同时，手机淘宝还要注意结合用户的浏览习惯来进行设计，页面不宜过长，图片也不能太大。

11.2 手机端首页设计

手机端和电脑端的首页装修不一样，本节将对手机端的首页设计进行详细讲解。卖家在电商店铺的“卖家中心”页面中，选择“手机店铺装修”链接，可以进入手机店铺装修页面，如图11-1所示。

图11-1　手机店铺装修页面

在手机店铺装修页面中，可以添加各种页面模块，并将选择的模块拖动到页面右侧的自定义区域中，即可完成各页面模块的添加操作。

> TIPS　在完成手机端各页面模块的添加操作后，可以选择模块，然后单击模块上的上下箭头，调整模块的位置；也可以在模块中单击“编辑”按钮，直接编辑模块内容。

11.2.1 首页装修技巧

与电脑端从左到右的浏览习惯不一样，手机端的屏幕较小，浏览习惯一般是从上到下。如果用双列图片展示产品，用户的兴趣度和体验趣味性就会大大降低。因此，利用无线装修，可以巧用各种大模块的组合，如焦点图和左文右图以及多图等模块，可以使手机网店的首页显得更有趣味性。

11.2.2 店招

手机端网店中的店招规格尺寸是640px×200px，图片类型支持的是JPG、JPEG、PNG等格式，如图11-2所示。

图11-2　手机店铺店招

TIPS　在制作手机端网店的店招后，需要将制作好的店招保存为JPG格式，并上传到图片空间。在“手机淘宝店铺”页面中，将已添加到图片空间的店招图片上传到“店招”模块即可。

11.2.3 焦点图

手机端焦点图设计和电脑端的首页海报设计是一样的，但是由于手机屏幕较小，无论是产品还是促销图设计，主题都要简明、突出，吸引浏览者的目光。

- 主题突出：无论是产品还是促销，焦点图的主题要简明、突出，可以通过对字体进行加粗、使用对比颜色等处理方式来体现。
- 色彩鲜明：使用鲜明的颜色来吸引浏览者的目光。由于手机屏幕较小，制作手机焦点图时切忌使用暗沉的颜色。

在制作手机端焦点图时，焦点图模块的图片最多可以放置4个，最少1个，尺寸建议为608px×304px，图片类型为JPG、PNG等格式。买家在制作时可以尝试用来展示店铺优惠活动、促销内容或主推产品等，如图11-3所示。

图11-3　手机店铺焦点图

11.2.4 优惠券

优惠券是一个短期刺激消费的工具，而电商平台中的优惠券则是各电商网站推出的集合众多B2C商家的优惠券和商品导购平台。其优惠券以“优惠券，越用越优惠”为口号，与各商家洽谈后，给予消费者最大的优惠，如图11-4所示。

图11-4 优惠券区域

11.2.5 活动区

活动区的装修需要一定的设计功底，主要是用来放置做活动的产品，如新品上市、特卖商品等。在设计手机端活动区时，卖家一定要对活动主题区个数和分布排版进行合理设计。特别需要提醒的是，一定要让店铺的主打和最得意的产品突显出来，如图11-5所示。

图11-5 活动区

11.2.6 分类区

在制作手机端的分类区时，由于手机的屏幕限制，产品分类需要简单明了，便于买家选择，如图11-6所示。

图11-6 分类区

11.2.7 商品展示区

手机端的商品展示区用于展示店铺商品，其设计方法与电脑端产品陈列展区的设计方法类似，在制作手机端的商品展示区时，由于手机端的屏幕较小，因此，在展示商品时，最多只能单排或双排展示，这样才能方便买家浏览和选购，如图11-7所示。

图11-7 商品展示区

11.3 手机端详情设计

手机端网店也和电脑端网店一样，包含详情页，为了使手机端用户获得更好的购物体验，装修好手机详情页至关重要。

11.3.1 手机端与PC端的不同

手机端与PC端有五大不同，下面分别进行介绍。

1. 尺寸的不同

手机屏幕的大小对手机淘宝装修的尺寸有具体的要求，尺寸不合适会造成界面混乱、浏览效果不佳的问题。

2. 布局的不同

手机端网店更受大众的青睐，要做到快速预览，快速阅读，操作方便。消费者碎片化消费的习惯，就决定了布局要简洁、明了，摒弃不必要的装饰。

3. 详情页的不同

电脑端会通过较多的文字说明产品的卖点、店铺促销和优惠等信息，但手机端店铺的详情页则要使用简洁的文字、适当的图片信息等将详情阐述清楚。

4. 分类的不同

分类结构要明确，模块划分清晰，体现少而精的特点，最好以图片突出体现为主。

5. 颜色不同

很多电脑端会用深色系体现店铺风格和高大上的品质等，而手机端则由于浏览面积小，视觉受限，因此店铺颜色要鲜亮，才能使消费者有愉悦感。

11.3.2 设计规范

手机端网店详情页的设计规范有以下5点。

1. 支持的格式

手机端详情页产品描述支持音频、图片和纯文本输入。每个手机版图文详情至少要包含以上3种信息的其中一种才能发布成功，其中图片仅支持JPG、GIF和PNG格式。

2. 详情页的大小

手机端详情页的总图片大小（图片+文字+音频）不得超过1.5 MB。

3. 单张图片尺寸

单张图片的尺寸标准为：620≥宽度≥480（宽度介于480px到620px之间），高度≤960（高度小于960px）。

4. 音频

每个手机端详情页只能添加一个音频，时长建议不超过30秒，大小不超过200KB，支持MP3格式。音频的内容可以围绕产品卖点、品牌故事、产品特色、产品优惠等展开。

5. 文字

手机端详情页中的文本总字数≤5000，单个文本框输入字数≤500。文本内容中不区分中英文字符，当需要在图片上添加文字时，中文字体≥30字号，英文和阿拉伯数字≥20字号。

11.3.3 产品描述要素

产品描述就是在手机详情页中通过文字、图片等形式阐述这个产品的功能和特性，主要是展现给消费者看的。好的产品详情页直接影响到单品甚至是店铺、关联产品销售等，在转化率为王的时代是不可忽视的。好的产品描述还要凸显出宝贝的差异化和优点。

在制作手机端详情页时，产品描述有五大要素。

1. 关联销售

关联销售切记精简，建议推店铺中热卖或主推产品，目的是为新品尽快积累单品基础销量。

2. 产品参数

产品参数建议采用左右构图，清楚展现产品信息即可，如图11-8所示。

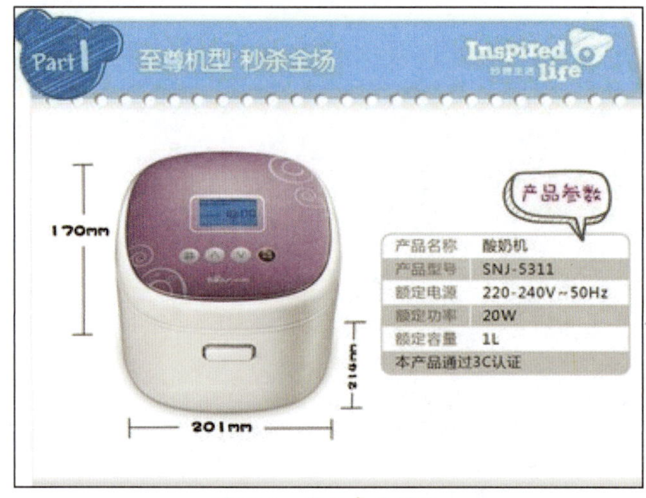

图11-8 产品参数描述

3. 产品细节描述

在对产品进行细节描述时，需要多角度展示产品，才能完美地呈现出细节优势。

4. 产品卖点

描述产品卖点的目的主要是突出产品优势、吸引买家关注、刺激买家下单。产品卖点一般可以通过优劣对比、拟人、破坏性试验、类比等方式呈现。

5. 增值服务

增值服务主要是强调产品的品质以及相关的保障、品牌的宣传等。商家可以根据类目特性、产品特性、行业标准要求等在此处增加提升买家信任度的内容，其内容包含有品牌授权书、资质认证、资历认证等相关证书以及厂家相关的展示等。

11.4 手机端其他设计

在装修手机端电商店铺时，不仅可以装修手机端网店的首页和详情页，还可以自定义手机端的菜单、自定义店铺页面等，下面分别进行介绍。

扫一扫

下载视频教学

1. 自定义手机端的菜单

手机端网店的菜单一般位于手机界面的最下方，卖家可以自己设定菜单的内容，下面将介绍具体的操作步骤。

01 在“无线运营中心”页面中，选择“自定义菜单”选项，如图11-9所示。

02 进入“菜单管理”页面，单击“创建模板”按钮，如图11-10所示。

图11-9 选择“自定义菜单”选项

图11-10 单击“创建模板”按钮

03 展开“模板名称”文本框，输入名称“模板1”，单击“下一步”按钮，如图11-11所示。

04 再次展开页面，勾选“宝贝分类”复选框，单击“添加子菜单”按钮，如图11-12所示。

图11-11 输入模板名称

图11-12 单击“添加子菜单”按钮

05 弹出“编辑菜单”对话框，修改“子菜单名称”为“新品上市”，在“宝贝分类”列表框中选择“上新”选项，单击“确定”按钮，如图11-13所示。

06 返回到“菜单管理”页面中，可以在“宝贝分类”列表框下方查看到新添加的子菜单类别，如图11-14所示。

图11-13 选择“上新”选项

图11-14 查看子菜单

07 使用同样的方法，依次添加“产品特卖”和“店铺推荐”子菜单，勾选“店铺简介”复选框，单击“确定发布”按钮，如图11-15所示，即可完成菜单的发布操作，其效果如图11-16所示。

图11-15 单击“确定发布”按钮

图11-16 发布菜单

TIPS 在自定义手机菜单后，如果对制作好的手机端菜单不满意，可以单击“删除”按钮，直接删除，也可以单击“编辑”按钮，重新对手机端网店的菜单进行编辑。

2. 自定义店铺页面

自定义页面通常作为活动页面，单独的活动页面可以缩短买家的购物路径，下面将介绍其具体的操作步骤。

01 在“无线运营中心”页面中的左侧列表框中，选择“自定义页面”选项，如图11-17所示。

02 进入“页面管理”页面，单击“新建页面”按钮，如图11-18所示。

图11-17 选择“自定义页面”选项

图11-18 单击“新建页面”按钮

03 弹出“请输入页面名称”对话框，在文本框中输入“聚划算”，单击“确定”按钮，如图11-19所示。

04 返回到“页面管理”页面，完成新页面创建，单击“新建页面”按钮，如图11-20所示。

图11-19 输入页面名称

图11-20 单击“新建页面”按钮

05 进入“店铺装修”页面，如图11-21所示，用户可以根据对应的模块进行装修，其装修方法与电脑端首页装修方法相同，装修完成后，单击“发布”按钮即可。

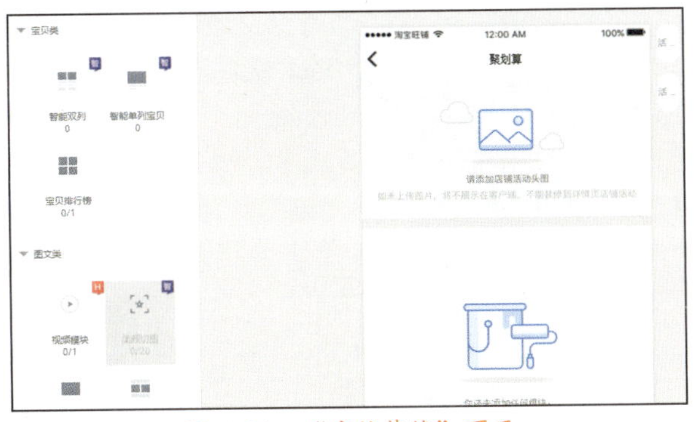

图11-21 “店铺装修”页面

11.5 案例制作：手机端零食店铺首页装修设计

随着移动网络技术和智能手机技术的发展，使用手机端购物已经成为了一种时尚。本实例是为零食手机店铺设计的首页装修效果，为了方便顾客更直观地了解零食的种类，画面采用了大图来表现，这样既能保证图片的质量，也有利于顾客看到丰富的零食效果。

● 案例分析

本案例是手机端零食店铺的首页效果，该首页由焦点图、优惠券、分类区、本期热销、掌柜推荐和页尾区域六大区域组成。在制作本案例时使用白色作为首页的主色调，搭配各种颜色的形状和零食图片，吸引顾客购买。

● 颜色分析

在本案例中，使用蓝紫色、白色和黄色等颜色，表现出了强烈的视觉反差，使得主体对象更加醒目、突出。首页中的文字大多采用白色，使得文字内容醒目，方便顾客浏览。

主色：#9023ef #ffffff #6c70db

辅色：#ff6876 #fcd300 #f6b900 #fef6e0

字色：#6062d9 #f7a501 #ffffff #6d6fdc

● 字体分析

首页中的字体一般都是采用微软雅黑、宋体、汉仪蝶语体简等字体，通过这些字体可以更好地呈现产品的主题，并将产品的特点传递出来，成为吸引顾客的关键点。

● 制作步骤

1. 制作焦点图

01 执行“文件”|“新建”命令，打开“新建文档”对话框，修改各参数值，如图11-22所示，单击“创建”按钮，即可新建文档。

02 在工具箱中选择▭（矩形工具），在工具选项栏中，修改“工具模式”为“形状”，修改“填充”RGB参数分别为144、35、239、“描边”为“无”，在图像上按住鼠标左键拖曳，绘制一个W为645、H为696的矩形形状，如图11-23所示。

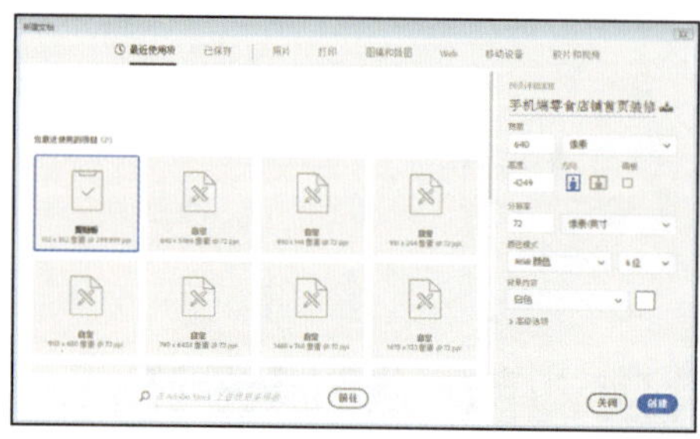

图11-22 设置参数值

图11-23 绘制矩形形状

03 在工具箱中选择◯（椭圆工具），在工具选项栏中，修改“工具模式”为“形状”，修改“填充”RGB参数分别为162、192、255、“描边”为“无”，在图像上按住鼠标左键拖曳，绘制一个W为54、H为41的椭圆形状，并将新绘制椭圆移至合适的位置，如图11-24所示。

04 在工具箱中选择◯（椭圆工具），在工具选项栏中，修改“工具模式”为“形状”，修改“填充”RGB参数均为255、“描边”为“无”，在图像上按住鼠标左键拖曳，绘制6个W为78、H为85的椭圆形状，并将新绘制椭圆移至合适的位置，如图11-25所示。

图11-24 绘制椭圆形状

图11-25 绘制椭圆形状

05 在工具箱中选择◯（椭圆工具），在工具选项栏中，修改“工具模式”为“形状”，修改“填充”RGB参数分别为144、35、239、“描边”为“无”，在图像上按住鼠标左键拖曳，绘制6个W为52、H为41的椭圆形状，并将新绘制椭圆移至合适的位置，如图11-26所示。

06 执行“文件”|“打开”命令，打开“素材\第11章\11.5\背景.png”图像文件，将打开的图像拖曳至“手机端零食店铺首页装修”窗口中，如图11-27所示。

图11-26 绘制椭圆形状

图11-27 移动图像

07 在工具箱中选择▭（矩形工具），在工具选项栏中，设置“工具模式”为“形状”，修改“填充”为“无”、“描边”RGB参数为255、“描边宽度”为“13点”，在图像上按住鼠标左键拖曳，绘制一个W为286、H为376的矩形形状，如图11-28所示。

08 在“图层”面板中选择合适的图层，按快捷键Ctrl+G，创建“焦点图”组，并选择“矩形1”图层，在“图层”面板底部单击“添加矢量蒙版”按钮◘，添加矢量蒙版，如图11-29所示。

图11-28 创建矩形形状

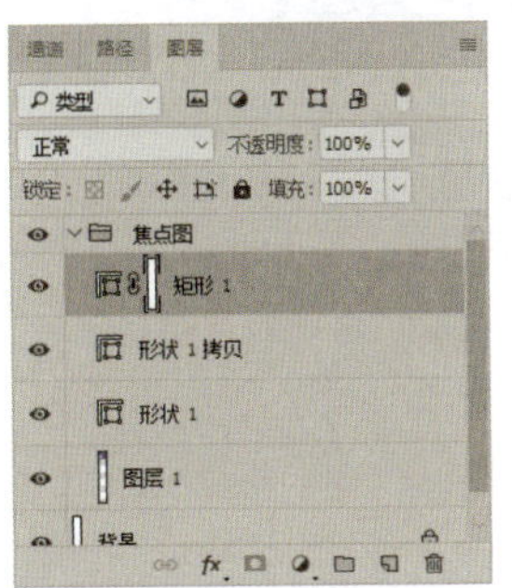

图11-29 创建组

09 在工具箱中选择✓（画笔工具），在工具选项栏中，选择“硬边方形24像素”画笔样式，在图像上依次按住鼠标左键拖曳，涂抹图像，如图11-30所示。

10 在工具箱中选择▭（矩形工具），在工具选项栏中，设置“工具模式”为“形状”，修改“填充”为RGB参数为255、“描边”为“无”，在图像上按住鼠标左键拖曳，绘制一个W为179、H为33的矩形形状，如图11-31所示。

图11-30 涂抹图像

图11-31 绘制矩形形状

11 在工具箱中选择╱（直线工具），在工具选项栏中，设置“工具模式”为“形状”，修改“填充”为RGB参数为255、“描边”为“无”，在图像上按住鼠标左键拖曳，绘制一条W为19、H为3的水平直线，如图11-32所示。

12 在工具箱中选择T（横排文字工具），在图像上单击，创建文本，在工具选项栏中，修改“字体”为“微软雅黑”、“字号”为“73点”、“字体颜色”RGB均为255，并将创建好的文本移动至合适的位置，如图11-33所示。

图11-32 绘制水平直线

图11-33 创建文本

13 在“图层”面板中选择新创建的文本图层，按快捷键Ctrl+J，复制文本，将复制后的文本移至合适的位置，并修改文本内容，如图11-34所示。

14 在“图层”面板中双击“食”文本图层，弹出“图层样式”对话框，勾选“投影”复选框，在对应列表框中修改各参数值，如图11-35所示。

图11-34　复制文本

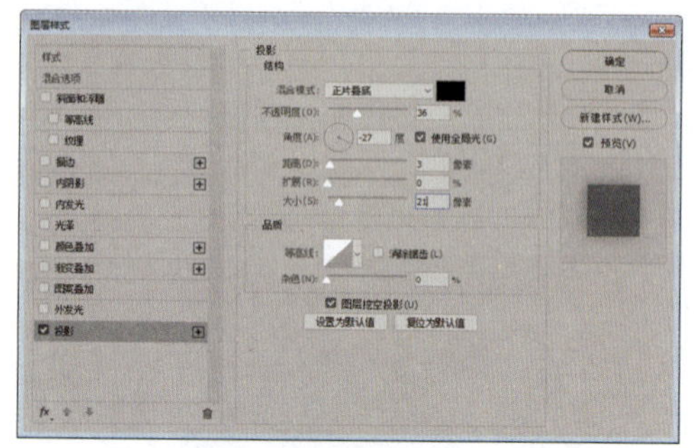
图11-35　修改参数值

15 单击“确定”按钮，即可为文本添加“投影”图层样式，其图像效果如图11-36所示。

16 在“图层”面板中选择“食”文本图层，按3次快捷键Ctrl+J，复制文本，将复制后的文本移至合适的位置，并修改文本内容，如图11-37所示。

图11-36　添加图层样式

图11-37　复制文本

17 在工具箱中选择（直线工具），在工具选项栏中，设置“工具模式”为“形状”，修改“填充”为“无”、“描边”RGB参数为255、“描边宽度”为5点、“粗细”为“2像素”，在图像上按住鼠标左键拖曳，绘制一条倾斜的直线，按住Alt键，选择新绘制的直线，进行多次复制操作，如图11-38所示。

18 在“图层”面板中选择多个“形状3”图层，右击，弹出快捷菜单，选择“合并形状”命令，合并倾斜的直线形状。

19 在工具箱中选择（横排文字工具），在图像上单击，创建文本，在工具选项栏中，修改“字体”为“方正兰亭超细黑简体”、“字号”为“36点”、“字体颜色”RGB均为255，并将创建好的文本移动至合适的位置，如图11-39所示。

图11-38　绘制倾斜直线

图11-39　创建文本

20 在工具箱中选择（横排文字工具），在图像上单击，创建文本，在工具选项栏中，修改“字体”为

"微软雅黑"、"字号"为"22点"、"字体颜色"RGB分别为96、98、217，并将创建好的文本移动至合适的位置，如图11-40所示。

21 在工具箱中选择 T.（横排文字工具），在图像上单击，创建文本，在工具选项栏中，修改"字体"为"微软雅黑"、"字号"为"15点"、"字体颜色"RGB均为255，加粗文本，并将创建好的文本移动至合适的位置，如图11-41所示。

图11-40　创建文本

图11-41　创建文本

22 在工具箱中选择 T.（横排文字工具），在图像上单击，创建文本，在工具选项栏中，修改"字体"为"微软雅黑"、"字号"为"28点"、"字体颜色"RGB均为255，加粗文本，并将创建好的文本移动至合适的位置，如图11-42所示。

23 在工具箱中选择 T.（横排文字工具），在图像上单击，创建文本，在工具选项栏中，修改"字体"为"新宋体"、"字号"为"15"、"字体颜色"RGB均为255，并将创建好的文本移动至合适的位置，如图11-43所示。

图11-42　创建文本

图11-43　创建文本

24 执行"文件"|"打开"命令，打开"素材\第11章\11.5\零食1.png、零食2.png"图像文件，将打开的图像拖曳至"手机端零食店铺首页装修"窗口中，如图11-44所示。

25 按快捷键Ctrl+Shift+N，新建"图层4"图层，调整图层顺序，在工具箱中选择 ✓（画笔工具），在工具选项栏中选择"柔边圆"画笔样式，设置画笔大小和不透明度参数，在图像上依次按住鼠标左键拖曳，涂抹图像，如图11-45所示。

图11-44　移动图像

图11-45　涂抹图像

2. 制作优惠券

01 在工具箱中选择◯（椭圆工具），在工具选项栏中，设置“工具模式”为“形状”，在图像上按住鼠标左键拖曳，绘制一个椭圆形状，如图11-46所示。

02 在弹出的“属性”面板中，依次修改各参数值，如图11-47所示，即可更改椭圆形状的大小和填充颜色。

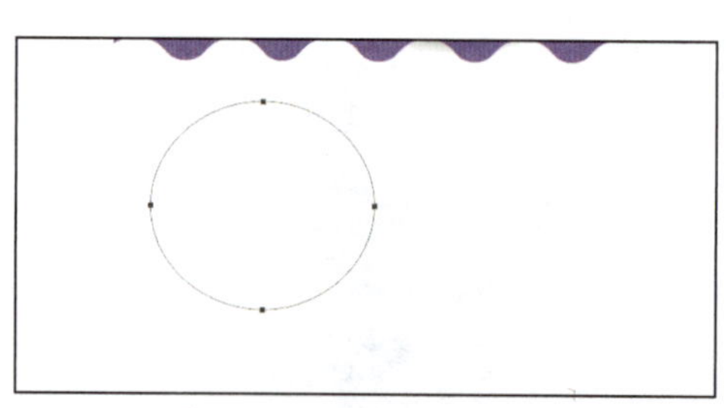

图11-46　绘制椭圆形状

图11-47　修改参数值

03 将新绘制椭圆移至合适位置，如图11-48所示，在“图层”面板中选择“椭圆1”图层，按快捷键Ctrl+G，创建“优惠券”组。

04 在工具箱中选择◯（椭圆工具），在工具选项栏中，设置“工具模式”为“形状”，修改“填充”的RGB参数均为255、“描边”为“无”，在图像上按住鼠标左键拖曳，绘制一个W和H均为40的椭圆形状，如图11-49所示。

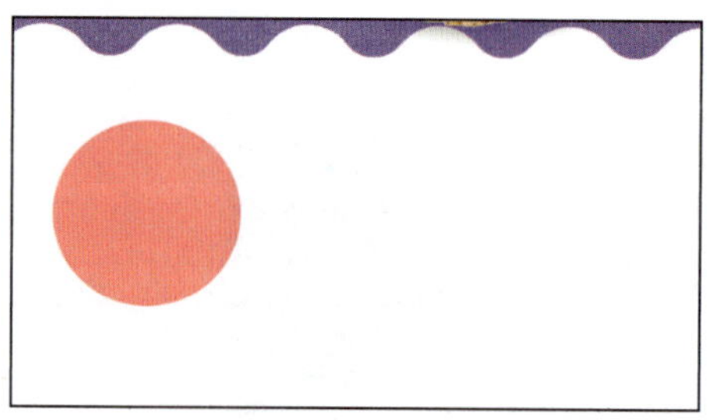

图11-48　更改椭圆形状

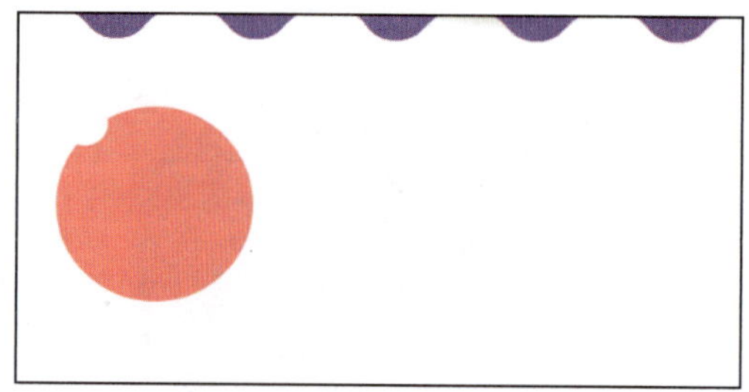

图11-49　绘制椭圆形状

05 双击“椭圆2”图层，弹出“图层样式”对话框，勾选“图案叠加”复选框，在对应列表框中修改各参数值，如图11-50所示。

06 单击“确定”按钮，即可为椭圆形状添加图层样式，其图像效果如图11-51所示。

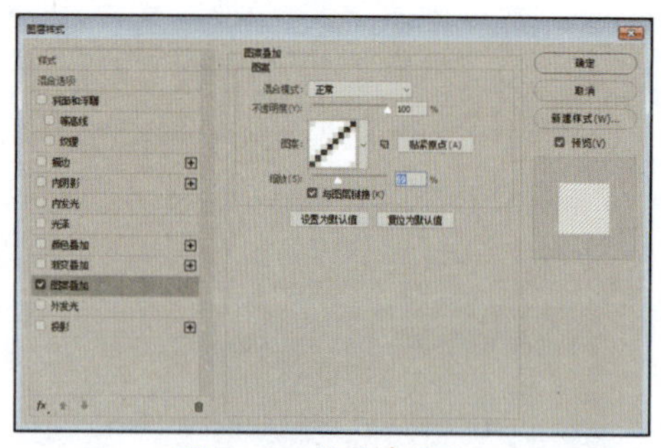

图11-50　修改参数值

图11-51　添加图层样式

07 在工具箱中选择◯（椭圆工具），在工具选项栏中，设置“工具模式”为“形状”，修改“填充”的RGB参数分别为255、104、118、“描边”为“无”，在图像上按住鼠标左键拖曳，绘制一个W和H均为22的椭圆形状，如图11-52所示。

08 在“图层”面板中选择新绘制的3个椭圆形状，按两次快捷键Ctrl+J，复制形状，将复制后的椭圆形状移至合适的位置，如图11-53所示。

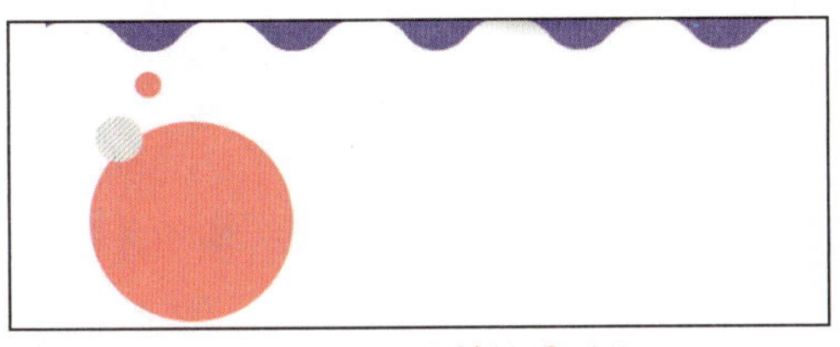
图11-52　绘制椭圆形状

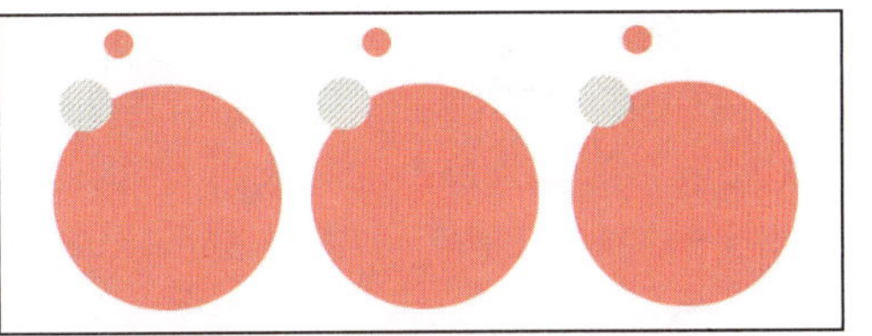
图11-53　复制椭圆形状

09 在工具箱中选择T（横排文字工具），在图像上单击，创建文本，在工具选项栏中，修改“字体”为“微软雅黑”、“字号”为“35点”、“字体颜色”RGB均为255、在“消除锯齿”列表框中选择“平滑”选项，并移动文本，如图11-54所示。

10 在工具箱中选择T（横排文字工具），在图像上单击，创建文本，在工具选项栏中，修改“字体”为Arial、“字号”为“68点”、“字体颜色”RGB均为255、在“消除锯齿”列表框中选择“平滑”选项，加粗并移动文本，如图11-55所示。

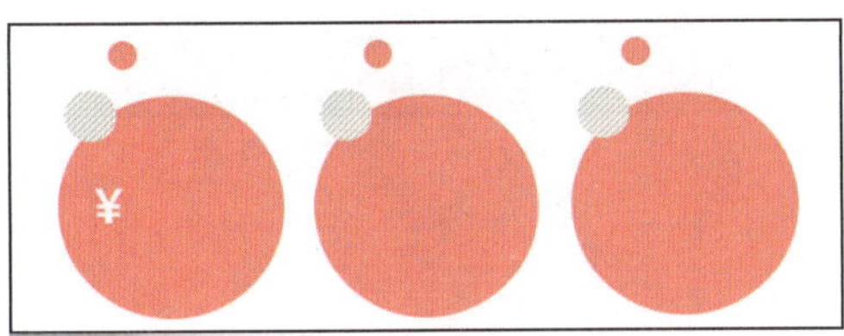

图11-54　创建文本

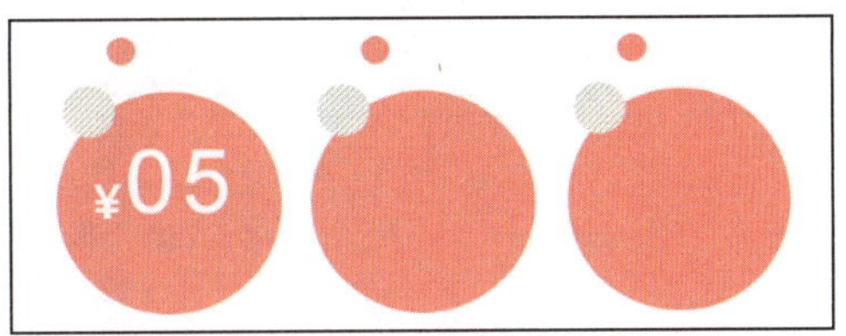

图11-55　创建文本

11 在工具箱中选择T（横排文字工具），在图像上单击，创建文本，在工具选项栏中，修改“字体”为“宋体”、“字号”为“22点”、“字体颜色”RGB均为255、在“消除锯齿”列表框中选择“平滑”选项，加粗并移动文本，如图11-56所示。

12 在工具箱中选择T（横排文字工具），在图像上单击，创建文本，在工具选项栏中，修改“字体”为“微软雅黑”、“字号”为“16点”、“字体颜色”RGB均为255、在“消除锯齿”列表框中选择“平滑”选项，并移动文本，如图11-57所示。

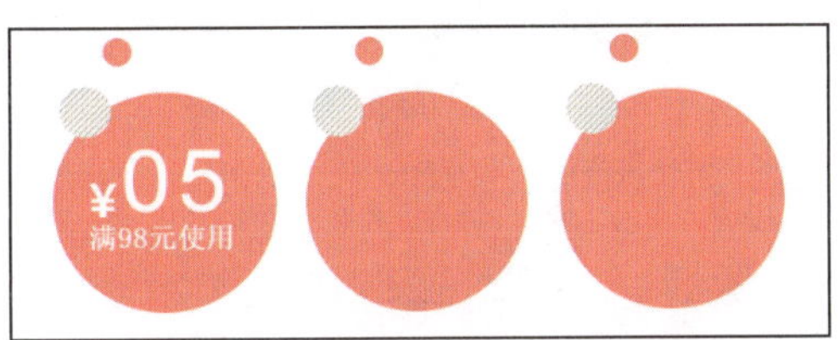

图11-56　创建文本

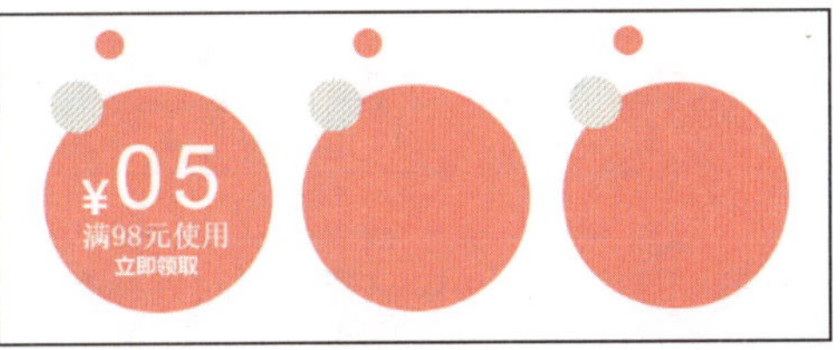

图11-57　创建文本

13 在“图层”面板中选择新创建的所有文本，按两次快捷键Ctrl+J，复制文本，将复制后的文本移至合适的位置，并依次修改文本的内容，如图11-58所示。

图11-58　复制文本

TIPS

设置消除锯齿时，选择“无”选项，表示不进行消除锯齿处理；选择“锐利”选项可以轻微使用消除锯齿，文本的效果显得锐利；选择“犀利”选项可以大量使用消除锯齿，文本的效果显得更粗重；选择“平滑”选项可以大量使用消除锯齿，文本的效果显得更平滑。

3. 制作分类区

01 在工具箱中选择▭（矩形工具），在工具选项栏中，修改“工具模式”为“形状”，修改“填充”RGB参数分别为252、211、0、“描边”为“无”，在图像上按住鼠标左键拖曳，绘制一个W为640、H为59的矩形形状，如图11-59所示，在“图层”面板中选择新绘制矩形图层，按快捷键Ctrl+G，创建“分类区”组。

02 在工具箱中选择（添加锚点），在新绘制矩形的上方添加多个锚点，在工具箱中选择（直接选择工具），依次调整矩形各个锚点的位置，如图11-60所示。

图11-59　绘制矩形形状

图11-60　调整锚点

03 如果用户不想通过矩形调整锚点来绘制下面的装饰，也可以执行“文件”|“打开”命令，打开“素材\第11章\11.5\装饰.png”图像文件，将打开的图像拖曳至“手机端零食店铺首页装修”窗口中，如图11-61所示。

04 在工具箱中选择▭（矩形工具），在工具选项栏中，修改“工具模式”为“形状”，在图像上按住鼠标左键拖曳，绘制一个矩形形状，如图11-62所示。

图11-61　移动图像

图11-62　绘制矩形形状

05 在打开的“属性”面板中，依次修改各参数值，如图11-63所示，即可更改矩形形状的大小和填充颜色。

06 将新绘制矩形移至合适的位置，如图11-64所示。

图11-63　修改参数值

图11-64　更改矩形形状

07 在“图层”面板中“分类区”组中选择“矩形3”形状，按4快捷键Ctrl+J，复制矩形形状，将复制后的矩形形状移至合适的位置，并依次修改复制后各个矩形的填充颜色，如图11-65所示。

08 在工具箱中选择▭（矩形工具），在工具选项栏中，修改“工具模式”为“形状”，在图像上按住鼠标左键拖曳，绘制一个矩形形状，如图11-66所示。

图11-65 复制矩形形状

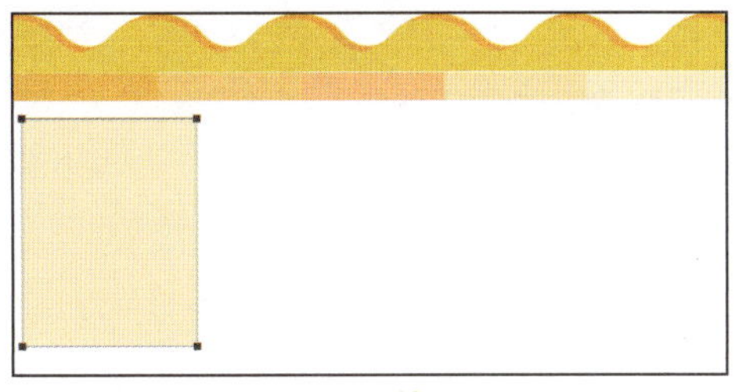

图11-66 绘制矩形形状

09 在打开的“属性”面板中，依次修改各参数值，如图11-67所示，即可更改矩形形状的大小和填充颜色。

10 将新绘制矩形移至合适的位置，如图11-68所示。

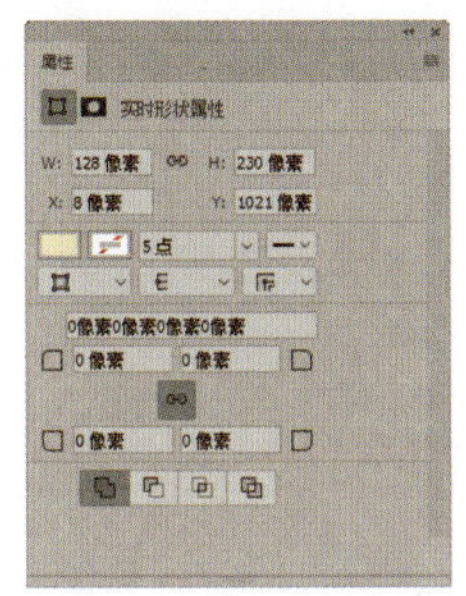

图11-67 修改参数值

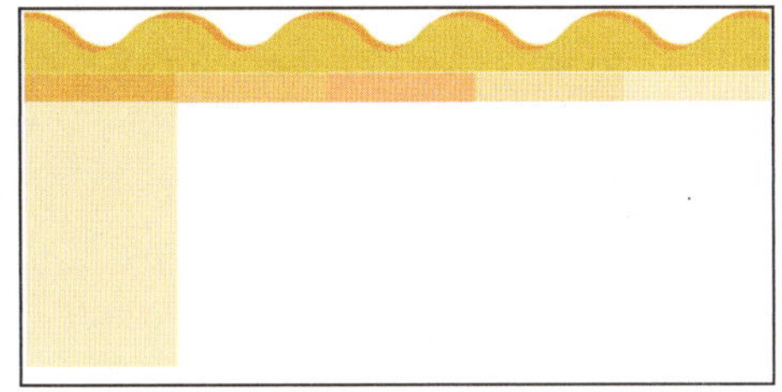

图11-68 更改矩形形状

11 在“图层”面板中选择“矩形4”形状，按快捷键Ctrl+J4次，复制矩形形状，将复制后的矩形形状移至合适的位置，并依次修改复制后各个矩形的填充颜色，如图11-69所示。

12 在工具箱中选择（矩形工具），在工具选项栏中，设置“工具模式”为“形状”，修改“填充”的RGB参数分别为254、246、224；“描边”为“无”，在图像上按住鼠标左键拖曳，绘制一个W为50、H为150的矩形形状，如图11-70所示。

图11-69 复制矩形形状

图11-70 绘制矩形形状

13 在“图层”面板中双击“矩形5”图层，弹出“图层样式”对话框，选中“投影”复选框，在对应列表框中修改各参数值，如图11-71所示。

14 单击“确定”按钮，即可为矩形添加图层样式，如图11-72所示。

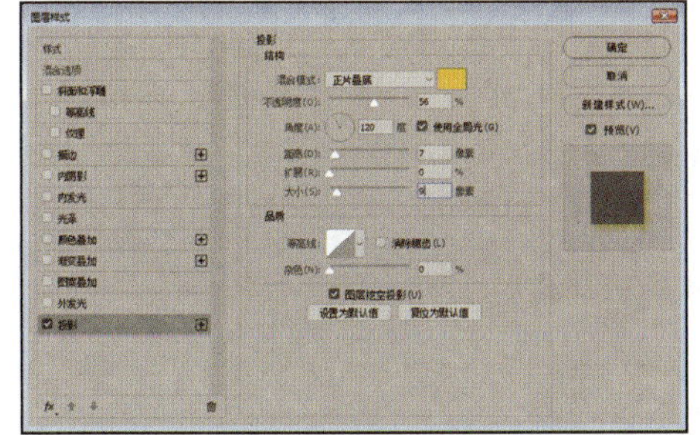

图11-71 修改参数值

图11-72 添加图层样式

15 在工具箱中选择（矩形工具），在工具选项栏中，设置“工具模式”为“形状”，修改“填充”的

RGB参数均为255、“描边”为“无”，在图像上按住鼠标左键拖曳，绘制一个W为38、H为130的矩形形状，如图11-73所示。

16 在“图层”面板中选择“矩形4”和“矩形6”形状，按4次快捷键Ctrl+J，复制矩形形状，将复制后的矩形形状移至合适的位置，如图11-74所示。

图11-73 绘制矩形形状

图11-74 复制矩形形状

17 在工具箱中选择T（直排文字工具），在图像上单击，创建文本，在工具选项栏中，修改“字体”为“方正清刻本悦宋简体”、“字号”为“28点”、“字体颜色”RGB分别为247、165、1，在“消除锯齿”列表框中选择“平滑”选项，并移动文本，如图11-75所示。

18 在“图层”面板中选择新创建文本，按4次快捷键Ctrl+J，复制文本，将复制后的文本移至合适的位置，并修改移动后的文本内容，如图11-76所示。

图11-75 创建文本

图11-76 复制文本

4. 制作“本期热销”

01 执行“文件”|“打开”命令，打开“素材\第11章\11.5\背景1.png”图像文件，将打开的图像拖曳至“手机端零食店铺首页装修”窗口中，如图11-77所示。在“图层”面板中选择“图层6”图层，按快捷键Ctrl+G，创建“本期热销”组。

02 在工具箱中选择（自定形状工具），在工具选项栏中，修改“工具模式”为“形状”，在“形状”下拉列表框中选择“波浪”形状，修改“填充”RGB参数均为255、“描边”为“无”，在图像上按住鼠标左键拖曳，绘制一个W为97、H为31的波浪形状，如图11-78所示。

图11-77 移动图像

图11-78 绘制波浪形状

03 在工具箱中选择（矩形工具），在工具选项栏中，设置“工具模式”为“形状”，修改“填充”为“无”、“描边”RGB参数为255、“描边宽度”为“8点”，在图像上按住鼠标左键拖曳，绘制一个W为330、H为92的矩形形状，如图11-79所示。

04 在“图层”面板的“本期热销”组中，选择“矩形7”图层，在“图层”面板底部单击“添加图层蒙版”按钮，添加图层蒙版，如图11-80所示。

图11-79 绘制矩形形状

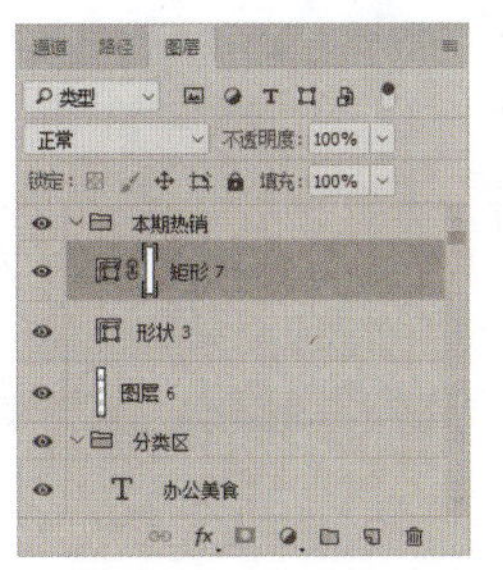

图11-80 添加矢量蒙版

05 在工具箱中选择（画笔工具），在工具选项栏中，选择“硬边方形24像素”画笔样式，在图像上依次按住鼠标左键拖曳，涂抹图像，如图11-81所示。

06 在工具箱中选择（横排文字工具），在图像上单击，创建文本，在工具选项栏中，修改“字体”为“微软雅黑”、“字号”为“19点”、“字体颜色”RGB均为255，在“消除锯齿”列表框中选择“平滑”选项，并移动文本，如图11-82所示。

图11-81 涂抹图像

图11-82 创建文本

07 在工具箱中选择（横排文字工具），在图像上单击，创建文本，在工具选项栏中，修改“字体”为“微软雅黑”、“字号”为“45点”、“字体颜色”RGB均为255，在“消除锯齿”列表框中选择“平滑”选项，并移动文本，如图11-83所示。

08 执行“文件”|“打开”命令，打开“素材\第11章\11.5\零食3.png～零食4.png”图像文件，将打开的图像拖曳至“手机端零食店铺首页装修”窗口中，并调整各图像的位置，如图11-84所示。

图11-83 创建文本

图11-84 移动图像

09 在工具箱中选择（矩形工具），在工具选项栏中，设置“工具模式”为“形状”，修改“填充”为RGB参数分别为91、94、187，“描边”为“无”，在图像上按住鼠标左键拖曳，绘制一个W为307、H为60的矩形形状，如图11-85所示。

10 在“图层”面板中选择“矩形8”图层，修改“不透明度”参数为79%，即可更改图层的不透明度，其图像效果如图11-86所示。

图11-85　绘制矩形形状

图11-86　更改不透明度

11 在工具箱中选择T.（横排文字工具），在图像上单击，创建文本，在工具选项栏中，修改“字体”为“微软雅黑”、“字号”为“20点”、“字体颜色”RGB均为255，并移动文本，如图11-87所示。

12 在工具箱中选择T.（横排文字工具），在图像上单击，创建文本，在工具选项栏中修改“字体”为“微软雅黑”、“字号”为“17点”、“字体颜色”RGB均为255，并移动文本，如图11-88所示。

图11-87　创建文本

图11-88　创建文本

13 在工具箱中选择T.（横排文字工具），在图像上单击，依次创建多个文本，在工具选项栏中，修改“字体”为“方正粗圆简体”、“字号”为“30点”、“字体颜色”RGB均为255，加粗文本，并将新绘制文本移动至合适的位置，如图11-89所示。

14 在工具箱中选择T.（横排文字工具），在图像上单击，依次创建多个文本，在工具选项栏中，修改“字体”为“微软雅黑”、“字号”为“25点”、“字体颜色”RGB均为255，“字体行距”为“22点”，并将新绘制文本移动至合适的位置，如图11-90所示。

图11-89　创建文本

图11-90　创建文本

15 在“图层”面板中选择新创建文本和矩形，按5次快捷键Ctrl+J，复制文本，将复制后的文本移至合适的位置，并修改移动后的文本内容，如图11-91所示。

图11-91　复制文本

5. 制作“掌柜推荐”

01 在工具箱中选择（自定形状工具），在工具选项栏中，修改“工具模式”为“形状”，在“形状”下拉列表框中选择“叶形装饰2”形状，修改“填充”RGB参数分别为109、111、220；“描边”为“无”，在图像上按住鼠标左键拖曳，绘制一个W为101、H为35的叶形装饰形状，如图11-92所示，在“图层”面板中选择新创建的形状图层，按快捷键Ctrl+G，创建“掌柜推荐”组。

02 在工具箱中选择（横排文字工具），在图像上单击，创建文本，在工具选项栏中，修改“字体”为“微软雅黑”、“字号”为“30点”、“字体颜色”RGB分别为109、111、220，并将新绘制文本移动至合适的位置，如图11-93所示。

图11-92　绘制叶形装饰形状

图11-93　创建文本

03 在工具箱中选择（直线工具），在工具选项栏中，设置“工具模式”为“形状”，修改“填充”为“无”、“描边”RGB参数分别为109、111、220，“描边宽度”为“5点”，在图像上按住鼠标左键拖曳，绘制一条W为573、H为2的水平直线，如图11-94所示。

04 在工具箱中选择（矩形工具），在工具选项栏中，设置“工具模式”为“形状”，修改“填充”RGB参数分别为109、111、220、“描边”为“无”，在图像上按住鼠标左键拖曳，绘制一个W为76、H为14的矩形形状，如图11-95所示。

图11-94　绘制水平直线

图11-95　绘制矩形形状

05 在工具箱中选择（横排文字工具），在图像上单击，创建文本，在工具选项栏中，修改“字体”为“微软雅黑”、“字号”为“19点”、“字体颜色”RGB均为135，并将新绘制文本移动至合适的位置，如图11-96所示。

06 在工具箱中选择（自定形状工具），在工具选项栏中，修改“工具模式”为“形状”，在“形状”下拉列表框中选择“边框7”形状，修改“填充”RGB参数分别为138、140、227；“描边”为“无”，在图像上按住鼠标左键拖曳，绘制一个W为618、H为348的边框形状，如图11-97所示。

图11-96　创建文本

图11-97　创建边框形状

07 执行“文件”|“打开”命令，打开“素材\第11章\11.5\零食9.png”图像文件，将打开的图像拖曳至“手机端零食店铺首页装修”窗口中，按快捷键Ctrl+T，弹出变换控制框，调整图像的大小和位置，如图11-98所示。

08 在工具箱中选择（圆角矩形工具），在工具选项栏中，设置“工具模式”为“形状”，修改“填充”RGB参数分别为246、185、0、“描边”为“无”，在图像上按住鼠标左键拖曳，绘制一个W为104、H为28、“半径”为“14像素”的圆角矩形形状，如图11-99所示。

图11-98 移动图像

图11-99 绘制圆角矩形形状

09 在工具箱中选择（横排文字工具），在图像上单击，创建文本，在工具选项栏中，修改“字体”为“微软雅黑”、“字号”为“18点”、“字体颜色”RGB分别为85、82、222，如图11-100所示。

10 在工具箱中选择（横排文字工具），在图像上单击，创建文本，在工具选项栏中修改“字体”为“微软雅黑”、“字号”为“20点”、“字体颜色”RGB分别为246、185、0，如图11-101所示。

图11-100 创建文本

图11-101 创建文本

11 在工具箱中选择（横排文字工具），在图像上单击，创建文本，在工具选项栏中，修改“字体”为“方正粗圆简体”、“字号”为“47点”、“字体颜色”RGB分别为85、82、222，如图11-102所示。

12 在工具箱中选择（横排文字工具），在图像上单击，创建文本，在工具选项栏中修改“字体”为“微软雅黑”、“字号”为“20点”、“字体颜色”RGB均为255，如图11-103所示。

图11-102 创建文本

图11-103 创建文本

13 在“图层”面板中选择新创建的形状和文本，按两次快捷键Ctrl+J，复制形状和文本，将复制后的文本移至合适的位置，并依次修改复制后的文本内容。将“素材\第11章\11.5\零食10.png、图像11.png”图像文件移至“手机端零食店铺首页装修”窗口中，按快捷键Ctrl+T，弹出变换控制框，调整图像的大小和位置，如图11-104所示。

图11-104 复制文本和形状

6. 制作页尾区域

01 在工具箱中选择▭（矩形工具），在工具选项栏中，设置“工具模式”为“形状”，修改“填充”RGB参数分别为110、114、221、“描边”为“无”，在图像上按住鼠标左键拖曳，绘制一个W为261、H为97的矩形形状，如图11-105所示，在“图层”面板中选择新创建的形状图层，按快捷键Ctrl+G，创建“页尾区域”组。

02 在工具箱中选择◯（椭圆工具），在工具选项栏中，设置“工具模式”为“形状”，修改“填充”为RGB参数均为255；“描边”为“无”，在图像上按住鼠标左键拖曳，绘制一个W和H均为97的椭圆形状，如图11-106所示。

图11-105　创建矩形形状

图11-106　绘制椭圆形状

03 在工具箱中选择▭（矩形工具），在工具选项栏中，设置“工具模式”为“形状”，修改“填充”RGB参数均为255、“描边”为“无”，在图像上按住鼠标左键拖曳，绘制一个W为118、H为30的矩形形状，如图11-107所示。

04 在工具箱中选择T（横排文字工具），在图像上单击，创建文本，在工具选项栏中，修改“字体”为“微软雅黑”、“字号”为“33点”、“字体颜色”RGB分别为252、206、0，如图11-108所示。

图11-107　绘制矩形形状

图11-108　创建文本

05 在工具箱中选择T（横排文字工具），在图像上单击，创建文本，在工具选项栏中，修改“字体”为“微软雅黑”、“字号”为“19点”、“字体颜色”RGB分别为110、114、221，如图11-109所示。

06 在“图层”面板中选择新创建的形状和文本，按3次快捷键Ctrl+J，复制形状和文本，将复制后的文本移至合适的位置，并依次修改复制后的文本内容，如图11-110所示。

图11-109　创建文本

图11-110　复制文本和形状

07 执行“文件”|“打开”命令，打开“素材\第11章\11.5\零食12.png～零食15.png”图像文件，将打开的图像拖曳至“手机端零食店铺首页装修”窗口中，并调整各图像的位置，如图11-111所示。

08 执行“文件”|“打开”命令，打开“素材\第11章\11.5\背景2.png”图像文件，将打开的图像拖曳至“手机端零食店铺首页装修”窗口中，并调整各图像的位置，如图11-112所示。

图11-111　移动图像

图11-112　移动图像

09 在工具箱中选择T（横排文字工具），在图像上单击，创建文本，在工具选项栏中，修改“字体”为“汉仪蝶语体简”、“字号”为“40点”、“字体颜色”RGB均为255，并将新创建的文本移至合适的位置，如图11-113所示。

10 在工具箱中选择T（横排文字工具），在图像上单击，创建文本，在工具选项栏中，修改“字体”为“汉仪蝶语体简”、“字号”为“20点”、“字体颜色”RGB分别为255、209、1，并将新创建的文本移至合适的位置，得到最终的图像效果，如图11-114所示。

图11-113　创建文本

图11-114　最终图像效果

第12章　服装类店铺装修案例集合

服装网店的装修效果会影响顾客对店铺的整体印象，它是一个门面。网店装修包含的内容较多，如店招、导航、欢迎模块、促销广告、细节描述以及客服区等，如何将这些模块完美地呈现出来，就很考验设计师了。本章将对服装类网店店铺进行装修，详细介绍了女性服装店铺、男性服装店铺和童装服装店铺的装修设计技巧。

12.1 女性服装店铺装修设计案例

本实例是为某女性服装店铺所设计的首页效果，在设计时使用各种形状进行不规则的分隔和修饰，运用橙色和蓝色营造出舒适、清爽的感觉。

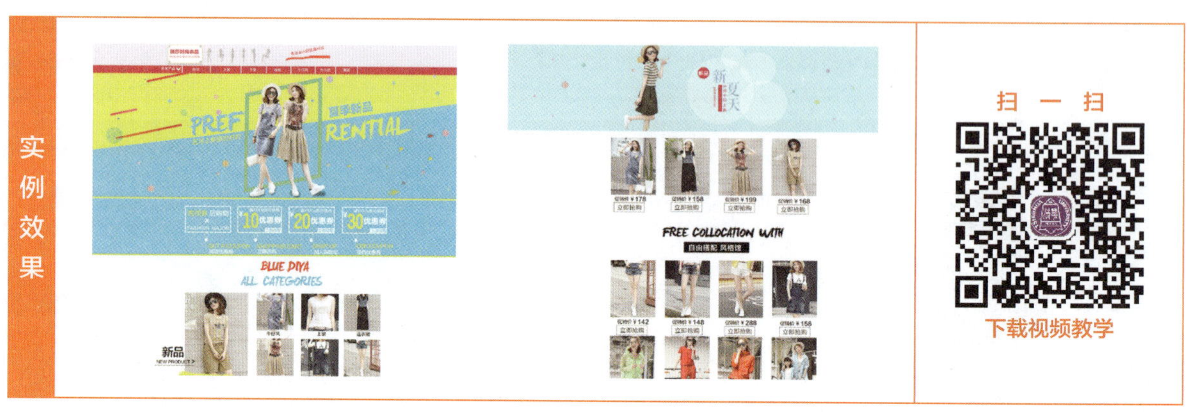

12.1.1 设计分析

下面将对女装店铺装修的颜色、字体等进行分析。

1. 版式分析

本案例的版式布局是采用单向型版面布局方式，使画面中的产品形象更加生动。首页中的欢迎模块是采用产品图片在中间、文字在两侧的排版方式，方便顾客浏览。在商品陈列展区中则是采用传统的多列排版的方式，将商品和文字按照规则进行排列，通过这种版式可以使整个首页的版面更为清晰。

2. 颜色分析

在本案例中，使用白色作为背景色，并添加橙色和绿色等形状作为点缀，使得整个店铺首页都干净、整洁，首页中的店招、导航条、优惠券、分类引导、首页海报等都整齐有序地排列在一起，方便顾客浏览，从而留住顾客的目光，使得顾客主动购买。

3. 字体分析

店铺首页中的字体一般都是采用汉仪蝶语体简、方正兰亭特黑简体等字体，通过这些字体可以突出产品的种类名称、价格和优惠信息，能够第一时间抓住顾客的眼球，从而促进成交。

12.1.2 制作步骤

下面将介绍女性服装店铺首页装修的具体操作步骤。

1. 制作店招

01 执行“文件”|“新建”命令，弹出“新建文档”对话框，修改各参数值，如图12-1所示，单击“创建”按钮，即可新建文档。

02 在工具箱中选择▭（矩形工具），在工具选项栏中，设置“工具模式”为“形状”，修改“填充”为“图案”，并选择合适的图案，修改“描边”为“无”，在图像上按住鼠标左键拖曳，绘制一个W为1920、H为115的矩形形状，如图12-2所示，在“图层”面板中选择“矩形1”图层，按快捷键Ctrl+G，创建“店招”组。

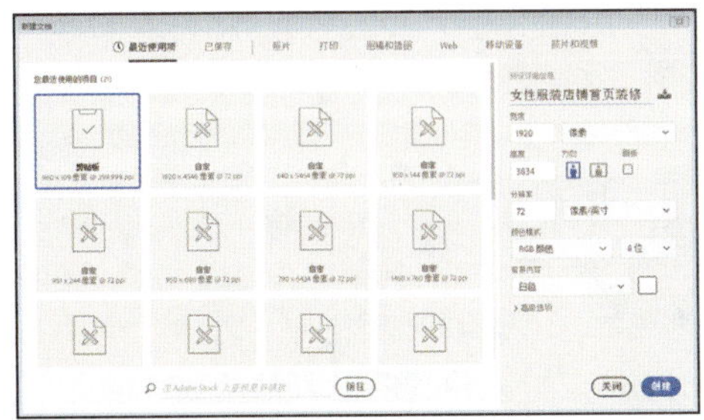
图12-1　设置参数值

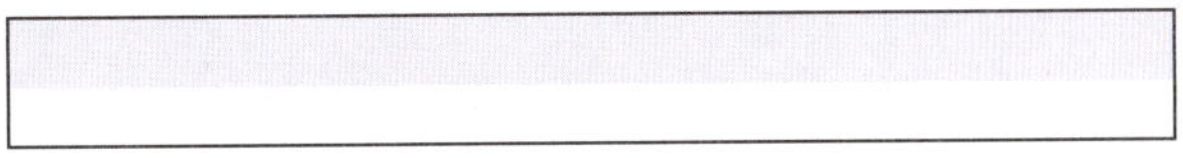

图12-2　绘制矩形形状

03 在工具箱中选择▭（矩形工具），在工具选项栏中，设置“工具模式”为“形状”，修改“填充”的RGB均为255，修改“描边”RGB参数分别为254、246、224，“描边宽度”为“5点”，在图像上按住鼠标左键拖曳，绘制一个W为179、H为97的矩形形状，如图12-3所示。

04 执行“文件”|“打开”命令，打开“素材\第12章\12.1.2\图钉.png”图像文件，将打开的图像拖曳至“女性服装店铺首页装修”窗口中，如图12-4所示。

图12-3　绘制矩形形状

图12-4　移动图像

05 在“图层”面板中双击“矩形2”图层，弹出“图层样式”对话框，勾选“投影”复选框，在对应列表框中修改各参数值，如图12-5所示。

06 单击“确定”按钮，即可为矩形形状添加图层样式，如图12-6所示。

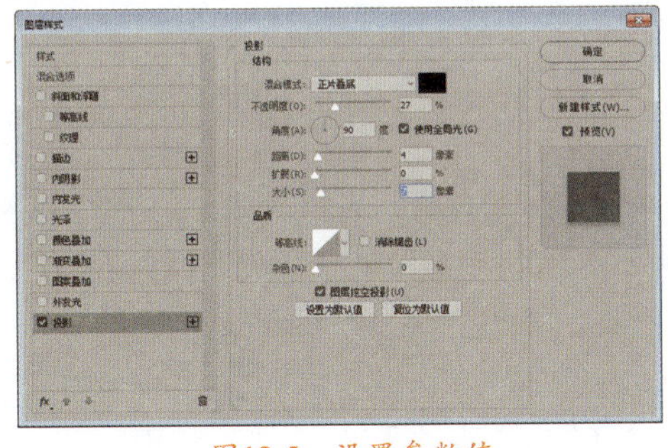
图12-5　设置参数值

图12-6　添加图层样式

07 执行“文件”|“打开”命令，打开“素材\第12章\12.1.2\装饰1.png”图像文件，将打开的图像拖曳至“女性服装店铺首页装修”窗口中，如图12-7所示。

08 在“图层”面板中选择“图层3”图层，在“设置图层的混合模式”下拉列表框中，选择“正片叠底”选项，即可更改图层的混合模式，如图12-8所示。

图12-7　移动图像

图12-8　更改图层混合模式

09 按快捷键Ctrl+Shift+N，新建“图层4”图层，设置“前景色”的RGB参数分别为254、53、55，在工具箱中选择（画笔工具），在工具选项栏中选择“扁平10像素”样式，在图像上按住鼠标左键拖曳，涂抹图像，如图12-9所示。

10 在工具箱中选择（横排文字工具），在图像上单击，创建文本，在工具选项栏中，修改“字体”为“方正兰亭特黑简体”、“字号”为“25点”、“字体颜色”RGB分别为227、13、85，并将创建好的文本移动至合适的位置，如图12-10所示。

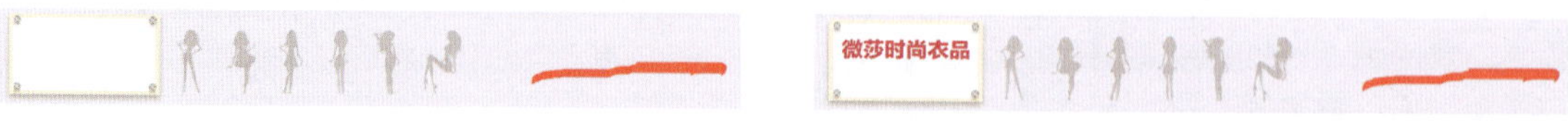

图12-9　涂抹图像　　图12-10　创建文本

11 在工具箱中选择（横排文字工具），在图像上单击，创建文本，在工具选项栏中，修改“字体”为“微软雅黑”、“字号”为“15点”、“字体颜色”RGB分别为227、13、85，并将创建好的文本移动至合适的位置，如图12-11所示。

12 在工具箱中选择（横排文字工具），在图像上单击，创建文本，在工具选项栏中，修改“字体”为“汉仪蝶语体简”、“字号”为“22点”、“字体颜色”RGB分别为255、0、72，并将创建好的文本移动至合适的位置，按快捷键Ctrl+T，弹出变换控制框，旋转文本，如图12-12所示。

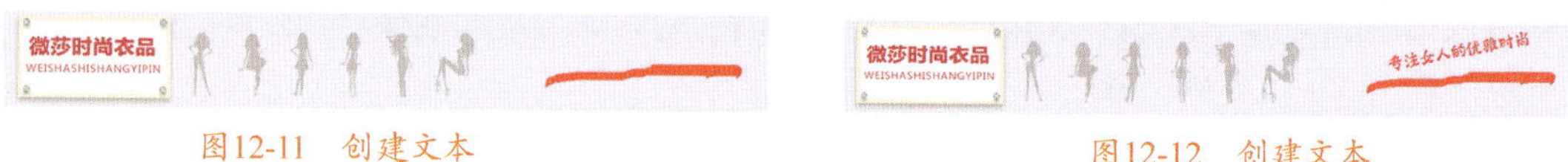

图12-11　创建文本　　图12-12　创建文本

2. 制作导航条

01 在工具箱中选择（矩形工具），在工具选项栏中，设置“工具模式”为“形状”，修改“填充”的RGB分别为226、4、79，修改“描边”为“无”，在图像上按住鼠标左键拖曳，绘制一个W为1920、H为40的矩形形状，如图12-13所示，在“图层”面板中选择“矩形3”图层，按快捷键Ctrl+G，创建“导航条”组。

02 按快捷键Ctrl+Shift+N，新建图层，设置“前景色”的RGB参数均为255，在工具箱中选择（画笔工具），在工具选项栏中，选择“扁平10像素”样式，在图像上按住鼠标左键拖曳，涂抹图像，如图12-14所示。

图12-13　绘制矩形形状　　图12-14　涂抹图像

03 在工具箱中选择（横排文字工具），在图像上单击，创建文本，在工具选项栏中，修改“字体”为“方正黑体简体”、“字号”为“18点”、“字体颜色”RGB均为255，并将创建好的文本移动至合适的位置，如图12-15所示。

04 在工具箱中选择（横排文字工具），在图像上单击，创建文本，在工具选项栏中，修改“字体”为“微软雅黑”、“字号”为“18点”、“字体颜色”RGB均为255，在“消除锯齿”列表框中选择“锐利”选项，并将创建好的文本移动至合适的位置，如图12-16所示。

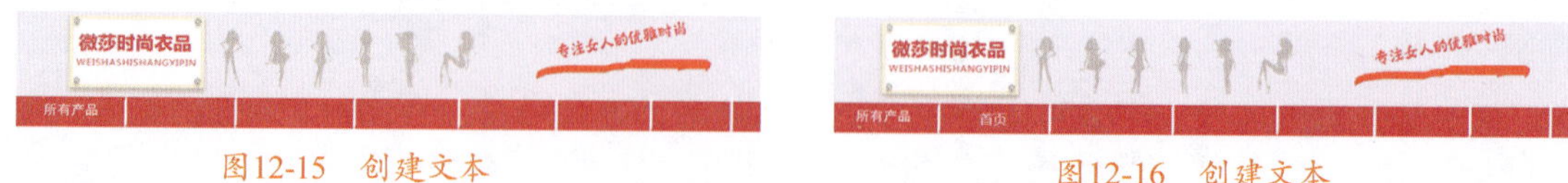

图12-15　创建文本　　图12-16　创建文本

05 在“图层”面板中选择新创建的文本图层，按6次快捷键Ctrl+J，复制文本，在工具箱中选择（移动工具），将复制后的文本依次移动至合适的位置，并修改复制后的文本内容，如图12-17所示。

06 在工具箱中选择（自定形状工具），在工具选项栏中，修改“工具模式”为“形状”，在“形状”

下拉列表框中选择“箭头2”形状，修改“填充”RGB参数均为255、“描边”为“无”，在图像上按住鼠标左键拖曳，绘制一个箭头形状，如图12-18所示。

图12-17　复制文本　　图12-18　绘制箭头形状

07 选择新绘制的箭头形状，按快捷键Ctrl+T，弹出变换控制框，当鼠标指针呈 ↻ 形状时，按住鼠标左键拖曳，旋转形状，如图12-19所示。

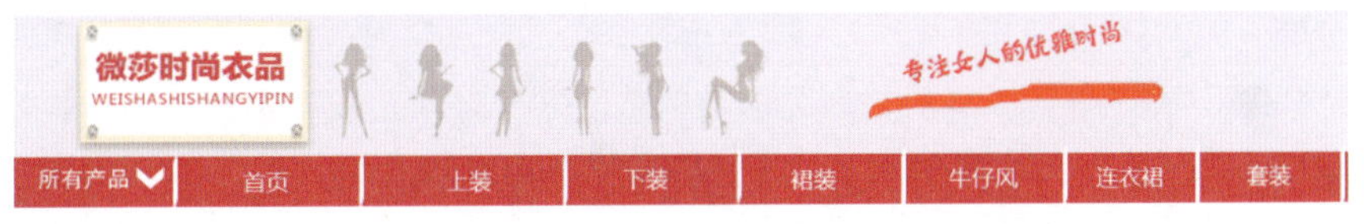

图12-19　旋转形状

3. 制作欢迎模块

01 在工具箱中选择 ▭（矩形工具），在工具选项栏中，设置“工具模式”为“形状”，修改“填充”的RGB分别为0、210、255，修改“描边”为“无”，在图像上按住鼠标左键拖曳，绘制一个W为1920、H为650的矩形形状，如图12-20所示。在“图层”面板中选择“矩形4”图层，按快捷键Ctrl+G，创建“欢迎模块”组。

02 在工具箱中选择 ✎（钢笔工具），在工具选项栏中，设置“工具模式”为“形状”，修改“填充”的RGB分别为255、255、55，修改“描边”为“无”，在图像上单击，添加锚点，绘制一个钢笔形状，如图12-21所示。

图12-20　绘制矩形形状

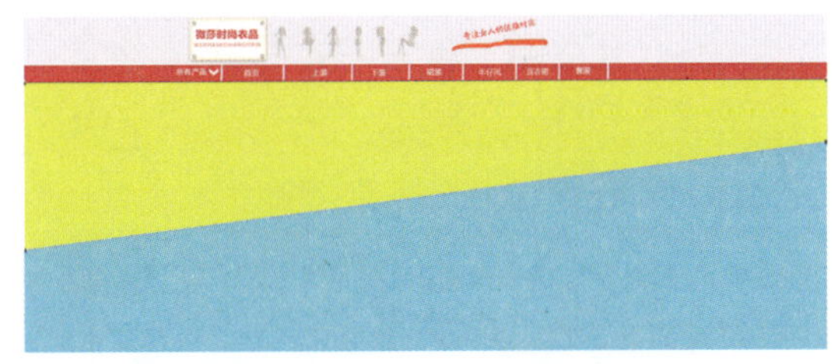

图12-21　绘制钢笔形状

03 执行“文件”|“打开”命令，打开“素材\第12章\12.1.2\装饰2.png”图像文件，将打开的图像拖曳至“女性服装店铺首页装修”窗口中，如图12-22所示。

04 在工具箱中选择 ▭（矩形工具），在工具选项栏中，设置“工具模式”为“形状”，修改“填充”为“无”，修改“描边”的RGB分别为44、255、153，“描边宽度”为“20点”，在图像上按住鼠标左键拖曳，绘制一个W为410、H为526的矩形形状，如图12-23所示。

图12-22　移动图像

图12-23　绘制矩形形状

05 在工具箱中选择 ↖（直接选择工具），在矩形的左上角点和左下角点上，依次按住鼠标左键拖曳，移动锚点的位置，如图12-24所示。

06 执行“文件”|“打开”命令，打开“素材\第12章\12.1.2\人物1.png、人物2.png”图像文件，将打开的图像拖曳至“女性服装店铺首页装修”窗口中，如图12-25所示。

图12-24　移动锚点位置

图12-25　移动图像

07 按快捷键Ctrl+Shift+N，新建图层，设置“前景色”的RGB参数均为255，在工具箱中选择（画笔工具），在工具选项栏中选择“柔边圆”样式，依次设置画笔大小和不透明度，在图像上按住鼠标左键拖曳，涂抹图像，如图12-26所示。

08 在工具箱中选择（横排文字工具），在图像上单击，创建文本，在工具选项栏中，修改“字体”为LeviReBrushed、“字号”为“123点”、“字体颜色”RGB分别为0、210、255，按快捷键Ctrl+T，弹出变换控制框，旋转并移动文本，如图12-27所示。

图12-26　涂抹图像

图12-27　创建文本

09 在工具箱中选择（横排文字工具），在图像上单击，创建文本，在工具选项栏中，修改“字体”为“方正兰亭中黑简体”、“字号”为“31点”、“字体颜色”RGB分别为255、255、55，按快捷键Ctrl+T，弹出变换控制框，旋转并移动文本，如图12-28所示。

10 在工具箱中选择（横排文字工具），在图像上单击，创建文本，在工具选项栏中，修改“字体”为“方正兰亭特黑简体”、“字号”为“60点”、“字体颜色”RGB分别为0、210、255，按快捷键Ctrl+T，弹出变换控制框，旋转并移动文本，如图12-29所示。

图12-28　创建文本

图12-29　创建文本

11 在工具箱中选择（横排文字工具），在图像上单击，创建文本，在工具选项栏中，修改“字体”为LeviReBrushed、“字号”为“123点”、“字体颜色”RGB分别为255、255、55，按快捷键Ctrl+T，弹出变换控制框，旋转并移动文本，如图12-30所示。

图12-30　创建文本

4. 制作优惠券

01 在工具箱中选择（矩形工具），在工具选项栏中，设置“工具模式”为“形状”，修改“填充”的RGB分别为255、255、55，修改“描边”为“无”，在图像上按住鼠标左键拖曳，绘制一个W为

1920、H为8的矩形形状，如图12-31所示，在“图层”面板中选择“矩形6”图层，按快捷键Ctrl+G，创建“优惠券”组。

02 在工具箱中选择（矩形工具），在工具选项栏中，设置“工具模式”为“形状”，修改“填充”的RGB分别为0、210、255，修改“描边”为“无”，在图像上按住鼠标左键拖曳，绘制一个W为1920、H为360的矩形形状，如图12-32所示。

图12-31 绘制矩形形状

图12-32 绘制矩形形状

03 在“图层”面板中选择“优惠券”组中的“矩形6”形状，按快捷键Ctrl+J，复制矩形形状，在工具箱中选择（移动工具），将复制后的矩形移动至合适的位置，如图12-33所示。

04 在工具箱中选择（矩形工具），在工具选项栏中，设置“工具模式”为“形状”，修改“填充”为“无”，修改“描边”的RGB参数均为255、“描边宽度”为“5点”，在图像上按住鼠标左键拖曳，绘制一个W为240、H为140的矩形形状，如图12-34所示。

图12-33 复制矩形形状

图12-34 绘制矩形形状

05 在“图层”面板中选择“优惠券”组中的“矩形8”形状，按3次快捷键Ctrl+J，复制矩形形状，在工具箱中选择（移动工具），将复制后的矩形移动至合适的位置，如图12-35所示。

06 在工具箱中选择（矩形工具），在工具选项栏中，设置“工具模式”为“形状”，修改“填充”的RGB均为255，修改“描边”为“无”，在图像上按住鼠标左键拖曳，绘制一个W为87、H为25的矩形形状，如图12-36所示。

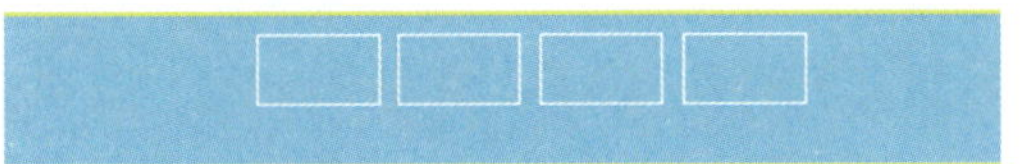

图12-35 复制矩形形状

图12-36 绘制矩形形状

07 在“图层”面板中选择“优惠券”组中的“矩形9”形状，按两次快捷键Ctrl+J，复制矩形形状，在工具箱中选择（移动工具），将复制后的矩形移动至合适的位置，如图12-37所示。

08 在工具箱中选择（横排文字工具），在图像上单击，创建文本，在工具选项栏中，修改“字体”为“方正兰亭中黑简体”、“字号”为“34点”、“字体颜色”RGB分别为255、255、55和255、255、255，并移动文本，如图12-38所示。

图12-37 复制矩形形状

图12-38 创建文本

09 在工具箱中选择（横排文字工具），在图像上单击，创建文本，在工具选项栏中，修改“字体”为“方正兰亭中黑简体”、“字号”为“48点”、“字体颜色”RGB均为255，并移动文本，如图12-39所示。

10 在工具箱中选择（横排文字工具），在图像上单击，创建文本，在工具选项栏中，修改“字体”为“方正兰亭中黑简体”、“字号”为“32点”、“字体颜色”RGB均为255，并移动文本，如图12-40所示。

图12-39　创建文本

图12-40　创建文本

11 在工具箱中选择（横排文字工具），在图像上单击，创建文本，在工具选项栏中，修改“字体”为“微软雅黑”、“字号”为“40点”、“字体颜色”RGB均为255，加粗文本并移动文本，如图12-41所示。

12 在工具箱中选择（横排文字工具），在图像上单击，创建文本，在工具选项栏中，修改“字体”为“长城特粗圆体”、“字号”为“100点”、“字体颜色”RGB分别为255、255、55，并移动文本，如图12-42所示。

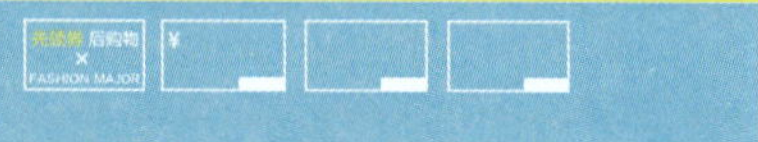
图12-41　创建文本

图12-42　创建文本

13 在工具箱中选择（横排文字工具），在图像上单击，创建文本，在工具选项栏中，修改“字体”为“微软雅黑”、“字号”为“20点”、“字体颜色”RGB均为255，加粗文本并移动文本，如图12-43所示。

14 在工具箱中选择（横排文字工具），在图像上单击，创建文本，在工具选项栏中，修改“字体”为“方正兰亭特黑简体”、“字号”为“40点”、“字体颜色”RGB均为255，并移动文本，如图12-44所示。

图12-43　创建文本

图12-44　创建文本

15 在工具箱中选择（横排文字工具），在图像上单击，创建文本，在工具选项栏中，修改“字体”为“方正兰亭中黑简体”、“字号”为“20点”、“字体颜色”RGB分别为0、210、255，并移动文本，如图12-45所示。

16 在“图层”面板中选择“优惠券”组中的新创建的相应文本图层，按两次快捷键Ctrl+J，复制文本，在工具箱中选择（移动工具），将复制后的文本移动至合适的位置，并依次修改复制后的文本内容，如图12-46所示。

图12-45　创建文本

图12-46　复制文本

17 在工具箱中选择（直线工具），在工具选项栏中，设置“工具模式”为“形状”，修改“填充”为“无”，修改“描边”的RGB均为255、“描边宽度”为“5点”，在图像上按住鼠标左键拖曳，绘制一条水平直线，如图12-47所示。

18 在工具箱中选择（直线工具），在工具选项栏中，设置“工具模式”为“形状”，修改“填充”为“无”，修改“描边”的RGB均为255、“描边宽度”为“5点”、“描边类型”为虚线，在图像上按住鼠标左键拖曳，绘制多条垂直直线，如图12-48所示。

图12-47　绘制水平直线

图12-48　绘制多条垂直直线

19 在工具箱中选择（椭圆工具），在工具选项栏中，设置“工具模式”为“形状”，修改“填充”的

RGB均为255，修改“描边”为“无”，在图像上按住鼠标左键拖曳，绘制4个W和H均为18的椭圆形状，如图12-49所示。

20 在工具箱中选择（自定形状工具），在工具选项栏中，设置“工具模式”为“形状”，在“形状”下拉列表框中选择“雨滴”形状，修改“填充”为“无”，修改“描边”的RGB均为255、“描边宽度”为“2点”，在图像上按住鼠标左键拖曳，绘制一个W为25、H为35的雨滴形状，如图12-50所示。

图12-49 绘制椭圆形状

图12-50 绘制雨滴形状

21 选择新绘制的雨滴形状，执行“编辑”|“变换”|“垂直翻转”命令，垂直翻转雨滴形状，在“图层”面板中选择“形状5”图层，按3次快捷键Ctrl+J，复制形状，在工具箱中选择（移动工具），将复制后的形状移动至合适的位置，如图12-51所示。

22 在工具箱中选择（横排文字工具），在图像上单击，依次创建多个文本，在工具选项栏中，修改“字体”为“方正兰亭中黑简体”、“字号”为“27点”、“字体颜色”RGB分别为255、255、55，并移动文本，如图12-52所示。

图12-51 复制形状

图12-52 创建文本

23 在工具箱中选择（横排文字工具），在图像上单击，依次创建多个文本，在工具选项栏中，修改“字体”为“方正兰亭中黑简体”、“字号”为“27点”、“字体颜色”RGB均为255，并移动文本，如图12-53所示。

图12-53 创建文本

5. 制作分类引导区

01 执行“文件”|“打开”命令，打开“素材\第12章\12.1.2\人物3.png”图像文件，将打开的图像拖曳至“女性服装店铺首页装修”窗口中，如图12-54所示。

02 执行“文件”|“打开”命令，打开“素材\第12章\12.1.2\衣服1.png～衣服6.png”图像文件，将打开的图像拖曳至“女性服装店铺首页装修”窗口中，如图12-55所示。

图12-54 移动图像

图12-55 移动图像

03 在“图层”面板中选择“图层11”～“图层17”图层，按快捷键Ctrl+G，创建“分类引导区域”组，按快捷键Ctrl+Shift+N，新建“图层18”图层，如图12-56所示。

04 设置“前景色”的RGB参数分别为255、255、55，在工具箱中选择 （画笔工具），在工具选项栏中的“画笔样式”下拉列表框中选择“大涂抹炭笔”画笔样式，修改画笔大小和不透明度参数，在图像上按住鼠标左键拖曳，涂抹图像，如图12-57所示。

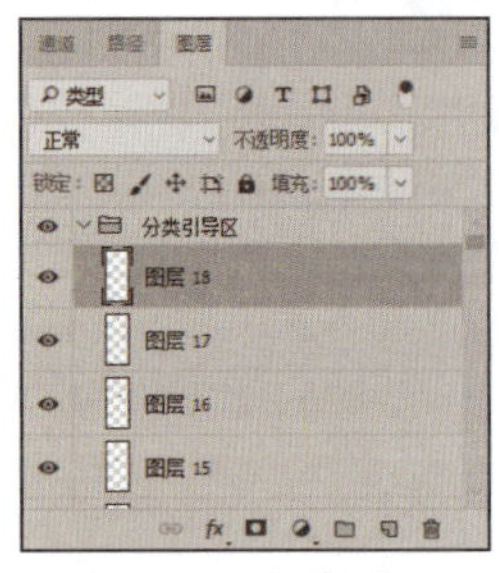

图12-56　新建图层

图12-57　涂抹图像

05 在工具箱中选择 （横排文字工具），在图像上单击，创建文本，在工具选项栏中，修改“字体”为LeviReBrushed、“字号”为“66点”、“字体颜色”RGB分别为255、0、0，并移动文本，如图12-58所示。

06 在工具箱中选择 （横排文字工具），在图像上单击，创建文本，在工具选项栏中，修改“字体”为LeviReBrushed、“字号”为“66点”、“字体颜色”RGB分别为0、210、255，并移动文本，如图12-59所示。

图12-58　创建文本

图12-59　创建文本

07 在工具箱中选择 （横排文字工具），在图像上单击，创建文本，在工具选项栏中，修改“字体”为“方正兰亭中黑简体”、“字号”为“60点”、“字体颜色”RGB均为0，并移动文本，如图12-60所示。

08 在工具箱中选择 （横排文字工具），在图像上单击，创建文本，在工具选项栏中，修改“字体”为LeviReBrushed、“字号”为“30点”、“字体颜色”RGB均为0，并移动文本，如图12-61所示。

图12-60　创建文本

图12-61　创建文本

09 在工具箱中选择 （直线工具），在工具选项栏中，设置“工具模式”为“形状”，修改“填充”为“无”，修改“描边”的RGB均为0、“描边宽度”为“5点”，在图像上按住鼠标左键拖曳，绘制一条水平直线，如图12-62所示。

10 在工具箱中选择 （横排文字工具），在图像上单击，创建文本，在工具选项栏中，修改“字体”为

LeviReBrushed、“字号”为“52点”、“字体颜色”RGB分别为0、210、255，并移动文本，如图12-63所示。

图12-62 绘制水平直线

图12-63 创建文本

11 在工具箱中选择 T（横排文字工具），在图像上单击，创建文本，在工具选项栏中，修改“字体”为“方正兰亭中黑简体”、“字号”为“24点”、“字体颜色”RGB均为0，移动文本，如图12-64所示。

12 在“图层”面板中选择新创建的文本图层，按5次快捷键Ctrl+J，复制文本，在工具箱中选择（移动工具），将复制后的文本移动至合适的位置，并依次修改复制后的文本内容，如图12-65所示。

图12-64 创建文本

图12-65 复制文本

6. 制作首页海报

01 在工具箱中选择（矩形工具），在工具选项栏中，设置“工具模式”为“形状”，修改“填充”的RGB分别为174、241、255，修改“描边”为“无”，在图像上按住鼠标左键拖曳，绘制一个W为1920、H为450的矩形形状，如图12-66所示，在“图层”面板中选择“矩形10”图层，按快捷键Ctrl+G，创建“首页海报”组。

02 在工具箱中选择（椭圆工具），在工具选项栏中，设置“工具模式”为“形状”，修改“填充”的RGB均为255，在图像上按住鼠标左键拖曳，绘制W和H均为348的椭圆形状，如图12-67所示。

图12-66 绘制矩形形状

图12-67 绘制椭圆形状

03 在“图层”面板中选择“椭圆4”图层，修改“不透明度”参数为34%，即可更改图层的不透明度，如图12-68所示。

04 在“图层”面板中选择“椭圆4”图层，按3次快捷键Ctrl+J，复制形状，选择复制后的形状，按快捷键Ctrl+T，弹出变换控制框，调整复制后的形状的大小和位置，如图12-69所示。

图12-68　更改图层不透明度

图12-69　复制形状

05 执行“文件” | “打开”命令，打开“素材\第12章\12.1.2\装饰3.png、人物4.png”图像文件，将打开的图像拖曳至“女性服装店铺首页装修”窗口中，如图12-70所示。

06 在工具箱中选择（椭圆工具），在工具选项栏中，设置“工具模式”为“形状”，修改“填充”的RGB分别为226、4、79，在图像上按住鼠标左键拖曳，绘制W和H均为71的椭圆形状，如图12-71所示。

图12-70　移动图像

图12-71　绘制椭圆形状

07 在工具箱中选择（矩形工具），在工具选项栏中，设置“工具模式”为“形状”，修改“填充”的RGB分别为226、4、79，修改“描边”为“无”，在图像上按住鼠标左键拖曳，绘制一个W为20、H为140的矩形形状，如图12-72所示。

08 在工具箱中选择（横排文字工具），在图像上单击，创建文本，在工具选项栏中，修改“字体”为“微软雅黑”、“字号”为“25点”、“字体颜色”RGB均为255，加粗并移动文本，如图12-73所示。

图12-72　绘制矩形形状

图12-73　创建文本

> **TIPS** 在Photoshop中不仅可以创建横排文字和直排文字，还可以创建文字状的选区，在工具箱中选择（横排文字蒙版工具）或（直排文字蒙版工具），在画面中单击，然后输入文字即可以创建出文字选区，文字选区可以像和其他选区一样移动、复制、填充或者描边。

09 在工具箱中选择（横排文字工具），在图像上单击，创建文本，在工具选项栏中，修改“字体”为“方正清刻本悦简体”、“字号”为“80点”、“字体颜色”RGB分别为107、170、220，并移动文本，如图12-74所示。

10 在工具箱中选择（直排文字工具），在图像上单击，创建文本，在工具选项栏中，修改“字体”为“方正清刻本悦简体”、“字号”为“80点”、“字体颜色”RGB分别为107、170、220，并移动文本，如图12-75所示。

图12-74　创建文本

图12-75　创建文本

11 在工具箱中选择 （直排文字工具），在图像上单击，创建文本，在工具选项栏中，修改“字体”为“方正兰亭中黑简体”、“字号”为“20点”、“字体颜色”RGB分别为226、4、79，并移动文本，如图12-76所示。

12 在工具箱中选择 （直排文字工具），在图像上单击，创建文本，在工具选项栏中，修改“字体”为“方正兰亭中黑简体”、“字号”为“18点”、“字体颜色”RGB分别为226、4、79，并移动文本，如图12-77所示。

图12-76　创建文本

图12-77　创建文本

7. 制作产品陈列展区

01 执行“文件”|“打开”命令，打开“素材\第12章\12.1.2\展区1.png～展区12.png”图像文件，将打开的图像拖曳至“女性服装店铺首页装修”窗口中，如图12-78所示，在“图层”面板中添加图像后的图层，按快捷键Ctrl+G，创建“产品陈列展区”组。

02 在工具箱中选择 （矩形工具），在工具选项栏中，设置“工具模式”为“形状”，修改“填充”的RGB均为0，修改“描边”为“无”，在图像上按住鼠标左键拖曳，绘制一个W为340、H为55的矩形形状，如图12-79所示。

图12-78　移动图像

图12-79　绘制矩形形状

03 在工具箱中选择 （直排文字工具），在图像上单击，创建文本，在工具选项栏中，修改“字体”为LeviReBrushed、“字号”为“90点”、“字体颜色”RGB均为0，并移动文本，如图12-80所示。

04 在工具箱中选择 （直排文字工具），在图像上单击，创建文本，在工具选项栏中，修改“字体”为“方正兰亭中黑简体”、“字号”为“36点”、“字体颜色”RGB均为255，如图12-81所示。

05 在工具箱中选择 （矩形工具），在工具选项栏中，设置“工具模式”为“形状”，修改“填充”为“无”，修改“描边”的RGB均为255、“描边宽度”为“1点”，在图像上按住鼠标左键拖曳，绘制一个W为160、H为50的矩形形状，如图12-82所示。

06 在工具箱中选择 （直排文字工具），在图像上单击，创建文本，在工具选项栏中，修改“字体”为

“方正兰亭中黑简体”、“字号”为“25点”、“字体颜色”RGB均为0，如图12-83所示。

图12-80　创建文本

图12-81　创建文本

图12-82　绘制矩形形状

图12-83　创建文本

07 在工具箱中选择T（直排文字工具），在图像上单击，创建文本，在工具选项栏中，修改“字体”为“方正兰亭中黑简体”、“字号”为“30点”、“字体颜色”RGB均为0，如图12-84所示。

08 在工具箱中选择T（直排文字工具），在图像上单击，创建文本，在工具选项栏中，修改“字体”为“微软雅黑”、“字号”为“30点”、“字体颜色”RGB均为0，如图12-85所示。

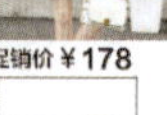

图12-84　创建文本

图12-85　创建文本

09 在“图层”面板中选择新创建的相应的文本和矩形形状，按11次快捷键Ctrl+J，复制文本，在工具箱中选择（移动工具），将复制后的文本移动至合适的位置，并依次修改复制后的文本内容，如图12-86所示。

图12-86　复制文本

12.2　男性服装店铺装修设计案例

本实例是为某男性服装店铺所设计的首页效果，通过添加不同的背景和不同颜色的矩形、自定义形状效果，使得整个首页充满了干净、整洁的感觉，符合男性的审美观，从而吸引顾客。

实例效果

12.2.1　设计分析

下面将对男装店铺装修的颜色、字体等进行分析。

1. 版式分析

本案例的版式布局是采用单向型版面布局方式，整个版式布局都采用水平或垂直排列，可以让画面具有稳定感，从而使版面的条理更加清晰明了，也使得整个版面给人丰富的感觉，从而吸引顾客的目光。

2. 颜色分析

在本案例中，使用灰色和白色作为背景色，并添加蓝色、浅蓝色等形状，点缀整个首页页面，并将每件男装产品单独抠取出来，与黑色的文字相结合，使得画面对比感强烈，也更加和谐。

主色：	#fcfcfa	#ffffff	
辅色：	#002bd0	#2ffffe	#eeeeee
字色：	#002bd0	#ffffff	#000000

3. 字体分析

男性服装店铺首页装修中的字体一般都是采用方正兰亭粗黑简体、微软雅黑等字体，通过方正、粗大的文字，可以充分地体现出男性沉稳、大气、稳重的感觉，从而吸引男性顾客的眼球。

12.2.2 制作步骤

下面将介绍男性服装店铺首页装修的具体操作步骤。

1. 制作首页欢迎区

01 执行"文件"|"新建"命令，弹出"新建文档"对话框，修改各参数值，如图12-87所示，单击"创建"按钮，即可新建文档。

02 执行"文件"|"打开"命令，打开"素材\第12章\12.2.2\背景.png"图像文件，将打开的图像拖曳至"男性服装店铺首页装修"窗口中，如图12-88所示，在"图层"面板中选择"图层1"图层，按快捷键Ctrl+G，创建"首页欢迎区"组。

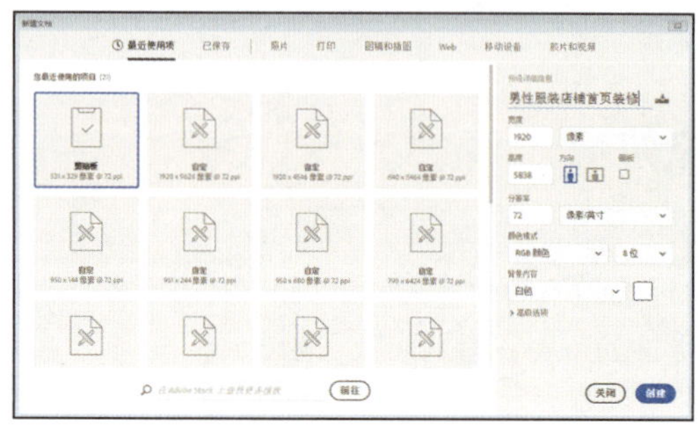

图12-87 设置参数值

图12-88 移动图像

03 执行"文件"|"打开"命令，打开"素材\第12章\12.2.2\衣服1.png"图像文件，将打开的图像拖曳至"男性服装店铺首页装修"窗口中，如图12-89所示。

04 在工具箱中选择（椭圆工具），在工具选项栏中，修改"工具模式"为"形状"，在图像上按住鼠标左键拖曳，绘制一个椭圆形状，如图12-90所示。

图12-89 移动图像

图12-90 绘制椭圆形状

05 在弹出的"属性"面板中依次修改各参数值，如图12-91所示，即可更改椭圆形状的大小和图案填充。

06 将椭圆形状移至合适的位置，如图12-92所示。

图12-91 修改参数值

图12-92 更改椭圆形状

07 在工具箱中选择（矩形工具），在工具选项栏中，设置"工具模式"为"形状"，修改"填充"的RGB分别为241、241、239，修改"描边"的RGB分别为64、69、65，"描边宽度"为"5点"，在图像上按住鼠标左键拖曳，绘制一个W为260、H为80的矩形形状，如图12-93所示。

08 在工具箱中选择T（横排文字工具），在图像上单击，创建文本，在工具选项栏中，修改"字体"

为“方正兰亭中黑简体”、“字号”为“25点”、“字体颜色”RGB均为0，并移动文本至合适的位置，如图12-94所示。

图12-93 绘制矩形形状

图12-94 创建文本

09 在工具箱中选择T.（横排文字工具），在图像上单击，创建文本，在工具选项栏中，修改“字体”为“方正兰亭中黑简体”、“字号”为“18点”、“字体颜色”RGB均为0，并移动文本至合适的位置，如图12-95所示。

10 在工具箱中选择（横排文字工具），在图像上单击，创建文本，在工具选项栏中，修改“字体”为“方正兰亭中黑简体”、“字号”为“35点”、“字体颜色”RGB均为0，并移动文本至合适的位置，如图12-96所示。

图12-95 创建文本

图12-96 创建文本

11 在工具箱中选择╱（直线工具），在工具选项栏中，修改“工具模式”为“形状”，修改“填充”为“无”、“描边”的RGB均为0，“描边宽度”为“5点”，在图像上按住鼠标左键拖曳，绘制多条水平直线，如图12-97所示。

12 在工具箱中选择T.（横排文字工具），在图像上单击，创建文本，在工具选项栏中，修改“字体”为“方正兰亭超细黑简体”、“字号”为“80点”、“字体颜色”RGB均为0，并移动文本至合适的位置，如图12-98所示。

图12-97 绘制水平直线

图12-98 创建文本

13 在工具箱中选择T.（横排文字工具），在图像上单击，创建文本，在工具选项栏中，修改“字体”为“方正兰亭粗黑简体”、“字号”为“80点”、“字体颜色”RGB分别为0、43、208，并移动文本至合适的位置，如图12-99所示。

14 在工具箱中选择T.（横排文字工具），在图像上单击，创建文本，在工具选项栏中，修改“字体”为“方正兰亭超细黑简体”、“字号”为“120点”、“字体颜色”RGB均为0，并移动文本至合适的位置，如图12-100所示。

图12-99　创建文本

图12-100　创建文本

15 在工具箱中选择（横排文字工具），在图像上单击，创建文本，在工具选项栏中，修改“字体”为“方正兰亭粗黑简体”、“字号”为“20点”、“字体颜色”RGB分别为0和0、43、208，并移动文本至合适的位置，如图12-101所示。

16 在工具箱中选择（横排文字工具），在图像上单击，创建文本，在工具选项栏中，修改“字体”为“微软雅黑”、“字号”为“18点”、“字体颜色”RGB分别为0，并移动文本至合适的位置，如图12-102所示。

图12-101　创建文本

图12-102　创建文本

2. 制作优惠券

01 在工具箱中选择（矩形工具），在工具选项栏中设置“工具模式”为“形状”，修改“填充”的RGB分别为0、43、208，“描边”为“无”，在图像上按住鼠标左键拖曳，绘制一个W为245、H为324的矩形形状，如图12-103所示。选择“矩形2”图层，按快捷键Ctrl+G，创建“优惠券”组。

02 在工具箱中选择（矩形工具），在工具选项栏中设置“工具模式”为“形状”，修改“填充”的RGB均为240、“描边”为“无”，在图像上按住鼠标左键拖曳，绘制一个W为1022、H为213的矩形形状，调整图层顺序和矩形形状的位置，如图12-104所示。

图12-103　创建矩形形状

图12-104　创建矩形形状

03 在“图层”面板中选择“矩形3”图层，按快捷键Ctrl+J，复制图层形状，在工具箱中选择（移动工具），将复制后的形状移动至合适位置，并修改复制后矩形的RGB参数均为255，如图12-105所示。

04 在工具箱中选择（自定形状工具），在工具选项栏中，修改“工具模式”为“形状”，在“形状”下拉列表框中选择“波浪”形状，修改“填充”的RGB参数均为0，在图像上按住鼠标左键拖曳，绘制一个W为100、H为30的波浪形状，如图12-106所示。

图12-105 复制矩形形状

图12-106 绘制波浪形状

05 在“图层”面板中选择“形状1”图层，按7次快捷键Ctrl+J，复制图层形状，在工具箱中选择（移动工具），将复制后的形状移动至合适位置，并将所有形状图层合为一个图层，其图像效果如图12-107所示。

06 在工具箱中选择（矩形工具），在工具选项栏中，设置“工具模式”为“形状”，修改“填充”的RGB分别为49、255、254，“描边”为“无”，在图像上按住鼠标左键拖曳，绘制一个W为120、H为15的矩形形状，如图12-108所示。

图12-107 复制波浪形状

图12-108 绘制矩形形状

07 在“图层”面板中选择“矩形4”图层，按快捷键Ctrl+J，复制图层形状，在工具箱中选择（移动工具），将复制后的形状移动至合适位置，如图12-109所示。

08 在工具箱中选择（矩形工具），在工具选项栏中，设置“工具模式”为“形状”，修改“填充”的RGB分别为0、43、208，“描边”为“无”，在图像上按住鼠标左键拖曳，绘制一个W为200、H为30的矩形形状，如图12-110所示。

图12-109 复制矩形形状

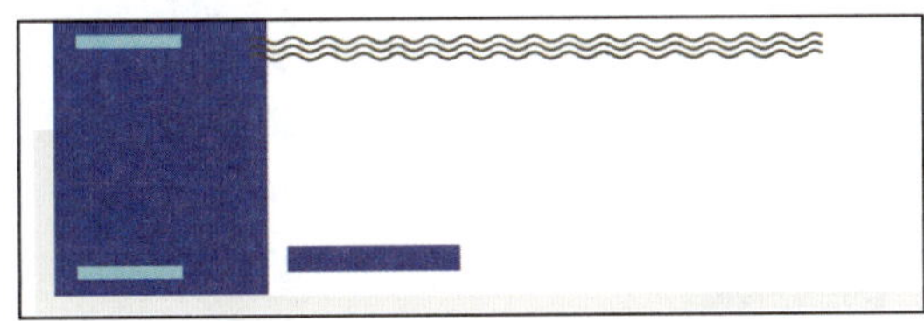
图12-110 绘制矩形形状

09 在工具箱中选择（直线工具），在工具选项栏中，修改“工具模式”为“形状”，修改“填充”为“无”、“描边”的RGB均为0，“描边宽度”为“5点”，在图像上按住鼠标左键拖曳，绘制一条垂直直线，如图12-111所示。

10 在“图层”面板中选择新绘制的矩形和直线形状，按两次快捷键Ctrl+J，复制图层形状，在工具箱中选择（移动工具），将复制后的形状移动至合适位置，如图12-112所示。

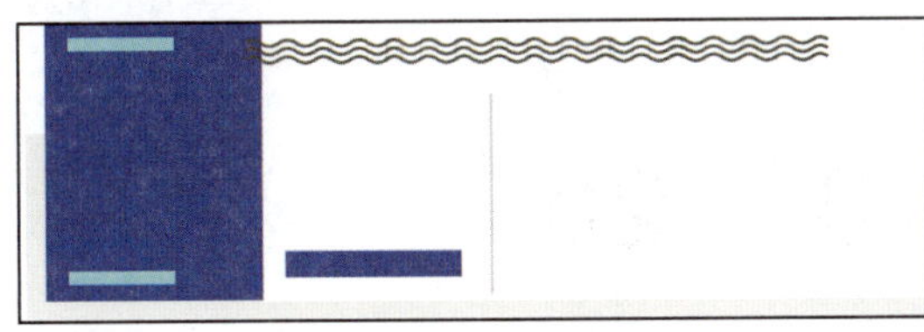
图12-111 绘制垂直直线

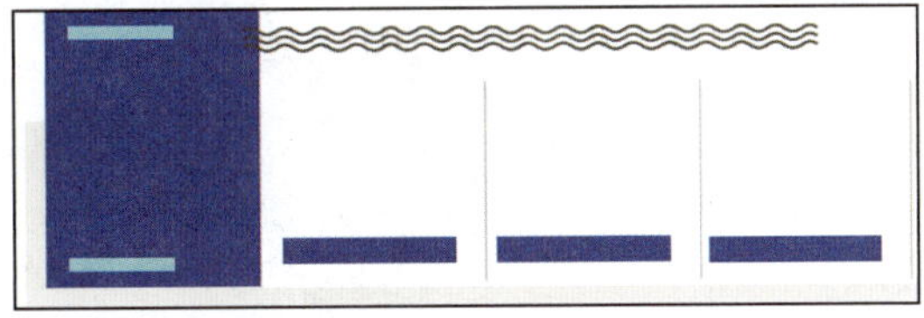
图12-112 复制形状

11 在工具箱中选择（横排文字工具），在图像上单击，创建文本，在工具选项栏中，修改“字体”为Myriad Pro、“字号”为“54点”、“字体颜色”RGB均为255，“字体行距”为“45点”，并移动文本至合适的位置，如图12-113所示。

12 在工具箱中选择（横排文字工具），在图像上单击，创建文本，在工具选项栏中，修改“字体”

为“方正兰亭中黑简体”、“字号”为“50点”、“字体颜色”RGB均为255，“字体行距”为“45点”，并移动文本至合适的位置，如图12-114所示。

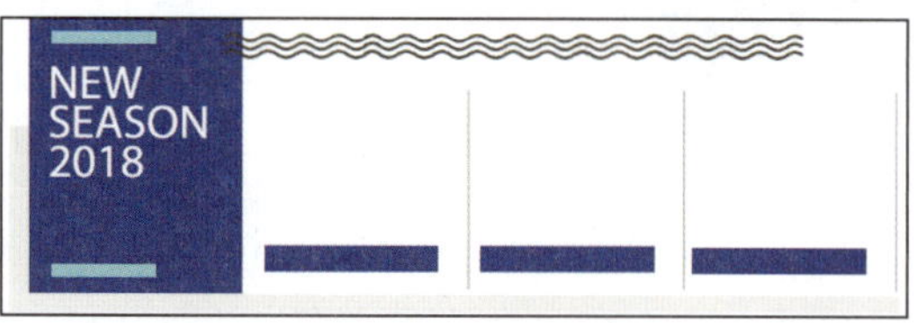

图12-113　创建文本

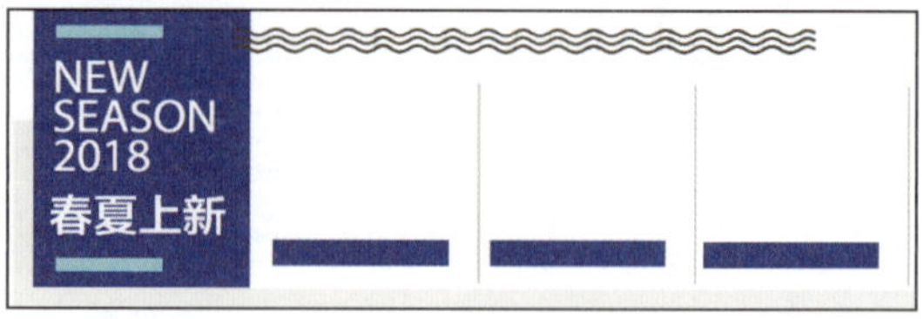

图12-114　创建文本

13 在工具箱中选择T（横排文字工具），在图像上单击，创建文本，在工具选项栏中，修改“字体”为Arial Rounded MT、“字号”为“100点”、“字体颜色”RGB均为0，并移动文本至合适的位置，如图12-115所示。

14 在工具箱中选择T（横排文字工具），在图像上单击，创建文本，在工具选项栏中，修改“字体”为“方正粗圆简体”、“字号”为“50点”、“字体颜色”RGB均为80，并移动文本至合适的位置，如图12-116所示。

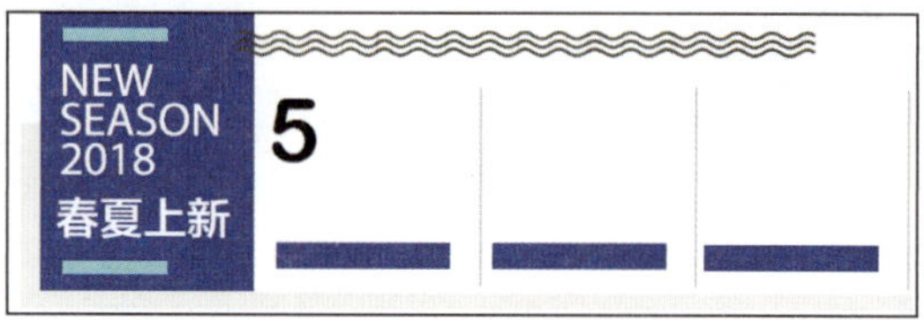

图12-115　创建文本

图12-116　创建文本

15 在工具箱中选择T（横排文字工具），在图像上单击，创建文本，在工具选项栏中，修改“字体”为“微软雅黑”、“字号”为“30点”、“字体颜色”RGB均为0，并移动文本至合适的位置，如图12-117所示。

16 在工具箱中选择T（横排文字工具），在图像上单击，创建文本，在工具选项栏中，修改“字体”为“微软雅黑”、“字号”为“24点”、“字体颜色”RGB均为255，并移动文本至合适的位置，如图12-118所示。

图12-117　创建文本

图12-118　创建文本

17 在“图层”面板中选择新绘制的相应文本图层，按两次快捷键Ctrl+J，复制文本，在工具箱中选择（移动工具），将复制后的文本移动至合适位置，并修改复制后的文本内容，如图12-119所示。

图12-119　复制文本

3. 制作分类引导区域

01 在工具箱中选择（矩形工具），在工具选项栏中，设置“工具模式”为“形状”，修改“填充”的RGB分别为251、249、250，“描边”为“无”，在图像上按住鼠标左键拖曳，绘制一个W为1920、H

为826的矩形形状，如图12-120所示，选择“矩形2”图层，按快捷键Ctrl+G，创建“优惠券”组。

02 执行“文件”|“打开”命令，打开“素材\第12章\12.2.2\衣服2.png ~ 衣服9.png”图像文件，将打开的图像拖曳至“男性服装店铺首页装修”窗口中，并依次调整各图像的位置，如图12-121所示。

图12-120　绘制矩形形状

图12-121　移动图像

03 在工具箱中选择▭（矩形工具），在工具选项栏中，设置“工具模式”为“形状”，修改“填充”为“无”，“描边”的RGB分别为24、127、255，“描边宽度”为“8点”，在图像上按住鼠标左键拖曳，绘制一个W为1022、H为168的矩形形状，如图12-122所示。

04 在工具箱中选择▭（矩形工具），在工具选项栏中，设置“工具模式”为“形状”，修改“填充”的RGB参数分别为0、43、208，“描边”为“无”，在图像上按住鼠标左键拖曳，绘制一个W为300、H为84的矩形形状，如图12-123所示。

图12-122　绘制矩形形状

图12-123　绘制矩形形状

05 在工具箱中选择▭（矩形工具），在工具选项栏中，设置“工具模式”为“形状”，修改“填充”的RGB参数分别为0、255、254，“描边”为“无”，在图像上按住鼠标左键拖曳，绘制一个W为80、H为10的矩形形状，如图12-124所示。

06 在工具箱中选择T（横排文字工具），在图像上单击，创建文本，在工具选项栏中，修改“字体”为“方正兰亭中黑简体”、“字号”为“30点”、“字体颜色”RGB均为255，并将新绘制文本移动至合适的位置，如图12-125所示。

图12-124　绘制矩形形状

图12-125　创建文本

07 在“图层”面板中选择新绘制文本和矩形图层，按两次快捷键Ctrl+J，复制文本和形状，在工具箱中选择（移动工具），将复制后的文本和形状移动至合适位置，修改复制后文本内容，如图12-126所示。

08 在工具箱中选择（横排文字工具），在图像上单击，创建文本，在工具选项栏中，修改“字体”为“方正兰亭中黑简体”、“字号”为“24点”、“字体颜色”RGB均为0，并将新绘制文本移动至合适的位置，如图12-127所示。

图12-126　复制文本和形状

图12-127　创建文本

09 在工具箱中选择（矩形工具），在工具选项栏中，设置“工具模式”为“形状”，修改“填充”的RGB参数均为0，“描边”为“无”，在图像上按住鼠标左键拖曳，绘制一个W为60、H为10的矩形形状，如图12-128所示。

10 在“图层”面板中选择新绘制文本和矩形图层，按4次快捷键Ctrl+J，复制文本和形状，在工具箱中选择（移动工具），将复制后的文本和形状移动至合适位置，修改相应文本内容，如图12-129所示。

图12-128　绘制矩形形状

图12-129　复制文本和形状

11 在工具箱中选择（矩形工具），在工具选项栏中，设置“工具模式”为“形状”，修改“填充”的RGB参数分别为0、43、208，“描边”为“无”，在图像上按住鼠标左键拖曳，绘制一个W为1022、H为60的矩形形状，如图12-130所示。

12 在工具箱中选择（矩形工具），在工具选项栏中，设置“工具模式”为“形状”，修改“填充”为“无”，“描边”的RGB分别为0、255、254，“描边宽度”为“2点”，在图像上按住鼠标左键拖曳，绘制一个W为104、H为31的矩形形状，如图12-131所示。

图12-130　创建文本

图12-131　绘制矩形形状

13 在工具箱中选择 T（横排文字工具），在图像上单击，创建文本，在工具选项栏中，修改“字体”为“方正兰亭中黑简体”、“字号”为“22点”、“字体颜色”RGB均为255，将新创建文本移至合适位置，如图12-132所示。

14 在“图层”面板中选择新绘制文本和矩形图层，按快捷键Ctrl+J4次，复制文本和形状，在工具箱中选择 ✥（移动工具），将复制后的文本和形状移动至合适位置，如图12-133所示。

图12-132 创建文本

图12-133 复制文本和矩形

4. 制作热销专区

01 执行“文件”|“打开”命令，打开“素材\第12章\12.2.2\衣服10.png～衣服12.png”图像文件，将打开的图像拖曳至“男性服装店铺首页装修”窗口中，并依次调整各图像的位置，如图12-134所示。选择相应图层，按快捷键Ctrl+G，创建“热销专区”组。

02 在工具箱中选择 ▭（矩形工具），在工具选项栏中设置“工具模式”为“形状”，修改“填充”为“无”，“描边”的RGB分别为0、43、208，“描边宽度”为“8点”，在图像上按住鼠标左键拖曳，绘制一个W为389、H为560的矩形形状，如图12-135所示。

图12-134 移动图像

图12-135 绘制矩形形状

03 在工具箱中选择 ⚝（自定形状工具），在工具选项栏中，修改“工具模式”为“形状”，在“形状”下拉列表框中选择“波浪”形状，修改“填充”的RGB参数分别为0、255、254，在图像上按住鼠标左键拖曳，绘制一个W为107、H为32的波浪形状，如图12-136所示。

04 在工具箱中选择 T（横排文字工具），在图像上单击，创建文本，在工具选项栏中，修改“字体”为Myriad Pro、“字号”为“75点”、“字体颜色”RGB均为0，加粗并移动文本，如图12-137所示。

图12-136 绘制波浪形状

图12-137 创建文本

05 在工具箱中选择 T（横排文字工具），在图像上单击，创建文本，在工具选项栏中，修改“字体”为Myriad Pro、“字号”为“30点”、“字体颜色”RGB均为0，加粗并移动文本，如图12-138所示。

06 在工具箱中选择T（横排文字工具），在图像上单击，创建文本，在工具选项栏中，修改"字体"为"方正兰亭中黑简体"、"字号"为"50点"、"字体颜色"RGB均为0，并移动文本，如图12-139所示。

图12-138　创建文本

图12-139　创建文本

07 在工具箱中选择T（横排文字工具），在图像上单击，创建文本，在工具选项栏中，修改"字体"为Berlin Sans FB Demi、"字号"为"25点"、"字体颜色"RGB为164，移动文本，如图12-140所示。

08 在工具箱中选择T（横排文字工具），在图像上单击，创建文本，在工具选项栏中，修改"字体"为"方正兰亭中黑简体"、"字号"为"26点"、"字体颜色"RGB均为0，并移动文本，如图12-141所示。

图12-140　创建文本

图12-141　创建文本

09 在工具箱中选择T（横排文字工具），在图像上单击，创建文本，在工具选项栏中，修改"字体"为"方正兰亭中黑简体"、"字号"为"22点"、"字体颜色"RGB均为0，并移动文本，如图12-142所示。

10 在工具箱中选择T（横排文字工具），在图像上单击，创建文本，在工具选项栏中，修改"字体"为Myriad Pro、"字号"为"40点"和"30点"、"字体颜色"RGB为0，移动文本，如图12-143所示。

图12-142　创建文本

图12-143　创建文本

11 在"图层"面板中选择新创建的文本图层，按3次快捷键Ctrl+J，复制文本和形状，在工具箱中选择✥（移动工具），将复制后的文本移动至合适位置，并修改相应文本内容，如图12-144所示。

12 执行"文件"|"打开"命令，打开"素材\第12章\12.2.2\衣服14.png～衣服21.png"图像文件，将打开

的图像拖曳至“男性服装店铺首页装修”窗口中，并依次调整各图像的位置，如图12-145所示。

图12-144 复制文本

图12-145 移动图像

13 在工具箱中选择▭（矩形工具），在工具选项栏中，设置“工具模式”为“形状”，修改“填充”为“无”，“描边”的RGB均为0，“描边宽度”为“2点”，在图像上按住鼠标左键拖曳，绘制一个W为114、H为32的矩形形状，如图12-146所示。

14 在“图层”面板中选择“RMB”和“78.00”文本图层，按快捷键Ctrl+J，复制文本在工具箱中选择✥（移动工具），将复制后的文本移动至合适位置，如图12-147所示。

图12-146 绘制矩形形状

图12-147 复制文本

15 在工具箱中选择T（横排文字工具），在图像上单击，创建文本，在工具选项栏中，修改“字体”为“微软雅黑”、“字号”为“23点”、“字体颜色”RGB均为0，并移动文本，如图12-148所示。

16 在“图层”面板中选择相应的文本图层和矩形，按7次快捷键Ctrl+J，复制文本和形状，在工具箱中选择✥（移动工具），将复制后的文本移动至合适位置，并修改相应文本内容，如图12-149所示。

图12-148 创建文本

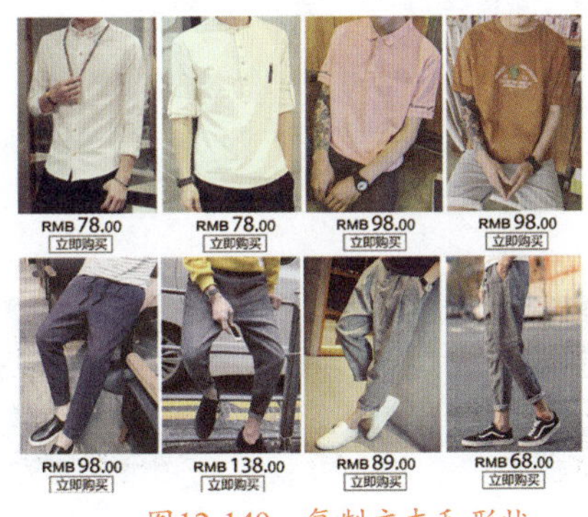

图12-149 复制文本和形状

5. 制作T恤专区

01 在工具箱中选择▭（矩形工具），在工具选项栏中，设置“工具模式”为“形状”，修改“填充”RGB均为0，“描边”为“无”，在图像上按住鼠标左键拖曳，绘制一个W为1920、H为505的矩形形状，如图12-150所示，选择新绘制的矩形图层，按快捷键Ctrl+G，创建“T恤专区”组。

02 在工具箱中选择▭（矩形工具），在工具选项栏中，设置“工具模式”为“形状”，修改“填充”RGB均为238，“描边”为“无”，在图像上按住鼠标左键拖曳，绘制一个W为448、H为547的矩形形状，如图12-151所示。

图12-150　绘制矩形形状

图12-151　绘制矩形形状

03 执行“文件”|“打开”命令，打开“素材\第12章\12.2.2\衣服22.png”图像文件，将打开的图像拖曳至“男性服装店铺首页装修”窗口中，并依次调整各图像的位置，如图12-152所示。

04 在工具箱中选择▭（矩形工具），在工具选项栏中，设置“工具模式”为“形状”，修改“填充”RGB分别为0、43、208，“描边”为“无”，在图像上按住鼠标左键拖曳，绘制一个W为566、H为14的矩形形状，如图12-153所示。

图12-152　移动图像

图12-153　绘制矩形形状

05 在工具箱中选择▭（矩形工具），在工具选项栏中，设置“工具模式”为“形状”，修改“填充”RGB分别为0、43、208，“描边”为“无”，在图像上按住鼠标左键拖曳，绘制一个W为80、H为10的矩形形状，如图12-154所示。

06 在工具箱中选择▭（矩形工具），在工具选项栏中，设置“工具模式”为“形状”，修改“填充”为“无”，“描边”的RGB分别为0、43、208，“描边宽度”为“3点”，在图像上按住鼠标左键拖曳，绘制一个W为170、H为50的矩形形状，如图12-155所示。

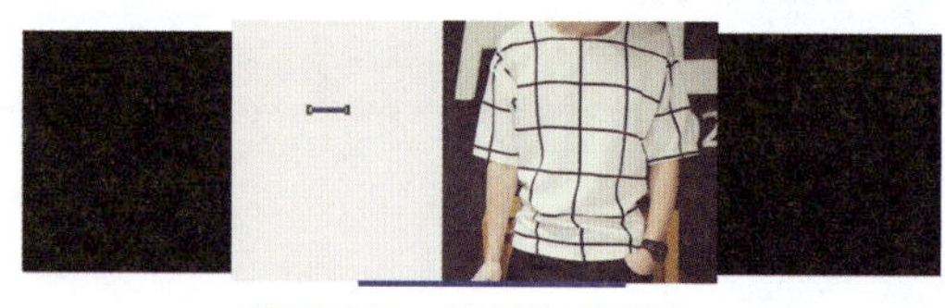

图12-154　绘制矩形形状

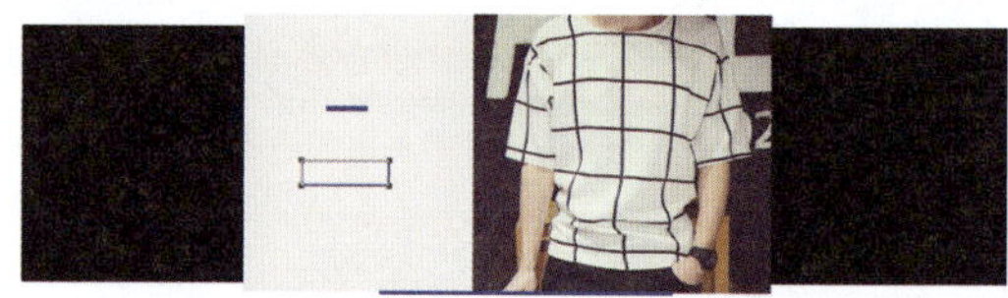

图12-155　绘制矩形形状

07 在工具箱中选择T（横排文字工具），在图像上单击，创建文本，在工具选项栏中，修改“字体”为“方正康体简体”、“字号”为“50点”、“字体颜色”RGB均为0，并移动文本，如图12-156所示。

08 在工具箱中选择T（横排文字工具），在图像上单击，创建文本，在工具选项栏中，修改“字体”为“方正兰亭中黑简体”、“字号”为“50点”、“字体颜色”RGB均为0，并移动文本，如图12-157所示。

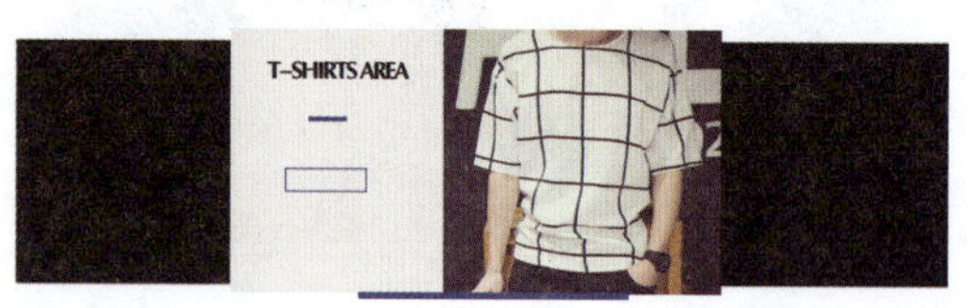

图12-156　创建文本

图12-157　创建文本

09 在工具箱中选择T（横排文字工具），在图像上单击，创建文本，在工具选项栏中，修改“字体”为“微软雅黑”、“字号”为“35点”、“字体颜色”RGB均为0，并移动文本，如图12-158所示。

10 执行“文件”|“打开”命令，打开“素材\第12章\12.2.2\衣服23.png～衣服26.png”图像文件，将打开的图像拖曳至“男性服装店铺首页装修”窗口中，并依次调整各图像的位置，如图12-159所示。

图12-158 创建文本

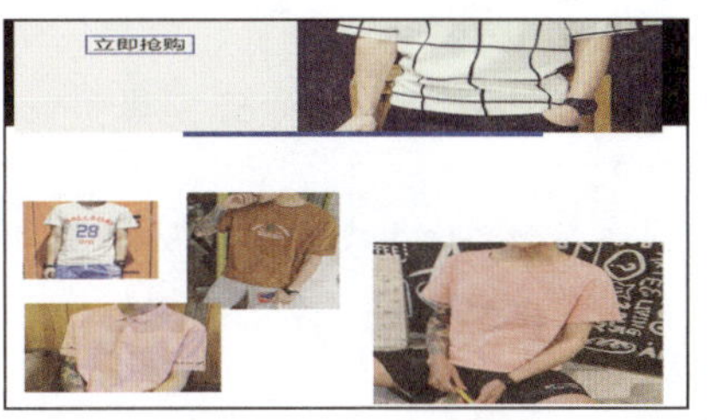

图12-159 移动图像

11 在“热销专区”组中依次选择合适的矩形和文本图层，按快捷键Ctrl+J，复制选择的图层，将复制后的图层移动至“T恤专区”组中，调整图层的顺序，在图像上依次调整复制后图层对象的位置和内容，如图12-160所示。

12 执行“文件”|“打开”命令，打开“素材\第12章\12.2.2\衣服27.png～衣服30.png”图像文件，将打开的图像拖曳至“男性服装店铺首页装修”窗口中，并依次调整各图像的位置，如图12-161所示。

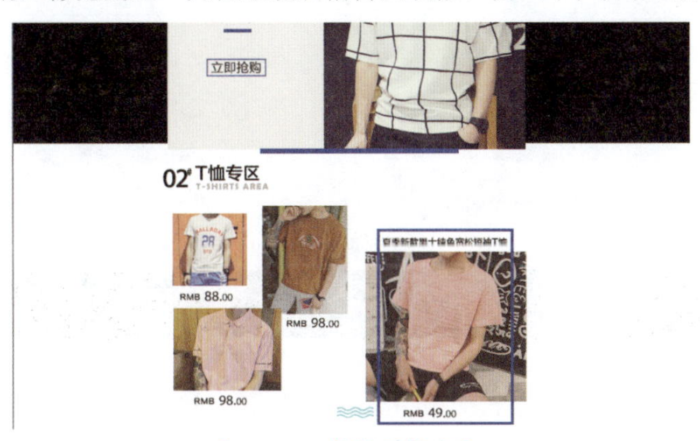

图12-160 复制图像效果

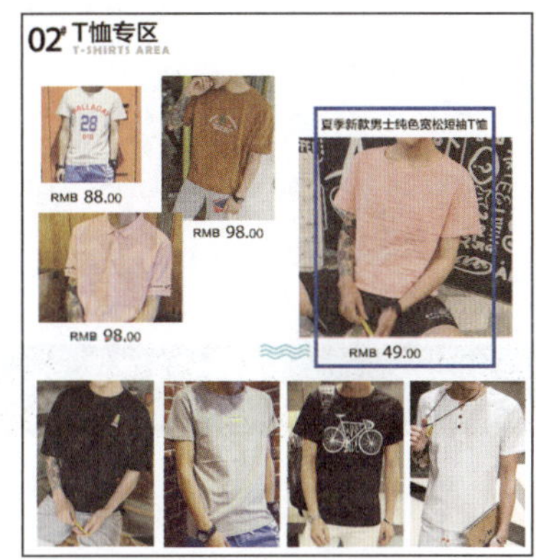

图12-161 移动图像

13 在“热销专区”组中依次选择合适的矩形和文本图层，按快捷键Ctrl+J，复制选择的图层，将复制后的图层移动至“T恤专区”组中，调整图层的顺序，在图像上依次调整复制后图层对象的位置和内容，如图12-162所示。

图12-162 复制图像效果

6. 制作页尾区域

01 在工具箱中选择（矩形工具），在工具选项栏中，设置“工具模式”为“形状”，修改“填充”RGB均为0，“描边”为“无”，在图像上按住鼠标左键拖曳，绘制一个W为1920、H为248的矩形形状，如图12-163所示。选择新绘制的矩形图层，按快捷键Ctrl+G，创建“页尾区域”组。

02 在工具箱中选择（横排文字工具），在图像上单击，创建文本，在工具选项栏中，修改“字体”为“方正兰亭中黑简体”、“字号”为“50点”、“字体颜色”RGB均为255，并移动文本，如图12-164所示。

图12-163 绘制矩形形状

图12-164 创建文本

03 在工具箱中选择（横排文字工具），在图像上单击，创建文本，在工具选项栏中修改“字体”为“方正兰亭中黑简体”、“字号”为“40点”、“字体颜色”RGB均为255，并移动文本，如图12-165示。

04 在工具箱中选择（矩形工具），在工具选项栏中设置“工具模式”为“形状”，修改“填充”RGB均为0、255、254，“描边”为“无”，在图像上按住鼠标左键拖曳，绘制一个W为102、H为10的矩形形状，如图12-166所示。

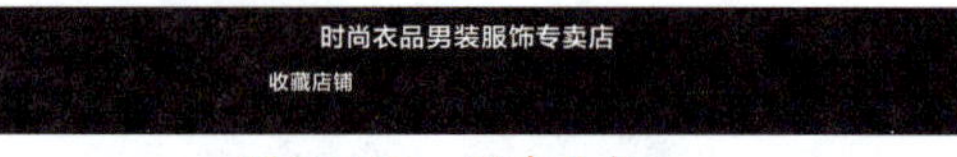

图12-165 创建文本

图12-166 绘制矩形形状

05 在“图层”面板中选择相应的文本图层和矩形，按两次快捷键Ctrl+J，复制文本和形状，在工具箱中选择（移动工具），将复制后的文本移动至合适位置，并修改相应文本内容，如图12-167所示。

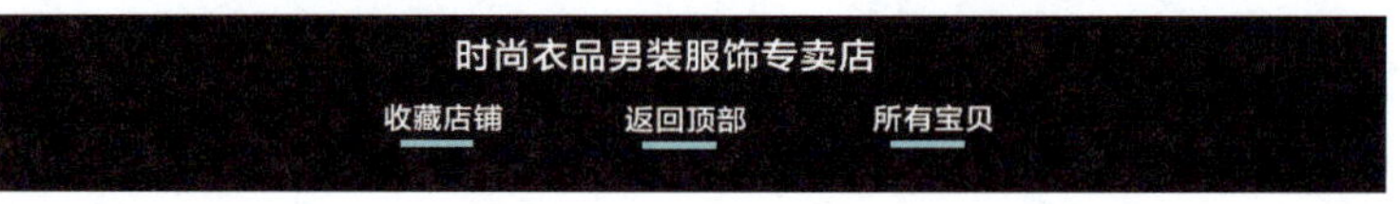

图12-167 复制文本和矩形

12.3 儿童服装店铺装修设计案例

本实例是为某儿童服装店铺所设计的首页效果，设计了多种装饰，为首页增添了儿童的纯真和童趣。下面将详细讲解其具体的操作步骤。

实例效果

扫一扫

下载视频教学

12.3.1 设计分析

下面将对童装店铺装修的版式、颜色、字体等进行分析。

1. 版式分析

本案例的版式布局没有采用特定的版式布局。为了更好地突出儿童纯真、活泼的特点，也为了更好地展示产品，产品图片采用了传统的水平和垂直排列方式，使得产品图片排列整齐。而欢迎模块则采用了凌乱的排列方式，突出了儿童可爱、无厘头的性格，很容易受顾客的喜爱，并增强了整个首页设计的层次感。

2. 颜色分析

在本案例中，使用粉色条文作为背景的主色调，页面中的欢迎模块、导航栏也是采用粉色系，给人一种温馨的感觉，特别能吸引妈妈的购买欲望，首页中为了区分男童和女童产品，也特地为女童设置了粉色系的陈列展区，而男童则设置了紫色和蓝色搭配的陈列展区。

主色：	#eb4f7a	#ffd6e4		
辅色：	#f68fd2	#ffa2c4	#ea4f87	#c863c3
字色：	#fd5989	#facc7a	#00a8ff	#000000

3. 字体分析

儿童店铺首页中的字体一般都采用微软雅黑和黑体等字体，通过这些文字，再搭配产品图片，可以将店铺中的重要信息呈现出来。

12.3.2 制作步骤

下面将介绍儿童服装店铺首页装修的具体操作步骤。

1. 制作店招与导航

01 执行“文件”|“新建”命令，弹出“新建文档”对话框，修改各参数值，如图12-168所示，单击“创建”按钮，即可新建文档。

02 在工具箱中单击“前景色”颜色块，弹出“拾色器（前景色）”对话框，设置RGB参数分别为254、222、233，如图12-169所示，单击“确定”按钮，即可设置前景色。

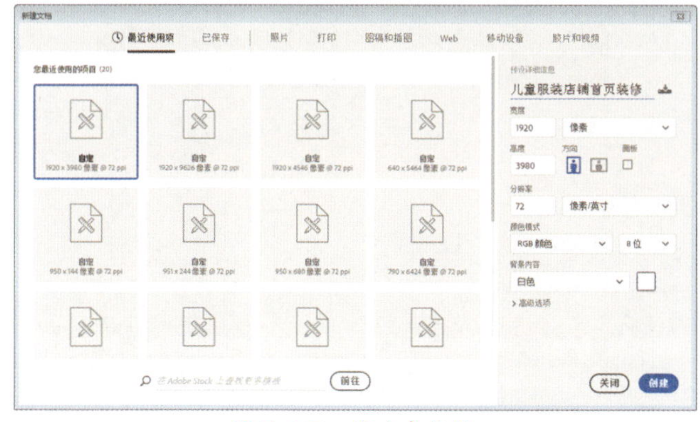

图12-168　修改参数值

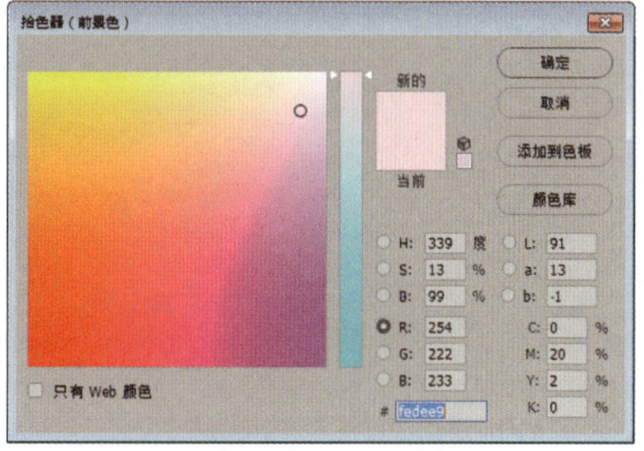

图12-169　设置前景色

03 在工具箱中选择（油漆桶工具），在背景图像上单击，即可填充背景颜色，如图12-170所示。

04 执行“文件”|“打开”命令，打开“素材\第12章\12.3.2\背景.png”图像文件，将打开的图像拖曳至“儿童服装店铺首页装修”窗口中，如图12-171所示。

图12-170 填充背景色

图12-171 移动图像

05 在工具箱中选择▭（矩形工具），在工具选项栏中，设置“工具模式”为“形状”，修改“填充”的渐变RGB分别为241、120、153和235、78、122，“描边”为“无”，在图像上按住鼠标左键拖曳，绘制一个W为1920、H为180的矩形形状，如图12-172所示，在“图层”面板中选择“矩形1”图层，按快捷键Ctrl+G，创建“店招与导航”组。

06 在工具箱中选择▢（圆角矩形工具），在工具选项栏中，设置“工具模式”为“形状”，修改“填充”的渐变RGB分别为247、149、214和242、103、194，“描边”为“无”，“圆角”为“30像素”，在图像上按住鼠标左键拖曳，绘制一个W为1457、H为60的圆角矩形形状，如图12-173所示。

图12-172 绘制矩形形状

图12-173 绘制圆角矩形形状

07 在“图层”面板中双击“圆角矩形1”图层，弹出“图层样式”对话框，勾选“斜面和浮雕”复选框，在对应列表框中，修改各参数值，如图12-174所示。

08 单击“确定”按钮，即可为圆角矩形添加图层样式，其图像效果如图12-175所示。

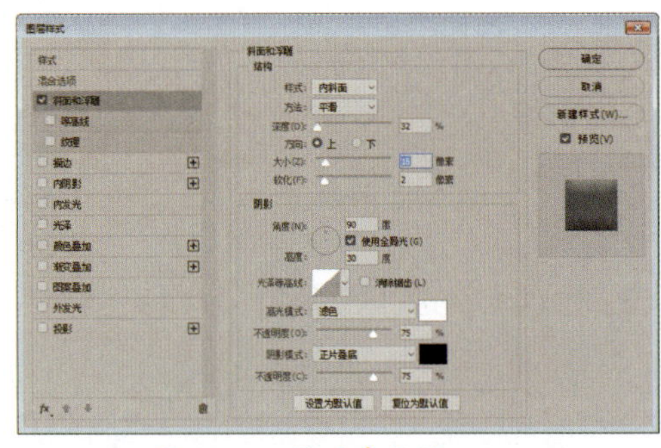

图12-174 修改参数值

图12-175 添加图层样式

09 在工具箱中选择T（横排文字工具），在图像上单击，创建文本，在工具选项栏中，修改“字体”为“微软雅黑”、“字号”为“52点”、“字体颜色”RGB均为255，并移动文本至合适的位置，如图12-176所示。

10 在“图层”面板中双击新创建的文本图层，弹出“图层样式”对话框，勾选“斜面和浮雕”复选框，在对应列表框中修改各参数值，如图12-177所示。

图12-176 创建文本

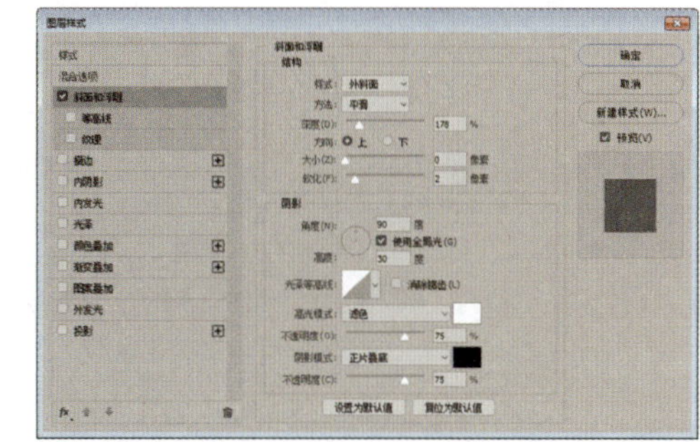

图12-177 修改参数值

11 勾选“描边”复选框，在对应列表框中修改各参数值，如图12-178所示。

12 单击“确定”按钮，即可为文本图层添加“斜面和浮雕”以及“描边”图层样式，其图像效果如图12-179所示。

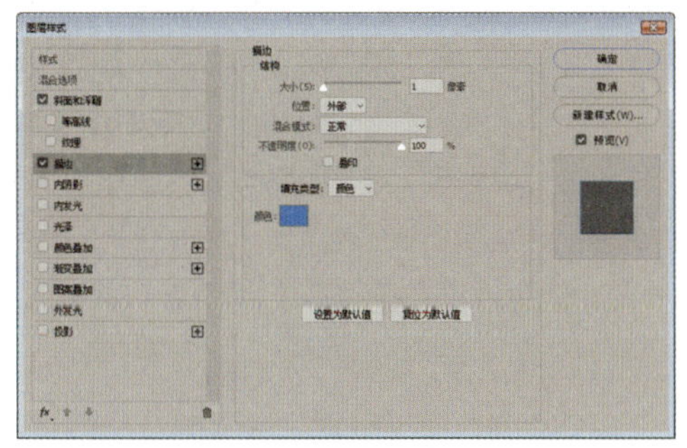

图12-178 修改参数值

图12-179 添加图层样式

13 在工具箱中选择T（横排文字工具），在图像上单击，创建文本，在工具选项栏中，修改“字体”为“微软雅黑”、“字号”为“29点”、“字体颜色”RGB均为255，加粗文本，并移动文本至合适的位置，如图12-180所示。

14 在“图层”面板中双击新创建的文本图层，弹出“图层样式”对话框，勾选“描边”复选框，在对应列表框中修改“大小”为3、“位置”为“外部”、“颜色”的RGB参数分别为160、5、133，单击“确定”按钮，即可为文本添加图层样式，如图12-181所示。

图12-180 创建文本

图12-181 添加图层样式

15 在工具箱中选择／（直线工具），在工具选项栏中，修改“工具模式”为“形状”，修改“填充”为“无”、“描边”的RGB均为0，“描边宽度”为“5点”、“粗细”为“2像素”，在图像上按住鼠标左键拖曳，绘制一条倾斜直线，并将倾斜直线进行复制操作，如图12-182所示，将所有直线形状合并为一个形状。

16 执行“文件”|“打开”命令，打开“素材\第12章\12.3.2\心.png”图像文件，将打开的图像拖曳至“儿童服装店铺首页装修”窗口中，如图12-183所示。

图12-182 绘制倾斜直线

图12-183 移动图像

17 在工具箱中选择○（椭圆工具），在工具选项栏中，修改“工具模式”为“形状”，修改“填充”的RGB分别为246、52、129，“描边”为“无”，在图像上按住鼠标左键拖曳，绘制一个W和H均为71的椭圆形状，如图12-184所示。

18 在“图层”面板中双击“椭圆1”图层，弹出“图层样式”对话框，勾选“投影”复选框，在对应列表框中修改“不透明度”为36、“距离”为3、“大小”为3，单击“确定”按钮，即可为椭圆形状添加图层样式，如图12-185所示。

图12-184　绘制椭圆形状

图12-185　添加图层样式

19 在“图层”面板中选择“椭圆1”图层，按4次快捷键Ctrl+J，复制形状，在工具箱中选择（移动工具），将复制后的形状移动至合适位置，如图12-186所示。

20 在工具箱中选择（椭圆工具），在工具选项栏中，修改“工具模式”为“形状”，修改“填充”的RGB分别为253、88、154，“描边”为“无”，在图像上按住鼠标左键拖曳，绘制一个W和H均为236的椭圆形状，如图12-187所示。

图12-186　复制椭圆形状

图12-187　绘制椭圆形状

21 在“图层”面板中双击“椭圆2”图层，弹出“图层样式”对话框，勾选“投影”复选框，在对应列表框中修改“不透明度”为36、“距离”为3、“大小”为3，单击“确定”按钮，即可为椭圆形状添加图层样式，如图12-188所示。

22 在工具箱中选择（横排文字工具），在图像上单击，创建文本，在工具选项栏中，修改“字体”为“微软雅黑”、“字号”为“40点”、“字体颜色”RGB均为255，移动文本，如图12-189所示。

图12-188　添加图层样式

图12-189　创建文本

2. 制作欢迎模块

01 在工具箱中选择（钢笔工具），在工具选项栏中，设置“工具模式”为“形状”，修改“填充”的渐变RGB分别为241、120、153和235、78、122，“描边”为“无”，在图像上依次单击，添加锚点，绘制一个钢笔形状，如图12-190所示，在“图层”面板中选择“形状1”图层，按快捷键Ctrl+G，创建“欢迎模块”组。

02 执行“文件”|“打开”命令，打开“素材\第12章\12.3.2\云朵.png”图像文件，将打开的图像拖曳至“儿童服装店铺首页装修”窗口中，如图12-191所示。

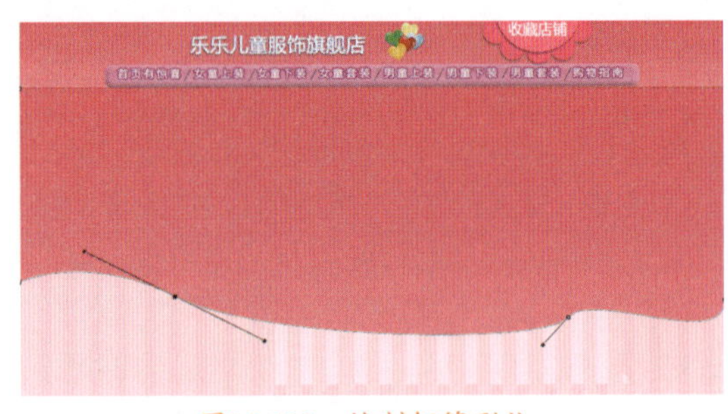

图12-190　绘制钢笔形状

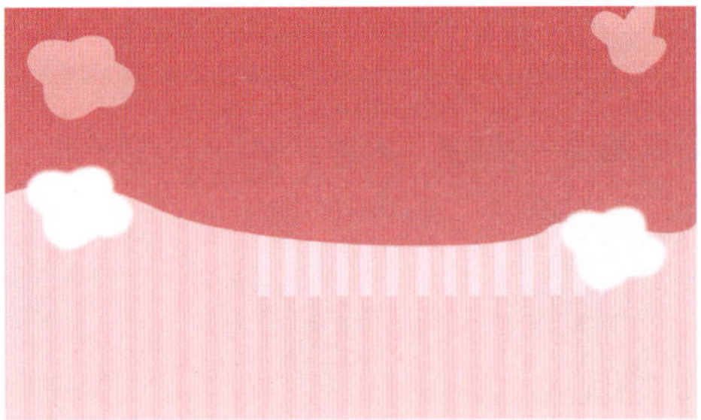

图12-191　移动图像

03 执行“文件”|“打开”命令，打开“素材\第12章\12.3.2\儿童.png”图像文件，将打开的图像拖曳至“儿童服装店铺首页装修”窗口中，并调整图层的顺序，其图像效果如图12-192所示。

04 在“图层”面板选择“图层4”图层，在“图层”面板底部单击“创建新的填充或调整图层”按钮，展开菜单，选择“色阶”命令，添加调整图层，打开“属性”面板，修改各参数，如图12-193所示。

图12-192　移动图像

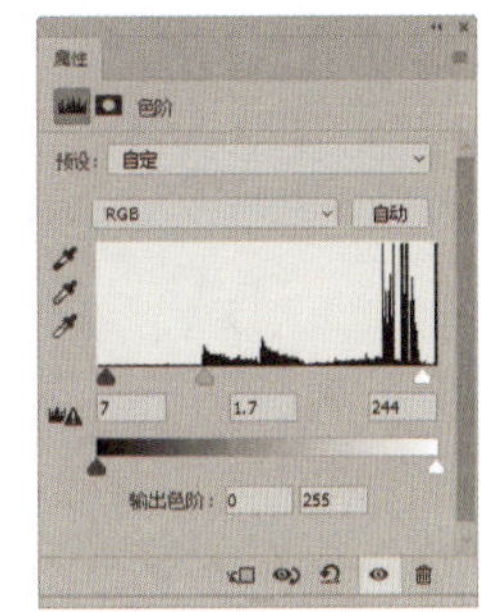

图12-193　修改参数值

05 选择调整图层中的图层蒙版，设置“前景色”的RGB参数均为0，在工具箱中选择（画笔工具），在工具选项栏中修改画笔样式、大小参数，在图像上按住鼠标左键拖曳，涂抹图像，如图12-194所示。

06 执行“文件”|“打开”命令，打开“素材\第12章\12.3.2\装饰.png”图像文件，将打开的图像拖曳至“儿童服装店铺首页装修”窗口中，如图12-195所示。

图12-194　涂抹图像

图12-195　移动图像

07 在工具箱中选择（圆角矩形工具），在工具选项栏中，修改“工具模式”为“形状”，修改“填充”的RGB参数分别为0、82、122，“描边”为“无”，在图像上按住鼠标左键拖曳，绘制一个W为699、H为176、“半径”为30的圆角矩形形状，调整图层顺序，将新绘制的圆角矩形移至合适的位置，如图12-196所示。

08 在工具箱中选择（圆角矩形工具），在工具选项栏中，修改“工具模式”为“形状”，修改“填充”的RGB参数均为255，“描边”为“无”，在图像上按住鼠标左键拖曳，绘制一个W为686、H为159、“半径”为30的圆角矩形形状，将新绘制的圆角矩形移至合适的位置，如图12-197所示。

图12-196　绘制圆角矩形

图12-197　绘制圆角矩形

09 在工具箱中选择（圆角矩形工具），在工具选项栏中，修改“工具模式”为“形状”，修改“填充”的RGB参数分别为237、226、224，“描边”为“无”，在图像上按住鼠标左键拖曳，绘制一个W为674、H为148、“半径”为30的圆角矩形形状，将新绘制的圆角矩形移至合适的位置，如图12-198所示。

10 在工具箱中选择（圆角矩形工具），在工具选项栏中，修改“工具模式”为“形状”，修改“填充”的RGB参数分别为224、124、174，“描边”为“无”，在图像上按住鼠标左键拖曳，绘制一个W为139、H为143、“半径”为10的圆角矩形形状，将新绘制的圆角矩形移至合适的位置，如图12-199所示。

图12-198　绘制圆角矩形

图12-199　绘制圆角矩形

11 在“图层”面板中选择“圆角矩形5”图层，按两次快捷键Ctrl+J，复制圆角矩形形状，在工具箱中选择 （移动工具），将复制后的圆角矩形移至合适的位置，并修改复制后圆角矩形的填充颜色，如图12-200所示。

12 在工具箱中选择 （横排文字工具），在图像上单击，创建文本，在工具选项栏中，修改“字体”为“微软雅黑”、“字号”为“30点”、“字体颜色”RGB分别为252、89、137，如图12-201所示。

图12-200　复制圆角矩形

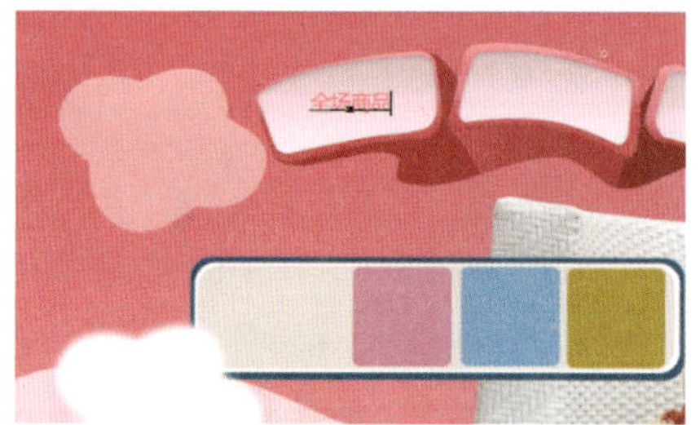

图12-201　创建文本

13 选择新创建的文本，在工具选项栏中单击“创建文字变形”按钮 ，弹出“变形文字”对话框，在“样式”列表框中选择“扇形”选项，修改“弯曲”参数为12%，如图12-202所示。

14 单击“确定”按钮，即可变形文字，按快捷键Ctrl+T，弹出变换控制框，旋转文本，并将文本移至合适的位置，如图12-203所示。

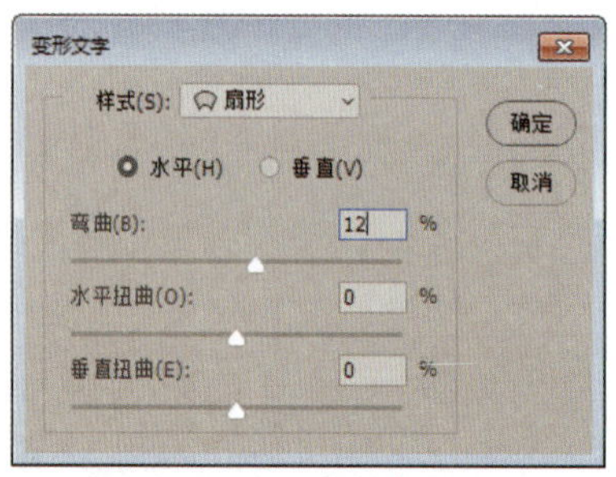

图12-202　修改参数值

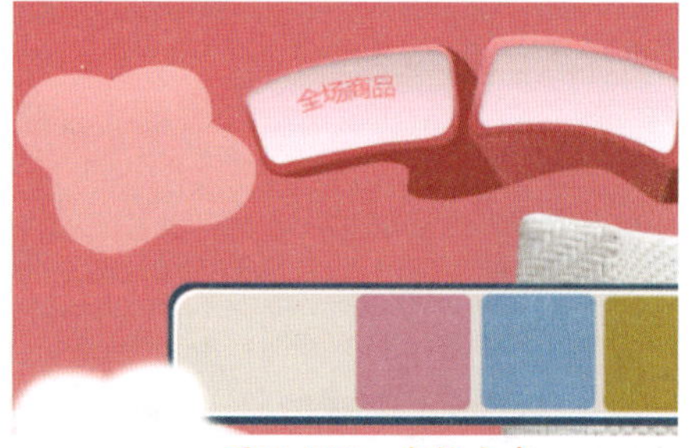

图12-203　变换文本

15 双击新创建的文本图层，弹出“图层样式”对话框，勾选“描边”复选框，在对应列表框中修改各参数值，如图12-204所示。

16 单击“确定”按钮，即可为文本添加图层样式，其图像效果如图12-205所示。

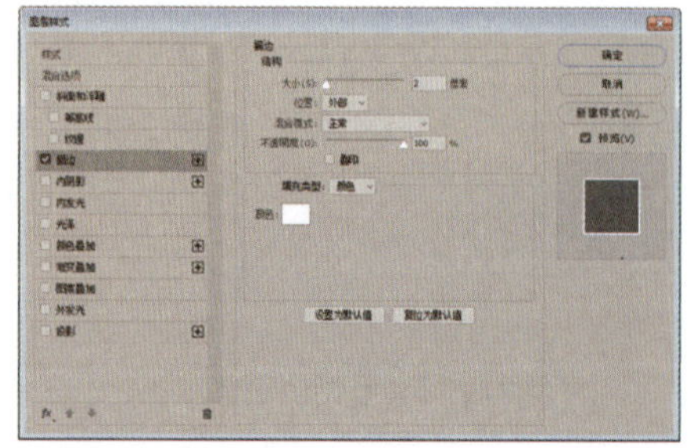
图12-204　修改参数值

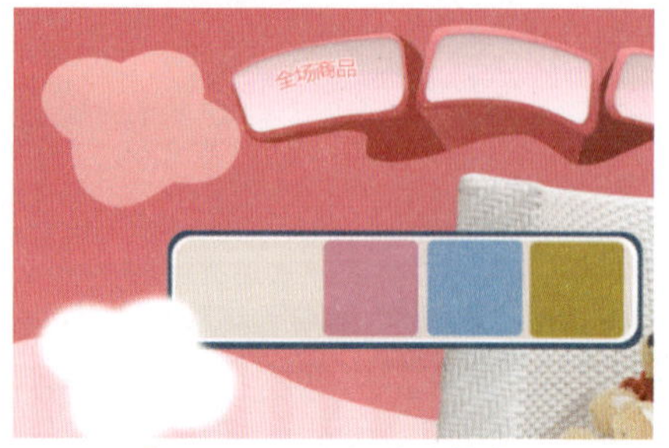

图12-205　添加图层样式

17 选择新创建的文本，按3次快捷键Ctrl+J，复制文本内容，在工具箱中选择（移动工具），将复制后的文本移至合适的位置，修改复制后的文本内容并旋转文本，如图12-206所示。

18 在工具箱中选择（横排文字工具），在图像上单击，创建文本，在工具选项栏中，修改“字体”为“微软雅黑”、“字号”为“60点”、“字体颜色”RGB分别为235、0、83，为新创建的文本进行变形操作，按快捷键Ctrl+T，弹出变换控制框，旋转文本，并将文本移至合适的位置，如图12-207所示。

图12-206 复制文本内容

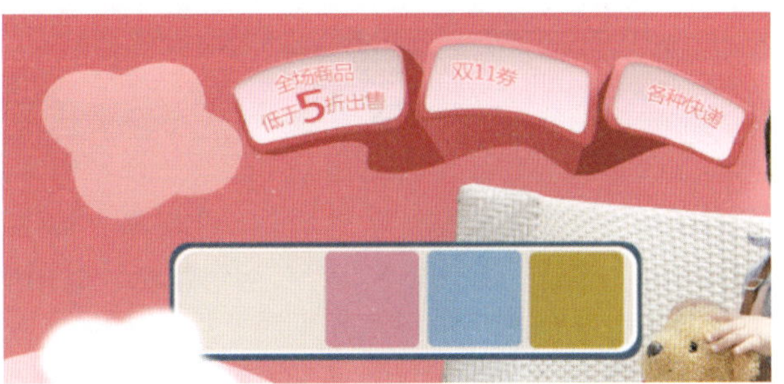

图12-207 创建文本

19 双击新创建的文本图层，弹出“图层样式”对话框，勾选“描边”复选框，在对应列表框中修改各参数值，如图12-208所示。

20 单击“确定”按钮，即可为文本添加图层样式，其图像效果如图12-209所示。

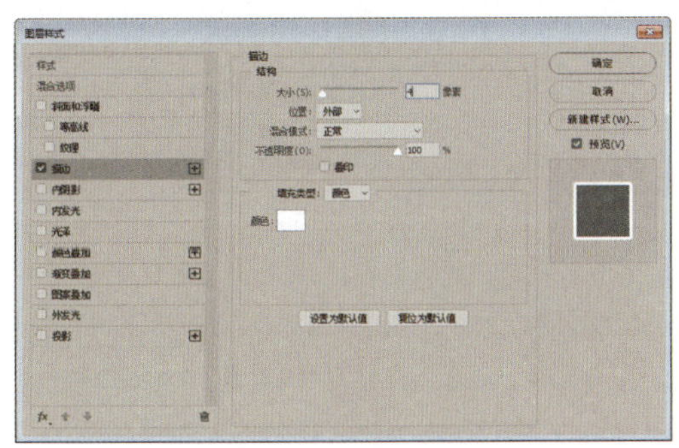

图12-208 修改参数值

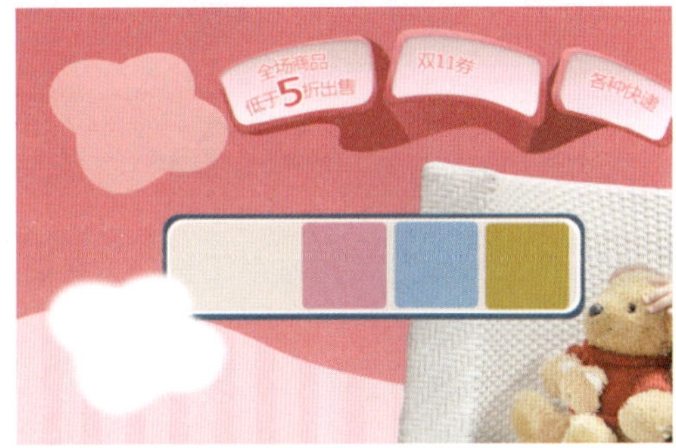

图12-209 添加图层样式

21 选择新创建的文本，按两次快捷键Ctrl+J，复制文本内容，在工具箱中选择（移动工具），将复制后的文本移至合适的位置，并修改复制后的文本内容，调整文本字号大小，并旋转文本，如图12-210所示。

22 在工具箱中选择（横排文字工具），在图像上单击，创建文本，在工具选项栏中，修改“字体”为“Adobe 黑体 Std”、“字号”为“43点”和“32点”、“字体颜色”RGB分别为253、100、100，如图12-211所示。

图12-210 复制文本

图12-211 创建文本

23 工具箱中选择（横排文字工具），在图像上单击，创建文本，在工具选项栏中，修改“字体”为“Adobe 黑体 Std”、“字号”为“65点”、“字体颜色”RGB分别为249、2、142，旋转文本，并为文本添加“描边”图层样式，如图12-212所示。

24 在工具箱中选择T.（横排文字工具），在图像上单击，创建文本，在工具选项栏中，修改“字体”为“Adobe 黑体 Std”、“字号”为“21点”、“字体颜色”RGB分别为250、85、141，如图12-213所示。

图12-212　创建文本

图12-213　创建文本

25 工具箱中选择T.（横排文字工具），在图像上单击，创建文本，在工具选项栏中，修改“字体”为Impact、“字号”为“80点”、“字体颜色”RGB均为255，并移动文本，如图12-214所示。

26 在工具箱中选择T.（横排文字工具），在图像上单击，创建文本，在工具选项栏中修改“字体”为“Adobe 黑体 Std”、“字号”为“45点”、“字体颜色”RGB均为255，移动文本，如图12-215所示。

图12-214　创建文本

图12-215　创建文本

27 工具箱中选择T.（横排文字工具），在图像上单击，创建文本，在工具选项栏中，修改“字体”为“微软雅黑”、“字号”为“23点”、“字体颜色”RGB均为255，并移动文本，如图12-216所示。

28 选择新创建的相应文本，按两次快捷键Ctrl+J，复制文本内容，在工具箱中选择✥（移动工具），将复制后的文本移至合适的位置，并修改复制后的文本内容，如图12-217所示。

图12-216　创建文本

图12-217　复制文本

3. 制作公告栏

01 执行“文件”|“打开”命令，打开“素材\第12章\12.3.2\边框1.png”图像文件，将打开的图像拖曳至“儿童服装店铺首页装修”窗口中，如图12-218所示，在“图层”面板中选择“图层6”图层，按快捷键Ctrl+G，创建“公告栏”组。

02 在工具箱中选择□（圆角矩形工具），在工具选项栏中，修改“工具模式”为“形状”，修改“填充”的RGB参数分别为255、219、233，“描边”为“无”，在图像上按住鼠标左键拖曳，绘制一个W为987、H为413、“半径”为30的圆角矩形形状，将新绘制的圆角矩形移至合适的位置，如图12-219所示。

图12-218　移动图像

图12-219　创建圆角矩形

03 在工具箱中选择T（横排文字工具），在图像上单击，创建文本，在工具选项栏中，修改“字体”为“华文行楷”、“字号”为“80点”、“字体颜色”RGB分别为252、230、151，如图12-220所示。

04 选择新创建的文本，在工具选项栏中单击“创建文字变形”按钮，弹出“变形文字”对话框，在“样式”列表框中选择“扇形”选项，修改“弯曲”参数为18%，如图12-221所示。

图12-220　创建文本

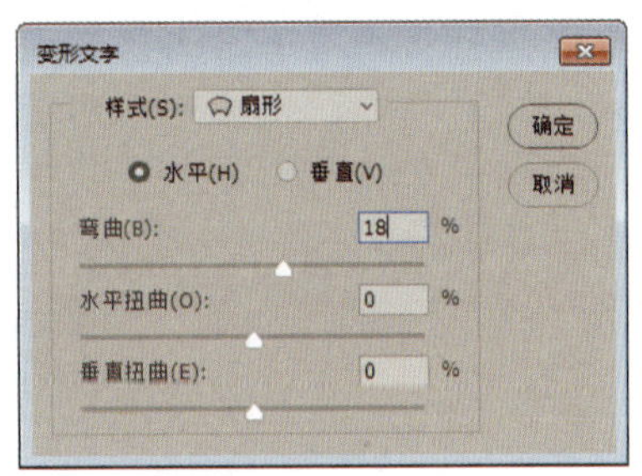

图12-221　设置参数值

05 单击“确定”按钮，即可变形文字，并将新绘制的文本移至合适的位置，如图12-222所示。

06 在“图层”面板中双击新创建的文本图层，弹出“图层样式”对话框，勾选“描边”复选框，在对应列表框中修改各参数值，如图12-223所示。

图12-222　变形文字

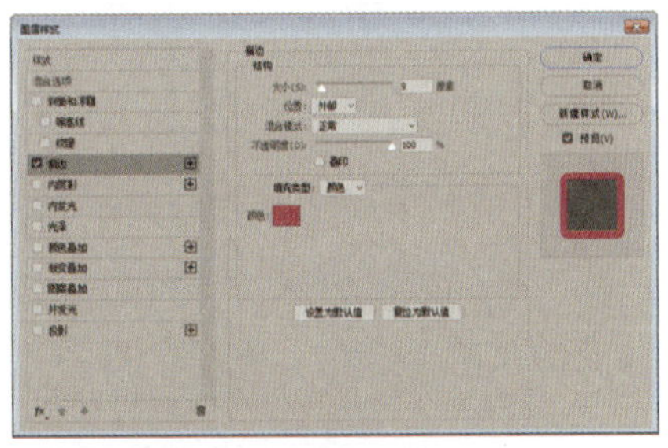

图12-223　修改参数值

07 单击“确定”按钮，即可为文本添加图层样式，其图像效果如图12-224所示。

08 在“图层”面板中选择新创建的文本图层，按快捷键Ctrl+J，复制文本图层。

09 在“图层”面板中双击复制后的文本图层，弹出“图层样式”对话框，在左侧列表框中选择“描边”选项，在右侧对应的列表框中修改各参数值，如图12-225所示。

图12-224　添加图层样式

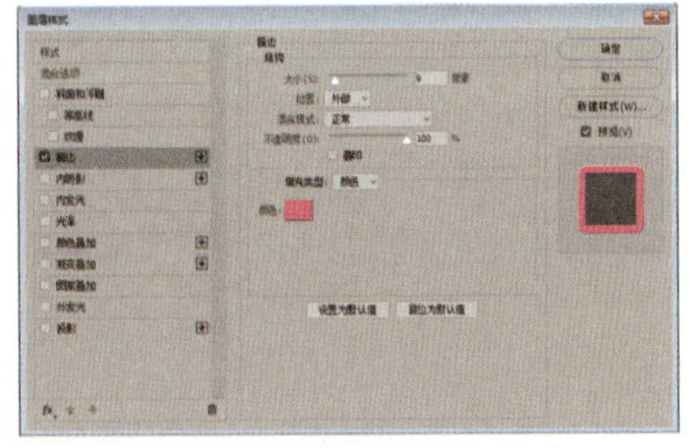

图12-225　修改参数值

10 勾选“斜面和浮雕”复选框，在对应列表框中修改各参数值，如图12-226所示。

11 单击“确定”按钮，即可为文本添加图层样式，如图12-227所示。

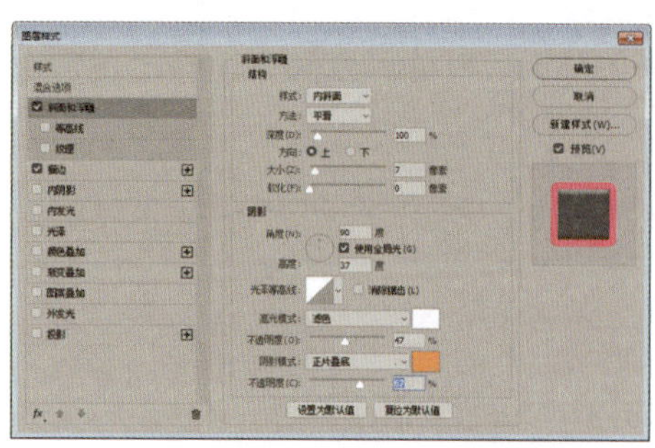

图12-226 修改参数值

图12-227 添加图层样式

12 在工具箱中选择T.（横排文字工具），在图像上单击，创建文本，在工具选项栏中，修改“字体”为“Adobe 黑体 Std”、“字号”为“30点”和“28点”、“字体颜色”RGB分别为0、168、255和236、60、129，“字体行距”为“50点”，并移动文本，如图12-228所示。

13 在“图层”面板中双击新创建的文本图层，弹出“图层样式”对话框，勾选“描边”复选框，在对应列表框中，修改各参数值，如图12-229所示。

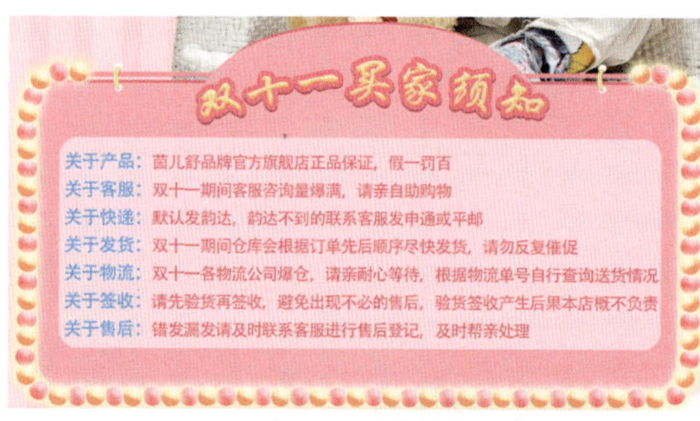

图12-228 创建文本

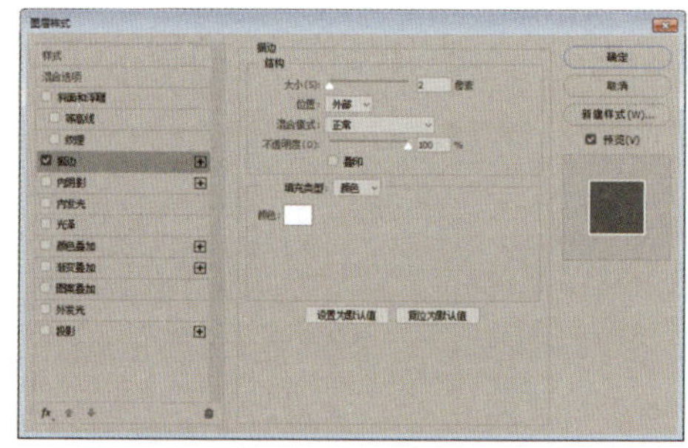

图12-229 修改参数值

14 勾选“投影”复选框，在对应列表框中，修改各参数值，如图12-230所示。

15 单击“确定”按钮，即可为文本添加“描边”和“投影”图层样式，其图像效果如图12-231所示。

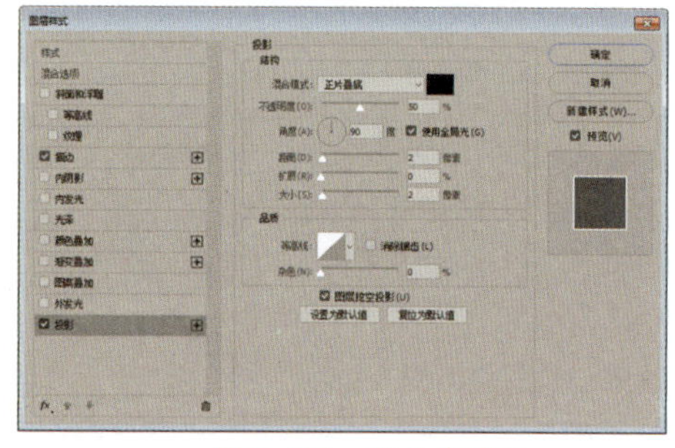

图12-230 修改参数值

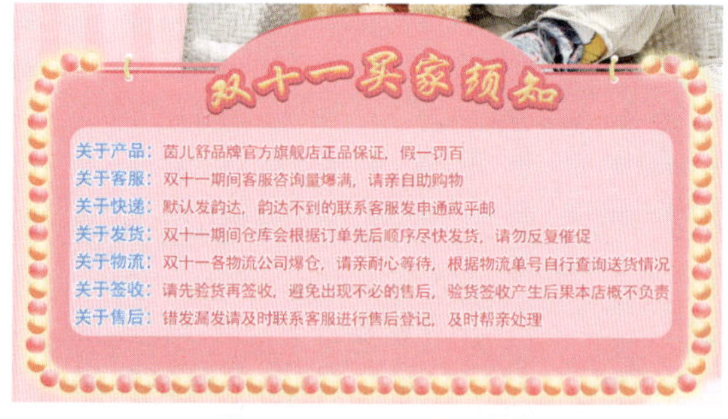

图12-231 添加图层样式

4. 制作产品陈列展区

01 执行“文件”|“打开”命令，打开“素材\第12章\12.3.2\边框2.png”图像文件，将打开的图像拖曳至“儿童服装店铺首页装修”窗口中，如图12-232所示，在“图层”面板中选择“图层7”图层，按快捷键Ctrl+G，创建“商品陈列展区”组。

02 在工具箱中选择▢（圆角矩形工具），在工具选项栏中，修改“工具模式”为“形状”，修改“填充”的RGB参数均为0，“描边”为“无”，在图像上按住鼠标左键拖曳，绘制一个W为830、H为766、“半径”为30的圆角矩形形状，将新绘制的圆角矩形移至合适的位置，如图12-233所示。

图12-232 移动图像

图12-233 创建圆角矩形

03 双击新创建的“圆角矩形7”图层，弹出“图层样式”对话框，勾选“内阴影”复选框，在对应列表框中修改各参数值，如图12-234所示。

04 勾选“渐变叠加”复选框，在对应列表框中修改各参数值，如图12-235所示。

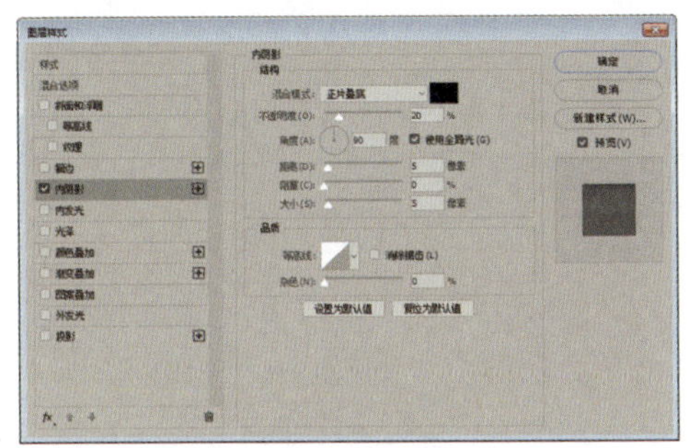

图12-234 修改参数值

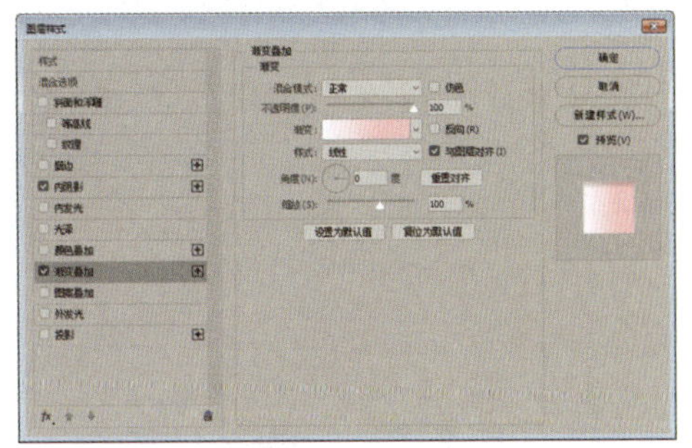

图12-235 修改参数值

05 单击“确定”按钮，即可为圆角矩形添加图层样式，并将圆角矩形移至合适的位置，其图像效果如图12-236所示。

06 在“图层”面板中选择合适的图层，按快捷键Ctrl+J，复制图层，在工具箱中选择（移动工具），将复制后的图层形状移动至合适位置，如图12-237所示。

图12-236 添加图层样式

图12-237 复制图像

07 在“图层”面板中选择“图层7 拷贝”图层，执行“图像”|“调整”|“色相/饱和度”命令，弹出“色相/饱和度”对话框，修改各参数值，如图12-238所示。

08 单击“确定”按钮，即可更改图层图像的色相和饱和度，其图像效果如图12-239所示。

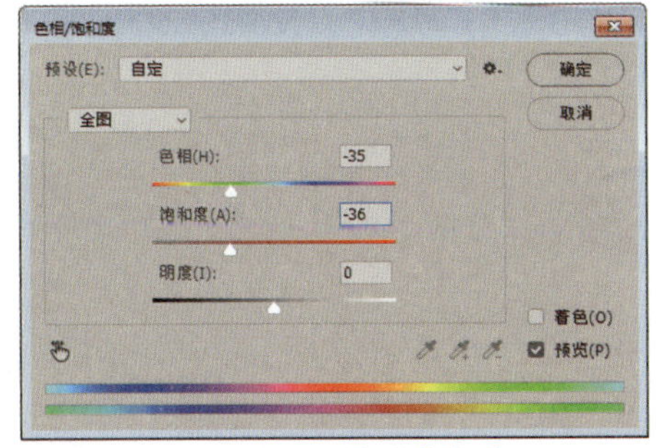

图12-238 修改参数值

图12-239 更改图像效果

09 双击“圆角矩形7 拷贝”图层，弹出“图层样式”对话框，在“渐变叠加”复选框对应的列表框中修改各参数值，如图12-240所示。

10 单击“确定”按钮，即可更改圆角矩形的渐变叠加效果，如图12-241所示。

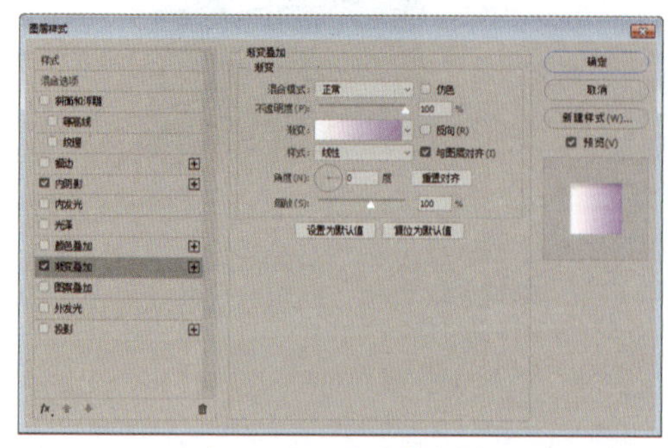

图12-240　修改参数值

图12-241　更改渐变叠加效果

11 执行“文件”|“打开”命令，打开“素材\第12章\12.3.2\童装1.png～童装4.png”图像文件，将打开的图像拖曳至“儿童服装店铺首页装修”窗口中，并依次调整各图像的位置，如图12-242所示。

12 执行“文件”|“打开”命令，打开“素材\第12章\12.3.2\童装5.png～童装8.png”图像文件，将打开的图像拖曳至“儿童服装店铺首页装修”窗口中，并依次调整各图像的位置，如图12-243所示。

图12-242　移动图像

图12-243　移动图像

13 在工具箱中选择 (自定形状工具)，在工具选项栏中，修改“工具模式”为“形状”，在“形状”下拉列表框中选择“红心形卡”形状，修改“填充”的RGB参数分别为252、89、136，“描边”为“无”，在图像上按住鼠标左键拖曳，绘制一个W为80、H为70的心形形状，如图12-244所示。

14 选择新绘制的心形形状，按快捷键Ctrl+T，打开变换控制框，旋转心形形状，并将其移至合适的位置，如图12-245所示。

图12-244　绘制心形形状

图12-245　变换心形形状

15 在“图层”面板中双击“心形形状”图层，弹出“图层样式”对话框，勾选“斜面和浮雕”复选框，在对应列表框中修改各参数，如图12-246所示。

16 单击“确定”按钮，即可为形状添加图层样式，其图像效果如图12-247所示。

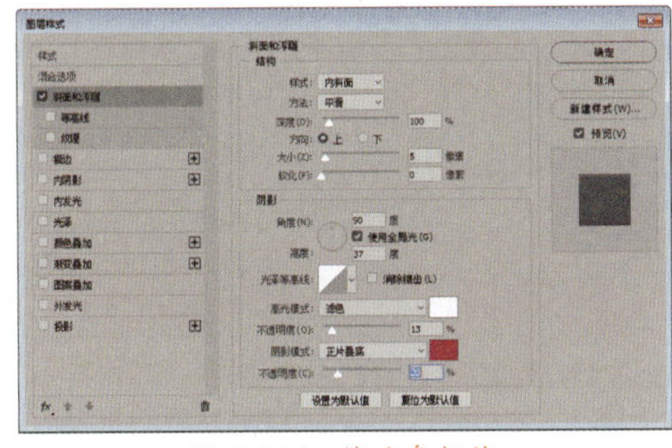

图12-246　修改参数值

图12-247　添加图层样式

17 在“图层”面板中双击“心形形状”图层，弹出“图层样式”对话框，勾选“斜面和浮雕”复选框，在对应列表框中修改各参数，如图12-248所示。

18 在工具箱中选择[T]（横排文字工具），在图像上单击，创建文本，在工具选项栏中，修改“字体”为“Adobe 黑体 Std”、“字号”为“30点”和“26点”、“字体颜色”RGB均为255，旋转并移动文本，如图12-249所示。

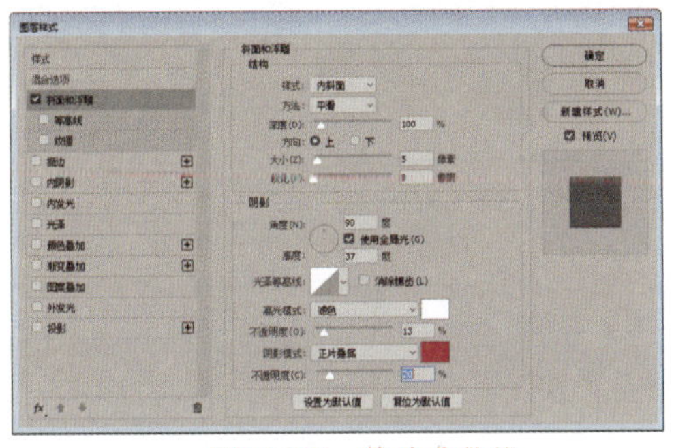

图12-248　修改参数值

图12-249　创建文本

19 在“图层”面板中选择新创建的文本和心形形状，按7次快捷键Ctrl+J，复制文本和形状，在工具箱中选择[移动工具图标]（移动工具），将复制后的文本和心形形状移动至合适位置，如图12-250所示。

图12-250　复制文本和形状

20 在工具箱中选择[圆角矩形工具图标]（圆角矩形工具），在工具选项栏中，修改“工具模式”为“形状”，修改“填充”的RGB参数均为0，“描边”为“无”，在图像上按住鼠标左键拖曳，绘制一个W为125、H为36、“半径”为18的圆角矩形形状，将新绘制的圆角矩形移至合适的位置，如图12-251所示。

21 双击新创建的圆角矩形图层，弹出“图层样式”对话框，勾选“渐变叠加”复选框，在对应列表框中修改各参数值，如图12-252所示。

图12-251　绘制圆角矩形

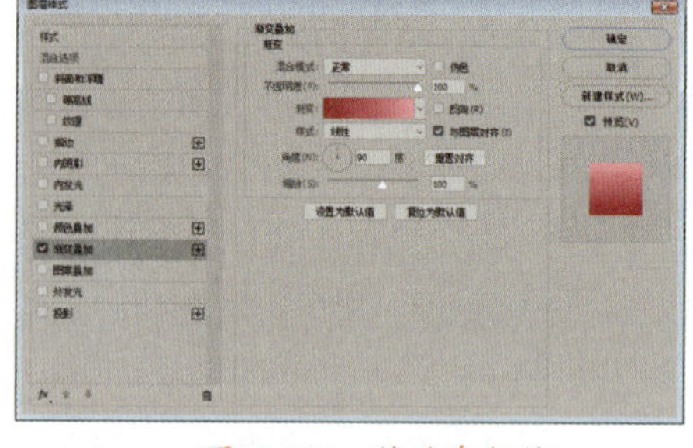

图12-252　修改参数值

22 勾选“投影”复选框，在对应列表框中修改各参数值，如图12-253所示。

23 单击“确定”按钮，为圆角矩形添加图层样式，其图像效果如图12-254所示。

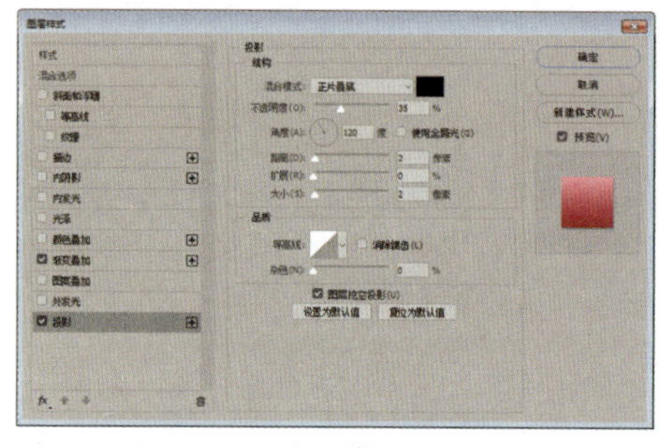

图12-253　修改参数值

图12-254　添加图层样式

24 在工具箱中选择T（横排文字工具），在图像上单击，创建文本，在工具选项栏中，修改“字体”为“Adobe 黑体 Std”、“字号”为“25点”、“字体颜色”RGB均为255，并移动文本，如图12-255所示。

25 在“图层”面板中选择新创建的文本和圆角矩形形状，按7次快捷键Ctrl+J，复制文本和形状，在工具箱中选择✥（移动工具），将复制后的文本和圆角矩形形状移动至合适位置，如图12-256所示。

图12-255　创建文本

图12-256　复制文本和形状

26 在工具箱中选择T（横排文字工具），在图像上单击，创建文本，在工具选项栏中，修改“字体”为“Adobe黑体 Std”、“字号”为“25点”、“字体颜色”RGB均为0，并移动文本，如图12-257所示。

27 在工具箱中选择T（横排文字工具），在图像上单击，创建文本，在工具选项栏中，修改“字体”为“微软雅黑”、“字号”为“25点”和“35点”、“字体颜色”RGB为202、4、80，并移动文本，如图12-258所示。

28 在工具箱中选择T（横排文字工具），在图像上单击，创建文本，在工具选项栏中，修改“字体”为“Adobe 黑体 Std”、“字号”为“25点”和“35点”、“字体颜色”RGB分别为165、6、67，并移动文本，如图12-259所示。

29 在“图层”面板中选择新创建的相应文本，按7次快捷键Ctrl+J，复制文本，在工具箱中选择✥（移动工具），将复制后的文本移动至合适位置，并修改复制后的文本内容，如图12-260所示。

图12-257 创建文本

图12-258 创建文本

图12-259 创建文本

图12-260 复制文本

30 在工具箱中选择T（横排文字工具），在图像上单击，创建文本，在工具选项栏中，修改“字体”为“Adobe 黑体 Std”、“字号”为“35点”、“字体颜色”RGB均为255，加粗文本，旋转并移动文本，如图12-261所示。

31 在工具箱中选择T（横排文字工具），在图像上单击，创建文本，在工具选项栏中，修改“字体”为“微软雅黑”、“字号”为“22点”、“字体颜色”RGB均为255，加粗文本，旋转并移动文本，如图12-262所示。

图12-261 创建文本

图12-262 创建文本

32 在“图层”面板中选择新创建的相应文本，按快捷键Ctrl+J，复制文本，在工具箱中选择+（移动工具），将复制后的文本移动至合适位置，并修改复制后的文本内容，得到最终的图像效果，如图12-263所示。

图12-263 最终图像效果